중국어권 학습자를 위한
한국어 쓰기 교육 내용 연구

중국어권 학습자를 위한
한국어 쓰기 교육 내용 연구

제효봉

역락

　이 책은 필자의 박사학위논문 <중국어권 한국어 학습자의 쓰기 텍스트에 나타난 모국어 영향 연구>를 일부 수정하고 보완한 것이다. 한국어 글쓰기에 관심을 갖게 된 것은 20년 전, 필자가 한국어 교사로 강단에 서게 되면서부터이다. 비원어민 교사에게 쓰기는 읽기, 듣기, 말하기보다 훨씬 더 어려웠다. 그때부터 쓰기를 어떻게 효과적으로 배우고 가르쳐야 하는지에 대해 고민하기 시작했다. 하지만 십여 년이 지났어도 만족스러운 답을 찾지 못했다는 생각이 들었고, 졸업논문에서 이러한 고민과 답을 정리해보고 싶었다.

　한국어 교육에서 외국인 한국어 학습자를 언어권별로 구분하는 언어권별 접근의 필요성은 이미 널리 수용되고 있다. 그러나 언어권별 접근은 여전히 다양한 언어권 학습자 집단을 대상으로 한 '한국어 교육 일반'의 수준에 머물러 있다. 따라서 향후 한국어 교육의 초점은 언어권별 학습자의 언어적·문화적 배경에 기초한 차별화된 교육 내용을 생산하는 데 맞춰져야 한다. 이 책은 바로 이러한 언어권별 한국어 교육의 한 축을 구성하는 중국어권 학습자를 위한 교육 내용의 근거가 된다. 물론 이러한 시도와 그 성과는 단지 중국어권 학습자에게만 국한되지 않는다. 그 과정에서 언어권별 접근이라는 방법론적 일반성이 획득되기 때문이다.

　이 책은 다음과 같은 내용으로 구성되어 있다. 2장에서는 제2언어 습득 영역에서 목표어와 모국어의 상호 관계를 다룬 관련 연구와 한국어 쓰기 교육 관련 연구를 비판적으로 검토하여, 이를 바탕으로 언어권별 쓰기 교육에 대한 새로운 접근 방안을 제시한다. 이로부터 개념적 전이와 대조수사학을 결합시킨 시각에서 학습자 텍스트의 분석 기준을 마련한다. 그리고 3, 4장에서는 문법적 응집성에 초점을 맞추어 지시와 조응, 연접, 그리고 시제 연속성 등 응결장치를 중심으로 중국어권 학습자 텍스트의 특징적 양상을 살펴본다. 이러한 양상들 배후에는 순수 개념적 전이와 개념화 전이라는 언어 또는 개념 간 영향 관계가 존재한다. 전자는 주로 모국어와 목표어의 개념 내용상 범주 구분과 내부 요소 관계의 불일치로 인해 발생한다. 반면, 후자는 실시간 언어 처리 과정에서 사건을 상이하게 관찰하는 경향에 의해 각각 개념 선택과 조직 형식을 다르게 함으로써 형성된다.

5, 6장에서는 중국어권 학습자 텍스트에 나타난 내용 조직과 표현에 관한 특징적 양상을 정리하고, 그 발생 원인을 분석한다. 중국어권 학습자의 한국어 텍스트에서 가장 빈번하게 발견되는 주제 전개 방식은 병렬식 구성이다. 그리고 중국어권 학습자의 한국어 텍스트에서 나타나는 이른바 '한 문장 한 단락'이나 한국어 단락의 인식 부족에 기인한 유사비표준 현상 등은 모두 단락에 관한 한국인과 중국인 담화 공동체의 원형적 인지가 상이하다는 점과 관련이 깊다. 중국어권 학습자 텍스트의 특징 중 하나인 마무리 방식 역시 주목할 만하다. 그 외에 중국어의 수사법인 '배비구', 설문법 등도 중국어권 학습자의 텍스트에 그대로 적용되어 있다. 이러한 마무리 표현과 수사적 표현은 중국어 글쓰기에서 전혀 문제가 되지 않지만, 한국어 담화공동체의 텍스트 구성 원리에 부합하지 않기 때문에 문제가 될 수 있다.

중국어권 학습자 텍스트에 나타난 양상과 그 배후에 존재하는 원인을 밝히려는 시도는, 궁극적으로 중국어권 학습자의 한국어 텍스트 생산에 필요한 실질적 교육 내용을 도출하려는 데 있다. 따라서 7장에서는 앞부분의 논의를 바탕으로 모국어 영향 관계를 고려한 쓰기 교육의 내용을 순수 개념적 전이 관련 내용과 개념화 전이 관련 내용으로 나누어 구성한다. 마지막으로 필자가 실제로 진행한 수업 예시를 통해 교수·학습 효과의 검증을 시도한다. 이 과정에서 한국어와 중국어의 언어적·개념적 차이에 기초한 교수·학습 방안이 검증될 것이다.

박사학위논문을 완성한 지가 엊그제 같은데 벌써 많은 시간이 지났다. 그 동안 필자의 게으름으로 내용 보완이 더 많이 이루어지지 않은 채 발간되는 것 같아 내심 부끄러울 따름이다. 그러나 이 책에는 중국에서 개최된 한국어 백일장 자료(약 50만 자)를 꼼꼼히 검토하는 과정을 통해 선별된 사례들이 담겨 있다. 이 사례들은 중국어권 학습자들의 전형적(또는 대표적) 문제점들을 잘 보여 준다. 또한 인지·개념적 차원에서 그것들의 발생 원인을 분석하고 있다. 물론 보다 심화된 교육 내용을 위해서는 더 많은 양상에 대한 추적과 원인 규명 작업이 지속적으로 이루어져야 할 것이다. 이는 향후의 연구 과제로 삼고자 한다.

이 책이 중국어권 학습자를 위한 쓰기 교육을 내용적으로 고민하는 한국어 교사뿐만 아니라 일반 학습자들에게도 조금이나마 도움이 되었으면 하는 마음이 간절하다. 그것이 이번 출판을 결심하게 된 직접적 계기이다. 필자가 이 책을 간행하기까지 무엇보다도 지도 교수이신 민현식 선생님의 따뜻한 보살핌과 가르침을 잊을 수 없다. 선생님의 기대에 부응하지 못할까봐 늘 두려운 마음뿐이다.

그리고 뜨거운 학문적 열정으로 저에게 많은 가르침을 주신 구본관 선생님, 부족한 논문의 심사를 맡아 꼼꼼히 봐 주시고 오타까지 하나하나 잡아 주신 강승혜 선생님, 민병곤 선생님, 김호정 선생님, 그리고 윤여탁 교수님을 비롯한 여러 학과 교수님들께도 감사의 마음을 전한다. 그리고 힘든 박사 공부를 잘 버티고 끝낼 수 있게 아팠던 몸을 고쳐 주신 이상진 원장님, 방대한 백일장 자료를 제공해 주신 成均백일장의 이명학 위원장님께도 따로 감사의 말씀을 드린다. 무엇보다 이 책의 출판이 있기까지 많은 관심과 배려를 아끼지 않으신 역락 출판사의 이대현 사장님, 권분옥 편집장님을 비롯한 편집부 직원 여러분께도 고개 숙여 감사드린다.

끝으로, 늘 제 옆에서 묵묵히 지켜 주신 부모님, 저에게 항상 힘이 되어주신 사랑하는 가족들, 특히 자주 같이 있어 주지 못한 엄마를 원망하지도 않고 밝게 크고 있는 아이에게 미안하고도 고마운 마음뿐이다.

2017년 10월 26일

제효봉

제1장
언어권별 한국어 쓰기 교육에 대한 탐색

1. 모국어 영향 연구의 필요성

이 책은 중국어권 학습자가 생산한 한국어 텍스트의 특징적 양상 고찰을 통해 그러한 양상이 야기된 여러 원인 가운데, 특히 모국어 즉, 중국어의 영향 관계에 초점을 맞춰 그것을 체계적으로 규명하고자 한다. 이 책의 저술 목적은 일방향적 모국어 전이가 전이의 유일한 형태라는 것을 주장하려는 데 있지 않다. 오히려 전이의 다양성을 인정한 가운데 여전히 강한 전이 양상을 표출하는 모국어 전이를 두 언어 간 영향 관계로부터 다시금 주목할 필요가 있다는 점을 환기시키는 것에 있다. 그것은 곧 모국어 전이의 긍정적 또는 부정적 평가를 뛰어넘어 두 언어 간 차이에 기초한 개념적 재구성 또는 조정 과정에 다름 아니다. 나아가 이 연구는 궁극적으로 중국어권 학습자의 한국어 텍스트 생산에 필요한 실질적 교육 내용의 도출에 목적이 있다. 한국어 교육에서 외국인 한국어 학습자를 언어권별로 구분해야 하는 즉, 언어권별 접근의 필요성은 이미 광범위한 지지를 얻고 있다. 따라서 한국어와 중국어의 영향 관계에 주목해 언어권별 쓰기 교육의 질적 향상을 꾀하는 것이 이 책의 연구 목적이다.

이 책은 해외에서 진행되는 한국어 교육이 해당 지역의 단일 모국어 학습자를 대상으로 진행되는 것과 달리, 한국 내의 한국어 교육은 주로 다양한 모국어 학습자 집단을 대상으로 '한국어 교육 일반'에 치중한다는 문제의식에 기초한다. 이는 한국어 교육의 질적 발전을 위해 학습자의 언어적·문화적 배경과 언어기능별 수준에 따른 특성 파악, 그리고 그 결과를 실제 교육 현장에 적용할 수 있어야 한다(진대연 외, 2006: 326)는 견해와 문제의식을 공유하는 것이다.

필자는 이러한 언어권별 접근이 목표어로서의 '한국어'와 모국어로서의 '비한국어'[1]라는 언어 또는 개념 간 '차이'에 근거한 구체적 양상 분석과 함께 그것을 교육 방안으로까지 확장시켜야 한다고 주장한다. 그 이유는 한국어 교육의 언어권별 내용이 바로 그 구체적 대상인 '비한국어', 즉 학습자의 모국어의 기본적 속성과 특징에 의해 규정되기 때문이다. 예를 들어, 중국어권 한국어 학습자가 한국어를 학습할 때 발생하는 문제 지형은 영어권 한국어 학습자가 학습할 때의 그것과 또 다른 '차이'를 구성한다. 이와 같은 모국어 영향 관계를 다룬 대표적 연구 성과로는 Jarvis(1994), Jarvis(1998) 그리고 왕효성(2012ㄱ) 등이 있다.

Jarvis(1994)는 이탈리아어, 터키어, 중국어, 포르투갈어, 스페인어, 일본어, 한국어, 아랍어가 모국어인 영어 학습자를 대상으로 중간언어 어휘 지칭 방식(Interlanguage Lexical reference patterns)을 고찰한다. 실험 방법은 우선 채플린(Chaplin)의 팬터마임 영화 <Modern Times>의 편집된 한 부분을 피실험자에게 보여 주고, 그 스토리에 관한 내용을 글로 진술할 것을 요구했다. 그 결과 88%의 일본어 피실험자는 girl이라는 어휘를 사용해 이 영화에서 빵을 나르는 트럭에서 빵을 훔친 젊은 여자를 지칭했다. 반면 83%의 포르투칼어 피실험자와 77%의 한국어 피실험자는 woman이라는 어휘를 사용해 동일한 여자를 지칭했다. 또한 이 여자와 채플린이 정면으로 부딪친 사건을 지시할 때, 한국어 피실험자는 meet(38%), 스페인어 피실험

---

1) 여기서 '비한국어'라는 용어를 특정한 것은 한국어에 대응하는 다른 언어(설사 그것이 목표어의 위상을 갖지 못하더라도)의 비중을 강조하기 위해 사용한 임시적 개념이다.

자는 crash(57%), 아랍어 피실험자는 accident(33%), 중국어 피실험자는 bump (25%)를 선택하는 경향을 보였다. 이와 다르게 포르투갈어 피실험자는 동사를 사용해 이 사건을 지시하는 것에 대해 회피하는 경향을 보인다.(姜孟, 2010: 168)

이 같은 Jarvis(1994)의 실험 결과는 다양한 언어적·문화적 배경을 가지고 있는 학습자 간의 차이를 잘 드러내 주고 있다. Jarvis의 다른 실험(1998)에서도 학습자가 목표어 어휘를 사용할 때 원어민 사용자와 큰 차이를 보이지만, 그들의 모국어 어휘와는 크게 일치한다는 것을 보여준다. 다시 말해서 핀란드어 또는 스웨덴어를 사용하는 피실험자가 영어로 사물을 지칭할 때 어휘를 선택하는 경향은 영어를 모국어로 하는 언어 사용자와 큰 차이를 보인다. 그러나 피실험자들이 각자의 모국어로 사물을 지칭할 때 선택하는 어휘 경향은 그들이 목표어 어휘를 선택하는 경향과 일치한다. 예를 들어 영어를 모국어로 하는 사용자가 <Modern Times>의 '빵차(bakery truck, 面包車)'를 지칭할 때 보통 truck을 사용하지만, 핀란드어와 스웨덴어가 모국어인 피실험자들은 모두 car를 선택한다. 또한 영어를 모국어로 하는 사용자는 '찰리 채플린(Charles Chaplin)이 나무 위에서 사과를 딴다.'를 표현할 때 보통 pick을 사용한다면, 핀란드어와 스웨덴어가 모국어인 피실험자들은 모두 take를 사용한다.

이처럼 영어를 모국어로 하는 사용자들에게 'truck·pick'는 일상생활에서 자연스럽게 사용하는 언어 표현일 뿐이다. 그러나 이러한 영어가 핀란드어 또는 스웨덴어를 만나게 되면, 'truck·pick'는 하나의 문제 초점으로 부각된다. 왜냐하면 'car'와 'take'이라는 모국어 사용자들에게 부자연스러운 언어 표현이 'truck·pick'을 문제시하고 있기 때문이다. 외국어교육의 기본 내용은 바로 이러한 측면에서 규정되며, 한국어 교육도 예외는 아니다. Jarvis의 분석은 분명한 하나의 사실을 알려준다. 즉 핀란드어와 스웨덴어가 모국어인 피실험자들이 car와 take만을 편중되게 사용하는 것은 그들의 모국어 통제 집단이 auto(car에 가장 근접한 핀란드 어휘) · bil(car에 가장 근접한 스웨덴 어휘)와 ottaa(take에 가장 근접한 핀란드 어휘) · ta(take에 가장 근접한 스웨덴 어휘)에 편중된 것과 일치한다는 점이다.

한편, 왕효성(2012ㄱ)에서는 중국인 대학생들의 생각 말하기(think-aloud) 자료를 바탕으로 그들이 한국어 텍스트를 생산하는 과정에서 사용된 모국어의 양과 사용 목적, 그리고 학생 수준별 모국어 사용 양상을 파악한다. 이로부터 중국인 학습자들이 한국어 글쓰기 과정에서 한국어뿐만 아니라 모국어인 중국어도 사용하고 있다는 점을 밝힌다. 그 사용량은 전체적으로 평균 43%를 차지하며, 이 비율은 몇몇 선행 연구(이지은, 2005; Wang, 2002)의 그것과 거의 동일하지만 Kobayashi & Rinnert(1992)의 그것보다는 조금 적은 수치를 보인다.[2] 이것은 제2언어 학습자들이 제2언어 글쓰기 과정에서 L1과 L2 두 가지 언어를 자유롭게 사용한다는 점, 그리고 모국어의 사용량이 상당 정도에 이른다는 점을 알려준다.

이러한 모국어 영향 관계 연구는 대부분 언어 간 영향(crosslinguistic influence; CLI, 跨語言影響)[3]이라는 틀에 기초해 있다. 부정적 전이가 전체 CLI 연구 가운데 일부분만을 차지했다고 하더라도, 전통적으로 CLI 연구는 부정적 전이를 예증하는 데 집중해 왔다. 여기서 부정적 전이의 모국어 영향 관계는 모국어 간섭이 주로 거론되지만 이와 함께 목표어 지식의 부족도 다른 원인으로 꼽을 수 있을 것이다.[4] 여기에서 지식의 부족이란 지식

---

2) 목적별로 "모국어의 사용량은 메타언어 사용, 내용 생성, 그리고 내용 조직 순으로 가장 많은 것으로 보였다."(왕효성, 2012ㄱ: 266) "이는 Wang(2002)에서 밝힌 과정 통제(progress-controling), 아이디어 생성(idea-generation), 그리고 아이디어 조직(idea-organization)과 용어가 다르나 모두 같은 것들을 의미한다. 이지은(2005)에서도 내용 생성하는 데 가장 많은 모국어를 사용하였으며, 그 다음으로 메타언어 사용이라는 결과를 보여 주고 있"(왕효성, 2012ㄱ: 267)다.
3) '교차언어적 영향'으로도 번역될 수 있다.
4) 일반적으로 학습자 텍스트에 나타나는 주요 특징으로는 모국어 영향을 제외하고 목표어 영향, 교육적 영향, 인지 · 심리적 요소와 같은 요인 등 여러 가지 영향 관계가 얽혀 있는 경우도 존재한다. 이 책에서는 여러 요인들 가운데 모국어 영향 관계에 초점

의 내면화를 전제로 한 지식의 활용 가능에 초점을 맞춘 언어 능력의 부족을 포함한다. 그런데 이는 언어 능력의 초·중·고급을 구분하는 근거가 되었다. 결국 부정적 전이에 초점을 맞추게 되면 하나의 선형관(線形觀) 또는 진보관에 기초해 도달점인 목표어를 기준으로 모국어라는 출발점으로부터 도달점에 이르는 과정에서 발생하는 이탈·정체·왜곡 등을 부정적 범주로 설정하게 된다. 이 시각의 문제점은 이른바 '화석화'라고 하는 초·중·고급의 단계 구분과 무관하게 남아 있는 학습자의 오용 문제 등을 해결하는 데 일정한 한계를 드러낸다는 것에 있다. 최근 일련의 연구자들이 CLI의 특정 사례를 긍정과 부정을 벗어난 접근 태도, 즉 연구 목표를 CLI 일반적 영향 관계에 맞추고 있다는 점은 높이 평가할 만하다.(Jarvis & Pavlenko, 2008: 25-26)

또한 현재 한국어 쓰기 교수·학습의 상황은 이른바 '결과' 중심 방법과 '과정' 중심 방법이 혼합되거나 선택적으로 적용되고 있다.(진대연, 2006: 42) 필자는 쓰기 과정보다 쓰기 결과를 중시하며, 언어의 형식에 일차적인 관심을 두는 입장을 취한다.[5] 모국어 쓰기와 외국어 쓰기의 차이를 고려할 때, 과정 중심 쓰기 교육은 모국어 쓰기에 더 적합하지만 결과 중심 쓰기 교육은 외국어 쓰기에 더 적절하다는 점에서 그러하다. 또한 과정 중심 쓰기는 필자가 작문에 필요한 모든 지적 능력을 갖추고 있음을 전제로 하지만(Grace & Kaplan, 1996) 외국어로 작문을 해야 하는 학습자들의 경우, 생각을 표현하기 이전에 그 수단인 언어를 배우는 것이 우선시되기 때문이다.(최연희 편저, 2010: 44)

우선 과정 중심적 관점에서는 텍스트 자체보다는 그 텍스트를 생성해 내기까지의 과정에 관심을 더 갖는다. Raimes(1991)에서는 과정 중심 접근

을 맞추고 있다.

5) Hyland(2003)에서는 형식 중심 접근법에 속하는 쓰기 접근법을 크게 언어 구조적 관점(focus on language struction)과 글의 기능적 관점(focus on text function)으로 구분한다.(최연희, 2009: 30) 구체적인 내용은 7장에서 다루도록 하겠다.

법을 필자의 쓰기 과정에 초점을 맞춘 모국어 쓰기 이론과 연구의 영향을 많이 받아왔다는 점에서 필자 중심이라고 본다. 과정 중심적 연구 흐름은 쓰기를 학습자 중심으로 변화시키는 데에 기여했다는 점에서 의의가 크다. 그러나 과정 중심 접근법은 다음과 같은 한계를 보인다. 첫째, 과정 중심 쓰기 교육은 과정에 집중되면서 상대적으로 결과에 소홀해진다. 결과 중심 쓰기 교육에서 강조하는 "문법의 정확성 획득, 어휘 사용 방법의 터득, 의미 있는 문장 완성, 쓰기의 관습 활용, 정확한 맞춤법 습득, 문장 구조의 적용, 주제 전개를 위한 문장 간의 생각·정보 연결, 내용의 분명한 전개·조직 등(Hedge, 1999/1988: 8)은 쓰기의 효과로 얻을 수 있는 것이다(진대연, 2006: 43)". 따라서 언어 형태 학습을 배제한 과정 중심의 학습은 비효율적이라는 비판이 있다. 결과 중심 쓰기를 통해 얻을 수 있는 성과 가운데 상당 부분은 과정 중심 쓰기 교육에서는 얻을 수 없는 것이다. 둘째, 과정 중심 쓰기 교육의 또 다른 문제는 교사의 역할이 중시되지 않는다는 점이다. 물론 그것이 쓰기 과정에서 동료 학습자들이나 교사의 피드백을 포함하기도 하지만 학습자의 측면에서 창의적·자율적인 쓰기 교육을 강조하면 수업 과정에서 교사의 역할이 모호해진다.

이와 다르게 결과 중심 쓰기는 학습자에게 모방 또는 참조할 수 있는 좋은 예를 제공할 수 있으며, 이를 통해 학습자는 더 좋은 표현을 익히게 된다. 예전부터 좋은 글을 쓰기 위한 조건으로 꼽히는 다독(多讀), 다작(多作), 다상량(多商量)의 본보기가 될 수 있다.(진대연, 2006: 43) 또한 성인 제2언어 학습자인 경우, 모국어 쓰기 교육 과정에서 이미 과정 중심 쓰기의 훈련을 충분히 받았다고 판단되기에 과정 중심보다 결과 중심 쓰기 교육이 훨씬 더 효과적이다.

최근 어휘·문법 등 문제에 대한 연구도 기존의 의미·통사적 차원에서 담화나 텍스트 차원으로 전환되고 있는 추세이다. 이런 맥락에서 이 책에서는 글을 완성하는 데 관여되는 여러 요소6) 중에서 정확한 문법, 구문, 어휘와 맞춤법 사용에 의한 문장 생산보다 응결성, 문장 간 연결, 단락 조직 등 텍스트 구성(organization)에 초점을 두고자 한다. 그 이유는 다음과 같이 제2언어 습득 이론과 한국어 교육 현장의 요구에서 찾아볼 수 있다.

먼저 제2언어 습득 이론의 차원에서 보면 절차적 지식, 특히 담화(텍스트)가 어떻게 구성되는지에 관한 지식을 주동적으로 운용할 수 있는가가 언어 습득의 관건이다. 어휘와 문법을 많이 외웠다 하더라도 외국어를 못한다는 원인은 바로 여기에 있다. 王魯男·董保華(2006: 2)에 의하면 인간의 은유적 사유와 언어 발달의 유사성은 사람들이 모국어와 모국어 은유 체계를 습득한 다음에 다른 언어의 은유 체계를 이해할 수 있는 잠재적 능력을 갖추게 된다는 점을 의미한다. 언어 습득이라는 시각에서 이 잠재적 능력은 절차적 언어 지식 즉, 명제적 언어 지식을 간편하고 효과적으로 사용할 수 있는 언어 형식으로 전환하는 인지 능력을 포함한다. 그것은 특히 담화가 어떻게 구성된 지식인가를 가리키며, 학습자에 대해 그것은 추상적이고 잠재의식적이다. 이처럼 언어 습득의 성공 여부는 언어의 절차적 지식을 주동적으로 운용할 수 있는가에 있다.

이에 성공적인 언어습득을 교육의 목적으로 한다면 반드시 학습자의 요구를 수용하여 쓰기 지도가 고안되어야 한다. 그렇다면 학습자의 요구

---

6) Raimes(1983)는 하나의 글을 완성하는 데에 관여되는 요소에는 내용·구성·문법·구문·어휘·맞춤법·과정·독자·목적이 있다고 본다. "형식주의 언어학의 영향을 많이 받았던 60년대까지는 이 중에서 특히 문법, 구문, 어휘, 맞춤법이 중시되었다. 즉 정확한 문법, 구문, 어휘와 맞춤법으로 글이 완성되는 것으로 보았다. 그러나 Kaplan(1966)이 문화·언어별 글 구조 형태 연구에서 구성(organization)의 중요성을 부각시킨 이후, 단락 문형(paragraph pattern)이나 글의 구성이 쓰기의 핵심 요인으로 간주되기도 한다. 예를 들어, 주제문과 뒷받침하는 문장(topic and support), 응결성 (cohesion)과 일관성(unity) 등이 그것에 해당하다. 이는 모두 형식 중심 접근법에 포함된다. 한편 의사소통 접근법(communicative approach)은 실생활에서 우리가 어떤 특정 목적을 가지고 특정 대상이 글을 읽을 것을 예상하고 글을 쓴다는 사실을 강조하면서, 독자와 목적을 가장 중요한 쓰기의 구성 요인으로 지목하고 있다.(최연희 편저, 2010: 28)

는 무엇이고, 그 요구에 맞는 교육 내용은 어떻게 마련되는가라는 문제가 제기된다. 여기서 학습자의 요구에 대해 설문 조사를 진행한 김혜정(2010)[7]을 주목할 필요가 있다. 김혜정(2010: 37)에서 밝혔듯이 응결장치(cohesive device)는 텍스트의 미시적 응집성(coherence)에 기여하는 중요한 언어적 수단에 해당한다. 그러나 텍스트 응결장치에 대한 학습자들과 교사들의 시각에는 차이가 존재한다. 다시 말해서 교사와 학습자 모두 응결장치의 중요성을 인지하고 있다. 그러나 실제 작문 과정에서 응결장치의 선택과 사용에 어려움이 있다는 학생이 대부분인 반면, 교사는 학생들이 응결장치를 능숙하게 사용하고 있다고 평가한다. 이는 곧 교사가 다른 문법 항목에 비해 응결장치의 교육에 대한 비중을 줄일 수 있는 여지를 제공하며, 실제 쓰기 수업에서도 주의를 기울이지 않는 것으로 나타난다. 따라서 응결장치의 의미와 기능에 대한 세밀한 교육이 필요하다는 학생들의 요구와 다르게, 대부분의 교사들은 응결장치가 어려운 항목이 아니고 현재 학생들이 적절하게 사용하고 있기 때문에 그것을 교육에 직접적으로 반영할 필요가 없다고 본다.

이는 쓰기 교육 현장에서 학습자들의 실제 상황에 맞는 효과적인 교육이 이루어지지 않고 있으며 교육 내용을 선정함에 있어서 학습자 요구를 충분히 반영하지 않고 있다는 사실을 말해 준다.(김혜정, 2010: 37) 또한 필자가 현재 한국어 교육 현장에서 많이 사용되는 쓰기 교재들을 분석한 결과, 응결장치에 대한 체계적인 교육이 이루어지지 않고 있다는 사실을 발견할 수 있었다. 예를 들어, 이정희 외(2007) 등 한국 교재에서 텍스트의 응집성에 기여하는 지시어·접속어 등 응결장치 관련 내용을 다루고 있지만 텍스트 문법 지식을 전반적이고 체계적으로 다루지 못한 채 개별적인 항목들만을 제시하고 있다. 또한 기존 교재에서는 대부분 시제 문제를 다

---

7) 김혜정(2010)에서 중국 국내 4년제 정규 대학의 한국어과에 재학 중인 중급 학습자 20명, 고급 학습자 20명, 그리고 현장 교사 12명을 대상으로 설문조사를 실시하였다.

루지 않고 있으며, 김성수 외(2013)의 '서술문 쓰기의 실제' 부분에서 시제 문제를 언급하고 있지만 문장 차원의 문법 항목만 제시되어 있을 뿐이다. 다시 말해서 과거사건 서술 과정에서 제기되는 시제 연속성, 서술관점에 따른 시제 전환 등 텍스트 차원의 시제 문제들은 다루지 않고 있다.[8]

한편, 학습자 요구에 맞는 교육 내용이 교재에 반영되어 있지 않다는 점이 한국어 쓰기 교육의 취약한 부분을 드러낸다면 다음의 내용은 관련 연구의 부족을 보여 준다. 한국어 교육계는 2000년 이후부터 현재까지 중국어권 학습자의 자료를 분석 대상으로 한 연구를 활발하게 진행하고 있다. 그러나 그 연구들은 대체적으로 발음·어휘·문법·맞춤법 등 문장 층위에 머물러 있을 뿐이다. 다시 말해서 문장의 층위에 국한되지 않고, 의사소통의 매개체로서 작용하는 텍스트적 맥락에서 중국어권 한국어 학습자가 생산한 텍스트에 대한 분석, 이를 기반으로 그들이 한국어 텍스트 구성의 조건과 규칙을 습득해 나가는 구체적 양상에 대한 연구는 아직까지 턱없이 부족한 실정이다. 이와 관련한 연구 성과에 대해서는 2절에서 제시하도록 한다.

따라서 이 책에서는 궁극적으로 텍스트 구성의 조건과 규칙의 습득이라는 교육적 측면에 초점을 맞춘다. 이수미(2010: 41)에 의하면 "텍스트 언어학의 주된 과제는 구체적인 텍스트의 바탕을 이루는 텍스트 구성의 일반적인 조건과 규칙들을 체계적으로 기술하고 텍스트를 수용할 때 갖는 이들의 의미를 밝혀내는 일이다(Brinker, 1985; 이성만 역, 1995: 8). 따라서 텍스트 언어학적 연구는 텍스트 구성 자체의 규칙적인 과정, 실현, 협력 성분, 그리고 텍스트의 의사소통 기능과 효과에 관심을 갖는다. 이러한 텍스트 언어학적 연구는 텍스트성에 대한 근본적인 해답을 찾기 위한 연구라 할 수 있다. 따라서 텍스트성을 밝히는 연구는 텍스트 구성의 일반적인 조건과 규칙을 밝히는 연구라 할 수 있다. 텍스트 구성의 조건과 규칙이

---

8) 이에 대한 논의는 7장에서 논의하도록 하겠다.

바로 텍스트성의 한 부분을 의미하기 때문이다."

여기서 주목해야 할 것은 텍스트 구성의 일반적인 조건과 규칙의 습득을 강조하는 이수미(2010)에서는 한국어 교육 일반에 중점을 두고 있다는 점이다. 반면, 언어권별 쓰기 교육을 지향하는 본 연구에서는 대조 텍스트 언어학[9]적 연구와 동일한 선상에서 학습자의 모국어와 목표어의 텍스트 구성 조건과 규칙 즉, 공통점·차이점에 주목한다. 이재승(2002)에서도 지적했듯이 모국어 쓰기의 의미 구성은 개인이 소속된 집단과 상호작용하는 과정에서 형성된다. 그러나 제2언어 쓰기의 의미 구성은 제2언어 학습자가 소속된 모국어 담화공동체보다 독자로서의 목표어 담화공동체와 상호작용하는 과정에서 형성된다는 차이를 보인다. 다시 말해서 제2언어 학습에서 필자와 독자가 속한 담화공동체가 서로 차이를 드러낸다는 점에서 필자의 의도와 독자의 기대 사이의 긴장 관계는 또 하나의 문제로 부각된다.

예를 들어, 임의적인 단락 구분이 중국어 글쓰기의 주요 특징이라면, 그것은 한국어의 텍스트 구성과 다른 차원의 사안으로 간주된다. 한국어가 기본적으로 서구의 영어식 단락 개념과 조직 또는 전개 원리를 그대로 수용했다는 점에서, 한국어 단락과 중국어 단락은 큰 차이를 보인다. 이러한 구성적 차이는 단락에 관한 한국인과 중국인 담화 공동체의 원형적 인지가 상이하다[10]는 점에 기초한다. 다시 말해서, 중국인 학습 필자가 생산한 텍스트는 그가 소속된 중국어 글쓰기 담화공동체에서는 전혀 문제가 되지 않지만 한국어 담화공동체의 텍스트 구성 원리에 부합하지 않기 때문에 필자의 의도와 독자의 기대는 일치되지 않는다. 오히려 학습 필자

---

9) 대조 텍스트 언어학은 텍스트 구성의 일반적인 조건과 규칙보다 텍스트 구성에 있어 두 가지 언어의 공통점과 차이점을 연구하는 것이라고 할 수 있다.
10) 이 책에서는 학습자가 생산한 텍스트에 대해 '正/誤'라는 이분법적인 판단보다는 담화공동체의 원형 인지를 고려하는 차원에서 보다 유연하게 접근하려 한다. 이것은 최근 CLI의 연구 경향을 반영한다.

가 글쓰기 과정에서 예상했던 독자의 기대 효과는 나타나지 않은 채 한국인 독자에게 생소함과 이질감을 불러일으키게 된다.

반면, 학습자의 텍스트에서 나타난 정확한 표현 즉, 한국어 담화공동체의 텍스트 구성 원리에 부합하는 표현일지라도 그것의 이면에는 모국어 영향 관계에 의해 발생한 우연한 현상이라는 점도 간과하면 안 된다. 예를 들어 학습자 텍스트 사례 4-30의 경우, "그땐 한국어 재학중이였던 나와 같은 반 친구 중에 아주 친한 친구가 A. *한명이 있(었)다. B. 이름이 황청이다."에서 A는 '-었-'을 누락했지만 B는 정확한 표현에 해당한다. 한국어 텍스트의 담화구조 차원에서 A는 전경(foreground)으로서 '-었-'을 사용해야 하지만, B는 배경(background)으로서 '-었-'을 사용할 필요가 없기 때문이다. 따라서 이 예시만으로는 중국인 학습자가 관련 한국어 지식을 파악하고 있는지가 불분명하다.

그리고 사례 4-29의 경우, "이번 지진을 이십 년 동안 우리 나라의 제일 심한 *재해이(었)다."는 전경 부분으로 '-었-'을 누락했다. 이처럼 중국인 학습자는 전경과 배경에 관한 한국어 텍스트의 관련 개념과 무관하게 정확한 표현과 잘못된 표현을 넘나든다. 그러나 상당 내용을 학습자의 모국어인 중국어로 유추·해석할 때 위의 예시에서 정확하게 사용된 경우이든 잘못 사용된 경우이든 모두 중국어의 관습화된 표현 기법에 정확히 부합한다. 따라서 경우에 따라 우연하게 발생한 정확한 표현 즉, 한국어 담화공동체의 텍스트 구성 원리에 부합하는 표현만을 보고 중국인 학습 필자의 한국어 지식을 평가한다면 효과적인 교육 내용을 마련하는 것이 어려울 것이다.

다시 말해서, 위와 같은 양상의 원인에 대해 기존의 방식대로 "모국어를 목표어로 직역했다"로 해석할 수 있다. 그러나 이것은 학습자가 왜 어떤 부분에서는 문제가 생기고 또 어떤 부분에서는 전혀 문제가 없는지에 대해서 설명을 하지 못했을 뿐만 아니라, 더 중요한 것은 이러한 해석방법이 모국어의 영향을 어떻게 극복하는가에 대해 어떠한 도움도 주지 못한다는 것이다. 여기서 '모국어를 직역했다.'는 피상적 해석방식에서 벗어나 한국어와 중국어 사용할 때의 근거를 밝힐 필요성이 제기된다.

한국어와 중국어의 사용 근거를 밝히려면 원인에 대한 심층 검토 즉 형태적 측면뿐만 아니라 인지적 측면까지의 검토가 요구된다. 중국어권 학습자가 한국어로 자신의 텍스트를 구성하면서도 인지적 측면에서 중국어 텍스트 구성 원리에 크게 의존하기 때문이다. 이러한 연구 목적은 최근 인지언어학의 '개념적 접근법(the conceptual approach)'의 확산 추세와 관련된다. 개념적 접근법은 기존의 '형식적 접근법'에서 인지적·개념적 측면으로 그 연구 초점을 전환시켰다는 점에서 큰 의의를 지닌다. 여기서 개념적 접근법은 언어 간 영향 또는 언어전이를 개념 차원에서 발생하는 것으로 파악하는 흐름을 가리킨다. 언어 간 영향 관련 연구도 형태·문법·어휘 등의 표층적 전이 현상을 뛰어넘어 인지·개념 등의 심층 차원에서 전이 현상을 추적한다. 예를 들어, Jarvis & Pavlenko(2008) 등의 연구는 인지 심층 영역의 은폐된 모국어 개념이 개념적 측면에서의 접근 하에 학습자의 제2언어 산출에 어떤 영향과 결과를 조성하는가에 초점을 맞춘다.

필자는 이러한 방법론을 중국어권 학습자의 한국어 텍스트 분석에 적용시키고자 한다. 이를 통해 여타 언어권 학습자의 교육 내용과 다른 중국어권 학습자만의 한국어 쓰기 교육 내용을 추출하고자 한다. 즉, 'L2의 교육 내용은 L1으로부터 규정된다.'는 시각이다. L1과 L2의 상호작용을 통해 형성된 두 언어 간 '차이'가 교육 내용의 실질을 구성한다. 물론 이러한 시도와 그 성과는 단지 중국어권 학습자에게만 국한되지 않는다. 그 과정에서 언어권별 접근이라는 방법론적 일반성이 획득되기 때문이다. 이것이 이 책이 갖는 의의에 해당한다.

2. 관련 문헌 연구

2.1. 한국어 쓰기 교육 관련 연구

한국어 교육 분야에서 의사소통 중심 교육이 강조되면서 쓰기 교육 단위로서 텍스트에 관심을 갖게 되었다. 분석 대상 자료로 한국어 학습자의 텍스트, 한국인 모어 화자의 텍스트, 한국어 교재의 텍스트, 언어권별 텍스트 등이 모두 사용되었다. 예를 들면, 박수정(2012)·이수미(2010)·장향실(2010)·진대연 외(2006) 등은 다양한 언어권별 학습자의 작문 텍스트를 분석, 신주은(2010)·박기영(2008) 등은 학습자 텍스트와 모국어 화자 텍스트를 비교, 양태영(2008)은 한국어 교재의 텍스트와 한국인 텍스트를 비교하였다.[11] 다시 말해서 한국어 쓰기 교육 분야에서의 텍스트 분석은 실제로 대부분 학습자의 작문 텍스트를 분석 대상으로 삼았다. 그 중에 특히 태국인 학습자의 쓰기 지도를 위한 싯티니(2001), 터키인 학습자를 대상으로 쓰기 교육 내용을 검토한 괵셀(2004)[12] 등은 언어권별 접근의 시도라고 할 수 있다.

2000년도 이후부터 한국어 교육 학계에서 중국어권 학습자의 자료를 대상으로 하는 연구는 현재까지도 다양한 형태로 지속되고 있다. 그러나 그 연구들은 대부분 발음·어휘·문법·맞춤법 등 문장 층위에 논의의 초점을 맞추고 있을 뿐이다.[13] 이런 측면에서 김혜정(2010)의 연구 성과는

---

11) 구체적인 분석 내용으로 진대연 외(2006)는 자유 작문의 수사·조직적 특징, 이수미(2010)는 자기표현 텍스트의 구조적 측면과 의미적 측면의 특성, 장향실(2010)·박기영(2008)은 논증문 단락 쓰기의 실태, 박수정(2012)은 중심 생각을 설명하는 문장의 개수, 신주은(2010)는 감상문의 구조·내용·표현방식, 양태영(2008)은 교육 자료가 실제적인 특징을 반영하고 있는지를 검토했다.
12) 괵셀(2004)에서 텍스트 차원의 쓰기 오류로 지칭어와 높임법만 분석했다.
13) 관련 연구들을 정리해보면 다음과 같다. 어휘 오류에 대한 연구로서 남명애·김영주(2010), 이정희(2008), 민영란(2007), 왕단(2007), 차숙정·송향근(2006), 한위성

주목할 만하다. 그는 중국인 중·고급 학습자의 설득적 텍스트에 나타난 결속표지의 사용 양상을 비교·분석하고, 이를 바탕으로 효과적인 결속표지 교육 방안을 모색하고 있다. 즉, 중국인 학습자가 결속표지를 적절하게 사용하지 못하면서 텍스트의 응집성과 설득력이 떨어지는 현상을 주목한다. 그러나 그와 같은 의도에 비해 분석 결과를 살펴보면, 학습자들이 결속표지의 기능과 역할에 대해 충분히 인지하지 못하고 있으며, 어느 자리에 어떻게 사용하는 것이 효과적인지에 대한 절차적 지식이 부족하다는 일반적 결론만을 도출하고 있다.

또한 정다운(2007)에서는 논술문의 텍스트 구조 분석을 통해 중국인과 일본인 학생들의 작문 텍스트적 특징을 중심으로, 두 집단 사이에 어떤 차이점이 있는지를 고찰한다. 이를 통해 중국인 학생이 단락 내에서 논의의 논리적 전개와 표현이 부족하다고 진단하면서 단락 구성 교육의 필요성을 지적한다. 그러나 이 역시 김혜정(2010)과 마찬가지로 문제의 발생 원인과 해결 방안에 대한 논의는 크게 부족하다. 결국 언어권별 연구의 핵심인 차별화된 교육 방안, 즉 중국어권 학습자를 위한 교육 방안을 제시하지 못했다는 한계를 보인다. 그 외에도 텍스트 분석을 통해 효과적인 쓰기 교육 방안을 마련하고자 하는 연구로는 이수미(2010), 김정숙(2009), 홍혜준(2008), 박기영(2008), 이원구(2005), 용재은(2004) 등이 있다. 그러나 공통적으로 중국어권 학습자의 자료를 포함한 여러 언어권 학습자들을 대상으로 한다는 점에서 텍스트 생성에 대한 모국어의 영향 관계는 다루어지지 않고 있다.

(2006), 홍은진(2006), 최금단(2005), 이민(2004), 김미옥(2003) 등이 있다. 또한 김의수·한춘희(2009), 윤영숙(2007), 나은영(2006) 등은 문법 오류 중심, 강희숙(2009)은 맞춤법 오류분석, 장향실(2009)과 양순임(2007)은 발음 오류 및 교육 관련 등의 연구가 존재한다. 그 이외에도 김선정·김성수(2009), 민영란(2008), 김경천(2008) 등은 중국어권 학습자의 쓰기 자료에서 나타나는 다양한 범주의 오류를 함께 다룬 연구이고, 문영자(2009)는 문화적 차원에서의 오류 연구에 해당한다.

한편 제효봉(2011ㄱ)에서는 중국인 학습자의 글 2044문장을 대상으로 단락 간 연결, 단락 내부 접속 표지 등 특징적인 양상을 고찰하면서 학습자의 모국어의 영향 관계에 주목하고 있다. 마찬가지로 모국어 영향 관계에 대한 관심의 결과로 왕효성(2012ㄱ, 2012ㄴ)은 중국인 대학생의 생각 말하기(think-aloud) 자료를 바탕으로 한국어 글쓰기 과정에서의 모국어 사용과 언어 전환(language-switching) 문제를 검토하고 있다. 또한 제효봉(2011ㄴ)은 중국인 학습자 작문 텍스트에서 나타나는 재귀표현의 사용 양상을 분석함으로써 그러한 양상이 야기된 배후의 원인을 밝힌다. 그러나 왕효성(2012ㄱ, 2012ㄴ) 등의 연구는 모국어 영향 관계에 관한 유력한 근거를 제공하고 있지만 이 연구들을 통해 구체적인 교육 내용과 방안을 마련하지 못했다는 한계가 동시에 존재한다. 이와 다르게 제효봉(2011ㄱ, 2011ㄴ)을 근거로 차별화된 교육 내용의 추출은 가능하지만 한국어 쓰기와 관련된 일부 내용만 다루고 있을 뿐, 체계적인 쓰기 교육의 내용을 마련하는 데는 무리가 따른다. 따라서 필자는 중국인 학습자가 생산한 한국어 텍스트의 특징적 양상을 고찰함으로써 그러한 양상이 야기된 여러 원인 가운데, 특히 모국어인 중국어의 영향 관계에 초점을 맞추어 이를 체계적으로 규명하고자 한다.

2.2. 텍스트 분석 관련 연구

먼저 중국어권 학습자의 텍스트 분석을 위한 기준 마련을 위한 관련 연구로는 텍스트언어학의 일반적 연구, 한국어 텍스트 연구, 그리고 중국어 텍스트 연구 세 가지로 나눌 수 있다. 텍스트언어학의 일반적 연구로 한국텍스트언어학회(2009), Brinker(브링커, 2002; 이성만 역, 2004) 등에서는 텍스트의 일반적인 구조 특성 및 분석 기준을 제시하고 있다. 여기서 주목해야 할 것은 학자에 따라 응결장치에 대한 분류 방식이 다름에도 불구하고 나름대로 용어적인 차이도 있지만 연접을 중요한 응결장치로 보는 것은 대부분 학자들에게 의견차가 없다.[14] 이와 다르게 텍스트의 응결장치로 시제를 검토하는 경우는 상대적으로 적은 편이다. 앞에서 언급된 한국텍스트언어학회(2009), Brinker(2002; 이성만 역, 2004) 이외에는 de Beaugrande & Dressler(1981)의 결속 기제 분류 체계에서도 시제(tense)와 상(aspect)이 포함돼 있었다. 그리고 대부분 한국 학자가 주장하는 응결 장치 분류 체계에는 시제·상을 포함시키지 않고 있으며 이재승(2003: 100)의 경우는 "보그란데와 드레슬러(1981)가 제안한 시제, 상은 응집성에 영향을 주나 역할이 미약하다"라고 주장한다.[15]

한편 Halliday(1985), Halliday & Hasan(1976) 등 연구에서 보이듯이 한국어는 영어와는 지시나 대용 체계가 다르다. 유형적으로 첨가어적인 특성을 갖는 한국어 텍스트의 분석에서는 한국어의 특성에 맞는 분석이 필요하다는 것은 고영근(2011)·고영근(1999)·양명희(1996)·장석진(1984) 등의 공통적인 주장이라고 할 수 있다. 그리고 한국어 텍스트에서 조응 기능으로 사용되는 지시사, 대용어에 대한 세부적인 논의로 김광희(2011)·민경모(2008)·신지연(2008)·양명희(2006)·김미형(1997)·김광희(1992) 등을

---

14) 예를 들면 Halliday & Hasan(1976)과 Halliday(1985)의 분류 체계에서는 "접속(conjunction)"이라는 용어를 사용하고 있으며 de Beaugrande & Dressler(1981)에서는 "접속구조(junction)"이라고 한다. 그리고 안경화(2001)에서는 응결 장치를 문법적 응결, 어휘적 응결, 논리적 응결이라는 세 가지 분류로 하고 있는데 그 중에서 "논리적 응결"은 연접에 해당하다고 할 수 있다. 또한 고영근(2011)의 분류 체계에서는 논리적 응결뿐만 아니라 시간적 응결도 같이 포함시키면서 "통사적 응결 장치"라는 이름으로 텍스트의 연접 문제를 다루고 있다.

15) 외국인 한국어 학습자의 시제·상 습득을 검토하는 이영진·정해권(2012), 최은정(2012), 박선희(2011), 박선희(2009) 등 논문에서는 텍스트적 차원에서 시제·상 문제를 다루고 있지만 텍스트 분석을 위한 연구가 아니다. 반대로 쓰기 교육 연구로 학습자 텍스트의 특징을 전반적으로 다루고 있는 이수미(2010)에서도 텍스트 내적 자질로 접속관계·지시관계·동일어 반복·연어 사용 등 문법·어휘적 내용만을 분석하고 있으며 시제 관련 내용을 언급하지 않았다.

언급할 수 있다.

또한 이 책에서는 중국어권 학습자의 모국어 영향 관계에 초점을 두고 있기 때문에 중국어 관련 논의와 한·중 대조 연구 성과가 필수적이다. 예를 들면, Chu(屈承熹, 1998; 潘文國 외 역, 2007)에서는 중국어 텍스트 문법의 전반적인 분석 기준을 제공하고 있으며 王朝輝·張旭紅(2012), 楊玉玲(2007), 楊玉玲(2006), 方梅(2002) 그리고 曹秀玲(2000) 등은 중국어 지시사와 조응표현의 구체적인 특징을 보여 주고 있다. 여기서 주목해야 할 것은 중국어의 특징을 밝히는 연구는 중국 국어학 연구뿐만 아니라 朱永生 외(2001)처럼 중국 영어영문학이나 영어교육 분야에서 진행되는 중·영 대조 연구, 외국인을 대상으로 하는 중국어교육 분야에서 진행되는 대조연구도 포함된다는 점이다. 특히 한국인을 대상으로 하는 중국어교육 연구 성과가 한국어와 중국어의 실제적 차이, 그리고 중국어권 학습자의 모국어 영향 관계 규명에 기반이 된다. 왜냐하면 한국인 중국어 학습자와 중국인 한국어 학습자에게는 모국어와 목표어의 설정이 정확히 상반되기 때문이다. 예를 들면, 魏義禎(2012), 두엄빙(2012) 등은 한·중 텍스트의 조응현상에 대해 대조언어학 차원에서 진행되는 검토로 중국인 학습자 특징적인 양상의 원인 규명에 도움이 된다. 그 이외에 崔健·姜美子(2004), 太平武(1999)[16] 등은 중국 조선족 언어와 중국어에 대한 연구들이지만 한국어와 중국어 대용적 조응의 차이를 밝히는 데 참조가 된다.

학습자 텍스트의 주요 특징은 목표어 영향, 모국어 영향, 교육적 영향 이외에도 인지·심리적 요소 등 제2언어 습득의 일반적 요인들에 의해 발생하기도 하고 이 영향 관계들이 중첩된 형태로 나타나기도 한다. 예를 들어, 영조응의 경우 肖奚强·金柳廷(2009), 楊春(2004)에서 보이듯이 여러

---

16) 太平武(1999)는 번역 전문 연구로서 텍스트 차원에서 조선어와 중국어를 비교하는 것은 주된 내용이다. 마찬가지로 한·중, 중·한 번역 교재로 張敏·[韓]金宣希 編著(2009)와 張敏·朴光海·[韓]金宣希 編著(2012)도 한국어와 중국어 텍스트를 비교하는 내용을 다루고 있다.

L2 학습자 집단의 영조응 사용 양상의 기저에는 동일한 근거가 존재한다. 즉 여러 영향 요인 가운데 모국어 영향 관계보다 학습자 인지·심리적 요인의 영향이 더 많은 비중을 차지하고 있다. 이러한 인지·심리적 공통성은 어휘적 응결, 특히 인지적 조응에도 반영되어 있다. 인지언어학적 시각에서 이런 어휘적 응결 현상을 인지모형(cognitive model)·문화모형(cultural model), 이상적 인지모형(ICM), 은유·환유, 도식(schema)·스크립트(script) 등의 관점에서 해석하고 있다. 관련 논의는 楊一飛(2011), Ungerer & Schmid(2006; 임지룡·김동환 옮김, 2010), Lakoff & Johnson(2003, 노양진·나익주 옮김, 2008), 盧衛中·路雲(2006), 王寅(2003) 등에서 찾아볼 수 있다. 인지에 의한 어휘적 응결은 백과사전식 지식과 밀접한 관련을 맺는다. 이러한 백과사전식 지식 가운데 어떤 내용을 가르칠 것인지, 그리고 어떻게 가르칠 것인지에 대해서 Littlemore(2009; 김주식·김동환 옮김, 2012)는 문화적 키워드(cultural keyword) 및 문화적 스크립트(cultural script)를 제안한다.

2.3. 대조수사학 관련 연구

언어권에 따라 차별화된 교육 방안을 마련하기 위해서는 학습자 텍스트에 나타난 특징적인 양상들을 밝혀 그 원인을 추적해야 된다. 이 과정은 전형적인 한국어와 중국어 글쓰기의 비교를 전제로 한다. 이것은 텍스트 분석 연구의 주요 흐름인 대조수사학과 무관치 않다. 넓은 의미에서의 대조수사학에는 텍스트 응결장치의 대조 연구도 포함된다고 할 수 있다. 그러나 실제적 의미의 대조수사학 연구는 Kaplan(1966)[17]의 다양한 모국어 배경 학습자의 단락 전개 유형에 대한 연구로부터 출발했으며, 그것은 글

---

17) Kaplan(1966)은 다양한 모국어 배경을 가진 영어 학습자들의 작문 텍스트 분석을 통해 각 언어와 문화마다 선호되는 글 전개 방식이 다르다고 주장하였다.

의 내용이나 언어적 표현보다 글의 구성에 초점을 두고 있다. 다시 말해서, 주제 전개 방식, 단락 조직, 단락 내부의 내용 조직 등은 대조수사학의 주된 연구 내용에 해당한다.

Kaplan(1966)의 대조수사학이 제기된 이후, 대조수사학 연구는 수사학 패턴 즉, 글의 구성이라는 측면에서 큰 변화가 일어난다. 첫째, 제2언어 학생의 영어 작문의 수사학 패턴에 대한 해석이 다원화된다. 예를 들어 方麗靑(2005)의 ESL 작문의 수사학 패턴 연구는 중국 학생들의 수사학 패턴이 Kaplan(1966)에서 주장했던 나선형에만 국한된 것이 아니라 나선형·중립형·권위형 3가지로 구분된다고 주장한다. 둘째, 일부 학자들(Wang & Wen, 2002; Raimes, 1991; Leki, 1991)은 모국어가 제2언어 쓰기에서 부정적 영향을 끼치기도 하지만 긍정적 작용을 한다고 본다. 셋째, 대조수사학의 연구 영역이 더욱 확장된다. 학생의 작문 연구뿐만 아니라 다른 텍스트들로 확대되는 양상을 띤다.

이 책에서 참고하는 대조수사학 연구는 우선 Atkinson(2004), Connor(2004), Kaplan(2001), Connor(1996) 등 이론적 연구이다. 이 연구들은 제2언어 쓰기 교육 및 연구의 새로운 시각을 제공하고 있다. 두 번째, 한국어 학습자를 대상으로 하는 연구는 앞에서 언급했던 제효봉(2011ㄱ), 정다운(2007), 진대연 외(2006)[18] 등 이외에, 곽수진·강현화(2009)에서는 모어화자의 학술논문과 학습자의 학술보고서의 분석을 통해 학술적 논문의 대조수사학적 연구를 시도한다. 세 번째는 한국인 영어 학습자가 생산한 영어 텍스트에 관한 연구이다. 외국인 학자가 수행한 한국인의 영어 텍스트 연구로는 Walker(2006), Grade & Kaplan(1996), Hind(1990), Eggington(1987), Kaplan(1966) 등이 있으며, 한국인 학자가 한국인의 영어 텍스트에 대조수

---

18) 진대연 외(2006)에서는 "제2언어 필자에 의해서 생산된 텍스트는 필자의 제1언어에 있는 문화적·언어적·수사적 규범에 의해서 영향을 받는다(2006: 329)"는 대조수사학의 기본 전제를 수용해 일본·중국·서구 등 6개국의 120명 학습자의 자료를 분석하고 있다.

사학을 적용한 논의로는 Lee(2007), 윤가영(2006), Ryu(2006), Lee(2001), Choi(1988) 등이 있다.[19] 이 연구들은 영어와 한국어 텍스트의 차이를 중심으로 한국어 학습자가 생산한 영어 텍스트 분석을 통해 그 교육 방안을 제기하고 있다. 네 번째는 중국인 영어 학습자가 생산한 영어 텍스트에 대한 연구이다. 예를 들면 劉穎(2004)에서는 설득적 텍스트, 方麗靑・姜渭淸(2008)에서는 서사적 텍스트, 張延君(2005)에서는 학문적 텍스트를 대조수사학 시각에서 분석했다. 이상 세 번째와 네 번째 연구들은 한국어 학습자를 대상으로 하는 연구들이 아니지만 한국어와 중국어 글의 구성 특징을 추출할 수 있어서 의미가 있다.[20]

현재까지 한국어 교육에서 대조수사학 연구는 이처럼 아직 초보적 단계에 머물고 있다. 다시 말해서 한국어 교육에서 대조수사학에 관한 논의가 있지만 이것을 언어권별 접근이라는 측면에서, 특히 중국어권 학습자를 대상으로 다루고 있는 연구가 많이 부족한 실정이다. 따라서 언어권별 접근과 대조수사학을 결합시킨 방식, 즉 중국어권 학습자를 대상으로 한 효과적인 한국어 교육 방안을 마련하기 위해서 중국어권 학습자가 생산한 한국어 텍스트에 대한 대조수사학적 분석이 요청된다.

---

19) 그 외에도 김성환(1996: 18)은 한국인 영어 교육을 위해 대조수사학과 상호작용적 텍스트 이론의 필요성을 주장하면서 그것이 미치는 효과를 정리한다. 첫째, 제1언어와 제2언어 텍스트 정보의 사용, 그리고 텍스트 수사구조의 이해는 교사와 학습자에게 성공적인 의사소통에 기초한 영어 텍스트 생산을 가능하게 한다. 둘째, 한국인 학습자의 영어 독해력 향상에 기여한다.
20) 또한 터키인 영어 학습자를 대상으로 하는 Uysal(2008)처럼 여러 나라 학습자에 관한 대조수사학 연구가 있지만 이러한 논의들로부터 일정한 방법론적 틀만을 끌어낼 수 있을 뿐이다.

3. 연구 자료 및 방법

3.1. 대상 자료

1절에서 밝혔듯이 이 책에서는 쓰기의 과정보다 쓰기의 결과에 초점을 두며, 텍스트 자체에 일차적인 관심을 둔다. 또한 학습 필자가 생산한 텍스트는 필자와 독자의 중첩된 담화공동체 내부 관계에서 기능한다고 보기 때문에 독자가 텍스트에 내재한 사회문화적 맥락을 파악하지 못한다면 의사소통은 궁극적으로 성공할 수 없다는 독자 중심적 태도를 견지한다. 다시 말해서 담화공동체에 따라 상이한 텍스트 구성 원리는 그 차이를 규명하는 과정을 통해 상호 보완적인 관계로 재구성된다.

필자는 중국어권 학습자가 생산한 한국어 텍스트가 어떠한 특징을 지니고 있는지에 주목한다. 따라서 텍스트언어학적 관점에서 학습자 텍스트의 양상을 살펴보고자 한다. 이를 위해 중국어권 학습자의 작문 텍스트 약 15만 어절을 분석 대상으로 삼았으며 이는 구체적으로 2007년부터 2011년까지 중국에서 개최된 제1-5회 전(全) 중국 한국어 백일장의 자료 313편, 총 143,412어절이다.[21]

---

21) 전체적으로 원문 파일은 대회 1회 47개, 대회 2회 30개, 대회 3회 77개, 대회 4회 81개, 대회 5회 78 개로 총 313개로 구성된다. 제2회 백일장 자료는 모두 62편이다. 그 중 32편의 상태가 좋지 않아 작업 대상에서 제외했다. 그 이유는 연필을 사용한 글 등 스캔과 복사물 자체에 문제가 있어 해독에 어려움이 있었기 때문이다. 따라서 2회 자료 가운데 30편만을 추려 작업을 진행했다는 점을 밝혀둔다. 이러한 문제는 3회(2편)와 4회(1편)에서도 발견되었다. 반면, 상태가 양호한 1회와 5회의 백일장 자료들은 모두 작업 대상에 포함되었다.

<표 1-1> 중국어권 학습자의 텍스트 자료 구성

	제1회	제2회	제3회	제4회	제5회	합계
글제	인연	나눔	어느 하루	양심	거울	
참가인원	47명	62명	79명	82명	78명	348명
유효자료	47편	30편	77편	81편	78편	313편
유효자료 어절통계	18,827 어절	11,312 어절	34,447 어절	37,517 어절	41,309 어절	143,412 어절
평균 어절수	400.57	377.07	447.36	463.17	529.60	458.19

전(全) 중국 한국어 백일장 자료는 다음과 같은 측면에서 적합한 자료라고 할 수 있다). 첫째, 백일장 참가자인 중국인 한국어 학습자들은 숙달도면에서 중급과 고급 단계22)에 위치하기 때문에 하나의 완성된 텍스트 생산이 가능하다고 판단되며, 실제 생산된 텍스트도 분석에 충분한 분량(평균 458.19 어절)을 갖추고 있다. 여기에는 수사적 특징이 반영된 단락 구성·단락 간 조직·주제 전개 등이 포함된다. 둘째, 백일장 대회에서 생산된 한국어 텍스트는 중국 각지 60여개 대학의 한국어학과 학생들의 참여로 이루어졌다.23) 이것은 기존 연구가 대부분 2-3개 교육 기관의 학습자가 산출한 자료를 대상으로 삼았다는 점과 크게 구별된다. 셋째,

---

22) 백일장 대회의 참가자는 학교별로 인원이 제한(1-3명)되어 있기 때문에 각 학교에서는 쓰기 실력이 가장 우수한 학생들을 참여시킨다. 이를 위해 학과별 예선을 별도로 진행해 참가 학생을 선발하고 있다.

23) 구체적 학교 명칭은 다음과 같다. 곡부사범대학, 광동외어외무대학, 길림대학, 길림사범대학, 길림재경대학, 낙양외국어대학, 남경대학, 남경사범대학, 남경효장대학, 노동대학, 대련외국어대학, 대만정치대학, 대외경제무역대학, 무석남양학원, 무석상업직업기술학원, 복단대학, 북경공업대학, 북경대학, 북경어언대학, 북경연합대학, 북경외국어대학, 북경제2외국어대학, 산동공상학원, 산동과기직업학원, 산동대학, 산동대학위해분교, 산동사범대학, 산동성청년관리간부학원, 산동청년정치학원, 산동사범대학역산학원, 상해공상외국어대학, 상해수산대학, 상해외국어대학, 상해해양대학, 서안외국어대학, 서주공정대학, 양주대학, 연대대학, 연변대학과학기술학원, 연변대학, 연운항직업기술학원, 요녕대학, 요동대학, 요성대학, 장춘대학광화학원, 장춘이공대학, 절강월수외국어학원, 제남대학, 중국문화대학, 중국전매대학, 중국해양대학, 중앙민족대학, 천진사범대학, 천진외국어대학, 청도농업대학, 청도대학, 청도이공대학, 치치하얼대학, 하얼빈공업대학위해분교, 호남사범대학, 흑룡강대학 등.

이 자료들은 참가자들이 자신의 실수를 최대한 만회한 유형에 속한다. 다시 말해서 학습자들에게 충분한 검토와 수정 시간이 주어졌다는 점이 확인되었다.

3.2. 연구 방법

1) 코퍼스-기반 텍스트 연구

대조수사학 연구 방법론을 논의한 Connor(2004)에서는 코퍼스-기반 텍스트 연구(corpus-based text studies)를 권장하고 있다. 여기에서는 중국어권 학습자 텍스트의 특징을 밝히기 위해 학습자 텍스트 원시 말뭉치(non-annotated corpus), 병렬 말뭉치(parallel corpus), 그리고 주석 말뭉치(annotated corpus)[24] 세 가지 코퍼스를 구축한다. 학습자 원시 말뭉치는 접속어 사용의 선호도와 같은 양상을 밝히는 데 유용하다. 그러나 이런 양상이 중국어권 학습자의 특징적인 양상인지를 밝히려면 한국인 모어 화자 텍스트와 비교·대조할 수 있는 병렬 말뭉치가 요구된다. 또한 학습자 원시 말뭉치와 병렬 말뭉치는 지시사와 같은 형태 검색이 가능한 항목들만 조사할 수 있다는 한계도 지닌다. 이것은 코퍼스 언어학 연구에서 주석 말뭉치의 중요성을 강조하는 이유이기도 하다.

먼저 원시 말뭉치를 구축하기 위해 143,412어절의 자료를 전자화한다. 자료의 전자화에서는 흔히 두 가지 방법이 사용되는데 하나는 직접 WORD나 EXCEL 파일에 입력하는 것이고, 다른 하나는 스캔본 내용을 식별할 수 있는 프로그램을 사용하여 1차적으로 내용을 워드 파일로 전환한

---

24) 텍스트를 그대로 전자 형태로 모아 놓은 것을 원시 코퍼스라고 한다면 텍스트를 어떤 목적을 위하여 가공하고 표지를 붙여 놓은 것은 주석 코퍼스라고 한다.(한정한 외, 2007: 51)

다음 2차적으로 인공적 교정 작업을 하는 방식이다. 이 자료들은 모두 학습자가 원고지에 펜으로 쓴 작문이라서 글자체도 매우 다양하다. 따라서 사람이 직접 손으로 입력하는 방식을 택한다. 즉 원본 자료를 전부 스캔을 한 다음, WORD 파일에 직접 입력한 것이다.

입력할 때 주의할 점은 다음과 같다. 첫째, 학습자가 생산한 원문을 그대로 반영한다. 특히 중국어권 학습자의 경우, 모국어인 중국어의 특성상 띄어쓰기를 무시하는 경우가 많을 뿐만 아니라 새로운 단락이 시작될 때 2칸 들여 쓰는 경우가 많은데 이러한 내용들을 모두 반영한다. 이 연구 자료는 원고지에 작성되었기 때문에 띄어쓰기 상황을 정확하게 파악할 수 있다. 둘째, 어절수를 산출할 때 띄어쓰기가 기본이 되는데 띄어쓰기에 문제가 많은 원본 자료를 토대로 어절수를 산출하면 정확도가 크게 떨어질 수밖에 없다. 이를 해결하기 위해 띄어쓰기를 먼저 수정한 후 파일들을 따로 저장해서 어절 통계용 전문 파일들을 만든다. 셋째, 한글을 제외한 그 외의 언어는 원문 그대로 입력한다. 특히 중국 학생이 한자를 쓸 때 번체자를 간체자로 쓰는 경우가 많은데 이러한 경우에 간체자를 그대로 입력한다.

또한 학습자 텍스트만을 놓고 볼 때 일반적 양상인지 아니면 학습자 텍스트의 특징적 양상인지에 대한 구분이 어렵기 때문에 학습자 텍스트와 모어 화자 텍스트의 비교·대조를 진행한다. 코퍼스 언어학이 발전되면서 대조수사학적 방법을 통해 많은 양의 쓰기 자료들을 분석할 수 있게 되었다. 코퍼스를 통한 쓰기 결과물의 비교 과정에서 자주 제기되는 문제가 바로 쓰기의 결과물이 서로 비교·대조 가능한가이다. 서로 비교·대조 가능하지 않은 것에 대한 분석은 타당한 결과를 끌어낼 수 없기 때문에 결국 무의미해진다. 이것은 대조분석에 관해 James(1980)가 이미 지적했던 문제이기도 하다.(최연희 편저, 2010: 202)

이를 보완하기 위해 Hartmann(1980) 등의 대조수사학 연구자들은 대조

분석을 수행할 때, 텍스트의 장르·주제·사용역(register)이 통제되도록 하는 평행 텍스트(parallel texts)의 필요성을 강조한다.(Celce-Murcia & Olshtain, 2006: 149) 본 연구에서도 학습자 텍스트와 모어 화자 텍스트를 비교·대조하기 위해 중국어권 학습자 텍스트와 한국어 모어 화자 텍스트로 구성된 병렬 말뭉치를 구축한다. 여기서 주의해야 할 것은 텍스트의 장르·주제·사용역을 통제한다고 하더라도 제2언어 학습 필자가 생산한 텍스트와 동일한 내용의 텍스트를 한국인 모국어 필자가 생산하는 것이 어렵다는 점이다. 만약 동일 내용이 아니라면 내용상의 차이로 인해 형식적인 비교가 불가능해진다. 따라서 본 연구에서는 이 문제를 최대한 극복하기 위해 다음과 같은 방식을 채택한다.

먼저 학습자의 작문에 대한 원어민 교사의 1차 수정 이후, 1차 수정을 담당하지 않은 다른 원어민 교사와 중국인 교사가 공동으로 2차 수정 작업을 진행한다.[25] 그리고 수정할 때는 '문법적 정확성'과 '원어민 담화공동체의 용인 여부'라는 두 가지 기준을 적용한다. 즉 최대한 원문의 의미와 조직 방식에 충실하면서도 한국인 독자의 담화공동체에서 용인되는 범위를 고려해 수정하는 방식이다. 이를 통해 중국인 학습자의 텍스트와 최대한 동일한 내용을 한국어 모어 화자의 텍스트를 생성한다.

그리고 컴퓨터로 검색할 수 있도록 다음과 같이 수정 표기를 통일시킨다. 첫째, 수정할 부분을 먼저 빨간색으로 칠하고, [ ] 안에 대치해야 할 내용을 빨간색으로 기입한다. 둘째, 첨가해야 될 내용은 ( ) 안에 빨간색으로 기입한다. 셋째, 삭제해야 될 내용은 관련 부분을 빨간색으로 설정한 뒤 (생략)이라고 표기한다. 넷째, 띄어 써야 되는 내용을 붙여 쓴 경우는 [^]로 표기하고, 붙여 써야 되는 내용을 띄어 쓴 경우에는 '_'로 표기

---

25) 구체적으로 2차 수정 작업은 중국어가 가능한 원어민 교사와 중국인 한국어 교사가 담당한다. 이것은 수정 작업으로 생성된 텍스트와 원문 텍스트의 내용의 동일성 여부를 판단하기 위해서다.

한다. 구체적인 예시는 다음 <그림 1-1>을 참조할 수 있다.

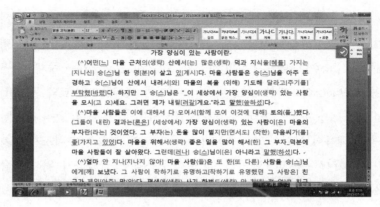

<그림 1-1> 수정 결과 예시

이와 같은 수정 작업을 거친 자료는 전체 자료의 58%(83276어절)에 이른
다. 이 작업의 장점은 수정 지점이 바로 두 가지 텍스트에서 차이가 나는
지점과 일치한다는 것에 있다. 이러한 학습자 텍스트와 모어 화자 텍스트
의 여러 '차이' 가운데 공통적인 것은 중국어권 학습자 텍스트의 특징적
인 양상에 해당하다. 여기서 공통적인 것인지에 대한 방증으로 빈도에 따
른 양적 연구를 진행한다. 예를 들어, 이 연구에서 학습자와 모국어 화자
텍스트에서 사용된 응결장치에 대한 빈도 통계는 비교·대조가 가능한
텍스트의 양적 분석이기 때문에 결과의 타당성을 보장한다.

그러나 이러한 작업 방식은 학습자가 생산한 원문의 내용을 한국어 텍
스트 구성 원리에 따라 재조직할 수 없기 때문에 텍스트 내용의 전개와
조직에 관한 비교·대조에 한계가 있다. 이를 보완하기 위해서 1차 수정
을 진행한 원어민 교사가 내용 전개 및 조직에 초점을 두고 학습자 텍스
트를 재검토하면서 단락 구분의 표기, 내용의 전개 및 조직적 특징에 대
한 평가를 첨가한다. 그리고 표기 내용과 평가 내용에 대한 2차 수정을

위와 동일한 방식으로 진행한다.

이처럼 본 연구는 중국어권 학습자 텍스트와 한국인 모어 화자 텍스트에 상당하는 수정본 텍스트로 병렬 말뭉치를 구축했다. 이와 함께 이 연구에서는 말뭉치 내용의 검색과 용례의 추출을 위해 한국어 정보의 전산 처리 프로그램인 서울대 박진호 교수의 유니콩크(uniconc), 그리고 현재 여러 언어의 검색 도구로 광범위하게 사용되고 있는 엠에디터(emeditor)를 사용한다. 다음 <그림 1-2>에서 보이는 것처럼 유니콩크는 사용 방법이 복잡하지 않다는 장점이 있지만 검색 내용의 길이가 한정되기 때문에 구체적으로 단락 구분 등 텍스트 차원의 분석이 곤란하다는 측면에서 단점을 가지고 있다.

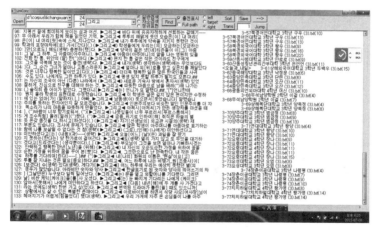

<그림 1-2> 유니콩크(uniconc) 용례 검색 결과 예시

반면, 엠에디터는 문단 전체를 모두 파악할 수 있기 때문에 빈도 추출보다는 텍스트의 구체적 양상 분석에 더 적합한 프로그램으로 판단된다. 다음 <그림 1-3>에서 보이듯이 검색 결과 화면의 좌측에는 용례 원문으로 갈 수 있는 링크 주소가 나타나고, 하나씩 클릭하면 <그림 1-4>에서

보이는 것처럼 해당 용례의 원문 전체가 뜬다.

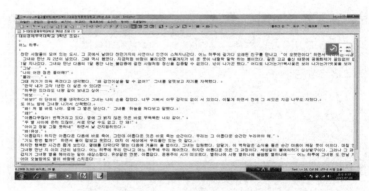

<그림 1-3> 엠에디터(emeditor) 용례 검색 결과 예시

<그림 1-4> 엠에디터(emeditor)의 원문 링크 예시

　　마지막으로 원시 말뭉치와 병렬 말뭉치는 형태 검색이 가능한 항목들만을 조사한다는 한계를 극복하기 위해 주석 말뭉치를 구축한다. 예를 들자면. 서사적 텍스트의 시제 연속성을 고찰하기 위해서는 시제 어미의 사용 양상을 고찰해야 하는데 형태 검색이라는 방법만으로는 해당 용례를 추출하는 것이 매우 어렵다. 김호정(2006: 49)에 따르면 학교 문법에서 '-는 -/-ㄴ-, 영형태', '-겠-/-ㄹ것이-', 그리고 '-었-'이 각각 '현재·미래·과거 시제

선어말 어미'로 인정된다. 그 중 현재시제 어미로서 영형태의 검색이 어려울 뿐만 아니라, 미래시제 어미로서 '-ㄹ것이-'도 절대적 시제 또는 상대적 시제에 사용되는 경우 형태적으로 혼동을 일으키기 쉽다.26) 또한 과거시제 어미인 경우, 형태소 '-었-'으로 검색할 수 있지만 '갔다', '슬펐다' 등 변이형이 존재하기 때문에 단순한 형태 검색으로는 정확한 결과를 얻을 수 없다. 따라서 형태로 검색할 수 없는 이와 같은 항목들을 조사하기 위해 본 연구에서는 수정 자료의 일부(18,710어절)를 대상으로 주석 말뭉치를 만든다. 구체적인 자료 구성은 다음 <표 1-2>와 같다.

<표 1-2> 주석 말뭉치의 자료 구성

	2학년	3학년	4학년	총합
총 문장수	394	1,084	566	2,044
총 어절수	3,945	8,896	5,869	18,710
작문 개수	12	18	12	42
텍스트의 평균 어절수	328.75	494.22	489.08	445.48
문장의 평균 어절수	10.013	8.207	10.369	9.153

말뭉치의 주석은 그 연구 목적에 따라 다양한 형태로 이루어질 수 있다.(한정한 외, 2007: 52)27) 본 연구에서는 문장의 측면을 넘어서 텍스트 차

---

26) 고영근·구본관(2009: 398-400)에 따르면 발화시나 경험시를 기준축으로 삼아 결정되는 시제를 절대적 시제, 안은 문장의 사건시에 의존하여 상대적으로 결정되는 시제를 상대적 시제라고 한다. 절대적 시제는 종결형과 독립성이 강한 연결형에서 표시되고 상대적 시제는 관형사형과 독립성이 약한 연결형에서 표시된다. 시제 연속성을 조사 대상으로 삼는 경우, 상대적 시제보다 절대적 시제에 더 주목한다.

27) 기존의 한국어 학습자 말뭉치는 대부분 오류에 표지를 부착하는 방식을 취하며 그 표지 체계는 김유미(2000), 조철현(2002), 고석주 외(2004), 김정숙·김유정(2002), 김유정(2005), 이승연(2006) 등이 있는데 각각 주안점도 다르고 장단점도 있다. 예를 들면, 김유미(2000)은 총 50개의 유형으로 분류하였으나 "제시한 오류 표지가 한국어 학습자 말뭉치에 전체적으로 균형 있게 활용된 것으로 보이지 않는다(이승연, 2006: 177). 그리고 조철현(2002)과 고석주 외(2004)는 어휘 오류에 있어서 대치 오류가 지나치게 상세화되어 있는데, 품사 내 대치와 품사 간 대치의 구분을 구별하여 표지하고 품사 간 대치의 경우에는 각각의 품사를 모두 표지에 포함하여 다소 복잡하게 보인다는 것과 일관성과 체계성이 부족해 보이는 부분이 있다는 문제점이 있

원의 문제를 검토하기 때문에 텍스트의 문법적 응집성에 초점을 두고 지시, 조응, 연접과 시제 등 관련 응결장치에 주석을 부가한다. 그리고 단락 구분의 문제 즉, 단락을 잘못 나눈 경우와 단락을 잘못 연결한 경우도 포함시킨다. 또한 맞춤법 오류를 철자 오류, 문장부호 오류, 띄어쓰기 오류 세 가지로 세분화한다.[28] 이밖에도 구어적 표현(예, 아르바이트→알바)은 맥락 오류로 처리한다.

2) CLI의 주체 간 비교법

앞서 언급된 코퍼스 기반 텍스트 분석은 양적 방법인 빈도 통계와 질적 방법인 대표적 사례 제시를 병행 분석하는 것으로 학습자의 양상을 추출하는 데 유용하다. 그러나 하나의 양상에 대한 기술(description)은 그 사실이 어떠하다는 것을 드러내는 데에 그칠 뿐, 왜 그 어떠한 사실이 그렇게 형성되었는지에 대해서 규명하지 못한다.(김미형, 2010: 13) 대조수사학적 연구는 학습자 텍스트의 특징이나 언어 간 차이의 원인을 사회문화적 차원에서 찾는다. Connor(2004)에서는 이 접근법을 '질적 맥락 연구(qualitative

---

지만 오류의 유형이 비교적 상세히 분류되어 있다는 점은 연구 목적에 맞는 용례를 필요로 할 때 보다 세밀한 조건으로 추출할 수 있다는 장점을 지니고 있다(이승연, 2006: 181). 또한 김정숙·김유정(2002)는 오류 체계의 틀이 좀더 여유 있게 마련되어 있어서 학습자 말뭉치에서 발생할 수 있는, 예측하기 어려운 다양한 경우를 넓게 포함시킬 수 있는 장점이 있는 반면, 오류 층위에서 어휘나 문법 오류에서 형태, 의미, 사용 오류를 명확하게 구별하는 기준이 불분명하다는 단점도 있다. 그 외에 김정숙·김유정(2002)과 김유정(2005)의 체계를 수정·보완한 이승연(2006)에서는 여러 어절이 복합적으로 오류를 일으킨 경우를 표시하기 위해 복합 오류 유형을 마련하였다.

28) 한국어정보의 전산처리에 있어서 흔히 어절을 단위로 하기 때문에 기존의 연구에서 대부분 학습자의 띄어쓰기 오류를 무시하고 문장부호 오류를 다루는 연구도 극히 드물다고 할 수 있다. 그러나 띄어쓰기와 문장 부호의 사용은 작문에서 중요한 부분을 차지하고 실제 텍스트의 검토 결과, 중국어권 학습자의 텍스트에서 큰따옴표와 작은따옴표의 혼용을 비롯한 문장부호 오류가 많이 나타나고 있다.

contextual studies)'라고 부른다. 사회문화적 맥락에 대한 검토는 중국어권 학습자의 한국어 텍스트에 개입된 중국어 즉, 중국인 담화공동체의 텍스트 구성원리라는 관습이 학습 필자에 어떻게 영향을 끼쳤는지를 살피는 데 매우 중요한 방법론이라고 할 수 있다.

그럼에도 불구하고 텍스트의 문법적 응집성에 기여하는 응결장치의 사용 문제는 사회문화적 차이로도 설명하기 곤란한 부분이 많다. 이로부터 인지적 차원, 즉 응결장치 사용의 근거 및 원리에 대한 연구가 요구된다. 인지적 또는 개념적 차원에서 언어 간 영향(CLI)에 접근하는 시각으로, 심층의 개념 구조는 표층 형식 구조가 존재하는 기본 근거가 된다. Jarvis and Pavlenko(2008: 30-31)에 의하면 CLI를 심리적 현상으로 파악한 연구에는 크게 두 가지 접근법이 존재한다. 이 두 가지 접근법은 개인에게 부여된 주의력 정도로 구분된다.

첫 번째는 주체 내부를 비교하는 방법(intrasubjective approach)이다. 이 방법은 개인에 주목한다. 보다 정확하게 말해서 그것은 개인의 언어 사용 과정(언어 출력이나 이해)에서 나타나는 CLI 유형에 주목하는 것이다. 주체 내부를 비교하는 연구들은 보통 사례 연구(예를 들어 Jarvis, 2003; Yip & Matthews, 2000)에 속하는데 이 연구들은 종적 연구를 포함할 수도 있고 그렇지 않을 수도 있다. 주체 내부를 비교하는 방법의 장점은 개인의 언어 사용을 세밀하고 철저하게 연구할 수 있다는 점인 반면에, 단점은 일반성이 떨어진다는 것이다. 그것은 단일 언어 사용자에 대한 사례 연구, 또는 소규모 그룹에서 개인들의 언어 사용에 대한 사례 연구이기 때문이다. 두 번째로는 주체 간(intersubjective approach) 비교로, 비교적 규모가 큰 특정 언어권 학습자들의 언어 사용모델을 연구한다. 주체 간 비교 방법은 일반적으로 횡적 연구로 귀결된다. 이 방법의 장점은 일반성을 갖는다는 것에 있지만, 참여자의 특징과 데이터 수집 등의 환경 부분에 관심이 부족하다는 것은 단점으로 지적된다.

본 연구에서 채택한 방법은 두 번째인 주체 간 비교에 해당한다. 이 연구의 목적은 개별 학습자의 모국어가 그의 텍스트에 영향을 끼쳤는지, 다시 말해서 언어전이가 실제로 발생했는지에 있지 않다. 오히려 언어 간전이 발생을 촉진하거나 억제하는 다양한 조건들, 즉 전이성(transferability)을 다루는 데 그 기본 목적이 있다. 그 가운데 언어적 조건에 대한 검토는 필수적이다.29) Jarvis는 모국어 영향의 발생을 판단하는 언어적 근거로 '동일한 모국어 배경을 가진 학습자의 중간언어 표현의 동질성(intra-L1-group homogeneity in learners' IL performance)'과 '동일한 모국어 배경을 가진 학습자의 모국어와 중간언어 표현의 일치성(intra-L1-group congruity between learners' L1 and IL performance)'을 제시한다. 전자는 Odlin(1989)에게서 빌려온 것이지만, 후자는 Jarvis 자신이 고안한 것이다.(蔡金亭, 2009: 54).30)

동일한 모국어 배경을 가진 학습자 언어표현의 동질성은 바로 중국어권 학습자가 생산한 한국어 텍스트의 공통적인 특징을 가리키는 것인데, 앞서도 언급했듯이 본 연구에서는 코퍼스 기반 텍스트 연구를 통해 이러한 특징들을 밝히려고 한다. 그리고 동일한 모국어 배경을 가진 학습자의

---

29) "Jarvis는 일부 외부 요인도 모국어 전이에 영향을 끼친다고 본다. 그래서 이러한 요인들을 통제해야만 중간언어 가운데 어떠한 현상들이 모국어 전이의 작용인지 파악할 수 있다고 주장한다. 그는 Ellis의 분류에 기초해 통제해야 하는 요인을 아홉 가지로 나눈다. 1) 연령 2) 인격·동기·언어학습 능력 3) 사회·교육·문화적 배경 4) 언어 배경 5) 학습하는 목표어의 유형과 학습 시간 6) 제2언어의 수준 7) 모국어와 목표어 사이의 언어적 거리 8) 과제 유형과 언어사용 영역 9) 언어 특징의 원형성과 유표성"(蔡金亭, 2009: 54-55) 이 책의 연구에서 선택한 백일장 자료는 이상 아홉 가지 요소를 적절히 통제한 상태에서 생산된 자료라고 할 수 있다. 먼저 학습자는 모두 중국 정규 대학 한국어학과 2-4학년 재학생으로 나이는 18-23세이고, 비슷한 교육·문화적 배경을 가지고 있다고 판단할 수 있으며, 학습자의 모국어는 모두 중국어다. 그리고 학습자의 한국어 수준은 2·3·4 학년으로 세분화하여 변인으로 고려하고자 한다. 또한 모국어와 목표어 사이의 언어적 거리와 언어적 특징의 원형성과 유표성 방면에도 동질성 집단이라고 할 수 있으며, 한 번의 대회에는 정해진 하나의 글제로 글을 쓰기 때문에 과제 유형도 어느 정도 통제되어 있다.

30) 관련 논의는 Jarvis(1998)·Jarvis(2000)과 Jarvis·Pavlenko(2008)에서 보인다.

모국어와 중간언어 표현의 일치 여부를 조사하기 위해 본 연구에서는 학습자 텍스트의 특징으로 뽑힌 부분을 중국어로 번역한다. 그 다음 번역본 텍스트에 대해서는 중국어의 문법적 정확성과 중국인 담화공동체의 용인 여부로 평가한다.

3) 인지적 대조법

본 연구는 이상의 연구 성과를 바탕으로 언어권별 쓰기 교육의 질적 향상을 도모하기 위한 교육 내용을 생산한다. 즉, 'L2의 교육 내용은 L1으로부터 규정된다.'라는 시각에서 여타 언어권 학습자의 교육 내용과 다른 중국어권 학습자만의 한국어 쓰기 교육 내용을 추출한다. 다시 말해서, L1과 L2의 형태적 측면뿐만 아니라 인지적 측면도 비교·대조의 대상이 된다. 왜냐하면 두 언어 간 '차이'가 바로 교육 내용의 실질을 구성하기 때문이다.

이 책의 기본적인 시각은 김미형이 제기한 '인지적 대조언어학 방법론'과 그 궤를 같이 한다. 김미형(2010: 69)에서는 인지적 대조언어학을 "세계 여러 언어들 간의 비교와 대조분석을 통하여 특징적인 언어 현상을 기술하고, 그 언어 현상이 인간의 어떠한 정신을 반영하는가에 대한 해석을 이끌어내고, 나아가 인간의 보편적 인지 양상과 언어권별로 차이나는 상대적 인지 양상을 규명하는 학문"이라고 정의한다.[31] 또한 김미형(2010: 13)

---

31) 김미형(2010: v-vi)에서는 '인지적 대조언어학'이라고 명명하면서 그 이유는 다음과 같이 설명한다. "두 언어를 견주어 보는 것이니 대조언어학이 될 것인데, 그러한 비교·대조를 할 때 꼭 연관하여 인식되는 것이 바로 '인간의 인지'에 관련된 것이었다. 곧 한국 사람과 미국 사람들의 사고 조직의 차이가 바로 그러한 표현을 낳는 것이라는 것이 늘 결론이 되곤 했다. 그래서 이러한 자료들을 엮어 감히 '인지적 대조 언어학의 방법론 연구'라는 제목을 붙이게 되었다. '대조언어학의 인지적 접근'이라 해도 좋을 것이고, '인지언어학적 대조분석'이라 해도 좋을 것인데, 나는 앞으로 이 분야에 무궁무진한 가치 있는 연구거리들이 담겨 있음을 확신하면서 하나의 새로운

에서는 "인지적 대조언어학은 인지언어학의 한 분야가 되면서 한 언어만을 놓고 분석했을 때에는 잘 드러나지 않던 특별한 언어 사실을 드러내어 인간의 인지를 더욱 잘 규명해 낼 수 있는 효율적인 연구 방법이라고 할 수 있다."고 설명한다. 이러한 인지언어학적 대조분석 방법은 대조수사학적 분석틀을 인지·개념적 차원에서 보완하는 이 책의 접근 방식과 기본적으로 동일하다. 이런 맥락에서 대조수사학에서 강조하는 담화공동체의 기대는 담화 공동체의 원형적 인지로 해석된다. 다시 말해서 CLI의 주체 간 비교법은 중국어권 학습자라는 담화공동체의 언어와 인지에 더 초점을 두고 있는 반면 인지적 대조언어학 방법은 L1과 L2 담화공동체의 언어와 인지에 집중한다.

학문 분야의 제목으로 '인지적 대조언어학'이라는 이름을 내걸고자 한다."

제2장

언어 간 영향에 대한 대조수사학적 접근

　앞서 언급했듯이 언어권별 접근을 통해서만 각 언어권 학습자에게 적합한 교육 내용이 마련될 수 있다는 입장에서 보면, 한국어 교육학계에서 익숙한 '초급-중급-고급'이라는 단계 구분도 다시금 검토될 필요가 있다. 즉 그것은 한국어 지식의 습득 정도로 구분되는 것이 아니라 중국어권 학습자의 모국어인 중국어와 외국어로서 한국어의 심층적 상관관계 즉, 언어 간 시스템이나 개념의 교류·삼투·혼성 등에 의해 형성된 복잡다기한 연결망의 구축 정도로 이해된다. 그것은 L2의 작용과 L1의 반작용, L1의 재작용과 L2의 반작용 등의 역동적 특징을 드러내기 때문에 '초급-중급-고급'이라는 단계 구분에는 그러한 상호작용의 주요 특징이 반드시 포함되어야 한다. 이와 같은 접근은 학습자 내부의 모국어와 목표어의 상호 역동적 관계를 교육 내용으로 전환시킨다는 점에서 매우 중요한 시각을 제공한다. 2장에서는 제2언어 습득 영역에서 목표어와 모국어의 상호 관계를 다룬 관련 연구와 한국어 쓰기 교육 관련 연구를 비판적으로 검토한다. 이를 바탕으로 언어권별 쓰기 교육에 대한 새로운 접근 방안을 마련한다. 그것은 바로 개념적 전이(Conceptual Transfer)와 대조수사학을 결합시킨 시각에서 학습자 텍스트의 분석 기준을 마련하는 방식이다.

1. 언어 간 영향의 개념적 시각

제2언어 습득 영역에서 목표어와 모국어의 상호 관계에 대한 연구는 기본적으로 언어전이(Linguistic Transfer) 또는 언어 간 영향(Crosslinguistic influence, CLI)이라는 틀에 기초한다. 여기서는 크게 언어전이 연구의 패러다임 전환 과정을 살펴본 뒤, 언어 간 영향 관계를 직접적으로 보여주는 개념적 전이를 고찰하고자 한다. 왜냐하면 학습자 내부에서 전개되는 두 언어의 역동적 관계는 개념적 층위에서 가장 잘 드러나기 때문이다.

1.1. 언어전이와 언어 간 영향

우선 언어전이의 경우, 그것은 줄곧 응용언어학·제2언어 습득·언어교육의 중심 문제로 다뤄진다. Pica(1994)는 외국어 교육자가 가장 관심을 가져야 할 10가지 문제 가운데, '모국어가 어떻게 제2언어 습득에 영향을 끼치는가'를 첫 번째로 검토한다. 徐慶利·蔡金亭·劉振前(2013: 103)에서 "언어전이는 이미 습득된 또는 완전히 습득되지 못한 언어와 목표어 사이의 차이점과 공통점이 생산하는 영향 관계를 가리킨다. 따라서 언어 간 영향이라고도 불린다."고 설명한다. 이러한 언어전이는 첫째, 모국어에서 목표어로 향하는 정방향 전이(forward transfer, 正向遷移), 둘째, 목표어에서 모국어로 향하는 역방향 전이(reverse transfer, 反向遷移), 셋째, 제2언어에서 제3언어 또는 제3언어에서 제4언어로 나아가는 과정에서 발생하는 과도적 언어[過渡語] 간 옆방향 전이(lateral transfer, 橫向遷移)를 포함한다. 마찬가지로 Jarvis & Pavlenko(2008)도 '전이'와 '언어 간 영향'이라는 용어가 서로 대체 가능한 개념을 공유한다고 본다. 그것은 개인이 새로운 언어 지식을 운용할 때 맺게 되는 기존의 언어 지식과의 영향 관계라는 하나의 언어 현상

이다.[32)]

이러한 CLI는 두 가지 차원에서 구분된다. 하나는 사회적 현상으로서 일반적인 언어 접촉의 결과와 관련된다. 다른 하나는 개인의 심리적 현상으로 볼 수 있다. 본 연구의 범위는 심리언어학적 현상으로서의 전이, 즉 인지적·언어적·사회적·상황적 요인 등의 영향을 받는 현상에 맞춰진다. 또한 연구 대상도 제2언어를 사용하는 성인 학습자에 한정된다.

Jarvis & Pavlenko(2008)에 따르면 개인적 현상으로서의 전이도 다양한 기준에서 분류될 수 있다. 예를 들어, 전이 방향에 따른 정방향[正向]·역방향[反向]·옆방향[橫向]·쌍방향[雙向]·멀티 방향[多向] 등의 전이, 인지 수준에 따른 언어적 전이와 개념적 전이, 지식 유형에 따른 암묵적[隱性] 지식의 전이와 표출적[顯性] 지식의 전이, 의도에 따른 의도적 전이와 비의도적 전이 등이 존재한다. 뿐만 아니라 듣기·말하기·읽기·쓰기의 방식에 따른 출력 전이와 입력 전이, 결과에 따른 긍정적 전이[正遷移]와 부정적 전이[負遷移] 등도 있다.

1.2. 언어 간 영향 관계 연구의 패러다임 전환

1950년대 이후, 제2언어 습득·외국어 교육 등의 영역에서 언어전이와 제2언어 학습의 관계가 연구의 초점이 된다. 1980년대 이전까지 전이는 하나의 영향력을 갖춘 요인으로서 제2언어 습득이라는 행위와 과정을 설명하는 데 활용된다. 특히 모국어 전이가 존재하는지의 여부가 이 시기의 중심 의제가 된다.[33)](徐慶利·蔡金亭·劉振前, 2013: 103-104) 한편, 1980년대 이

---

32) 이 책에서도 '언어 간 영향'과 '전이'를 상호대체가 가능한 개념적 범주로 간주한다.
33) 기존의 언어전이 연구는 연구 방법·수단·초점 등에서 다음과 같은 한계를 보인다. 첫째, 기존 언어전이 연구는 대조분석 시기의 '형식적 접근법'의 흔적을 깊이 간직하고 있다. 그것의 특징은 음운·형태·통사 등 언어 표층구조의 전이 현상만을 중시

후의 연구에서 전이는 제2언어 습득 과정을 설명하는 현상으로서 고찰되었다. 이로부터 전이 발생의 과정과 제약 조건에 주목하기 시작했으며, 어떤 언어적 항목들이 더 쉽게 전이하는지, 언제 전이가 발생하는지 등에 대해 적극적으로 대답하기 시작했다. 이러한 연구 흐름의 전환은 전이를 표층 현상으로 묘사하기보다는 그것의 생산 기제를 다루는 심층적 설명으로 나타났음에도 불구하고 이러한 전환적 접근은 1990년대 이전까지 크게 활성화되지 못했다.(Jarvis & Pavlenko, 2008: xii)

1990년대 이후부터 인지언어학·인지심리학 등의 분야가 발전하면서 관련 연구가 본격화되고 그에 따른 성과들이 생산되기 시작했다.34) 이처럼 최근까지 언어전이 연구가 빠르게 발전할 수 있었던 주요 배경으로 다음의 요인들을 꼽을 수 있다. 첫째, 이중언어의 역동적 표상 구조에 대한 이중언어의 심성어휘집(mental lexicon, 心理詞庫, 머릿속의 어휘 목록) 연구35), 둘

할 뿐, 언어 심층의 의미(개념) 구조와 관련된 전이 현상은 무시한다. 둘째, 연구 수단의 측면에서 학습자 중간언어의 오류분석으로 전이 현상을 식별하는 초기 형태를 벗어나지 못하고 있다. 따라서 학습자의 중간언어에서 오류 형식으로 나타난 것만 중시되고, 복잡하고 불분명한 여타의 전이 현상들은 무시된다. 셋째, 언어전이의 규칙 연구를 제2언어 습득 연구의 본질적 측면으로 바라보는 전통적 사유 방식에 머물러 있다. 그것은 주로 언어전이의 특징과 규칙만을 중시할 뿐, 언어전이의 내부 기제는 무시된다.(姜孟, 2010: 166)

34) Jarvis(1994, 1998)의 두 가지 연구가 대표적 사례라고 할 수 있다. 그는 상이한 모국어 배경을 가진 학습자의 제2언어 지칭 표현, 그리고 학습자의 제2언어 표현과 모국어 표현에 대한 대조를 통해, 학습자의 제2언어 산출에 끼치는 모국어 영향을 밝힌다.(姜孟, 2010: 169)

35) 이중언어의 심성어휘집 연구의 중점은 두 가지 언어의 개념적 표상 구조와 어휘의 추출이다. 전이는 언어 간 간섭 효과로서 이중언어의 어휘집 연구에서도 드러난다. 이것은 두 가지 측면에서 두드러진다. 첫째, 이중언어 심성어휘집 표상 모형은 개념·어휘 연접의 가변성과 발전성에 주목하는 형태로 구성된다. 전이가 수많은 요인의 영향을 받는 복잡하고 역동적인 인지 과정이라는 점에서 현실적으로 행위주의라는 협소한 전이의 관점으로부터 벗어난다. 그것은 곧 전이성(可遷移性, transferability) 연구의 방향을 제시한다. 예를 들어 MacWhinney(2007)의 경쟁 모형(competition model, 線索競爭模型)은 개념과 어휘 사이의 투사 관계 변화에 근거, 언어 이해라는 시각에서 모국어 전이에 대한 언어의 유표성·제2언어 과잉 사용 등의 제약을 다룬다. 둘째, 개념적 표상의 내부 구조를 깊이 있게 다루게 되면서 '개념은

째, 언어와 사유 관계에 대한 신워프학파의 새로운 인식36), 셋째, 전통적 언어능력을 해체시킨 다중언어능력(multicompetence, 複合語言能力)37)이 그것이다.(徐慶利·蔡金亭·劉振前, 2013: 104)

이처럼 1990년대 이후부터 언어 간 영향 연구 즉, 전이 연구 분야에서도 전이성, 개념적 전이, 전이 방향 등 새로운 연구 흐름이 출현한다.(徐慶利·蔡金亭·劉振前, 2013: 104) 우선 전이성(transferability, 可遷移性) 연구는 "더 이상 개별적 전이 사례를 단순 기록하지 않고, 전이 발생을 촉진하거나 억제하는 다양한 조건들을 논의하는 것으로 전환된다. '전이'에서 '전이성'으로의 전환은 언어전이 연구사에서 가장 중요한 발전 가운데 하나이다."(Jarvis & Pavlenko, 2008: 174) 다시 말해, 전이 발생이 언어의 사용 환경 또는 언어 간 영향 등의 요인과 상호 연관적 관계를 맺고 있기 때문에 더 이상 전이 현상의 발생 여부를 하나의 절대적 문제로 보지 않고 오히려 전이 발생과 관련된 가능 조건과 요인들 간의 비중 관계를 중요시하게 된다.(徐慶利·蔡金亭·劉振前, 2013: 106)38)

공유되는 것인지 별개로 분리되어 있는 것인지'라는 문제를 넘어선다(Pavlenko, 2009: 126). 이로부터 개념은 공유된 개념·모국어 개념·제2언어 개념을 포함한 복합적 시스템이자 언어의 사회화 과정을 통해 지속적으로 재구성되는 것으로 정의된다.

36) 전이 연구에 대한 신워프주의의 기여는 크게 두 가지다. 첫째, 개념적 전이 연구에 언어학적 근거를 제공했다는 점, 둘째, 전이 연구의 패러다임을 이전보다 완성된 형태로 발전시켰다는 점이다. 1980년대 말에서 1990년대 초에 발생한 신워프주의는 언어상대론을 계승하며, 사유에 대한 언어의 영향을 분명하게 지향한다. 특히 Slobin(1996)는 사유를 실시간 담화 결정 과정으로 간주한다. 그는 각기 다른 모국어를 사용하는 아동들이 묘사한 동일한 시간과 공간의 사건을 대조·분석하면서, 모국어 특유의 의무적 문법 범주가 화자의 주의력을 어떤 사건이나 사건의 어떤 특징으로 유도한다고 주장한다. 이것은 표상되는 경험 범주의 선택에 영향을 끼친다.

37) '다중언어능력'이라는 것은 Cook(1991, 1992)과 Grosjean (1992) 등이 제기한 이중언어 사용자의 독특한 인지적·언어적 행위에 기초한 역동적 언어능력이다. 다시 말해서 그것은 제2언어 학습자만의 두 가지 문법 시스템을 갖춘 독특한 정신적 결합체를 가리킨다(Cook, 1991: 112; 1992: 557).

38) 전이 발생을 촉진하거나 억제하는 조건 가운데 언어적 조건에 초점을 맞춘 것도 전이성 연구에 속한다.

1.3. 개념적 전이의 분류와 특징

개념적 전이 연구가 제기되었다는 사실은 언어 간 영향 연구가 이미 언어 지식적 층위를 넘어 인지적 층위로 들어섰다는 것을 의미한다. 구체적으로 학습자의 개념 발달 과정과 언어 간 영향의 관계를 주목하기 시작한 것이다. 이것은 외국어 교육에서도 중요한 시사점을 갖는다. 다시 말해 외국어 학습이 단지 어휘·문법의 규칙만을 기억하는 것이 아니라 내재화된 규칙으로서 표상되는 인지적 모형을 인식하는 것으로 이해되기 시작한 것이다. 따라서 외국어 학습은 모국어의 습관적 사유를 전환시켜 외국어 사고를 가능케 하는 과정이 된다(郭紅霞, 2011: 115). 이를 통해 언어 표현의 유사비표준 현상이 근본적으로 해결될 수 있는 여지가 마련된다.(徐慶利·蔡金亭·劉振前, 2013: 107)

杜慧穎·蔡金亭(2013: 62-63)에 의하면 개념적 전이는 '순수 개념적 전이(concept transfer)'와 '개념화 전이(conceptualization transfer)'를 포괄하며, 전자는 장기 기억 가운데 상이한 언어의 개념적 구조 차이에 의해, 후자는 작업 기억에서 나타나는 개념의 선택과 조직에 의해 각각 유발된다고 본다. 다시 말해서 '순수 개념적 전이'는 언어 간 개념 저장 모형의 차이에 의해 발생한 전이이며, 개념화 전이는 개념 조직 모형의 차이에 의한 전이에 해당한다.

姜孟(2010: 167-168)에서 개념적 전이 연구는 기본적으로 다음과 같은 전제를 공유한다. 첫째, 언어 표층 구조는 심층 개념 구조의 제약을 받으며, 외재적 언어행위는 내재적 심리 개념에 의해 제약된다. 둘째, 하나의 언어를 학습한다는 것은 새로운 개념 시스템을 파악한다는 의미와 동일하다. 셋째, 제2언어 학습의 기본 과정은 기존 모국어의 개념적 표상 체계가 재조직되는 방식으로 나타난다. 넷째, 상이한 외적 언어 행위는 내재적 심리 개념의 차이와 관련된다.

여기에서 주목해야 할 부분은 세 번째다. 이중언어 사용자의 경우, 두 언어의 형식 체계는 두 가지 저장고에서 독립적으로 표상되지만, 개념 체계는 하나의 저장고에 뒤섞여 표상된다. 이로부터 제2언어 학습은 기본적으로 세 가지 과정이 존재한다는 것을 알 수 있다. 첫째, 제2언어의 형식적 표상을 구축한다. 둘째, 제2언어의 형식 표상을 이미 존재하는 모국어의 개념 표상에 사상(mapping)시킨다. 셋째, 획득된 제2언어의 경험을 통해 모국어의 개념 표상을 재조직한다. 이 재조직 과정에는 기존 모국어 개념의 수정·확대, 기존의 제2언어 형식과 모국어 개념의 관계 조정, 새로운 제2언어 개념의 생산, 제2언어 형식에 대응하는 새로운 제2언어 개념의 관계 구축 등이 망라된다. 이 과정을 통해 이중언어 사용자는 최종적으로 복합적 심리 표상이라는 특수한 체계를 구축하게 된다.(姜孟, 2010: 167)

만약 제2언어 학습이 단지 새로운 개념 체계, 따라서 완전히 새로운 개념에다가 새로운 언어 형식만을 사상한 것에 불과하다면, 제1언어와 제2언어의 영향 관계는 존재하지 않을 것이다. 결국 제2언어의 학습과 교육 과정이 필수불가결하게 학습자의 제1언어와 분리될 수 없는 관계에 놓여 있다면, 그 과정은 내용적으로 제1언어와 제2언어의 형식적 또는 개념적 차이를 중심으로 구성될 수밖에 없다. 이러한 문제의식으로부터 중국어권 학습자가 한국어를 사용하면서 드러내는 특징이 발생하는 원인을 중국어와 한국어의 언어적 또는 개념적 차이에서 찾으려는 이 책의 연구 목적이 도출된다.[39]

또한 개념적 전이 연구는 전통적인 '중간언어 오류 분석법'의 한계를 벗어난다. 왜냐하면 그것이 모국어의 영향 관계를 증명하지 못하는 결과를 초래했기 때문이다. 다시 말해서, 부정적 전이가 단지 CLI 효과의 일부분을 차지한다고 할지라도 전통적으로 CLI 연구는 부정적 전이를 예증하

---

[39] 이러한 맥락에서 대조수사학도 재해석될 필요가 있다. 즉 대조수사학은 두 가지 언어 사이의 개념적 대조에 기초한 수사 또는 쓰기라는 의미를 획득한다.

는 데 집중되었다. 그러나 최근 CLI의 특정한 사례의 결과가 긍정적인지 부정적인지를 고려하지 않고, 연구 목표를 CLI의 일반적 영향 관계에 맞추는 경향이 늘고 있다. 이러한 경향은 전통적 편견이 가져온 잘못된 결과를 바로잡는다는 데서 그 의의를 갖는다.(Jarvis & Pavlenko, 2008: 25-26)

이처럼 개념적 전이 연구는 제2언어 개념 형성 과정에 모국어 개념이 어떤 영향을 끼치는가라는 언어전이 현상에 초점을 맞춘다. 그것에서는 외적 언어 행위가 내재적 심리 개념의 활동 결과라고 가정하기 때문에, 실제 전이 연구의 주안점은 학습자의 모국어 개념이 제2언어 개념에 기초한 제2언어 산출 과정에 어떤 영향과 결과를 조성하는가에 맞춰진다. 이러한 맥락에서 제2언어 쓰기 영역에서의 언어 간 영향(CLI) 즉, 텍스트 전이 문제에도 모국어 개념이 어떤 영향을 끼치는가를 살펴볼 필요가 있다. Jarvis and Pavlenko(2008: 103)에서는 텍스트 전이와 관련된 연구가 대부분 대조수사학이라는 틀에 기초해 있으며, 그것은 "각 언어와 문화가 독특한 수사학적 관습을 통해 그들의 제2언어 쓰기에 부정적 영향을 끼친다."고 주장한 Kaplan(1966)에 의해 시작되었다고 평가한다.

2. 언어권별 쓰기 교육의 대조수사학적 접근

대조수사학 연구는 처음부터 교육 현장의 요구로부터 시작되었으며 줄곧 제2언어 쓰기 교육을 핵심 과제로 삼아 왔다. 한편, 인지·개념적 접근은 모국어 영향 관계의 심층적 원인 분석을 통해 궁극적으로 학습자가 모국어 영향 관계를 통제할 수 있는 방법을 제공한다는 점에서 교수·학습의 측면에서 큰 의의를 지닌다. 이 책에서 이 두 가지 접근법에 주목하는 이유는 그것이 언어권별 한국어 쓰기 교육의 질적 향상을 도모하는 데 효과적인 이론적 틀을 제공하기 때문이다. 구체적으로 대조수사학적 분석에 의해 추출된 중국어권 학습자 텍스트의 특징, 그리고 그러한 특징들의 발생 원인을 언어적 형식과 인지·개념적 차원이라는 다각도 접근을 통해 검토하고자 한다.

2.1. 대조수사학의 관점

2.1.1. '전통적' 대조수사학

'대조수사학(contrastive rhetoric)'은 Kaplan(1966)[40]에서 외국인 학습자의 영어 단락 쓰기의 오용 양상은 외국인 학습자의 언어적 배경에 기인한다는 가설로부터 제기된다. Kaplan은 제2언어 학생들의 쓰기 수준을 향상시키기 위해 대조분석적 방법으로 서로 다른 언어와 문화의 수사학 구조를 비교한다. 그 과정에서 그는 제2언어 쓰기에 영향을 끼치는 제1언어의 수사

---

40) Kaplan(1966)은 약 600명 정도의 L2 대학생 학습자들이 영어로 쓴 글의 구성 형태 (rhetorical pattern)를 비교하여, 학습자들이 글을 구성하는 방식을 언어별로 크게 다섯 가지로 구분하고 각 언어별 글의 구성 형태의 특징을 다음과 같은 그림으로 제시했다. (최연희 편저, 2010: 196)

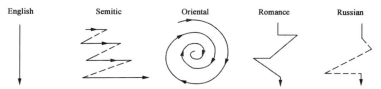

Kaplan의 분석에 따르면, 영어를 모국어로 사용하는 학생들은 글의 논점을 먼저 제시하고 논점을 뒷받침 하는 주장들을 차례로 전개시켜 글을 직선적으로 발전시켜 나가는 데 반해, 아랍어권의 학생들은 다양한 접속사를 많이 사용하여 병렬적으로 논점을 전개시키고, 동양어권의 학생들은 논점을 직접적으로 언급하기 보다는 간접적인 방법으로 제시하며 논점을 글의 끝부분에서 언급함으로써 글을 순환적으로 전개시키는 특징을 보인다. 또한 로망스어나 러시아어를 모국어로 사용하는 학생들은 글의 논점을 발전시켜 나가는데 있어 관계가 없거나 지엽적인 예를 사용하면서 글을 전개시키는 경향을 보인다.(최연희 편저, 2010: 196)

학적 요인을 발견하게 된다. 이로부터 그의 대조수사학 연구가 교육적 수요로부터 시작되었다는 점을 알 수 있다.[41]

Kaplan(1966)을 비롯한 대조수사학 초기 연구는 세 가지의 상이한 지적 전통 즉, 대조분석·Sapir-Whorf의 언어상대론·Francis Christensen의 단락생성 수사학[42])을 결합시킨 것이다. 특히, 그는 단락생성 수사학을 통해 대조분석을 문장 단위에서 단락 단위와 텍스트 단위로 확장시켰다. "대조수사학은 학습자가 고정된 문형을 반복하는 것과 문법적 정확성에 과도하게 집착하는 경향을 벗어나게 해줄 뿐만 아니라 학습자의 관심이 더 이상 문장 단위에만 국한되지 않게 도와준다. 또한 그것은 영어의 읽기와 쓰기 능력, 그리고 제2언어를 창조적으로 운영하면서 제2언어 문어 형식을 통해 자신의 생각을 표현하는 능력 개발에 목적이 있다.(Kaplan, 2000)"(雲紅·原雪, 2008: 25) 이처럼 Kaplan(1966)은 대조수사학을 외국어 또는 제2언어로서의 영어 쓰기 교육 분야에 구체적으로 적용한 최초의 연구라고 할 수 있으며, 이후 외국어 또는 제2언어로서의 영어 쓰기 교육과 연구에 상당한 영향을 끼쳤다.(최연희 편저, 2010: 195)

그러나 Kaplan의 이러한 '전통적' 대조수사학은 몇 가지 지점에서 비판을 받았다. 구체적으로 말하면 너무 민족 중심적(ethnocentric)이며 영어 모어 사용자의 쓰기를 우대했다는 점(Matalene, 1985), 제2언어의 결과물만 검토하고 교육적·발달적 과정 변인을 무시했다는 점(Mohan and Au-Yeung Lo, 1985), 관련된 언어들 간의 쓰기에 나타나는 언어적·문화적 차이를 염두에 두지 않았다는 점[43], 제1언어로부터의 전이를 제2언어 쓰기에 대한 부정적

---

41) Kaplan(1966: 3)에 의하면 "이 논문의 목적은 무슨 대단한 이론을 발표하는 데 있지 않다. 단지 교사들이 이전의 듣기·말하기 교육에서 읽기·쓰기 교육으로 전환하는 데 도움을 주고 싶을 뿐이다. [다시 말해서, 한 학기 동안의 교수·학습을 통해] 영어를 거의 못하거나 완전히 못하는 학생들이 제법 그럴듯한 학술논문을 쓸 수 있도록 가르치는 것이 목적이다."(雲紅·原雪, 2008: 24-25)
42) 1960년 말 대표적 수사학자인 Francis Christensen는 촘스키의 '변형생성문법'을 수사학 교육 영역에 끌어들인다.(劉亞猛, 2010: 14)

인 영향으로 간주했다는 점(Raimes, 1991a) 등이 거론되었다. Kaplan 자신도 이후 여러 출판물에서 자신의 초기 견해를 수정하면서, 수사적 차이가 항상 사고의 다양한 유형을 반영하는 것은 아니며 그 대신 이 차이들은 한 문화에서 학습된 다양한 쓰기 관습을 반영할 수도 있다고 설명한다.(진대연 외, 2006: 330-331)

초기의 대조수사학은 대조분석 및 오류분석과 연관된다. 초기 대조수사학도 대조분석과 마찬가지로 교육적 개선이라는 차원에서 시작되었을 뿐만 아니라 제1언어의 간섭(interference)이 제2언어 습득에서 가장 큰 문제라고 보기 때문에 오류분석에 기초한 연구가 진행되었다. 우선 초급 수준의 학생이 생산한 단락 조직에서 나타나는 오류가 연구되었으며, 그 오류의 원인은 학습자의 언어 배경에 근거한다는 가설이 설정되었다.(진대연 외, 2006: 330) 이후 오류분석 이론은 중간언어 이론으로 발전된다. 이와 다르게 대조수사학은 '중간언어'라는 형태로 나아가지 않는다.(Connor, 1996: 12-15 참조) 그 원인은 1970년대부터 본격화된 중간언어 분석이 주로 '-s', 과거시제 또는 계사(copula, 繫辭) 등 "쉽게 식별 가능한 표층구조[easily identifiable surface structures]"와 그것의 습득 순서만 초점을 맞췄다는 점 때문이다.[44] 그러나 대조수사학은 "아직까지 통일적인 방법론이 정립되지 못해 다량의 습득 데이터가 구축되기 어렵다(Connor, 1996: 15)."는 한계를 드러낸다. 이러한 현상은 언어학 연구에서 형태론이나 통사론과 같은 문

---

43) Kaplan(1966)에서는 중국어, 캄보디아어, 일본어, 한국어, 태국어 등 9개의 아시아 언어 사용자를 모두 '동양'이라는 하나의 동일 범주로 인식한다.
44) 이로부터 중간언어 연구는 통사론 내부의 통사 구조에 관심을 집중하면서 의미·음운·화행을 도외시한다는 비판을 받는다. Hense Rutherford(1982)는 중간언어 연구가 화용론과 담화분석 이론에 의존해 언어의 기능적 측면에 주목해야 한다고 주장한다.(Connor, 1996: 15) 그 이후 중간언어 연구 범위는 점차 '화용'의 영역으로 확대되는 양상을 보인다. 특히, 1990년대에 화행을 연구대상으로 하는 '중간언어 화용론(interlanguage pragmatics)'이 등장한다. Kasper(1996)는 중간언어 화용론을 "비원어민 화자가 목표어의 화용적 지식을 어떻게 사용하고 습득하는지를 연구하는 학문이라고 정의"한다.(이상철, 2010: 272)

법 연구는 상당 정도 발전한 것에 비해 텍스트 연구는 그렇지 못했다는 점 때문이다. 이에 대해 Connor(1996: 15)는 대조수사학에서 형태적·통사적 구조 관련 연구가 충분하지 않았지만, 오히려 그것이 더 바람직할 수 있다고 본다. 왜냐하면 대조수사학은 쓰기 영역의 통사 문제에 치중하기보다는 문화 간 또는 장르 간 담화 구조의 비교[compare discourse structures across cultures and genres]에 주안점을 두었기 때문이다.

2.1.2. 텍스트언어학에 기초한 대조수사학

대조수사학 연구는 1980년대 이후 텍스트언어학의 활성화로, 즉 응결성(cohesion, 衔接)·응집성(coherence, 連貫)·텍스트 모형(textual pattern, 語篇模式) 등의 텍스트 분석 수단을 통해 그 이론적 체계가 크게 강화되었다. 이러한 연구 방법은 초기 대조수사학 연구에 존재하던 주관적 억측을 감소시키는 데 큰 기여를 한다. 우선 텍스트의 형식적 측면인 응결성의 연구는 주로 Halliday & Hasan(1976)의 응결성 분석(Cohesion Analysis, 衔接分析)에 기초한다. 즉 지시·대용·생략 등 응결장치에 대한 분석을 통해 문장이 텍스트로 확장되면서 나타나는 어휘·문법적 특징의 언어 간 차이에 주목하는 것이다. 그리고 텍스트의 의미적 측면인 응집성의 연구는 텍스트 내부의 개념과 개념 또는 명제와 명제가 맺는 의미적 논리에 관심을 갖는다. 응집성의 차원의 대조수사학 연구는 상이한 언어의 단락 의미 구조를 비교하는 것이다. 예를 들어 단락에서 주제문의 위치, 텍스트 주제의 전개 과정(즉 텍스트 또는 단락 내부에서 주제 전개 방식), 문장의 주제와 텍스트의 주제가 맺는 의미적 관계 등이 있다. 마지막으로 텍스트 모형 연구는 거시적 의사소통 단위라는 차원에서 상이한 장르의 텍스트 구조를 해석하는 것이다. 반면, 대조수사학에서는 상이한 언어 간 동일 장르의 텍스트 모형을 대조·분석하는 방식을 취한다. 이를 통해 특정 장르의 텍스트가 상이한 문

화 간 장르적 공통점과 문화적 특수성을 밝힌다.(王燕萍, 2011: 115)

텍스트언어학에 기초한 대조수사학 연구는 주로 쓰기 결과물에 초점을 맞춘다.[45) "텍스트 언어학적 분석 방법이 학습자들의 글을 하나의 결과물(product)로 간주해 텍스트 자체의 분석에 중점을 두었다면, 글을 쓰는 활동에 있어서 독자와 필자가 가지게 되는 책임의 비중이 언어에 따라 달라진다는 사실에 주목하고 이에 따라 텍스트를 분석하는 것 또한 대조수사학에서 사용되는 방법 중의 하나이다. 여기에서 말하는 독자와 필자가 가지게 되는 책임의 비중은 필자가 글을 조리 있고 일관성 있게 쓰기 위하여 들이는 노력의 정도를 가리키는 데, 이러한 관점에서 텍스트를 분석하는 방법은 Hind(1987)[46)이후 대조수사학에서 사용되었다고 할 수 있다."(최연희 편저, 2010: 201)

---

45) 1970년대부터 미국의 작문 연구 분야에서 학생의 글쓰기 과정에 대한 연구가 본격화된다. 이 과정에서 영어 글쓰기 과정의 연구자들, 예를 들어 Emig(1971)·Flower & Hayes(1980)·Bereiter & Scardamalia(1987) 등이 배출되는데, 이들의 연구가 대조수사학 연구에도 많은 영향을 끼치게 된다. 예를 들어, Zamel(1982)은 제2언어 학습 필자의 쓰기 과정과 영어를 모국어로 하는 학습 필자의 쓰기 과정은 크게 구별되지 않는다고 주장한다. 이것은 제1언어의 쓰기 교육 방법을 제2언어 글쓰기 교육에도 활용할 수 있다는 주장에 기초한다. 그리고 Jones & Tetrae(1981)는 글쓰기 과정에서 제2언어 학생의 모국어로부터 좋은 글쓰기 기법뿐만 아니라 안 좋은 기법도 전이된다고 주장한다.(穆從軍, 2007: 22-23)

46) 이 연구는 일본어를 모국어로 하는 필자의 글과 영어를 모국어로 하는 필자의 글 사이의 구성 방식을 살핀다. Hinds는 일본어를 모국어로 하는 필자들이 기-승-전-결(ki-shoo-ten-ketsu)의 전통적인 수사학적 구조에 따라 글을 전개시키는데 주목한다. 특히 세 번째 구성 요소인 전(ten) 부분은 영어를 모국어로 하는 독자에게는 주제에서 벗어난 전개로 여겨지게 한다. 또한 결론 부분인 결에서도 논문을 확실하게 제시하지 않을 뿐만 아니라 의문의 여지를 남기는 등의 방식으로 글을 구성한다. 그리고 Hinds는 중국어의 경우, 이전의 전통적 중국어의 수사학적 구조에서는 독자의 역할을 강조했으나 현재 필자의 역할을 강조하는 글쓰기로 옮겨가고 있다고 평가한다. Hinds는 글의 논리적 전개나 일관성 등 필자의 역할로 간주되는 영어의 글쓰기와는 달리 일본어 글쓰기는 그것을 많은 부분 독자의 역할로 간주하고 있다고 진단하면서, 언어 간 글쓰기에서 필자와 독자의 역할이 다르게 나타난다고 본다.(최연희 편저, 2010: 213) 또한 Hinds(1990)에서는 일본어·중국어·한국어·태국어 설명문과 그것의 영어 번역문을 비교한다. 이를 통해 동양 언어의 작품들에서는 귀납법이나 연역법을 찾아볼 수 없지만 대신 준귀납법, 즉 '목적을 늦춰 뒤에 소개하는' 방법을 채택한다고 평가한다. 그는 동양 언어의 필자가 이런 방법을 통해 독자에게 쓰기에

2.1.3. 독자-필자 책임론

穆從軍(2007: 23)에서는 John Hinds의 대조수사학 연구를 다음과 같이 평가한다. 첫째, 단순한 작품 연구에서 상이한 문화적 배경의 독자 대상과 그들이 필자의 쓰기에 미치는 영향 관계로 연구 초점을 전환시킨다. 둘째, 학생들의 작문 비교에 머무는 것이 아니라 상이한 문화적 배경을 갖춘 기성 작품으로 연구 범위를 확장시킨다. 기성 작품에 상이한 문화적 수사학의 모형이 보다 더 잘 반영되었기 때문이다. 셋째, 영어 수사학만을 비교의 기준으로 삼지 않는다. 일본어 수사학과 영어 수사학과 같이 모두 체계적 완전성을 갖춘 것으로 이해한다.[47]

Mauranen(1993)도 경제 분야의 영어와 핀란드어 학술 텍스트의 비교를 통해 독자-필자의 책임론을 다룬다. 핀란드 필자들은 메타언어를 적게 사용해 텍스트를 조직하고 독자를 끌어들이지만 영어가 모국어인 필자들은 대량의 메타언어를 사용해 독자를 끌어들인다. 예를 들어 이어지는 텍스트에 어떤 내용이 있는지, 그리고 독자가 글의 상이한 측면들을 어떻게

개입하게끔 하거나 독자 자신이 결론을 얻도록 한다고 설명한다. 이로부터 동양 수사학은 '독자 책임형(reader responsible)'이 된다. 다시 말해서 동양 언어의 쓰기에서 글쓴이의 책임은 독자가 한 번도 생각해 보지 못한 문제를 생각하게 만드는 것이며, 독자는 글쓴이의 생각을 이해해야 할 책임을 갖는다. 반면, 영어 수사학은 '필자 책임형(writer responsible)'으로, 영어 쓰기에서 글쓴이는 그의 관점과 생각을 독자가 이해하도록 이끌어야 할 책임을 갖는다.(穆從軍, 2007: 23)

47) 물론 이에 대한 비판도 존재한다. "Hinds를 비판하는 사람들은 그의 연구가 신문 기사를 비교할 뿐 일반화하기가 어렵다 본다. 왜냐하면 서로 다른 장르는 각기 다른 스타일을 필요로 하기 때문이다. Peter McCagg(1996)는 Hinds의 시각을 문제시한다. 즉, Hinds가 사용한 글들은 결코 순환적이거나 간접적이지 않으며, 바로 화제로 나아가 각종 이유와 설명이 제시되고 있다. Peter McCagg는 어떤 언어의 쓰기든 간에 글쓴이는 독자가 장르 규칙과 공통의 문화 경험에 근거, 의사소통 행위에 참여할 것을 기대한다. 실제 Hinds의 연구에는 분명 부족한 부분이 있다. 그가 1987년 발표한 글에서는 현대 중국어 쓰기가 필자 책임형에 속한다고 했지만, 1990년에 발표한 글에서는 중국어를 동양 언어에 함께 포함시켜 독자 책임형으로 분류한다. 그럼에도 불구하고 그는 이에 대해 어떠한 설명도 하지 않는다."(穆從軍, 2007: 23)

이해해야 하는지 등이 있다. Mauranen은 그 이유를 핀란드 학술 논문은 독자 책임형, 영어 학술 논문은 글쓴이 책임형이라는 점에서 찾고 있다.(Connor, 1996: 51) 핀란드어 텍스트에서 주요 내용이 맨 마지막에 놓는다는 점, 텍스트 조직 방식도 귀납적이라는 점, 그리고 어떤 제기도 직접적으로 하지 않고 그것을 독자에게 남겨 추론케 하는 경향이 있다는 점 때문에 핀란드어 텍스트는 Hinds의 정의처럼 '독자 책임형'으로 간주된다. 하지만 핀란드어 필자들은 독자가 책임지는 것이 바로 독자를 존중한다는 태도를 취한다.(Connor, 1996: 52)

만약 핀란드어 텍스트의 '독자 책임형'에 독자 존중의 의도가 개입되어 있다면 필자 책임형과 독자 책임형의 간극은 쉽게 해소되기 어려운 성격을 띠고 있다. 사실 Hinds(1990)의 연구 결과에서 알 수 있듯이, 개별 언어의 특징을 무시한 채 동양 언어와 서양 언어라는 식으로 여러 언어를 한데 묶어 논의하는 방식이 많은 문제를 노출할 수 있다. 특히 이러한 구분에 언어 간 우열적 판단이 포함되어 있다면 더더욱 그러하다.

영어와 중국어에 초점을 맞춘 Matalene(1985)에서는 영국과 미국의 필자들은 자신의 관점을 증명하는 데 온 힘을 다 기울이지만 중국어 필자들은 자주 자신의 관점만을 늘어놓을 뿐, 논리적 추론의 과정을 독자에게 맡긴다고 평가했다.(穆從軍, 2007: 23) 이 평가만을 근거로 하면 중국어 필자들은 자신의 관점이 어떻게 형성되었는지를 증명하기보다는 단지 그것을 제시할 뿐이라는 점을 알 수 있다. 그렇다면 중국어 독자는 그러한 중국어 필자의 관점을 논리적으로 추정하는 과정을 거치는가, 아니면 그러한 나열식 소개에 단지 적응한 것에 불과한 것인가, 필자-독자 책임형과는 다른 언어별 텍스트의 구성 형태에는 어떤 차이가 존재하는 것은 아닌가라는 의문이 제기된다. 이 문제에 하나의 해답으로 제시될 수 있는 것이 "영어는 형태적 일관성(hypotactic, 形合)을 중시하는 반면 중국어는 '의미적 일관성(paratactic, 意合)'을 중시하는 언어"(朱永生 외, 2001: 70-74)라는 평가로, 이것은 텍스트의 상이한 해석 방식을 언어 자체에서 기원한다고 보는 시각이다. 이와 함께 학습 필자가 소속된 모국어 담화공동체와 독자가 소속된 목표어 담화공동체가 각각 지향하는 쓰기 또는 텍스트의 기대가 서로 다르기 때문에 좋은 글에 대한 판단 기준 또한 서로 다를 수 있다는 점을 고려해야 한다.

2.2. 대조수사학과 개념적 전이의 연접

초기 대조수사학 연구는 영어의 수사 구조 즉, 직선형 구조를 기준으로 삼아, 영어권의 수사 구조가 다른 언어의 그것보다 우월한 것처럼 주장했기 때문에 '문화중심주의'라는 비판을 받은 바 있다. 대조수사학 관련 연구가 지속적으로 발전하면서 영어권 입장에서 쓰기를 평가하던 시각은 더 이상 받아들여질 수 없는 것이 되었기 때문에 영어를 모국어로 사용하는 독자가 상이한 문화의 수사적 스타일을 이해하고 감상할 수 있도록 그들의 의식을 제고할 필요가 있다. 이처럼 대조수사학은 각 사회 집단에 의해 형성된 문화의 독특한 표현 방식을 인정하고, 상이한 텍스트적 소통 (textual communication) 모형의 가치를 그 자체로 존중해야 한다고 주장한다. 현재 대조수사학 연구는 더 많은 종류의 언어를 다루고 있다.48) 이와 같은 어종의 다양화는 대조수사학 연구에서 '문화중심주의'를 탈색시키는 데도 도움을 준다. 한국어와 중국어의 언어 간 영향 관계를 다루는 데도 이러한 시각은 여전히 유효하다고 할 수 있다.

---

48) 대조수사학이 1990년대 초까지 문화와 쓰기 담화의 관련성, 제2언어 쓰기에 대한 모국어의 영향 등에 관심을 가졌다면, 1990년대 이후부터는 '문화 간 쓰기(writing across cultures)' 연구가 부각되면서 대조수사학에 새로운 방향을 부여한다.(진대연 외, 2006: 332) 이 시기의 대조수사학 연구는 쓰기의 결과물인 텍스트 분석을 중요시하면서도 필자 의도, 독자 기대와 같은 사회문화적 요소를 포함시킨다.

그러나 영어 이외의 언어 가운데, 특히 한국어를 대상으로 한 대조수사학 연구는 아직까지 크게 활성화되지 못한 형편이다. 따라서 한국어를 목표어로 하는 한국어 교육에서 대조수사학의 이론적 적용은 분명 영어 중심의 대조수사학 이론이 '보편화' 또는 '일반화'되는 과정(진대연 외, 2006: 327)에 위치한다. 다시 말해서 기존의 대조수사학이 목표어인 영어를 학습하려는 외국인 학습자의 모국어 환경에 주목한다는 측면에서 대조수사학은 기타 언어에도 적용 가능한 방법론적 일반성을 획득한다. 왜냐하면 목표어로서 한국어를 학습하려는 중국어권 학습자의 모국어 환경에 주목한다는 점이 곧 한국어 교육의 언어권별 접근 시도와 정확히 부합하는 것이기 때문이다. 따라서 대조수사학을 한국어 쓰기 교육에 적용한다는 것은 한국어 교육이 요구하는 언어권별 접근에 필요한 이론적 기초를 확보한다는 의의를 갖는다.

한편 개념적 전이의 대표적인 연구물인 Jarvis & Pavlenko(2008: 103-104)에서는 대조수사학의 성과를 세 가지 측면에서 정리한다. 첫째, 텍스트 전이는 언어 출력 과정에서만 발생하는 것이 아니라 언어 이해 과정에서도 발생한다. 왜냐하면 제2언어(L2) 읽기에서 사용된 수사학적 관습이 모국어의 수사학적 관습과 다르기 때문이다.[49] 둘째, 텍스트 전이가 정방향(L1→L2)뿐만 아니라 역방향(L2→L1)에서도 발생한다. 예를 들어, Kubota & Lehner(2004: 11)와 Kirkpatrick & Zhichang(2002)에서도 볼 수 있듯이 Shi(2002)는 "서구에서 교육을 받고 전문적으로 영어를 교육하는 중국인은 그들의 중국어 또는 영어 논문을 미국의 학술적 글쓰기 규범에 따라 작성·발표하려는 경향이 있다". 그 밖에도 Kecskes and Papp(2000)는 헝가리 초등학생들의 모국어 글쓰기 수준을 향상시키는데 L2 영어 글쓰기 연습이 도움이 된다는 사실을 밝힌다.(Jarvis & Pavlenko, 2008: 104) 셋째, 글쓰기 기술의 전이

---

[49] 이로부터 중국어권 학습자가 한국어 텍스트 '읽기' 과정에서 중국어의 영향으로 단락 구분과 접속사 등에 소홀할 수 있다는 예측이 가능해진다.

는 대체로 적극적이다. 이것은 역방향뿐만 아니라 정방향에서도 분명한 형태로 나타난다. 정방향 전이에 대해 Kubota(1992)는 정보를 조직하는 방식에서 일본어와 영어 글쓰기가 많은 부분 유사하다고 평가하면서, 일본어가 모국어인 영어 학습자가 영어 글쓰기를 할 때, 이러한 유사점을 이용할 수 있다고 제안한다. 이후 Kubota(1998)와 Hirose(1996)는 L2 글쓰기 능력과 L1 글쓰기 능력 사이의 명확한 상관관계를 제시한다. 이것은 L1 글쓰기에 능숙한 사람들에게 적어도 그들의 글쓰기 능력 일부가 L2 글쓰기 과정에 성공적으로 전이될 수 있다는 가능성을 가리킨다. 나아가 그들은 언어 간 차이를 중시하면서 언어 간 긍정적 영향에 주목한 교육 방안을 모색한다.

이처럼 언어 간 영향과 대조수사학 연구 흐름은 학습자의 L1이 장애물이 아니라 중요한 자원으로 간주되어야 한다는 방향으로 전환되고 있다는 점에서 공통점을 가지고 있지만 다음과 같은 차이점도 존재한다. 우선 언어 간 영향 또는 개념적 전이 연구는 사물·감정·사람·성·수·시간·공간·활동 등 기본 개념 영역에 초점을 두면서 어휘적 또는 문법적인 언어 간 영향 관계에서 많은 성과를 거두고 있다. 그러나 텍스트 전이로 나가야 한다는 방향만 제시되어 있을 뿐 실제적 성과는 아직까지 부족한 형편이다.[50] 이것은 개념적 전이 연구의 기반인 인지언어학 연구가 어휘

---

50) 대조수사학의 틀에 속하지 않지만 개념적 전이의 틀에서 텍스트 전이를 다룬 논의는 크게 두 가지가 있다. 첫 번째는 대화관리 전략의 사용과 관련되며, 두 번째는 틀부여 전이(framing transfer)와 관련된다(예를 들어 Pavlenko & Jarvis, 2002). 전자는 문어가 아닌 구어에 대한 논의로 여기에서는 제외하기로 한다. 후자는 세계의 모든 언어가 동사 틀부여와 위성어 틀부여에 의해 범주화된다는 Talmy(2000/II: 221ff)의 주장과 관련된다. Ungerer & Schmid(2006; 임지룡·김동환 옮김, 2010: 323-324)에 의하면 Talmy가 발견한 유형론적 차이는 통사적 관점에서 그 자체로 흥미롭지만, 두 집단의 언어에 전형적인 서사적 문체에도 광범위한 영향을 미친다. Talmy의 체제 내에서 연구하는 Slobin(1996)은 영어 소설의 스페인어 번역과 그 반대 경우의 비교 연구에서 이 문제를 정확하게 다루었다. 즉, "스페인어 번역가들은 약 절반 정도로 방식 정보를 생략하는 반면, 영어 번역가들은 실제로 번역의 거의 4분의 1에서 스

와 문법 영역에 초점을 맞추고 텍스트 영역으로 나아가지 못한 사실과도 무관치 않다. 또한 텍스트언어학에 기반을 두는 대조수사학 연구는 상이한 언어에서 관찰되는 텍스트 구조를 이해하는 데 도움을 준다. 예를 들면, 지시(reference), 연접(conjunction) 등 미시구조(microstructures) 수준에서의 응결성(cohesion)을 얻기 위한 특수한 관습들, 장르별 거시구조(macrostructures)[51]가 그것이다.(Celce-Murcia & Olshtain, 2006: 149) 따라서 대조수사학 연구 결과는 제2언어 쓰기 교육의 내용으로 직접 전환하는 것이 가능하다.

페인어 원본에 방식을 첨가한다.(Slobin 1996: 212)". 한편 한국어와 중국어가 유형론적으로 동사 틀부여 언어인지 위성어 틀부여 언어인지에 대해서는 여러 가지 주장이 있다. 기본적으로 중국어는 위성어 틀부여 언어에 더 가깝다는 주장이 주류이다.(劉岩, 2012) 그리고 한국어에 관해서는 임지룡(2000: 41)의 관점이 다음과 같다. "이동 사건에서 의미 정보의 융합 양상을 기준으로 한 Talmy(1985, 1991)의 언어 유형론에 비추어 볼 때, 한국어 이동 사건의 어휘화 양상은 <이동+경로>의 '동사 틀부여된 언어'나 <이동+방식>의 '위성어 틀부여된 언어' 가운데 어느 하나로 분류되지 않는다." 한 가지 분명한 것은 한국어와 중국어는 이동 사건의 기술에 있어 차이가 있다는 점이다. 그러나 위에서 언급한 Slobin(1996)의 영어 소설의 스페인어 번역과 그 반대 경우의 비교 연구처럼 이동 사건의 기술이라는 측면에서 한국어와 중국어를 비교한 연구는 아직까지 진행되지 못하고 있다.

51) 여기서 장르는 사회적 상호작용을 강조하는 독자 중심 관점에서 다시 정의될 수 있다. Knapp·Watkins(2005; 주세형 외 역, 2007: 14)에서 "장르는 체계의 일부이자 특정한 방식으로 구조화된 것이되, 더 중요한 것은 장르가 사회적 상호작용 안에서 생성되는 것이라는 점이다. 이 아이디어는 구조와 과정으로 이분되는 것을 막아 주고 사회적 상호작용의 역동적인 성격에 주목하면서도 장르가 구조화된 것이라는 점을 견지할 수 있도록 해 준다." 한편, "텍스트를 구조화된 대상으로 보기보다는, 언제나 변이와 변화 가능한 잠재력을 지닌 불변항(형태와 문법적 부호)들이 배열된 것으로 보는, 좀 더 생산적 접근법을 취할 수 있을 것이다. 이렇게 되면 장르를 쓰기 수업에서 제공할 수 있는 핵심적이고 비교적 불변적인 과정들의 묶음으로 볼 수 있는 기반이 마련될 수 있으며, 이 접근법을 교육적으로 실행하고자 할 때 도움을 받을 수 있을 것이다. 이 접근법에서 장르란 결과물이나 텍스트 유형이라기보다는 오히려 묘사하기, 설명하기, 지시하기, 주장하기, 서사하기 등과 같은 장르 일반적 과정의 핵심 집합으로 간주된다. 이 과정을 수행하는 것은 다양한 텍스트 유형을 단계화하여 배우기 위함이 아니라, 적절한 텍스트를 생산하기 위해 관련된 구조적, 문법적 지식을 활용하는 능력을 배우기 위함이다. 따라서 문법의 형식적이고도 기능적인 측면(언어로 할 수 있는 것이 무엇이며 그것이 어떻게 작동하는가)을 이해하는 것이 이 접근법의 핵심을 이룬다."

그 외에 대조수사학을 이용한 연구가 외국어 쓰기 교육과 학습에 미친 영향을 다음의 몇 가지로 나누어 생각해 볼 수 있다. 첫째, 대조수사학적 연구는 제2언어 학습자에 대한 교사의 관점에 영향을 주어서 교사가 제2언어 학습자들이 쓰기에서 겪는 어려움을 더 잘 이해하고 그 어려움을 해결할 수 있도록 도와준다(Hyland, 2003). 둘째, 대조수사학적 연구는 교사들이 제2언어 학습자들을 고정화된 유형으로 파악하는 것을 막고, 학습자들이 모국어의 수사학적 패턴을 외국어 쓰기에 활용할 수 있고 하지 않을 수도 있는 하나의 개인으로 간주할 수 있도록 도와준다. 셋째, 대조수사학 연구는 제2언어 학습자들에게 자신의 모국어와는 다른 글의 구성 형태에 대한 선험 지식을 형성하도록 이끌어주며 외국어 쓰기를 더 효과적으로 할 수 있도록 도와줄 수 있다. 넷째, 대조수사학적 연구는 제2언어 학습자들로 하여금 외국어 글쓰기를 할 때 나타나는 모국어의 영향들을 바르게 평가하고 이해할 수 있도록 도와준다. 다섯째, 대조수사학적 연구는 제2언어 학습자들로 하여금 독자에 대해 인식할 수 있도록 도와준다.(최연희 편저, 2010: 206-207)

나아가 대조수사학적 연구는 문화적 차원에서 학습자 텍스트의 형식적 특징이나 언어 간 차이의 원인을 찾는다. "상이한 문화는 글쓰기에 대해 서로 다른 기대를 갖게 만든다. 이러한 글쓰기의 기대 차이는 텍스트에 반영되며, 교사의 주요 역할은 학습자가 이러한 문화 차이를 인식하도록 하는 것이다."라는 Leki(1991: 138 참조)의 관점을 예로 들 수 있다. 그러나 제2언어 쓰기의 모든 문제가 문화 차이의 인식으로 해결될 수 있는가라는 의문이 제기된다. 쓰기에서 일부 문제, 예를 들어, Kaplan(2001)에서 언급되었듯이 쓰기 제목을 결정할 때 좋아하거나 금기시하는 화제가 무엇인지, 자신의 주장을 증명하는 방식 등은 상이한 문화 간에 서로 다른 경향을 드러내곤 한다. 이런 경우, 문화적 차이의 인식을 심화시킨다는 것은 상이한 문화의 수사학적 요구와 작품을 이해하는 수용성 및 외국어 쓰기 교육에 직접적인 의의를 갖는다.(穆從軍, 2007: 25) 다시 말해서, 교사와 학습자 모두 두 언어 간 쓰기 관습에 존재하는 사회문화적 맥락을 이해할 필요가 있다는 것이다.

이런 차원에서 텍스트의 문법적 응집성에 기여하는 응결장치의 사용 문제를 사회문화적 차이로부터 설명하는 것은 많은 어려움이 따른다. 텍스트 응결장치의 사용은 쓰기를 문장에서 텍스트 차원으로 확장시키는 데 가장 기본적인 능력에 해당한다. 서론에서도 언급했지만 기존 연구의 대부분은 학습자 오용의 원인을 학습자가 '모국어를 목표어로 직역했다'는 점에서 찾고 있다. 그러나 이것은 학습자의 오용이 어느 부분에서는 문제로 부각되고 또 어느 부분에서는 전혀 문제가 되지 않는지에 대해서는 설명하지 못한다. 더 중요한 점은 이와 같은 접근 방식이 교육적 측면에서 학습자에게 단지 목표어의 텍스트 구성 원리만을 교육한다고 해서 해결되지 않는다는 것이다. 예를 들어, 한국어와 중국어 간 지시사 사용은 형식적으로 규칙적 대응 관계가 존재하지 않는다. 이를 해결하기 위해서는 한국어와 중국어 간 문법적 차이뿐만 아니라 인지적 또는 개념적 차이에 대한 중층적 접근이 요구된다. 다시 말해서 지시사 선택의 근거 및 사용 원리에 대한 심화된 교육이 진행되어야 한다.

심층적 개념 구조는 표층의 형식 구조가 존재할 수 있는 기본 근거가 된다. 따라서 두 언어 간 차이는 두 언어의 개념적 내용과 조직상의 차이를 모두 포괄할 수밖에 없다. 기존의 대조수사학에서는 언어 간 영향에 대해 형식적 규칙 발견에 초점을 두고 있지만 인지적 또는 개념적 접근은 언어 규칙뿐만 아니라 그 배후에 있는 작동 원리도 주목한다. 물론 이것이 대조수사학과 인지적 또는 개념적 접근 방식의 상호모순성을 야기하지 않는다. 왜냐하면 대조수사학에서 사회문화적 맥락이 강조되듯이 개념적 시스템의 형성도 생활 경험과 사회문화에 그 기초를 두고 있기 때문이다. 대조수사학에서 언급되는 담화공동체의 기대는 인지적 또는 개념적 시각에서 담화공동체의 원형적 인지에 해당한다. 따라서 기존의 대조수사학적 분석틀은 인지적 또는 개념적 차원의 접근을 통해 상호 보완되어야 한다는 점을 다시 한 번 상기할 필요가 있다.

3. 대조수사학적 텍스트 분석의 범주 및 기준

상이한 텍스트의 대조분석과 관련한 전통적 해석은 James(1980)에게서 찾아볼 수 있다. 그는 두 가지 이상의 항목들이 일부 차이가 있다 하더라도 반드시 공통된 부분이 있어야 비교가 가능하다고 설명한다. 즉, 두 가지 또는 두 가지 이상의 항목들이 어떤 측면에서 차이를 보이더라도 반드시 공통적 특징이 있다는 것이다. 대조를 진행할 때, 이러한 기준이 무엇보다 필요하다. 예를 들어 차이성을 찾으려 할 때, 공유된 특징에 기초한 기준이 있어야만 두 항목의 차이성이 나타날 수 있기 때문이다.

이른바 공통성을 전제로 한 차이성은 대조 분석의 핵심을 이룬다. 물론 무엇을 공통으로, 무엇을 차이로 볼 것인가는 그 형식적 또는 내용적 측면에서 많은 이견이 존재할 수 있다. 그럼에도 불구하고 대조수사학적 텍스트 분석에서 '기준 또는 범주로서 공통'은 하나의 필수불가결한 전제에 해당한다. 다시 말해서 구체적 요소로서가 아니라 추상적 차원에서 이러한 '기준 또는 범주로서 공통'은 언어 간 영향 관계에 반드시 요청되는 전제적 사안이다. Chesterman(1998)는 이러한 공통점을 번역 이론에 적용시켜 '등가성(equivalence)' 또는 '중간참조체(tertium cooperationist)'로 명명한 바 있다.

한국어와 중국어 텍스트의 가장 1차적 기준은 바로 '텍스트성', 즉 '텍스트다움'이다. 이것은 텍스트를 텍스트답게 해준다는 의미로서 텍스트가 구성되기 위한 기본 전제가 된다. 이 논의는 텍스트 언어학과 관련되는데, 여기서는 텍스트 언어학의 기존 논의들을 통해 주요한 텍스트성의 구성 요소들을 살펴보고자 한다. 왜냐하면 바로 그것이 대조수사학적 텍스트의 분석에 필요한 범주 또는 기준이 되기 때문이다.

우선 Brinker(2002; 이성만 역, 2004: 19-22)에 의하면 텍스트언어학의 연구 방향은 크게 언어체계 지향적 텍스트언어학과 의사소통 지향적 텍스트언어학으로 구분된다. 이들은 각자 전혀 다른 목표 설정들을 전개시켜 나갔기 때문에, 연구 대상인 '텍스트'도 서로 다르게 정의하고 있다. 텍스트를 '문장들의 응집력 있는 연속체'로 정의하는 언어체계 지향적 텍스트언어학에서는 텍스트 구성의 일반적 원칙들이 체계적으로 기술된다. 반면, 의사소통 지향적 텍스트언어학에서는 주로 텍스트의 의사소통적 기능을 다루며, 여기에서 텍스트는 문법적으로 연결된 문장의 연쇄가 아니라 복합적인 언어 행위로 간주된다. 고영근(2011: 5-7)에서는 전자를 평면적이고 정태적인 설명 방식이라고 보고 후자를 "동태적 견해(dynamische Auffassung)"라고 부른다. 이 견해에 따르면 이 책은 주로 동태적 견해를 취하되 때로 정태적 견해를 취하는 경우도 생긴다. 왜냐하면 동태적 견해를 취해도 미시적인 텍스트 구조에 대한 이해가 뒷받침되어 있지 않으면 거시적 텍스트의 구성과 기능을 올바로 파악할 수 없기 때문이다(고영근, 2011: 8).

이러한 맥락에서 기준 또는 범주로서 텍스트성은 다음과 같이 정의된다. "텍스트성이란 텍스트라고 느끼는 이유, 곧 텍스트를 텍스트답게 만드는 특성의 총체를 말한다."(김봉순, 2002: 8) 텍스트성에 대한 대표적인 연구인 Beaugrande & Dressler(1981: 118)는 응집성(coherence)과 응결성(cohesion)은 "텍스트다움의 가장 명시적인 기준"이라고 한다.52) 나아가 이재승(2003: 92)에서는 "결속구조(cohesion)와 응집성(coherence)은 둘 다 텍스트성을 구성하는

---

52) 이재승(2003: 96)에서는 "결속 구조와 응집성은 각기 어느 정도는 독립성을 가지면서 상호작용하는 것으로 볼 수 있다." 그리고 Brinker(2002; 이성만 역, 2004)에서는 이러한 구분이 불필요하다고 보며 더 포괄적인 응집성 개념, 즉 명시적인(형태론적·통사론적인) 형태와 함축적인 (의미적·인지적인)형태로 나누어지는 텍스트 응집성의 개념을 취하고 있다.

중요 요소이지만 이 중에서 응집성이 더 중요하다."고 강조한다. 즉 응집성은 텍스트다움의 핵심 기준에 해당하며, 다른 모든 기준들이 충족되지 않더라고 응집성이 갖춰져 있다면 하나의 텍스트가 되는 것이다.

또한 Brinker(2002; 이성만 역, 2004: 23, 201-202)에서는 언어적 수단의 선택(문법적인 국면)과 주제 또는 텍스트 주제의 전개(주제적인 국면)가 의사소통적으로 텍스트 생산 과정을 통제한다고 평가하며 이로부터 텍스트 분석의 범주와 기준을 제시한다. 그것은 바로 언어학적 연구의 토대가 되는 구조와 기능이다. 여기서 구조적 국면은 문법적 구조 층위와 주제적 구조 층위로 구분된다.[53] 그리고 의사소통 · 기능적인 국면은 텍스트의 행위 특성, 다시 말해서 생산자와 수용자 간의 의사소통적인 관계에서 텍스트가 갖는 사용 의미와 관계된다.[54] 여기서 한 가지 주목해야 할 점은 Brinker(2002)에서 논의된 '의사소통 · 기능적 국면'이 '장르'와 비슷한 개념이며, 모국어 글쓰기에 대한 관심에서 나온 주장이라는 것이다.

이 책에서 다루는 중국어권 학습자의 한국어 쓰기 문제는 외국어 쓰기나 제2언어 쓰기이기 때문에 중국인 학습 필자의 의사소통 의도 및 한국인 독자의 기대 또는 이해와 관련이 있다. 따라서 중국인 담화공동체와 한국인 담화공동체의 쓰기 관습과 규약 간의 공통점과 차이점이 고려되어야 한다. 이를 위해 중국어권 학습자의 한국어 텍스트를 분석할 때는 우선 구조적인 국면을 중심으로 텍스트의 문법적 응집성과 내용 · 주제적인 측면인 텍스트 내용의 조직으로 분석 범주와 기준을 정한다. 그리고

---

53) "문법적인 층위의 핵심적인 분석 범주로 볼 수 있는 것은 문법적인 응집성인데, 이는 텍스트를 구성하는 문장들 간의 통사론적인 접속 관계와 의미론적인 접속 관계에 뿌리를 두고 있다. 주제적인 층위에서는 텍스트 내용의 구조를 문제 삼는데, 이는 핵심 주제(텍스트 주제)와 텍스트의 명제나 명제 복합체에 표현된 부분 내용이나 부분 주제와의 관계 조직망이라고 이해할 수 있다. 이 층위의 가장 중요한 분석 범주는 '텍스트 주제'와 '주제전개의 형태'이다."(Brinker, 2002; 이성만 역, 2004: 201)
54) 구체적으로 Brinker(2002; 이성만 역, 2004: 202)에서 텍스트 기능 관련 분석 기준으로 '제보적, 호소적, 책무적, 접촉적, 선언적' 등을 나열하고 있다.

텍스트의 구체적 분석에서는 장르 및 의사소통적인 요소를 고려하기로
한다.

3.1. 텍스트 미시적 응집성의 핵: 재수용

문법적인 측면에서는 주로 텍스트의 연속하는 문장들 간의 통사론적·
의미론적 관계를 산출하는 다양한 언어적인 수단들을 연구한다. 그 중에서
재수용 원리가 텍스트의 구성과 응집성에 특히 중요하다.[55] (Brinker, 2002;
이성만 역, 2004: 29)재수용(reacceptance)은 텍스트에서 앞서 나온 것을 뒤에서
다시 수용한다는 의미에서 쓰는 말이다. 재수용은 피대체어와 대체어가 나
오는 순서에 따라 순행조응(anaphora)과 역행조응(cataphora)으로 나눌 수 있다.
일반적으로 사용되는 형태인 순행조응은 '선행어:대체어'의 순이며, 역행
조응은 '대체어:선행어'의 순이다.[56](한국텍스트언어학회, 2009: 44-45, 60)

한편 Halliday & Hasan(1976)은 응집적 관계의 유형으로 대용(substitute)과
지시(reference), 생략(ellipsis)을 논의하고 있다. 여기서 지시는 크게 상황 조응
(exophora)과 문맥 조응(endophora)으로 나뉘고 문맥 조응은 순행 조응과 역행
조응으로 나뉜다. 그러나 영어와는 지시나 대용 체계가 다르고 유형적으
로 첨가어적인 특성을 갖는 [한]국어 텍스트의 분석에서는 흔히 지시(혹
은 조응)와 대용을 구분하지 않고 이 두 가지 비슷한 현상을 한 범주로 묶
어 다루어 왔다. 이는 [한]국어의 경우 영어와 달리 지시와 대용을 어휘적
항목으로 구분하는 것이 쉽지 않기 때문이다.(안경화, 2001: 139-140) 따라서
이 책에서도 지시(reference), 대용(substitute), 조응(anaphora)을 한 범주로 다루

---

55) 한국텍스트언어학회(2009: 44)에서는 '재수용'을 "텍스트 미시적 응집성의 핵"이라
고 한다.
56) 한국어에서는 역행조응의 경우에는 '이(-)'만 쓰이고, '그(-)는 쓰일 수 없다."(한국텍
스트언어학회, 2009: 60)

기로 하며 세 가지 개념과 기타 관련 개념의 재정리 작업부터 하겠다.

3.1.1. 지시와 조응의 다양한 개념

1) 지시(참조, reference)/ 지시사(reference item)[57]

지시 개념과 관련된 이해는 주로 Halliday & Hasan(1976)의 정의를 둘러싸고 전개된다. 다시 말해서 지시 개념의 이해 차이는 그것의 한국어 번역 상당어휘를 무엇으로 선택할 것인가의 문제와 직접적 연관을 맺는다. 우선 장석진(1984: 116)에서는 Halliday & Hasan(1976)의 'reference'의 번역 상당어휘로 '지시'를 제시하면서 그것을 다음과 같이 설명한다. "여기서 '지시'라 함은 언어철학에서 의미(sense)에 대립하는 지시(reference), 달리 말해 개체의 외연을 뜻하는 것이 아니라, 개체의 의미 해석 대신 다른 언어 표현으로 지시, 참조하는 기능을 말한다." 양명희(2006: 160)에서도 Halliday & Hasan(1976)의 지시(reference)는 "그 자체로 의미론적으로 해석되는 대신에 그 해석으로 뭔가 다른 것을 지시하는 항목"으로 정의된다. 이러한 장석진(1984: 116)의 해석, 즉 Halliday & Hasan(1976)의 'reference'를 '지시'로 번역하는 방식은 지금까지도 한국어학계에서 널리 통용되고 있다. 장석진(1984: 116)에서 Halliday & Hasan의 'refer to'와 'make reference to'를 모두 '지시'로 번역한 경우가 대표적 사례에 속한다.

반면, 민경모(2008: 19)에서는 Halliday & Hasan(1976)의 관련 부분을 직접 인용하면서[58] 장석진의 그것과 다른 해석을 제시한다. 즉 "Halliday &

---

57) '지시사'는 '지시어'라는 용어로 사용되기도 한다. 민경모(2008: 11-12)에서는 양자의 차이를 다루고 있다. 이 책에서는 민경모(2008)의 견해를 따라 '지시사'를 채택하기로 한다.
58) "모든 언어에는, 본서에서 사용하는 특정적 의미로, 지시의 특성을 가지는 항목이 몇 개 있다. 즉, 그러한 항목은 그 자체로 의미 해석되는 것이 아니라, 그것을 해석하기 위해서는 무언가 다른 것을 참조하지 않으면 안 되는 것이다. …… 이들 항목은 정보가 어딘가 다른 곳에서 검색될 수 있다는 것을 나타내는 지령이다."(민경모,

Hasan(1976)의 'reference' 개념의 특징은 지시되는 것이 무엇인지는 묻지 않고, 지시하는 말의 의미 해석에 중점을 두고 있다는 것이다. 즉 지시 항목(reference items)은 '다른 어떤 것(something else)'을 지시하면 되고, 그것은 '어딘가 다른 곳(elsewhere)'에 있는 것으로 충분하다. Halliday & Hasan(1976: 32)에서 '어딘가 다른 곳'은 텍스트일 수도 있고, 장면일 수도 있다." 나아가 민경모(2008)는 Halliday & Hasan(1976/2009: 31)의 언급으로부터 지시의 형태를 명확히 구분한다. 즉 "In the case of reference the information to be retrieved is the <u>referential</u> meaning, the identity of the particular thing or class of things that is being <u>referred to</u>."에서 "세 가지 '지시' 중 첫 번째 지시는 'make reference to'의 의미를 지닌 것이고, 나머지 둘은 'refer to'의 의미를 가진 '지시'이다."(민경모, 2008: 19) 이로부터 민경모(2008: 19-20)는 장석진(1984)의 지시 개념 가운데 'make reference to'라는 의미의 지시를 '참조'라 지칭한다.[59]

한편, 신지연(2008: 41)에서는 "우리 문법에서 전통적으로 '지시관형사・지시부사・지시형용사・지시동사'라고 할 때의 '지시'는 영어의 'demonstrative'를 번역한 것으로서 …… '지시'인 'reference'를 가리키는 것은 아니다. Lyons(1977: 646)에 따르면 이 'demonstrative'는 화시적인 것으로 해석해야 한다. 'demonstrative'는 라틴어 어원을 가지며 그리스의 'deixis'[60]에 대응하는 것이라고 한다." 여기에서 언급된 Lyons(1977: 667-677)는 지시사를 크게 두 가지 기능으로 설명한다. "첫째, '직시(deixis)'는 현장에 있는 객관적 실체를 가리킨다. 둘째, '조응(anaphora)'은 앞에서 언급한

2008: 18 재인용)

59) "이때 참조 표현은 화자 지시 관계를 전제하지 않으며, 그 지시 대상을 검색하라는 지령의 의미만을 갖게 된다. 예를 들어 'the apples(Halliday & Hasan[1976: 3]의 예)'에서 reference(참조)의 기능을 하는 것은 'the apples' 전체가 아니라 'the'만이다."(민경모, 2008: 20)

60) 민경모(2008)에서는 화시(deixis)를 '직시'로 명명한다. 이 책에서는 그것을 따르기로 한다.

대상을 가리킨다. 그 중 '직시'는 '조응'에 비해 더 기본적인 기능을 가지고 있으며 '조응'은 '직시'가 발전된 것이다."[61] 이러한 지적은 지시사의 지시 개념이 화용론의 직시 개념 또는 텍스트언어학의 참조 개념과 관련된다는 민경모(2008: 20)의 주장과도 연결된다. 이 책은 문어적 쓰기에 중점을 두고 있기 때문에 '직시'보다는 '조응(또는 참조)'을 중심으로 지시사 기능을 검토하려 한다.

2) 대용(substitution)/ 조응(anaphora)[62]

앞서 안경화(2001)·고영근(2011)에서 살펴보았듯이, 한국어에서 지시·대용·조응은 그것이 갖는 개념적 유사성 때문에 많은 학자들이 그것을 명확한 형태로 구분을 하지 않고 있다. 예를 들어, 고영근(2011: 102-103)에서 "대용어는 흔히 지시어라 불리는데 다음과 같이 체계를 세울 수 있다"고 설명한다.

> 고영근(2011: 103)의 대용어의 체계
> 1) 대명사
>   인칭대명사: 이이(분), 그이(분), 저이(분)
>   지시대명사: 이것, 그것, 저것<사물>
> 2) 수사
>   하나, 둘…(기수)
>   첫째, 둘째…(서수)

---

61) 魏義禎(2012: 18)에서 재인용. 참고로 魏義禎(2012)에서는 '朝鮮語'라는 용어를 사용하고 있다. 그러나 조사한 말뭉치와 참고 문헌을 보면 대부분이 한국어 자료다. 따라서 이 책에서는 '朝鮮語'를 한국어로 번역해 사용하기로 한다. 그리고 이 책에서 인용된 崔健·姜美子(2004)와 太平武(1999)에서는 중국 조선족 자료를 다루고 있다. 따라서 이를 이 책에서 인용할 때는 '조선어'라는 용어를 사용한다. 그리고 인용 부분은 띄어쓰기를 포함해 어떠한 것도 수정하지 않았다는 점을 미리 밝혀둔다.
62) Halliday & Hasan(1976/2009: 33)의 분류 방법을 따르자면 'endophora'은 '조응', 'anaphora'는 순행조응 또는 선행조응에 해당한다. 그러나 본 연구에서는 'anaphora'에 널리 사용되고 있는 '조응'을 그대로 채택한다.

3) 동사

이리하다, 그리하다, 저리하다

4) 형용사

이러하다, 그러하다, 저러하다

5) 관형사

이런, 그런, 저런

6) 부사

이리, 그리, 저리

이처럼 고영근(2011)의 '대용어 체계'는 남기심·고영근(1985)의 '지시어 체계'[63]와 그 내용이 기본적으로 동일하다. 단지 수사·대용 동사 부분이 추가되었을 뿐이다. 추가한 이유에 대한 설명은 다음과 같다. "수사와 대용 동사는 지금까지 대용어 체계에서 제외하는 것이 보통이었으나 전자는 사물의 수효를 객관적으로 지시하는 기능을 띠고 있으며 후자는 선행 문장의 동사를 대용하는 기능을 수행하는 경우가 있기 때문에 대용어의 범주에 넣을 수 있다."(고영근, 2011: 103)

양명희(2006: 161)에서는 한국어의 대용 현상을 '지시적 대용'[64]과 '비지시적 대용'[65]으로 구분한다. 우선 지시 대용어는 1) 체언: 이것·그것·저

---

63) 남기심·고영근(1985: 416)의 지시어 체계는 ① 대명사: 인칭대명사 이이(분)·그이(분)·저이(분)/지시대명사 이것·그것·저것<사물>, 여기·거기·저기<처소> ② 형용사: 이렇다(이러하다)·그렇다(그러하다)·저렇다(저러하다) ③ 관형사: 이·그·저 ④ 부사: 이리·그리·저리(이수미, 2010: 60 재인용)

64) "대용어는 대용의 기능을 담당하는 어휘로, 대용은 짧은 한 문장뿐 아니라 특히 담화에서 담화 현장에 있는 대상이나 앞이나 뒤에 나오는 언어 요소를 뒤풀이하지 않고 짧은 형식으로 그 내용을 대신하는 현상이다. 대용이라는 언어 현상은 어느 언어에서나 볼 수 있는 보편적인 현상으로, 국어의 경우는 '그것·이것·저것'이나 '이런·그런·저런'처럼 지시사를 선행 성분으로 언어 형식을 갖는 경우가 많다."(양명희, 2006: 159-160)

65) "지시사를 선행 성분으로 하는 앞의 형식들은 대용어와 구분하여 지시사(deixis)로 범주화하여 논의되기도 하는데, 몇몇 논의에서는 지시사가 선행되지 않은 '것·분·이' 등의 의존명사나 '하나·둘·셋'과 같은 수량사, '하다'와 같은 동사들이 대용적 기능을 수행하는 경우에 주목하여 지시사가 선행되지 않음에도 불구하고 이

것/이분·그분·저분/이이·그이·저이/이곳·그곳·저곳/여기·거기·저기, 2) 용언: 이러하다·그러하다·저러하다, 3) 수식언: 그런·그렇게 등을 포함한다. 그리고 비지시 대용어는 '것·분·이·곳 ……/첫째·둘째·셋째 ……/하나·둘·셋 ……' 등의 체언과 '하다' 등의 용언을 포함한다. 여기서 주목해야 할 것은 지시 대용어와 비지시 대용어의 대용 범위에 차이가 있다는 점이다. 다시 말해서 지시 대용어로 사용되는 3인칭 대명사는 선행어와 공지시 관계에 있지만 비지시 대용어로 사용되는 의존명사는 선행어와 공지시 관계에 있지 않다.[66]

이러한 '지시(참조)'와 '대용'의 개념적 정의와 다르게 '조응'은 다음과 같다. 김광희(1992)에서 대용(substitution)은 "사물을 지시하는 언어 표현을 다른 표현으로 대치하여 쓰는 것, 즉 선행사 자체만을 대신하는 문법적 개념"이며, 조응(anaphora)은 "대용과 같은 개념이되, 선행사뿐만 아니라 선행사가 지시하는 대상을 다시 지시하는 것(김광희, 1992: 165)"이다.[67] 한편, 한국의 논의와 유사하게 중국의 텍스트언어학 분야도 Halliday & Hasan(1976)과 Halliday(1985)와 같은 체계기능언어학적 관점의 영향을 받고 있으며 특히 胡壯麟(1994), 朱永生 외(2001) 등은 체계기능언어학의 관점에서 중국어와 영어를 비교한 대표적 성과다. 그러나 중국어의 텍스트적 특

들을 대용어에 포함한다."(양명희, 2006: 160)

66) 지시사가 있는 대용어의 경우 다음의 사례처럼 "3인칭 대명사의 지시사 '그'는 앞의 선행사를 한 단위로 아우르는 기능을 수행함으로써 선행 문장의 선행 성분을 모두 다 대신할 수 있게 한다."(양명희, 2006: 162) ① 나는 그것을 모두 책상 위에 늘어놓았다. ② 순희는 그분들에게 빵을 나눠 드렸다. 또한 지시사가 없는 대용어의 경우 "선행어는 단수가 아닌 복수이며 '것·분'이 지시하는 대상은 선행어 중 특정한 하나만을 가리키고 있다."(양명희, 2006: 162) ③ ㄱ. 필통에는 필기도구가 가득 담겨 있다. ㄴ. 나는 그 중 빨간 것을 골라 글을 썼다. ④ ㄱ. 나이가 많은 어른들이 옹기종기 모여 앉아 계신다. ㄴ. 순희는 가장 나이가 많아 보이는 분에게 말을 걸었다.(양명희, 2006: 162)

67) 이처럼 대용은 예(사물……표현₁ ……표현₂)와 같이 언어표현₁을 다른 표현₂으로 대치해 사용하는 것이지만 조응은 예([사물……표현₁]……표현₂)와 같이 표현₂는 선행사뿐만 아니라 선행사가 지시하는 대상을 다시 지시하는 것이다.

징을 연구 대상으로 하는 견해들은 조응을 보다 다른 차원에서 접근한다. 屈承熹(Chu, 1998; 潘文國 외 역, 2007: 217-218)에서는 '조응'을 넓은 의미와 좁은 의미라는 두 가지 차원에서 정의한다. "넓은 의미에서 조응 기능을 갖춘 모든 문법 형식은 조응[回指]으로 지칭될 수 있다. 그것은 선행문의 동사·부사·명사·구절 등 어휘와 단문에 적용된다. 그러나 좁은 의미에서 조응은 선행문의 명사적 또는 대명사적 어휘에 조응하는 표현 방식에만 적용된다. 좁은 의미에서 조응은 세 가지 일반 형식을 포함한다. 즉 영조응·3인칭대명사·명사(구)다." 여기에서 ZA(영조응; zero anaphora; 零回指)·PA(대명사 조응; pronominal anaphora; 代詞回指)·NA(명사 조응; nominal anaphora; 名詞回指)는 한국 텍스트언어학회(2009)에서 언급된 동일성 대체의 '대체어의 생략'·'대용형의 사용'·어휘 반복(동일어 반복) 기능에 상응한다.68)

이상으로 지시와 조응에 관한 다양한 개념을 정리했다. "지시와 조응은 문-문법을 벗어나는 담화문법의 틀 속에서 화시적, 전제적, 언어적 화맥과 관련해서 연구되어야 할 문법 현상으로서, 많은 언어에서와 마찬가지로 [한]국어에서도 화청자의 화시적 상황에서 비롯되는 처소적인 이/그/저가 기축이 되어 여러 범주--명사, 동사, 문 등--의 대용형이 이들 화시적 지시사와 결합하여 다양한 지시와 조응의 체계를 이룬다."(장석진, 1984: 115) 이

---

68) 또한 현대 언어학에서는 '조응(anaphora)'와 '조응어(anaphor)'을 개념적으로 구분한다. 王朝輝·張旭紅(2012: 180)에서는 'anaphora'가 '回指(조응)'나 '前指(순행조응)'으로 번역된다고 밝힌다. 이것은 언어 요소 간 지칭 또는 해석이라는 관계를 표현한다. 그리고 'anaphor'는 '回指語(조응어)' 또는 '回指表達式(조응표현)'으로 번역되는데, 그것은 언어 조응이 표현되는 구체적 형식을 가리킨다. 이 밖에도 魏義禎(2012 : 2)에서는 조응어·조응, 그리고 선행어와 지시대상 간의 관계를 다음과 같이 설명한다. "텍스트에서는 앞서 언급된 사물을 뒷부분에서 다시 언급을 할 경우, 일반적으로 다양한 조응어를 통해 앞 내용에 조응시킨다. 앞서 제기한 사물의 언어 표현 형식을 '선행어(antecedent)'라고 부르고, 뒷부분에서 다시 언급된 언어 표현을 '조응어'라고 부른다. '조응어'와 '선행어'는 모두 해당 텍스트와 관련되지만 '지시대상/지시물(referent)'은 '조응어'와 '선행어' 사이의 공지시 관계(co-reference)를 나타내는 현실세계의 사물을 가리킨다."

처럼 한국어의 지시와 조응의 체계는 주로 지시사와 대용형이 결합하여 이루기 때문에 본고는 '지시사의 사용' 문제를 먼저 살펴볼 것이다.

또한 장석진(1984: 115)에 의하면 "커뮤니케이션의 정보전달 면에서 볼 때 재귀형이나 대용형에 의한 조응은 이미 알고 있는 정보를 축약된 문법 형식으로 전달하는 방식인 데 비해 '공백화'나 생략에 의한 조응은 이미 알고 있는 정보를 문법형식을 빌리지 않고—영(zero)의 형식으로—나타내는 방식이다. [한]국어에서는 축약과 생략에 의한 지시를 고루 문법화하는 여러 장치를 갖추고 있으면서도, 영어 같은 언어와는 대조적으로, 생략에 더 의존하는 —영-조응 지향적—언어이다." 본고에서는 장석진(1984)을 따라 '축약에 의한 조응'을 다시 '재귀형'69)과 '대용형'으로 나눠서 '축약과 생략에 의한 조응' 부분에서 1) 대용적 조응, 2) 재귀적 조응, 3) 영조응이라는 세 가지 문제를 검토하겠다.

3.1.2. 함축적 재수용에 대한 인지적 해석

명사에 의한 조응에 대해 Halliday & Hasan(1976)와 Halliday(1985)에서는 어휘적 응결 장치라고 보고 동일어 반복, 동의어(반의어), 상위어(하위어), 연어(collocation) 등으로 나누고 있다.70) Halliday & Hasan(1976; 張德祿 외 옮김, 2010: 258)에 의하면 "어휘적 응결은 동일한 어휘 항목의 중복뿐만 아니라

---

69) 한국어의 재귀사는 선행사를 동일 문장 내에서만 취하는 것이 아니라, 상위문장에서도 그것을 취할 수 있으며(강범모, 1998: 171), 선행사가 생략되는 경우도 있다(김광희, 1991: 397). 이 점에서 한국어 재귀사와 영어 재귀사가 구분된다. 따라서 문장 차원이 아닌 텍스트 차원에서의 분석과 고찰이 요구된다.(제효봉, 2011ㄴ: 259)

70) Halliday & Hasan(1976)에서 어휘적 요소(lexical element)라고 하고 Halliday(1985)에서 어휘적 응결(lexical cohesion)이라고 불리지만 내용적으로 크게 변화가 없다. 한편 이재승(2003: 100)에서는 "할리데이와 하산(1976)에서 제시한 어휘적 요소(lexical element)는 반복이나 환언 등과 겹치는 측면이 있고, 그것이 의미상의 변화에 큰 영향을 끼치지 않는다."고 보며 "대표적인 결속기제의 유형으로는 반복, 대용, 접속표현, 생략, 환언을 설정하는 것이 필요하다고 생각한다."고 한다.

앞의 어휘체계와 관련이 있지만 형태가 다른 유의어나 상위어와 같은 다른 어휘의 출현도 포함한다. 공지시 관계 여부에 상관없이 이 원리는 보편적으로 사용되고 있다. 'children'을 사용해 'gilrs'를 대체하는 것을 예로 들자면, gilrs와 boys는 동의어가 아니며 양자가 공지시 관계의 가능성은 존재하지 않는다. 이들은 상호배척의 범주이다. 그러나 텍스트에서 그들의 접근[臨近]은 텍스트다움에 도움이 된다. 또한 어떠한 식별될 수 있는 의미적 관계를 가지고 있는 어휘쌍 간에 응결관계가 존재한다고 말할 수 있다. 이러한 어휘쌍은 disease…illness 같은 동의어와 유의어 및 boy…child 와 같은 상위어뿐만 아니라 boy…girl 등의 보충어(complementary), like…hate 등의 반의어 및 order…obey 등의 역향어(converse)와 같은 각종 대립쌍(pairs of opposite)을 포함한다.[71]

이러한 짝을 이루는 어휘의 응결효과는 그것들의 계통의 의미관계로부터 나오는 것이 아니라 동일한 어휘적 맥락에서 출현하는 경향, 즉 연어적 사용에 있다. 결론적으로 서로 연어적 관계를 가지고 있는 어휘항목, 즉 유사한 언어맥락에 나타나는 경향이 있는 어휘항목 중, 두 단어가 만약 이어지는 문장에서 나타난다면 응결력을 만들 수 있다. 그리고 이런 종류의 응결효과는 짝을 이루는 어휘 사이에만 단순히 한정되지 않는다. 이런 종류의 어휘관계가 구성하는 매우 긴 응결 체인(예를 들면 poetry… literature…reader…writer…style)도 매우 보편적이기 때문이다."(Halliday & Hasan,

---

71) 또한 순서가 있는 하나의 어휘계열[The same ordered series]에서 꺼낸 짝을 이루는 어휘도 포함된다. 예를 들어, 한 문장에 Tuesday가, 다른 문장에서는 Thursday가 있다면 그 결과는 응결된 것이다. … road …brake처럼 순서가 없는 어휘집합에서 추출된 짝을 이루는 어휘도 포함된다. 이러한 집합의 구성원은 보통 상호 간에 모종의 식별 가능한 의미관계가 존재한다. 그들은 car…rail과 같이 부분-전체 관계로서, 또는 mouth…chin과 같이 부분-부분 관계로서 서로 관계를 가지게 된다. 그것들은 동일한 상위어의 동위 하위어일 수 있다. 즉 그것들은 모두 동일한 유형을 개괄하는 구성원이다. 예를 들어 chair…table(모두는 furniture의 하위어이다) 등등. (Halliday & Hasan, 1976; 張德祿 외 옮김, 2010: 258-259)

1976; 張德祿 외 옮김, 2010: 259)

한편 박철우(2002: 863-864)는 "선행 발화를 확인할 수 있는 경우는 두 가지로 구분되어야 한다. 하나는 동일한 개체를 가리키는 표현이 반복되어 출현한 경우이고 다른 경우는 동일한 개체는 아니지만 동일한 지시체의 존재를 함의하고 있는 표현이 출현한 경우이다."라고 주장한다.[72] 후자의 경우, "이러한 관계는 '연상 조응(associative anaphora)', '추론(inference)', '가교(架橋) 지시(bridging reference)' 등 다양한 용어로 불리는 현상과 관련이 되는데, [한]국어는 고정적으로 한정성 여부를 표시하는 관사를 사용하지 않기[73] 때문에 이러한 의미론적 기제에 대한 의존도가 상대적으로 더 크다고 말할 수 있다."[74] 다시 말해서, 박철우(2002)에서 제시하는 연상 조응의 예들은 Halliday & Hasan(1976)에서 말하는 어휘 연어에 해당한다.[75]

---

72) 박철우(2002: 863)에서 다음 예시를 들면서 "'소금장수-다리(b), 소금장수-숨(c), 어떤 고개-고갯마루(d), 고갯마루-그늘(e), 소금장수-소금 짐(f)'와 같이 전자의 존재가 후자에도 함의되어 있다(2002: 864)"는 경우를 설명하고 있다.

소금장수$_1$ 는…
a. 하루는 Ø$_1$ 어떤 고개를 넘다가
b. Ø$_1$ 다리도 아프고
c. Ø$_1$ 숨도 차고 해서
d. Ø$_1$ 고갯마루$_2$ 에서 쉬게 됐지.
e. 마침 Ø$_2$ 큰 나무 밑에 그늘이 넓어서
f. Ø$_1$ 거기에 소금 짐을 받쳐 놓고
g. Ø$_1$ 앉아서
h. Ø$_1$ 쉬었단 말이다. (2002: 863)

73) 이 점은 중국어도 마찬가지다.

74) 崔健·姜美子(2004)에서는 "조응어의 지시 대상은 일반적으로 선행어가 직접 규명하지만 때로는 배경지식에 도움을 받아야 한다. 전자의 조응은 '강세조응', 후자의 조응은 '약세조응'으로 부른다.(2004: 28)"고 주장한다. 예: 사건이 발생한 것은 어제 오후 5시의 일이다. 그런데 8시 현재 그 범인은 아직도 잡히지 않았다. (崔健·姜美子, 2004: 28-29)

75) 그 외에 이수미(2010)에서는 문장과 문장의 의미적 연결장치에 주목하여 문법성, 어휘성에 대해 각 언어 단계별 특성을 제시하였다. 그리고 어휘성 부분에서 주로 '동일어 반복'과 '연어' 두 가지를 검토했다. 우선 이수미(2010: 100)에서 제기한 연어의 정

명사에 의한 조응은 공지시 관계에 있는 명사 조응과 공지시 관계에 없는 명사 조응 두 가지로 나눌 수 있는데 여기서 동일어 반복은 공지시 관계에 있는 명사 조응인 반면, 동의어(반의어), 상위어(하위어), 그리고 연어는 공지시 관계에 없는 명사 조응일 수도 있다. 특히 연어의 경우는 대부분 선행어와 공지시 관계가 없다. Brinker(2002; 이성만 역, 2004: 37, 50)에서는 공지시 관계에 있는 조응을 명시적 재수용으로 분류하고 공지시 관계가 성립하지 않는 조응을 함축적 재수용으로 구분하였다. 또한 한국텍스트언어학회(2009: 44-62)에서는 재수용을 공지시에 의한 재수용, 부분적 공지시에 의한 재수용, 그리고 공지시 관계가 없는 재수용이라는 세 가지로 다음과 같이 세분화하고 있다.

(1) 공지시에 의한 재수용: 피대체어와 대체어가 공지시 관계에 있다.
　　가. 동일성 대체
　　　　a. 어휘 반복
　　　　b. 대용형 사용
　　　　c. 대체어 생략
　　나. 유의성 대체[76] :

의를 보면, "연어란 어휘간 서로 결합하는 방식으로, 한국어 모어(母語) 화자들이 관용적으로 사용하는 관용 표현을 포함하여, 대상 어휘에 결합할 가능성이 높은 어휘들의 결합으로 정의한다." 또한 이수미(2010: 101)에서 교육적 제안으로 다음과 같이 제기하고 있다. "연어의 사용은 한국어에 대한 언어지식을 바탕으로 한국어다운 텍스트를 생산하게 한다는 데 의의가 있다. 어휘의 연어에 대한 지식은 한국어를 사용하는 담화공동체가 합의한 것으로, 일정한 규칙성을 찾기 어렵다는 점에서 한국어 학습을 어렵게 하기도 한다. 따라서 학습 필자는 한국어에 익숙해지기 위해 '덩어리(chunk)'로 학습하는 방법과 논항을 중심으로 학습하는 방법을 생각해 볼 수 있다." 이로부터 알 수 있는 것은 이수미(2010)에서 논의한 연어와 Halliday & Hasan(1976)에서 주장하는 어휘연어(collocation)는 완전히 별개의 문제라는 점이다. 또한 Halliday & Hasan(1976)의 'collocation'는 텍스트의 응결성과 응집성의 문제를 중요시한 것이다. 반면, 이수미(2010)에서는 텍스트의 응결성과 응집성 문제를 다루고자 하지만 정작 연어의 정의와 교육적 제안 모두 어휘, 문법 또는 문형교육에 국한되어 있을 뿐이다.
76) 피대체어와 대체어가 넓은 의미의 유의어이다. 하르베크(1968)는 이러한 재수용을 유의성 대체라고 한다. (한국텍스트언어학회, 2009: 50)

a. 언어적, 의미론적 근거 (예, 한 우체부: 그 집배원)
b. 논리적 근거 (예, 고래 한 마리 : 그 포유동물; * 포유동물 한 마리: 그 고래)
c. 존재론적 근거 (예, 서울: 그 도시)
(2) 부분적 공지시에 의한 재수용: 예, 피터: 그런 남자
(3) 공지시 관계가 없는 재수용 - 접촉성 대체
a. 논리적 근거 [예, 질문:대답]
b. 존재론적 근거 [예, 인간:손]
c. 문화적 근거 [특정 문화와 관련 있음.(예, 한국의 제사문화: 제 삿날-놋그릇)]
d. 상황적 근거77) [한스 마이어: 이 정치가의 아들]

위 분류 체계에서 볼 수 있듯이 "재수용은 앞에서 언급된 대상을 다시 언급하는 기능만을 하는 것은 아니다. 유의성 대체에서는 피대체어로써 언급한 대상에 대한 새로운 진술이 이루어지고, 접촉성 대체는 피대체어로써 언급한 대상과 대체어로써 언급한 대상 사이에 논리적, 존재론적, 문화적 관계가 있음을 보여 준다. 그러므로 대체는 언어지식뿐 아니라 세계지식과 관련이 있다."(한국텍스트언어학회, 2009, 62-63) 위 분류 체계에서 보면 재수용은 결국 인지적 측면이 무시될 수 없는 상황이다. 이에 이 책에서는 인지언어학적 접근법으로 텍스트의 문법적 측면과 인지적 측면을 연관시켜 보고자 한다.

구체적으로 말해서, 명사에 의한 조응, 즉 어휘적 응결 부분에서는 먼저 형태를 중심으로 같은 형태의 어휘 반복(동일어 반복)을 검토한 후, 인지언어학적 시각에서 선행어와 관련된 이형태 어휘들 간의 조응 현상을 검토하고자 하는 것이다. 여기서 '동의어(반의어)', '상위어(하위어)', '연어'도 포함되어 있으며 선행어와 조응어의 관계가 공지시 관계일 수도 있고 아닐 수도 있다. 이러한 이형태들 간의 조응 현상을 '연상 조응'이라고 부르는

---

77) 한국어에서는 별로 사용되지 않은 대체 유형이다. (한국텍스트언어학회, 2009: 58)

주장도 있지만 필자는 '인지적 조응'이라고 하는 것이 더 적당하다고 본다. 예를 들면 '편지', '편지지', '편지 봉투', '우표', '우체국', 심지어 '풀', '펜' 등 관련 어휘들 간의 조응 관계는 동의어(유의어)나 상위어(하위어)로 설명하는 것보다 인지언어학에서 주장하는 인지모형·문화모형으로 인류의 인지적 차원에서 설명하는 것이 더 타당하다고 본다.

다시 말하면 전통적인 텍스트 언어학 영역에서 주장하는 '동의어(반의어)', '상위어(하위어)', '연어'나 '연상조응'이라는 개념으로 설명이 충분히 되지 않은 '인지에 의한 조응 현상'은 인지모형·문화모형, ICM, 개념적 은유(환유), 스크립트 등 인지언어학적 방법론으로 해석이 가능하다는 점이다. 그리고 인지언어학의 접근성 이론(the Theory of Accessibility)[78]을 이용해 기존의 지시·대용·조응 현상에 대해 새로운 해석을 시도하고자 한다.

3.2. 미시적 응집성과 관련된 기타 현상

한국텍스트언어학회(2009: 63-64)에 의하면 재수용이 미시구조의 구성에 핵심적인 역할을 하지만 그 역할을 홀로 담당하는 것은 아니다. 그 외에도 미시적 차원의 연접이나 시제도 문법적 응집성에 기여한다. 연접(connexion)[79]은 넓은 의미에서 문장 내용을 연결하는 것을 일컫는데 이는 문장과 문장의 관계를 이어주는 역할을 함으로써 문법적 응집성에 기여한다. 그리고 시제는 텍스트에서 일정 부분을 시간적으로 하나의 통일성

---

78) 접근성(Accessibility, 可及性)은 "심리언어학적 개념으로, 사람들이 텍스트를 생산하고 이해하는 과정에서 뇌의 기억 체계로부터 어떤 언어나 기억 단위를 추출하는 속도 또는 난이도를 가리킨다."(楊一飛, 2011: 129)

79) 또한 '접속(conjunction)'이라는 용어도 많이 사용되는데 'conjunction'는 접속어를 가리키기도 한다. 본고에서는 형태를 중심으로 논의되는 접속(conjunction) 뿐만 아니라 중국어의 특징인 형태적 표지가 없는 연접 문제도 같이 검토하기 때문에 '연접(connexion)'이라는 용어를 사용하기로 한다.

있는 사건으로 묶어, 여러 문장들을 엮어주는 역할을 한다는 의미에서 텍스트의 응집성에 기여하는데 텍스트에서 끊임없이 변화하는 것은 아니고 어느 정도 연속성을 유지한다. Brinker(2002; 이성만 역, 2004: 202)에서 제시한 네 가지 문법적 응집성의 분석 기준 중에서도 '시제의 연속성', '접속사적 연결', 즉 시제와 연접 문제가 포함되어 있다.

한편 중국어의 텍스트 문법 연구에서는 상을 중요한 결속 기제로 보는 주장이 많이 제기되고 있다. 예를 들면 중국어 텍스트 언어 학계에서 중요한 논저로 평가를 받고 있는 『漢語篇章語法』(Chu(屈承熹), 1998; 潘文國 외 역, 2007)이라는 책에서는 서론에 이어서 바로 동작상과 텍스트의 기능 문제를 검토하고 있다. 왜냐하면 유형론적 차원에서 보면 중국어는 무시제 언어로서 시제 형태소가 결여되어 있으며 상 표지만 존재하기 때문이다.[80]

그리고 朱永生 외(2001)에서 영어와 중국어 연접표현(conjunction)의 공통점과 차이점에 대해 비교를 한 결과 "다른 응결장치에 비해, 연접은 영·중 두 언어 간의 차이가 가장 큰 부분이다."라고 보며 그 원인은 중국어가 의미적 일관성[意合]을 많이 강조하는 반면, 영어는 형태적 일관성[形合]을 많이 강조한다는 점과 관련이 있다고 주장한다. 한국어도 영어와 비슷하게 형태적 일관성을 많이 중요시하는 점에서 텍스트의 연접 문제에 있어 중국어와 많이 다르다고 할 수 있다. 이런 차원에서 이 책에서는 연접과 시제 연속성 문제를 다룬다.

---

80) "시간성(Temporality)에 대한 표현에서 언어유형론적으로 한국어는 시제 중심(Tense Prominent) 언어이지만 중국어는 무시제(Tenseless) 언어로 분류되는 차이가 있으므로 (이건환 2008:64, Li & Thompson 1996: 191), '-었-'은 시제와 상이 함께 존재하는 한국어에서의 시제 표지인 반면 '了'는 상만 표현되는 중국어에서 사용되는 대표적인 상 표지라는 위치를 갖는다. 여기에서 '-었-'과 '了' 사이의 단순한 의미 차이를 넘어 두 언어의 시제와 상 체계와 관련된 차이가 어떻게 학습자 중간언어 발달과 습득에 영향을 미치는가를 살펴야 함을 보게 된다." (이영진·정해권, 2012: 282)

3.3. 텍스트의 거시적 응집성

앞서 언급되듯이 Brinker는 내용·주제적인 측면에서 가장 중요한 분석 범주가 '텍스트 주제'와 '주제전개의 형태'라고 주장한다.[81] 이와 같은 텍스트 내용의 조직 관련 분석에는 van Dijk(반다이크, 1980)의 거시구조와 미시구조 개념이 많이 이용된다. 한편 주제를 규정짓는 일은 그때그때의 독자가 텍스트로 얻는 전체적인 이해에 의존한다(한국텍스트언어학회, 2004: 78)는 Brinker의 주제 파악의 방법은 기본적으로 퍼지(fuzzy, 模糊) 이론에 더 가깝다. van Dijk의 거시구조적 텍스트 이해든 Brinker의 주제 파악 방법이든 텍스트 주제전개에서 가장 중요한 단위가 단락이라고 할 수 있다.

단락의 고전적 정의를 살펴보면, "원래 단락은 영어에서는 패러그래프(paragraph)라 하며, 이 말은 어원적으로 고대 희랍어의 para와 graphien이 합성된 단어이다. para는 '바꾸다' 혹은 '넘어서다'라는 의미를, graphien은 '쓰다'라는 의미를 지니고 있다. 따라서 단락이란 '줄 바꾸어 기술하다'라는 뜻을 지닌다."[82] 서구에서 단락의 기원 즉, 단락 나누기는 고대 그리스로부터 시작된다. 그 당시 사람들은 각 단락 앞에 '¶' 부호를 사용해 새로운 주제를 표시하거나 수직선을 사용하여 대화 과정에서 화자의 변화를 표시했다. 로마인들은 이 방법을 그대로 답습하며 그리스어·라틴어와 관계된 다른 언어들도 이 방법을 사용하거나 유사한 방식을 통해 한 편의 글을 논리적 단락으로 구분한다. 예를 들어, 중세 영어에서 각 단락의 첫 번째 자모는 코퍼플레이트(Copperplate, 花體)라는 글꼴을 아주 크게 사용하는 것이다. 17세기 미국 산문에 현대적 단락 나누기가 출현한다." 19세기

---

81) 그리고 Brinker가 주제전개의 유형으로 구체적으로 기술형 주제전개 모형, 설명형 주제전개 모형, 그리고 논증형 주제전개 모형을 제시했다.
82) 정달영(1997: 224)에서 재인용. 대학작문편찬위원회, <대학작문>, 1988;1995, 서울: 단국대학교출판부. <대학작문>은 원래 국한문 혼용으로 기술되어 있다. 여기에서는 윤문을 거쳐 인용하기로 한다.

말에 이르러 단락은 통일적 · 일관적 · 유기적 통일체로서 주제문에서 기술한 단일 주제를 전개하고 강화하는 것이 되었다. 즉 유기적으로 연관된 한 덩어리의 문장들이며, 그 자체로 텍스트 구조를 이루는 구성 부분에 해당한다(Rodger, 1965: 408)는 의미를 갖는 것이다.(安純人, 1993: 1)

또한 단락 내부의 내용 전개 및 조직 문제 앞서 좋은 문단이 갖추어야 할 요건이 무엇인지부터 생각할 필요가 있다. 5장 3절에서 더 자세히 논의하겠지만 이 책에서는 논술(argument)적 문단에만 초점을 둘 것이다. 좋은 논술적 문단이 갖춰야 할 요건에 대해 장향실(2010: 371)은 다음 네 가지를 제시했다. 우선 한 문단에는 하나의 생각만 담아야 한다는 것이다. 여기에서는 내용이 달라지면 문단 나누기를 해야 한다는 것을 강조한다. 둘째, 문단은 보통 중심 문장과 이를 뒷받침해 주는 문장으로 이루어져야 한다는 것이다. 중심 문장과 뒷받침 문장은 관련이 있는 내용으로 긴밀하게 연결되어야 한다고 설명한다. 셋째, 문단 내의 문장들 간의 연결이 논리적으로 이루어져야 한다는 점이다. 이를 위해 문장 내용의 연결이 논리적이어야 하고, 접속어가 잘 사용되어야 함을 강조한다. 넷째, 문단들 간의 연결이 논리적이어야 한다는 것이다.

위에서 언급한 중심 문장은 흔히 소주제문이라고도 한다. 소주제문의 위치에 따라 단락은 두괄식, 양괄식, 미괄식, 중괄식 등 '구조 유형(pattern)'으로 나눌 수 있다.[83] 정달영(1997: 31)에 의하면 "두괄식 단락은 소주제문 곧 중심 사상이 첫머리에 제시되고 그 뒤에 뒷받침 서술이 전개되는 것을 말한다. 근래 우리나라[한국] 글에서도 설명문이나 논설문에서는 이런 두괄식 단락이 많이 나타나고 있다. 서양 글에서는 이 유형을 '약속형(promise pattern)'이라 부르는데 가장 전형적인 것으로 여겨지고 있다. 그들은 단락

---

83) 이것은 글 전체의 구조와 관련하여 언급하기도 하지만 근래에는 단락 구조 유형으로 다루는 일이 많다. "사실 이 구조 유형은 단락과 같은 짧은 글에서 더욱 뚜렷이 드러나며 다루기도 쉽다.(정달영, 1997: 30)

이 당연히 두괄식으로 전개되는 것으로 알고 있을 것이다. 미괄식은 첫머리에 소주제가 제시되지 않고 끝부분에 나타난다. 양괄식은 첫머리와 끝부분에 소주제가 놓이는 것이고, 중괄식은 중간 부분에 소주제가 제시되는데 두괄식의 한 변종으로 여겨진다. 서구의 글에서는 미괄식이나 중괄식은 '비약속형(non-promise pattern)'이라 부르는데 극히 드물게 나타난다. 그런데 한국어의 글에서는 특히 미괄식의 단락이 많다. 또 미괄식은 '귀납형'이라고도 한다. 구체적인 사항의 서술을 앞에 내보이고 마지막에 일반화된 명제 곧 소주제문을 내세우기 때문이다." '한국어의 글에서는 특히 미괄식의 단락이 많다.'는 정달영의 판단은 1997년에 내린 것이기 때문에 그동안 서구의 영향을 많이 받아온 현재의 한국어도 같은 특징을 가지고 있다고 판단하기가 어렵다고 본다.

여기서 주목해야 할 것은 텍스트 주제의 전개, 내용의 일관성 및 적절성 등을 평가하는 것은 평가자의 주관적 판단이 개입될 수밖에 없다는 점이다. "이로 인해 쓰기 평가 후 학습자가 생산한 텍스트의 내용적 측면에 대한 피드백도 역시 구체적이고 명확한 지시보다는 모호한 평가와 피상적인 피드백이 주어지는 경우가 빈번하다."(박민신, 2013: 1) 이 문제를 해결하기 위해 박민신(2013)에서는 응집성이 떨어진 부분의 원인을 명시적으로 설명하는 주제부 전개 유형 분석 방법을 제시했다.

이 책에서는 텍스트 주제 전개의 중요한 단위인 단락을 중심으로 중국어권 학습자 텍스트의 주제 전개 및 단락 조직을 살펴보겠다. 또한 중심 문장과 뒷받침하는 문장에 대한 분석과 주제부 전개 유형 분석을 통해 논술적 문단 내부의 내용 조직 문제를 다룰 것이다.

제3장

중국어권 학습자 텍스트의 문법적 응집성: 지시와 조응

1. 지시

1.1. 한·중 지시사의 체계 및 특징

魏義禎(2012: 21)는 Fillmore(1982)의 지시 체계 모형으로부터 한국어와 중국어84)의 지시 체계는 '거리 지향(distance-oriented)'과 '참여자 지향(person-oriented)'이라는 두 가지 유형에 속한다고 평가한다. 여기에서 '거리 지향'은 발화자를 유일한 지시 참조점(reference centre)으로 여기며, 지시 체계는 발화자와 맺는 원근 거리에 따라 나뉜다. 반면 '참여자 지향'에서는 말하고 듣는 쌍방 모두가 지시 참조점이 된다. 앞서 언급했듯이 지시사는 크게 '직시'와 '조응'이라는 기능을 갖는다.

우선 직시의 경우, 중국어 지시사는 발화자가 유일한 지시 참조점이 된다. 즉 발화자와 가까울 때 일반적으로 '這[이]', 청자와 가까울 때 '那[저·그]'가 사용된다. 반면, 한국어 지시사는 말하고 듣는 쌍방 모두가 지시 참조점이 되는데, 발화자와 가까울 때 일반적으로 '이', 청자와 가까울 때 '그', 그리고 발화자와 청자 모두에게서 멀리 있을 때는 '저'가 사용된다. 다시 말해서 직시의 경우, 중국어 지시사는 이원 체계를 보이지만 한국어의 그것은 삼원 체계를 드러낸다.

---

84) 여기서 언급된 중국어는 방언이 아닌 표준어[普通話]만을 가리킨다.

또한 일반적으로 조응의 경우에도 중국어는 이원 체계, 한국어는 삼원 체계로 간주된다. 하지만 한국어의 삼원적 조응 체계에 대한 비판이 존재한다. 장경희(1980) · 장석진(1984: 130) · 민경모(2008) 등에서는 한국어 '저'에 화제조응 기능이 없을 뿐만 아니라 한국어 텍스트의 조응도 '이'와 '그'라는 이원 체계만 존재한다고 주장한다. 특히 민경모(2008)는 40만 어절의 말뭉치 분석을 통해 한국어 지시사가 텍스트 조응에 사용될 경우, 그 빈도가 균등하지 않다고 설명한다. 즉 '이'는 519건, '그'는 1,828건, '저'는 단 1건에 불과하다. 그 1건 또한 발화 실수에 해당한다(민경모, 2008: 133 · 155). 따라서 한국어 지시사 '저'는 기본적으로 텍스트 조응에 사용되지 않고 있다.

결과적으로 텍스트 조응에 사용되는 한 · 중 지시사는 모두 이원 체계라고 할 수 있다. 그러나 중요한 점은 바로 한 · 중 지시사의 빈도적 특징에 있다. 다시 말해서 한국어 텍스트에서는 원거리 지시사 '그'가 근거리 지시사 '이'보다 더 많이 사용되지만 중국어 텍스트에서는 근거리 지시사 '這'가 원거리 지시사 '那'보다 더 많이 사용된다. 한국어 텍스트 조응 부분에서 지시사 '그'의 사용 빈도가 '이'의 그것보다 훨씬 높다는 사실은 앞서 언급한 민경모(2008)의 연구 결과에서도 나타난다. 조사 대상인 40만 어절의 자료에서 일반적 선행 문맥의 참조로 사용된 '이'는 519회(22.1%), '그'는 1,828회(77.9%)에 달한다.[85]

---

85) 魏義禎(2012: 84)은 『한국어』(연세대학교 편) 3-5권을 대상으로 지시사 사용 빈도를 조사한다. 여기에서 '이'의 사용 빈도는 66회(21%), '그'의 사용 빈도는 249회(79%)로 민경모(2008)의 그것과 유사한 결과를 도출한다. 다른 점이 있다면 민경모(2008: 155)에서는 지시사 '이' · '그'와 관련된 기타 형식(예를 들어, '이것', '그것', '여기', '거기' 등)을 통계 결과에 포함시키지 않았지만 魏義禎(2012)에서는 그것을 포함시켰다는 것이다. 이밖에도 강범모 · 김흥규(2009)에서는 1,500만자의 말뭉치 자료에 근거해 한국어 상용 단어의 사용 빈도를 측정한다. 그 가운데 지시사 '그'는 총 109,987회로 가장 많은 사용 빈도를 보였지만 이와 다르게 '이'는 총 66,843회의 사용 빈도만을 보였다. 이 결과도 지시사의 여러 기능을 함께 포함하고 있기 때문에 텍스트 내부 조응에만 국한된 지시사의 사용 빈도는 파악되지 않는다.

한국어와 다르게 중국어 텍스트에서 조응 기능을 담당하는 지시사는 근거리 지시사 '這'의 사용 빈도가 원거리 지시사 '那'보다 대단히 높다. 예를 들어, 魏義禎(2012: 86)는 『허우바오린 자서전(侯寶林自傳)』(약 15만자)에서 텍스트 조응으로 사용되는 지시사 '這(근거리 지시)'와 '那(원거리 지시)'의 사용 빈도를 살펴보았다. 결과적으로 근거리 지시사 '這'는 337회(64.6%), 원거리 지시사 '那'는 185회(35.4%)으로 나타난다. 그리고 楊玉玲(2006: 35)는 중국어 텍스트에서 '這(근거리 지시사)', '那(원거리 지시사)'가 다른 어사(語辭)와 결합하지 않고 독자적으로 앞에서 나온 명사 또는 명사구(Noun Phrase, NP)를 조응하는 경우를 조사한다. 그 결과, '這(근거리 지시사)'의 사용 빈도(597회)가 '那(원거리 지시사)'의 그것(110회)보다 훨씬 높은 양상을 드러낸다.

또한 20만자의 중국어 말뭉치 자료를 조사한 曹秀玲(2000: 8)에서는 텍스트에서 조응 기능으로 사용된 '這(근거리 지시사)'의 사용 빈도(114회)가 '那(원거리 지시사)'의 그것(93회)보다 더 높다는 결과를 제시한다.[86] 曹秀玲는 이 조사 결과에 대해 인지심리적 설명을 시도하는데, 그러한 빈도의 특징이 "인간의 자기중심적인 특성(2000: 10)"에 기인한다고 본 것이다. 그러나 이와 같은 해석은 원거리 지시사(那)보다 근거리 지시사가 더 많이 사용되는 중국어 지시사의 경우에만 적용될 수 있다. 다시 말해서 그것은 '이'보다 '그'가 텍스트 조응으로 더 많이 사용되는 한국어 지시사의 특징을 설명하지 못한다.

魏義禎(2012)에서는 그 원인이 한·중 지시사 선택 방식의 차이에 있다고 본다. 한국어 텍스트에서는 '정보 전달'의 차원에서 지시사가 선택되지만 유형적으로 화제 중심 언어[87]인 중국어의 텍스트에서는 '화제 연속'이

---

86) 그 이외에도 텍스트 조응 기능으로 사용되는 지시사뿐만 아니라 전반적인 사용 빈도를 밝히는 『快速集中識字手冊』(1982)을 살펴보면, '這(근거리 지시사)'는 138,426회이고, '那(원거리 지시사)'는 28,882회로 양자의 빈도 차이는 상당히 크다.(魏義禎, 2012: 85)
87) 이 책에서는 중국어의 특징을 다루고 있기 때문에 중국어 학계에서 일반적으로 사

지시사 선택의 중요한 근거가 되기 때문이라는 것이다. 한국어에서는 정보 전달의 경로가 필자(화자)와 독자(청자) 영역으로 나뉘며 정보가 화자 영역에 있을 때 '이'가 사용되고, 그 정보가 청자 영역으로 전달된 뒤부터는 '그'가 선택적으로 사용된다. 일반적으로 후자의 상황이 많기 때문에 '이'보다 '그'가 더 많이 사용되는 특징이 나타나는 것이다.[88]

이와 다르게 중국어 텍스트에서 지시사가 사용되는 경우는 화제의 연속과 관련된다. 언어의 의사소통적 기능이라는 차원에서 텍스트는 기본적으로 정보 전달의 과정인데 중국어에서 정보 전달은 일반적으로 한 계열의 화제를 두고 전개되기 때문에 하나의 텍스트는 '현재 화제'의 순서적 배열로 볼 수 있다. 따라서 화자는 '현재 화제'를 중심으로 텍스트를 조직한다. 물론 '현재 화제'와 무관한 내용도 있을 수 있지만, 대부분의 내용은 '현재 화제'와 관련성이 높은 것으로 구성된다. 이처럼 중국어 화자는 '화제 연속'의 시각에서 근거리 지시사 '這'로 '현재 화제'를 지시하고, 원거리 지시사 '那'로 '비현재 화제'를 지시하는 경향을 드러낸다.(魏義禎, 2012: 88)[89]

전통적으로 한중 대조언어학에서는 '這(근거리 지시)'와 '이', '那(원거리 지

용되는 '화제 중심 언어'라는 표현을 사용한다. 임홍빈(2007: 115)에 의하면 "Li & Thompson(1976)은 주제와 주어를 중심으로 세계의 여러 언어에 대하여 다음 네 가지 유형을 상정하고 있다. 1) 주어 부각형 언어(Subject-prominent); 2) 주제 부각형 언어(Topic-prominent); 3) 주어·주제 부각형 언어(Both subject and topic prominent languages); 4) 주어·주제 비부각형 언어(Neither subject nor topic prominent languages) 그 중에서 한국어와 중국어는 각각 주어·주제 부각형 언어와 주제 부각형 언어에 속한다고 주장한다." 또한 이와 다르게 'topic- prominent language'를 "주제가 명시적인 언어"(이장호, 1996: 2)로 번역하는 경우도 있다.
88) 魏義禎(2012)의 이러한 주장은 장경희(1980)의 연구 내용을 확장시킨 것이다. 장경희(1980)의 관점에 대해서는 민경모(2008: 61-74)의 비판을 참조할 것. 그럼에도 불구하고 장경희(1980)와 魏義禎(2012)의 연구 내용은 한국어의 언어 사실에 기본적으로 부합된다.
89) 方梅(2002: 350)의 주장도 魏義禎(2012)과 궤를 같이 한다고 할 수 있다. "중국어 텍스트에서 하나의 명사나 명사구(Noun Phrase, NP)는 뒤 문장에서 화제로 재차 제기될 때, '這(근거리 지시)'가 '那(원거리 지시)'보다 자주 보인다. 그 원인은 '這(근거리 지시)'가 발화자가 화제의 연속성을 유지하기 위한 수단으로 선호되기 때문이다."

시)'와 '그/저'를 직접 대응시키는 방식을 취해왔다. 그러나 앞서 살펴본 것처럼 이러한 단순 대응관계가 잘못되었다는 사실은 분명하다. 여기서는 한국어와 중국어의 지시사가 텍스트의 조응으로 사용될 때 어떤 대응 관계를 형성하는지 살펴보고자 한다. 魏義禎(2012: 72)에서는 중·한 대조 말뭉치의 조사를 통해 다음과 같은 결과를 제시한다.

(1) '這(근거리 지시)' → '이'
(2) '這(근거리 지시)' → '그'
(3) '那(원거리 지시)' → '이'[90]
(4) '那(원거리 지시)' → '그'
(5) '這(근거리 지시)'/'那(원거리 지시)' → 'Ø(지시사 없음)'

魏義禎의 조사가 '중국어 → 한국어'라는 방향에 국한시켰다는 점을 감안하더라도 이처럼 상당히 복잡한 양상을 드러낸다. 한·중 텍스트에서 지시사 간의 대응 관계는 한·중 지시사의 사용 빈도 또는 선택 방식의 차이와 관련된다. 그렇다면 중국어권 학습자들이 한국어 텍스트에서 지시사를 선택 사용할 때 어떤 특징을 보이는지가 하나의 초점을 이룬다. 이를 위해 중국어권 학습자의 한국어 텍스트에서 드러난 지시사의 사용 양상을 살펴보고자 한다.

1.2. 중국어권 학습자의 지시사 사용

이 책에서는 지시사가 독자적인 단어로 쓰이는 경우, '이, 그, 저'가 다른 어사(語辭)와 함께 단어로 쓰이는 경우, '이렇게/그렇게'와 같은 부사가 사용된 경우, '이때/그때 또는 이로 인해/그로 인해'와 같은 관용 표현이

---

90) 이 대응 관계는 실제 말뭉치 자료에서 보이기는 하지만 그 빈도가 매우 낮다.

사용된 경우 등을 검토한다.

1.2.1. '그'를 '이'로 혼용91)하는 경우의 빈번함

한국어 지시사 '저'가 기본적으로 텍스트 조응 과정에서 채택되지 않는다는 점으로부터 텍스트의 지시사 사용에 있어 '이'와 '그'의 선택 문제가 하나의 핵심적 사안으로 부각된다. 실제 본 연구의 병렬 말뭉치 조사 결과를 살펴보면, 중국어권 학습자들은 한국어 지시사를 사용하는 대부분의 경우, '그'를 사용해야 할 곳에 '이'를 선택한다는 사실을 알 수 있다. 다시 말해서 188편 작문에서 중국어권 학습자의 이[√그] 유형의 혼용(53건)은 그[√이]] 유형의 혼용(10건)보다 5.3배나 높은 수치를 보인다. 이[√그] 유형의 혼용을 구체적으로 살펴보면, 다음 <표 3-1>과 같다. '이[√그]+NP' 유형의 혼용(38개)이 가장 많고, '이[√그]렇게' 유형의 지시부사 혼용(9개)과 '이[√그]로 인해'와 같은 관용어 혼용(6개)이 나타난다. 각 유형별 오용이 차지하는 비율은 71.7%, 17.0%, 11.3%이다. 참고로, 여기서 독자적으로 사용된 이[√그] 유형의 혼용은 나타나지 않았다.

<표 3-1> 이[√그]식 혼용의 분포

유형	이[√그]	이[√그]+NP	지시부사	기타	합계
빈도	0	38	9	6	53개
비율	0%	71.7%	17.0%	11.3%	100%
예시	이[√그]	이[√그] 친구	이[√그]렇게	이[√그]로 인해	

1) 단락 간 조응의 경우

다음 사례 3-4의 밑줄 친 부분은 새롭게 시작된 단락의 첫 문장이다.

---

91) 이 책에서 언급된 '혼용'은 '혼동하여 사용하다'라는 의미다. 따라서 '혼용'은 개념화 전이 과정의 주요 특징에 해당한다.

단락의 구분이 정보의 연속성에 영향을 끼쳐 글의 전후 내용은 동일한 정보 단위로 분류되지 않는다. 따라서 '이'를 '그'로 고치는 것이 적절하다. 그렇지만 위의 전체 내용을 중국어로 역번역해보면, 이 문장은 앞 단락의 내용과 동일 화제로 연속되기 때문에 원거리 지시사가 아닌 근거리 지시사가 사용되고 있다.

> 사례 3-4 북경공업대학 2학년 유**
> 어느 하루
> ……
> 나는 <u>이 문장[√그 기사]</u>을 읽고 사실 생활이 평범하지 않은 것을 깨달았다.
> 나 주변에 나와 같이 살아가고 있는 사람들이 많다. ……

2) 단락 내 조응의 경우

중국어권 학습자의 한국어 텍스트에서 이[√그] 유형의 혼용 양상은 단락 간 조응뿐만 아니라 단락 내 조응에서도 많이 나타난다. 사례 3-15의 경우, "벌써 5년이란 긴 시간이 지나갔다"는 표현은 상당한 시간적 거리를 포함한다. 따라서 '그 일'이 '이 일'보다 적합하다고 할 수 있다. 또한 이것은 정보 흐름의 연속성[92]차원에서도 평가가 가능하다. 즉 "그렇게 큰 일은 아니었는데, 왜 갑자기 이[√그] 일이 생각났는가?"에서 의미 전환의 연결어미인 '…는데'와 문장 부호인 쉼표 모두 정보 흐름의 연속성을 파괴하고 있다. 따라서 이 문장에서는 정보 흐름의 단절이 발생하기 때문에 '이'보다는 '그'를 사용하는 것이 적절하다. 학습필자가 지시사로 '그'가 아닌 '이'를 선택한 이유는 그의 한국어 텍스트가 개념화 전이 과정에서 생산되었기 때문이다. 이 문장을 중국어로 역번역해보면 보다 분명한 결과

---

92) 魏義禛(2012: 59-60)에서는 정보 흐름의 연속성에 영향을 주는 요인으로 '텍스트의 의미 구조'와 '대화자의 해당 대화 참여'를 거론한다. 여기에서 후자는 구어 텍스트와 직접적으로 관련된다.

를 얻을 수 있다. 다시 말해서 문장의 뒷부분은 앞부분과 동일 화제로 연속되는 과정에 있기 때문에 근거리 지시사 '저(這)'가 사용된 것이다.

> 사례 3-15 북경대학 3학년 제**
> 비가 오는 날
> ······ 눈 깜박할 사이에 벌써 5년이란 긴 시간이 지나갔다. 그렇게 큰 일은 아니었는데, 왜 갑자기 이[√그] 일이 생각났는가? 아마 고향에 계신 부모님밖에 비가 오면 나에게 우선을 가져다주고 날 기다려 줄 사람이 없어서 그렇다. 나는 이제서야 세상에서 나를 가장 사랑하는 사람이 바로 부모님이라는 사실을 깨달았다.[93]

1.2.2. 서술관점 및 지시사의 선택

이처럼 중국어권 학습자의 한국어 텍스트에서는 '이[√그]'식 오용 현상이 빈번하게 출현한다. 한편, 다음의 사례 3-23와 같이 지시사 '이'나 '그'가 함께 사용 가능한 경우도 존재한다. a문장의 경우, 정보 흐름의 차원 보면 앞 문장과 의미상 순접 관계를 이루며, 선행어와 조응어 간의 거리도 비교적 가깝다. 魏義禎(2012: 28)에 따르면, 학습 필자는 여기서 두 가지 선택을 할 수 있는데, 하나는 '이'를 사용해 "정보 흐름을 단절시키지 않으면서 아직 화자 영역에 있음"을 표현할 수 있는데, 이것은 독자에게 상당히 잘 구성된 텍스트라는 인상을 전달한다. 다른 하나는 '그'를 사용해 "정보가 이미 전달되었으며 전후 내용이 두 개의 독립된 정보단위에 속함"을 표현할 수 있다. 이 경우 사례 3-33는 '이'를 사용한 것보다 상대적으로 취약한 텍스트 구성력을 드러낸다.

---

93) 텍스트의 의미 구조와 정보 흐름의 연속성을 파악하기 위해 학습 필자의 원문을 일부 수정했다.

사례 3-33 중국전매대학 3학년 황*

어느 하루에 꽃이 필 것이다

어느 하루에 내가 꿈이 생겼다. 티브이에서 단장하게 포로그램을 진행하고 있는 아나운서를 보면서 나도 <u>나중에 아나운서가 되겠다</u>는 생각이 들었다. a. 나는 <u>이[/그]</u> 꿈을 어머니에게 알려줬다. 그런데 어머니는 "아나운서가 누구나 될 수 있는 게 아니야" 라고 말했다. b. <u>이[/그]</u> 말을 듣고 나서 나는 속상했다. 거울 속에 내 얼굴을 보면서 나도 자신이 없어졌다. 그렇지만 나는 그렇게 쉽게 포기하는 편이 아니다. 나는 스스로 결심했다. 나중에 꼭 훌륭한 아나운서가 될 것이었다. ……

또한 사례 3-33의 b문장을 서술관점(point of view)의 차원에서 주목할 필요가 있다. 일반적으로 글쓰기에서는 두 가지 서술 방식이 사용된다. 하나는 이야기 세계와 거리를 두고 객관적으로 서술하는 방식이다. 이 경우에 심리적·인지적으로 서술자의 서술 대상 또는 인물과 맺는 거리가 멀게 나타난다. 두 번째 방식은 이야기 세계 내부에서 상황을 직접적이고 현실적으로 서술하는 것인데, 이것은 서술자의 서술 대상 또는 인물과 맺는 심리적·인지적 거리가 가깝게 드러난다. 魏義禎(2012: 26)에서는 이것을 각각 '외적 서술모델'과 '내적 서술모델'로 지칭한다.[94] 사례 3-33 b문장의 경우, "<u>이</u> 말을 듣고 나서 나는 속상했다."는 내적 서술모델에 속하며 학습필자 자신이 현장에 있다는 효과를 발생시킨다. 반대로 "<u>그</u> 말을 듣고 나서 나는 속상했다."는 외적 서술모델로서 필자가 서술자의 입장에서 당시의 상황을 묘사하는 것이다. 결국 서술모델은 지시사의 선택과 밀접한 상관관계를 맺고 있다.[95]

---

94) 외적 서술모델이 일반적인 모델에 속한다면 내적 서술모델은 소설, 설명문 등 특정 유형의 텍스트에서만 빈번하게 출현한다. 하지만 내적 서술모델에서 직시의 방식으로 지시사를 선택하는 경우 외적 서술모델과 유사한 형태를 띠기도 한다. 외적 서술모델의 경우, 한국어에서는 '정보 전달'의 시각에서 지시사를 선택하지만 중국어에서는 '화제 연속'의 차원에서 지시사를 선택한다.(魏義禎, 2012: 83 참조)

95) 사례 3-33을 중국어로 역번역해보면, a문장과 b문장 모두 근거리 지시사 '這'를 사용해야만 한다. 왜냐하면 '화제 연속'의 차원에서 두 문장 모두 현재적 화제이기 때

다음의 사례 3-18는 중국어권 학습자의 오용 사례에 해당한다. 밑줄 친 부분의 '하는 때였습니다'를 통해 알 수 있듯이 외적 서술모델에 속한다. 그리고 정보 전달의 차원에서 정보는 이미 상대방에게 전달되었다고 볼 수 있기 때문에 '그'의 사용이 적절하다. 만약 학습필자가 당시의 장면을 보다 사실적으로 묘사하기 위해 내적 서술모델로 바꾸고자 한다면, 현장 직시의 방식으로 지시사 '이'를 선택할 수 있다. → "이 말을 하고 나는 몸을 돌려 떠났다."

> 사례 3-18 서안외국어대학 3학년 이**
> 어느 하루
> …… 그 말을 듣기 무섭게 내 마지막 희망은거품이 되는 느낌을 들었다. 눈물을 꾹 참으면서 말했다. "네. 알겠습니다. 이해할 수 있습니다. 그럼, 그 럼…… 안녕히계세요."
> <u>이[√그] 말을 하고 나는 몸을 돌면서 떠나기로 하는 때였습니다.</u> 그 아주 마가 나를 불렀다.
> ☞이 말을 하고 나는 몸을 돌려 떠났다.

그러나 사례 3-18에 상당하는 중국어 내용은 내적 모델이든 외적 모델이든 상관없이 모두 근거리 지시사 '這'의 사용이 적절하다. 왜냐하면 내적 서술모델에서는 '직시'로부터 근거리 지시사를 선택해야 하지만 외적 서술모델에서는 '화제 연속'으로부터 동일한 화제에 속하는 내용을 기술하기 때문에 마찬가지로 근거리 지시사 '這'를 사용한다. 여기서 한국어와 중국어의 지시사 차이가 드러난다.

한편, 다음의 사례 4-44는 중국어권 학습자의 한국어 텍스트에서 지시

문이다. 따라서 이것을 모국어 영향 관계로 진단하기 위해서는 학습필자가 유사한 상황에서 어떤 지시사를 선택하는지에 주목해야 한다. 여기서는 일단 학습 필자가 '이'와 '그'가 함께 가능한 상황에서 중국어 근거리 지시사 '這'에 상당하는 '이'를 선택했다는 점만 밝히기로 한다.

사가 사용될 때 자주 나타나는 조사 오용의 문제를 보여 준다.

> 사례 4-44 중국전매대학 4학년 왕**
> 양심의 의미
> …… 사람과 사람의 관계는 바로 물과 물의 관계처럼, 아주 밀접하게 같이 바다에 공존한다. a. 사람은 아무리 외롭고 따돌림을 당해도 바다에 뚝 떨어져 있는 섬처럼 따로따로 살아갈 수 는 없다. b. 그래서 사람들은 이 공존하는 공간을 지키는 책임이 있다. c. 의식적으로 보면, (?)그것이[√이것이/ 그것은] 바로 양심이다. ……

사례 4-44의 밑줄 친 부분은 두 가지 방식으로 수정할 수 있다. 첫째, [√그래서 사람들은 이 공존하는 공간을 지킬 책임이 있다. 이것이 바로 양심이다.] 이처럼 '그래서'를 사용해 a, b 문장의 의미적 순접 관계를 강조하면 전체 텍스트의 구성을 강화하는 효과를 갖기 때문에 '이것'으로 조응하는 것이 자연스럽다. 둘째, [√사람들은 이 공존하는 공간을 지킬 책임이 있다. 그것은 바로 양심이다.] '그래서'를 제거하면 전후 문장 사이의 순접 관계가 약화되고 전체 텍스트의 구성이 상대적으로 느슨해지기 때문에 '그것'의 조응이 보다 더 적절하다.

주목해야 할 점은 전자의 경우 "이것이 바로 양심이다."에서 주격조사 '이'를 사용하는 것이, 또 후자의 경우 "그것은 바로 양심이다."처럼 보조사 '은'을 사용하는 것이 자연스럽다는 것이다. 여기서 '이것이'는 정보전달 과정이 아직 종료되지 않았으며, 전후 내용은 동일한 하나의 정보 단위에 속해 있다는 점을 알려준다. 반면, '그것은'은 앞부분의 정보가 이미 전달되었으며, 뒷부분은 또 다른 하나의 새로운 정보라는 점을 표현한다. 다시 말해서 '이것이'는 하나의 정보 단위 내부에서 초점을 구성한다. 이와 다르게 '그것은'은 쪼개진 두 개의 정보 단위 가운데 새로운 정보로서의 화제에 속한다.[96]

1.2.3. 지시부사 '이렇게/그렇게'의 사용

앞서 언급했듯이 중국어권 학습자는 한국어 텍스트의 생산 과정에서 지시사 '그'를 사용해야 할 곳에 '이'를 혼용한 경우가 그 반대의 경우보다 7배 정도 높게 나타났다. 하지만 지시부사 '이렇게/그렇게'의 사용은 이와 다른 양상을 보인다. 즉, 단락 간 또는 단락 내부에서 문장 간 조응은 '이[√그]'식의 혼용 현상이 많이 나타나지만 문장 내 조응에서는 정반대로 '그[√이]'식의 혼용이 두드러진다.

1) 문장 간 조응97)
(1) 단락 간의 경우

다음 사례 3-46은 대만정치대학 4학년 학생이 작성한 글이다. 밑줄 친 부분은 새로운 단락을 시작하는 첫 문장에 해당한다. 단락 나누기가 정보 전달의 흐름을 단절시키기 때문에 글의 전후 내용은 각기 다른 정보 단위에 속한다. 따라서 여기서는 '그렇게'를 사용해야만 한다. 그러나 이것을 중국어로 역번역해보면, 이 내용은 하나의 연속적인 화제를 구성하기 때문에 학습 필자는 '這麽(근거리 지시부사)'를 사용한다.98)

> 사례 3-46 대만정치대학 4학년 임**
> 어느 하루
> ······ '대만과 한국의 사이'라는 주제로 작문을 쓰라는 시험문제이었다.
> 뭐라고 써야 할지를 몰라서 불안한 마음으로 내 생각을 썼다.

---

96) 이정민(1992)에서 화제는 한정적 명사구로서 문두에 위치는 것이 전형적이며, 조사는 {는}이 붙는다고 설명한다.(박철우, 2003: 127 참조)
97) 중국어 학계에서 '문장 간 조응'과 '문장 내 조응'은 '超句回指'와 '句內回指'라는 용어가 각각 사용된다.
98) 이 글에서 지시사의 오용은 총 9군데나 나타나는데, 모두 이[√그] 유형에 속한다. 이것이 학생의 개별적 현상인지, 아니면 대만 학생의 일반적인 현상인지, 혹은 중국 본토와 대만의 언어 차이와 관련된 문제인지는 더 많은 논의가 필요하다.

이[√그]렇게 필기시험은 끝났다. 면접시험은 점심시간 후에 시작할 것이었다. 작문은 나에게 준 충격이 매우 커서 입맛까지 없어졌다. ……

(2) 단락 내의 경우

다음 사례 3-2는 단락 내의 경우인데, 만약 학습 필자가 내적 서술관점을 견지한다면 '이렇게'를 사용할 수 있다. 그러나 '그 순간에는…'을 통해서도 알 수 있듯이 학습 필자는 외적 서술관점을 취하고 있다. 정보 전달의 흐름을 보면, d문장의 밑줄 친 부분은 a문장의 '큰소리로 울었다'와 조응 관계에 놓여 있다. 따라서 b문장과 c문장이 그 사이에 끼여 있는 것으로 판단된다. 즉, a문장과 d문장은 각기 다른 정보 단위에 해당하기 때문에 여기서는 '그렇게'를 사용해야 한다. 그러나 이 내용도 중국어로 역번역해보면 하나의 연속적 화제에 속하기 때문에 학습 필자는 '這麽(근거리 지시부사)'를 사용한 것이다.

사례 3-2 대외경제무역대학 3학년 채**
어느 하루
…… 엄마가 그 흘러나오는 피로 눈위에 빨간 'SOS'를 썼다. a. 나는 이제에야 엄마의 뜻을 알았고 엄마를 꼭 안고 큰소리로 울었다. b. 그순간에는 나는 엄마가 돌아갈 줄 알아서다. c. 자기의 잘못으로 얼마랑 같이 가겠다는 생각도 들었다. d. 이[√그]렇게 울고 생각하다가 점점 잠에 들어가게 되었다. ……

2) 문장 내 조응

다음 사례 3-48은 문장 내 조응으로 사용된 그[√이]렇게식의 혼용을 보여 준다. 모두 다섯 문장으로 구성되어 있는데, 밑줄 친 세 번째 문장과 네 번째 문장은 외적 서술모델에서 내적 서술모델로 전환되는 부분이다. 문장 종결 부분의 시제도 과거시제로부터 현재시제로 바뀌었다. 여기서 학습 필자가 현장 모델 즉, 내적 서술모델로 전환시킨 이유는 당시의 초조한 마음이 생생하게 드러내기 위한 시도다. 따라서 밑줄 친 부분의 '그렇게'는 '이렇게'로 고쳐 사용하는 것이 더 적절하다.

> 사례 3-48 북경제2외국어대학 3학년 심**
> 행복의 느낌표
> …… 지옥 같은 시간이 지속되었다. 지진으로 인해 통신이 중단된 상태가 한 시간 한 시간 지속되었다. <u>평소 대학교 생활을 밟으면서 하루가 너무나 빨리 지났는데 시계의 바늘은 왜 거북이처럼 그[√이]렇게 천천히 걸어가는지 모르겠다.</u> 그 동안 내가 몇 백번의 전화를 했는지 나 또한 모른다. 새벽 두 시에 내 휴대폰에 엄마의 번호가 찍힌 채 벨소리가 울렸다. ……

그러나 위의 내용을 중국어로 표현해보면 해당 지점에서 근거리 지시부사보다는 원거리 지시부사가 보다 적합하다. 楊玉玲(2007: 56)에 의하면 "중국어 텍스트에서는 '화제+참조물(參照物)[99)]+일부 격조사[100)]+那麼(원거리 지시부사)+참조물의 특징'라는 관용적 표현 방식이 자주 사용된다. 그 중에서 참조물의 특징이 담화공동체 내부에서 익히 알려진 것이라면 앞의 내용에서 언급되지 않았어도 텍스트에서는 조응 관계를 형성한다." 사례 3-48의 밑줄 친 부분에서 '시계'가 화제이고, '거북이'는 참조물(參照物)이며, "천천히 간다"는 참조물의 특징에 해당한다. 따라서 사례 3-48의 학습 필자가 '그렇게'를 사용한 것은 이러한 모국어의 영향 관계에 따랐을 가능성이 크다.

기존의 연구 시각은 이러한 학습자 오용의 원인을 대부분 '모국어를 목표어로 직역한 결과'라는 측면에서 이해한다. 그러나 이 같은 접근은 학습자가 어느 부분에서는 이[√그]식의 오용을 하는지, 그리고 어느 부분에서는 그[√이]식의 오용을 하는지에 대해 전혀 설명하지 못한다. 이어

---

99) 사물의 위치나 그 운동을 묘사하기 위해 기준으로 선정된 또 다른 사물을 가리킨다.
100) '처럼', '와/과 같이', '만큼' 등 서로 비슷하거나 같음을 나타내는 격조사가 이에 해당한다.

서 살펴볼 중국어권 학습자 텍스트의 '그렇게' 연속 사용 현상도 중국어 특징의 한 단면을 여실히 보여 준다.

3) '그렇게'의 연속 사용

다음 사례 3-51에서는 '그렇게'가 연속 등장한다. 아래 밑줄 친 부분은 현장 모델의 전환을 통한 묘사에 해당한다. 따라서 이것의 지시부사 선택은 직시 상황과 동일하다. 즉, "그렇게 튼튼하셨던 아버지"는 이전의 상황을 나타내며, 현재 상황을 표현하기 위해서는 "어쩌다가 이렇게 마를 수가 있는가? ……어떻게 이렇게 창백해졌는가?"라고 해야 한다. 그러나 이 부분의 내용을 중국어로 유추해보면 그것은 '那麼(원거리 지시부사)……那麼(원거리 지시부사)……'라는 관용적 표현의 적용이다. 다시 말해서 학습 필자는 '那麼'의 연속 사용을 통해 아버지에 대한 자신의 감정을 효과적으로 드러내고 있다. 왜냐하면 중국어에서 '那麼(원거리 지시부사)'를 중복시키는 수사법 즉, 배비구(Sentence parallelism, 排比句)[101]는 강한 서정(抒情)적인 효과를 동반(楊玉玲, 2007: 54)하기 때문이다.

> 사례 3-51 연변대학 3학년 왕**
> 어느 하루
> ……집에 도착할 때 이상하게도 집에 아무도 없었다. 전화를 했더니 아버지가 심장병으로 갑자기 쓰러져 입원했다는 것이었다. 내가 걱정할까 봐 알려 주지 않았다고 했다. 청천벽력같은 소식을 정말 믿을 수가 없었다. 병원으로 날려가서 병상에 누워 자고 계시는 아버지를 봤다. 그 순간 눈물이 쏟아냈다. 병상에 그 마른 사람이 정말 내 아버지인가? <u>그렇게 튼튼하셨던 아버지가 어쩌다가 그[√이]렇게 마를 수가 있는가? 일년 밖에 안 되는데 얼굴이 어떻게 그[√이]렇게 창백해졌는가?</u> "아빠, 제가 왔어요. 많이 배워서 귀국했어요. 아빠."……

---

101) 배비구는 중국어 수사법의 하나로, 의미가 연관되어 있으면서 구조도 유사한 3개 또는 그 이상의 문장을 나열하는 표현 방식이다.

이처럼 학습 필자는 중국어 구성 원리와 일치하는 부분에서 오용을 보이지 않는다. 반면, 중국어의 그것과 일치하지 않는 부분에서는 오용이 나타난다. 이와 같은 사실은 사례 3-51의 학습 필자가 모국어의 영향 관계를 직접적으로 받고 있다는 증거가 된다.

이상으로 중국어권 학습자의 한국어 텍스트에서 나타나는 지시부사 '이렇게/그렇게'의 사용 양상을 살펴보았다. 여기서 흥미로운 것은 중국어권 학습자에게서 보이는 '이렇게/그렇게'의 사용 양상이 중국어 지시부사 '這麼(근거리 지시부사)'와 '那麼(원거리 지시부사)'의 그것과 매우 유사하다는 점이다. 예를 들어, 제3회 백일장 작문에서 이렇게[√그렇게] 유형의 오류는 9건으로, 모두 문장 간 조응으로 사용된 경우다. 이것은 중국어의 문장 간 조응에서 '這麼(근거리 지시부사)'의 사용 빈도가 '那麼(원거리 지시부사)'의 그것보다 높다는 특징에 부합한다.[102]

또한 제3회 백일장 작문에서 그렇게[√이렇게] 유형의 오류는 모두 4건인데, 그 중 1건이 문장 내 조응이다. 이것은 중국어의 문장 내 조응에서 '這麼(근거리 지시부사)'의 사용 빈도가 '那麼(원거리 지시부사)'의 그것보다 낮다는 특징에 부합한다. 나머지 3건은 '그렇게'의 연속 사용으로 강한 서정적 효과를 표현한다. 이것도 중국어의 특징에 완전히 부합하는 것이라고 할 수 있다.[103]

---

102) 楊玉玲(2007: 55)에서는 조응으로 기능하는 '這麼(근거리 지시부사)', '那麼(원거리 지시부사)'의 구체적 통계와 사례 분석을 진행한다. '這麼(근거리 지시부사)'의 사용 빈도가 '那麼(원거리 지시부사)'의 그것보다 낮은 상황과 '這麼'의 사용빈도가 '那麼'의 그것보다 높은 상황을 다루고 있다. 구체적으로 텍스트에서 문장 간 조응의 사용 빈도는 '這麼(근거리 지시부사)'가 '那麼(원거리 지시부사)'보다 높게 나타난다. 그 비율은 '7.26 : 1'이다. 반면, 문장 내 조응의 경우는 '1 : 2.67'로 '這麼(근거리 지시부사)'가 '那麼(원거리 지시부사)'보다 낮게 나타난다.

103) "'這麼'와 '那麼'의 사용 빈도는 1,645억 자의 칭화대(淸華大) 말뭉치에서 '9,703 : 17804=1 : 1.8', 5,900만 자의 중국 신문 말뭉치에서는 '245 : 357=1 : 1.5'에 이른다."(楊玉玲, 2007: 54) 이러한 조사 결과, 즉 원거리 지시부사 '那麼'의 사용 빈도가 근거리 지시부사 '這麼'의 그것보다 훨씬 높다는 점은 앞서 언급했던 원거리

이처럼 중국어권 학습자의 텍스트에서 보이는 한국어 지시부사의 다양한 오용뿐만 아니라 일부 정확한 유형마저도 중국어의 특징에 부합한다는 사실은 한국어교육학계에 시사하는 바가 크다. 그것은 학습 필자의 한국어 텍스트가 모국어 영향 관계와 직접적으로 맞닿아 있다는 점 때문이며, 이 지점에서 중국어권 학습자를 위한 한국어 교육 내용의 기본 틀이 구성된다.

1.2.4. 지시사 기능의 약화

다음 사례 3-30의 밑줄 친 부분은 '이렇게'를 사용해야 할 곳에 '그렇게'를 사용한 경우다. 여기에서는 '지금'이라는 시간어, 그리고 과거시제가 아니라 현재시제가 사용되었다는 점에서 '이렇게'를 사용하는 것이 적절하다. 그러나 해당 내용을 중국어로 표현해보면 '這麼(근거리 지시부사)'나 '那麼(원거리 지시부사)' 모두 사용이 가능하다는 점을 알 수 있다. 특히 여기서 원거리 지시부사 '那麼'를 사용할 경우, 지시사의 조응 기능이 약화된 채 강조 기능만을 담당하게 된다.[104]

> 사례 3-30 중국전매대학 3학년 왕**
> 아름다운 그날덕분에
> …… 친한 친구가 한국에 유학가게 되서 기분은 좋아해져아지 <u>왜 지금 내가 그렇게[√이렇게] 속항해?</u>나 지금 황청에게 축한한 말을 주어아지 왜 지

지시사 '那'보다 근거리 지시사 '這'의 사용 빈도가 훨씬 높다는 결과와 상충되는 양상을 드러낸다. 이것은 '那麼(원거리 지시부사)'가 '這麼(근거리 지시부사)'와 다르게 조응 기능과 함께 다른 기능을 포함하기 때문이다. '那麼(원거리 지시부사)'의 연속적 사용이 대표적 사례에 속한다.

104) 楊玉玲(2007)에서는 이러한 지시사 사용을 '外指'로 명명한다. 그것은 "지칭대상이 텍스트 내부에 존재하지 않고 외부 환경에 존재한다(2007: 54)."는 의미를 갖는다. 다시 말해서 Halliday & Hasan(1976)에서 말하는 상황 조응(exophora)와 유사한 개념에 해당한다.

금 내가 말하지 못해?아니, 내 마음은 지금 분명히 실망한 기분이다. 그 순간은 나는 황청을 질투하는 사실을 깨달았다.

여기서 주목해야 할 것은 중국어 역번역 과정에서 '這麼(근거리 지시부사)'와 '那麼(원거리 지시부사)'가 모두 사용이 가능할지라도 중국인의 실제 언어 생활에서는 '那麼'의 사용 빈도가 '這麼'보다 높다는 점이다.[105] 다시 말해서, 사례 3-30의 학습 필자가 모국어의 영향을 받았다고 한다면 '這麼'보다 '那麼'의 영향을 더 크게 받게 된다. 이로부터 사례 3-30의 학습 필자가 왜 '그렇게[√이렇게]'를 선택했는지에 대해 유추할 수 있는 개연성이 생긴다.

앞서 한국어 지시부사의 사용 현황을 살펴보았다면 다음 사례 4-32는 한국어 지시 형용사의 사용 양상을 보여 준다.

> 사례 4-32 노동대학 3학년 주**
> 양심을 가지고
> ⋯⋯ 쓰촨 지진을 당한 사람을 구원할 때 어떤 사람 (아마 <u>그런 이를 사람이라고 할 수 없을 것이다.</u> [√<u>이런 사람을 사람이라고 할 수 없을 것이다.</u>])
> 은 지진 때문에 부모를 잃은 아동을 매매하기 시작했다. ⋯⋯

사례 4-32의 경우, 괄호 안은 앞부분의 "어떤 사람"을 설명하기 때문에 하나의 정보 단위에 해당한다. 따라서 '그런 사람'보다는 '이런 사람'이 더 적절한 표현이다. 그러나 밑줄 친 부분의 내용을 중국어로 유추·해석해보면 근거리 지시형용사 '這种'과 원거리 지시형용사 '那种' 모두 사용이 가능하다. 근거리 지시형용사의 사용은 앞부분의 조응을 표현하고, 원거리 지시형용사의 사용은 지시가 아닌 강조의 기능에 속한다. 따라서 '那种'의 사용은 앞서 살펴본 지시사 조응 기능의 약화와 관련된다. 다음에서는 지

---

105) 楊玉玲(2007)에 따르면, '外指' 상황에서 중국어 '這麼(근거리 지시부사)'의 사용 빈도는 '那麼(원거리 지시부사)'보다 낮으며, 그 비율은 '54 : 103'이다.

시사 기능의 약화 양상을 보여 주는 두 가지 사례를 살펴보고자 한다.

1) 지시사가 수식어 앞에 추가 사용되는 경우

제3회 백일장 77편의 작문을 살펴보면, 명사의 수식어 앞에 지시사가 첨가되는 양상(12건)이 나타난다. 예를 들어, 사례 3-31의 밑줄 친 부분처럼 명사 '풍경'의 수식어는 '아름다운'과 '봄날의'다. 이 앞에 지시사 '그'가 사용되고 있다. 魏義禎(2012: 111)에서는 "일반적으로 발화자가 청자에게 순조롭게 지시 대상을 식별할 수 있게 해주는 방법에는 두 가지가 있다. 하나는 청자에게 지시 대상이 어디에 있는지 직접 말해주는 것이다. 예를 들어, 지시사를 사용해 'NP'를 지시하면서 구별시킨다. 다른 하나는 청자를 위해 지시대상이 '어떤 형태이고, 어떤 성질을 가지고 있는지'를 묘사해 주는 것이다. 예를 들어, '수식어+NP'의 형식은 'NP'의 범위를 한정시킬 수 있다." 따라서 사례 3-31의 경우, 지시 대상인 '풍경' 앞에서 이미 '아름다운', '봄날의' 등 수식어가 사용되었기 때문에 다시 지시사 '그'를 사용하는 것은 적절치 않다.

> 사례 3-31 중국전매대학 3학년 이**
> 기억속에 모래성
> …… 그래서 부모는 나를 데려 차로 바닷가에 도착했다. 차에서 내려야 나는 그[√/Ø] 아름다운 봄날의 풍경을 보게 되었다. 햇빛이 눈부시게 쏟아지며 꽃들은 사랑스럽게 미소를 짓는 것 같았다. 내가 항상 보는 그 바다도 이렇게 무한했구나! ……

마찬가지로 다음 사례 3-18의 밑줄 친 부분 즉, '아줌마가 만들어 주신'과 '사랑을 담은'은 '된장찌개'의 수식어다. 여기에 지시사 '그'가 첨가되어 있다. 이처럼 학습 필자가 이미 수식어로 지시 대상을 묘사했기 때문에 지시사를 사용한 구별은 불필요하다.

사례 3-18 서안외국어대학 3학년 이**

어느 하루

…… 기숙사로 향하여 힘차게 달렸다. 밤의 장막은 이미 대지를 감싸고 주위에도 내 마음이 두든두든 뛰는 소리만 들은 듯 조용했다. 하지만 그때 나는 두려움이 하나도 없다. 아주마 만들어주신 <u>그[√/∅]</u> 사랑을 담은 된장찌개가 내 마음 바닥까지 훈훈하게 하기 때문이었다. 그런 된장찌개 한 그릇을 통해 아주마, 아니 한국사람의 정을 엿볼 수 있는 듯하다. ……

학습 필자가 지시사 '그'를 사용한 의도를 파악하기 위해 위의 밑줄 친 부분을 중국어로 유추·해석해보면, 다음과 같다. 우선 중국어에서는 수식어 앞에 지시사 '那(원거리 지시사)'의 사용이 가능하다. 여기서 '那'는 지시사로서 기능이 이미 약화되었으며, 주로 강조와 서정이라는 효과를 갖는다. 이처럼 '그'를 첨가하는 유형이 발생하는 것도 역시 모국어 영향 관계에서 기인한 것이다.

2) 지시사가 강조의 문체적 효과를 나타내는 경우

한국어의 지시사도 강조하는 문체적 효과를 나타낼 수 있으며, 이 경우 대부분은 의문사와 함께 사용된다. 민경모(2008: 166)에서 "'이 얼마나 어리석고 한심한 생각인지…'/'그 누구도……'에서는 '이, 그, 저'가 생략되어도 의미 전달에 문제가 발생하지 않는다. 이 점을 고려하면 이때의 '이, 그, 저'는 …… 강조의 문체적 효과를 나타내는 기능인 것으로 생각된다." 다시 말해서 여기서 '이, 그'는 이미 지시사로서 조응 기능이 약화되었을 뿐만 아니라 생략도 가능하다.

이 논의와 관련된 중국어권 학습자의 텍스트를 살펴보면 다음과 같다.

사례 4-17 산동대학 4학년 전**

영혼을 구하는 명약-양심

…… 또한 "남들이 이미 알아챘나?"라는 두려움의 그림자가 내 뒤를 계속

따라다녔다. 그래서 한동안 나는 누구와도 눈을 똑바로 쳐다보지 못하고 (그
/Ø) 어느 누구와 말도 안한 채 마음을 걸어잠그고 우울하게 지내었다. ……

사례 4-17의 밑줄 친 부분은 '의문사+NP' 형식의 앞부분에 '그'를 첨
가할 수도, 첨가하지 않을 수도 있다. 다시 말해서 '그 어느 누구와 말도
안한 채'와 '어느 누구와 말도 안한 채'라는 두 가지 표현은 의미 전달에
있어 큰 차이가 없다. 다만 전자가 후자보다 강조의 문체적 효과를 갖는
다는 점에서 구분된다. 마찬가지로 여기서 지시사 '그'의 조응 기능은 약
화되었다.

그러나 주목해야 할 것은 사례 4-17의 밑줄 친 부분을 중국어로 역번역
해보면 의문사 앞에 지시사를 첨가하는 것이 곤란하다는 점이다. 왜냐하
면 중국어에서 '의문사+NP'형의 표현 앞에 지시사가 사용되면 대단히 어
색한 문장이 되기 때문이다. 공교롭게도 사례 4-17의 학습필자는 여기서
'의문사+NP' 앞에 지시사를 사용하지 않았다. 필자는 관련 사례를 충분
히 추출하지 못했기 때문에 결론을 쉽게 내리기는 어렵지만 위의 학습 필
자가 '그'를 생략한 것과 모국어 영향 관계의 개연성을 제기해 볼 수 있
다. 다시 말해서 한국어 텍스트 구성 원리에서 강조라는 문체적 효과를
갖는 '그'를 첨가할 수도 첨가하지 않을 수도 있다면, 중국어권 학습 필자
가 이것을 첨가하지 않은 이유는 바로 모국어의 텍스트 구성 원리와 관계
가 있을 수 있다.

1.2.5. 지시사의 위치: 지시사, 수식어의 위치 전도

1-5회 백일장 자료에서 자주 발견된 것은 중국어권 학습자들은 한국어
지시사를 사용할 때 발생하는 위치 관련 문제다. 예를 들어, 다음 사례
3-21 밑줄 친 부분인 "그 판도라에 관한 그리스 신화"는 어색한 표현이다.

'판도라'와 관련된 내용이 앞부분에서 제시되어 있지 않기 때문에 여기서 '그'는 앞부분의 내용에 조응하는 것도 아니다. 또한 '판도라'는 세계에서 유일무이한 고유명사이기 때문에 특별히 '이 판도라' 또는 '그 판도라'라 고 지칭할 필요도 없다.

> 사례 3-21 남경사범대학 4학년 정**
> 사는 행복을 느끼게 해 주는 어느 하루
> …… 그 선생님에 관한 이야기를 생각하다가 나는 이미 학교 캠퍼스에 들어와 있다. 따스한 햇살이 장목 풀잎 사이로 쏟아내려 내 머리를 부드럽게 쓰다듬어 주고 있다. 핑크색 벚꽃을 비추는 금빛 햇살이 꿈결 같은 빛깔을 반사해 주고 있다."사는게 정말 행복하구나"하고 자신도 모르게 이렇게 중얼거리게 되었다. 그 판도라에 관한 그리스 신화도 생각했다. 모든 신의 신인 제우스는 신의 전용물이었던 불을 받은 인류에게 처벌을 주기 위해 판도라라는 여자를 만들어 인간 세계로 보냈다. ……

그렇다면 학습 필자는 왜 '판도라' 앞에 지시사 '그'를 사용했을까? 흥미로운 점은 "그 판도라에 관한 그리스 신화"를 중국어로 역번역하면 순서상으로 자연스러운 표현이 된다는 것이다. 太平武(1999: 198, 206)에서는 한국어와 중국어에서 명사 앞에 위치하는 여러 수식어의 순서상 차이를 밝히고 있다.[106] "여러개의 규정어들이 나란히 놓일 때 그것들이 위치하는 자리는 일정하지 않다. 경우에 따라 조선어에서의 위치가 한어[107]에서와 같을 때도 있고 같지 않을 때도 있다. 이것은 주로 언어자체의 구조적 특성에 의해 결정된다." 예를 들면, "대명사규정어와 명사속격규정어가 나란히 놓이는 경우, 정상적인 어순의 경우 한어에서는 대명사규정어가 앞에 오고 명사속격규정어가 뒤에 오면 조선어에서는 보통 명사규정어가

---

106) 태평무(1999)의 연구 대상은 조선어, 즉 중국 조선족들이 사용하는 언어이기 때문에 띄어쓰기나 어휘 사용상 한국어와 다른 면을 보인다. 하지만 본고에서 인용된 부분은 내용상 한국어에도 적용 가능한 것들이다.
107) 중국 조선족들이 흔히 '중국어'를 '한어(漢語)'라고 부른다.

앞에 오고 대명사규정어가 뒤에 온다."

나아가 太平武(1999: 208)에서는 조선어·중국어의 대조 사례를 제시한다. "전후경제건설의 이 로선은 1953년 당중앙위원회 제6차전원회의에서 결정되였다.[這一戰後經濟建設路線, 是在1953年黨中央委員會第六次全會上制定的.]" 여기서 중국어 예문을 중국어의 어순 그대로 직역을 하면 다음과 같다. "이 전후 경제건설의 노선은 1953년 당중앙위원회 제6차 전회에서 결정된 것이다." 다시 말해서 太平武(1999)에서 논의되는 대명사에는 지시사가 포함된다. 지시사는 명사의 수식어가 되는 경우, 그것은 한국어와 중국어에서 순서상의 차이를 발생시킨다.[108] 사례 3-21인 경우도 모국어의 영향을 받은 학습 필자가 "판도라에 관한 그 그리스 신화"를 "그 판도라에 관한 그리스 신화"로 오용한 것이다.[109]

이처럼 이 책에서는 한국어와 중국어에서 지시사가 사용되는 상이한 근거를 살펴보았다. 이러한 차이는 바로 오용 발생의 원인이 되는데 오용

---

108) 이러한 차이의 원인을 太平武(1999: 206-207)에서는 다음과 같이 설명한다. "대상을 가리키는 품사로서의 대명사는 그것이 대상을 가리키기만 할뿐 결코 그 대상을 이름짓지도, 대상의 수량을 표시하지도 않기 때문에 고도의 추상성과 일반성을 띠며 순전히 문맥이나 장면에 의해서만이 그 지시의 대상이 밝혀진다. 때문에 대명사는 다른 수식어의 수식을 적게 받는 반면에 그의 추상성으로 하여 다른 체언에 대한 수식어에서는 아주 활발하다. 특히 형태가 발달한 조선어에서는 그 결합능력이 한어보다 훨씬 더 강하다. 때문에 한어에서는 크게 문제로 되지 않던 대명사규정어-명사규정어-피규정어의 순서가 조선어에 와서는 문제로 나서게 되는 것이다. 다시 말해서 앞에 대명사규정어가 피규정어를 수식하기전에 먼저 그뒤에 오는 명사규정어와 결합될 수도 있다. 이것은 원문의 의도를 떠난다. 반대로 대명사규정어와 그 뒤에 오는 명사규정어를 바꾸어놓으면 대명사규정어가 수식어를 잘 요구하지 않기 때문에 명사규정어가 그앞에 와도 그들사이의 관계는 별로 모호한 관계가 나타나지 않는다."

109) 여기서 주목해야 할 것은 太平武(1999)에서 밝힌 "지시사와 기타 한정성 성분이 병렬적으로 사용될 때 중국어와 한국어의 어순은 다르다"는 점이다. 이것은 지시사 뒤에 오는 한정성 성분이 명사적 규정어인 경우에만 제한된다. 예를 들면, '이 아름다운 세상'과 같은 경우, 한국어와 중국어의 어순은 다르지 않다. 왜냐하면 지시사 '이'가 '세상'을 수식하기 전에 '아름다운'과 결합될 수 없기 때문이다.

문제를 해결하기 위해서는 중국어권 학습자가 한국어 텍스트의 생산 과정에서 선택하는 지시사와 학습자의 개념화 과정이 밀접한 상관관계를 맺고 있다는 점에 대한 세밀한 이해가 전제되어야 한다. 또한 그것을 바탕으로 한 인지적 전환이 요구된다.

2. 축약과 생략에 의한 조응

2.1. 대용적 조응

대용적 조응은 한국텍스트언어학회(2009: 49)의 분류체계에서 '대용형 사용'으로 불린다. "여기서 대용형은 좁은 의미로 전통적 의미의 대명사(예: 'es', 'it', 'sie', 'she'…) 대부사(예: 'dort', 'there',… 거기서) 등을 말한다. 대용형이 앞서 나온 것을 대체할 수 있다는 것은 오래 전부터 인식하고 있던 사실이다." 실제적으로 대용적 조응으로 사용되는 대명사는 주로 3인칭 대명사라고 할 수 있다. 왜냐하면 3인칭 대명사와 다르게 1인칭, 2인칭 대명사는 주로 현장에서 드러나며 지칭 대상이 담화에서 발화자나 청자라는 역할에 의해 결정되는 직시 기능으로 많이 사용된다. 그런데 한국어는 독립적인 3인칭 대명사 범주의 존재여부 및 구체적으로 어느 구성원을 포함하고 있는가에 대하여 연구자들의 의견은 완전히 일치하지 않는다.

우선 한국어에 독립적인 3인칭 대명사 범주가 존재한다는 주장이 주류라고 할 수 있다. 예를 들면, 이익섭(2005)의 체계에서는 대명사의 하위분류로 1, 2, 3인칭이있는데, 그 중에서 3인칭 대명사는 다시 "[사물] 이것, 그것, 저것; [처소] 여기, 거기, 저기; [시간] 이때, 그때, 접때(표준국어대사전에서는 대명사로 인정하지 않음); [인물] 이이, 그이, 저이, 이분, 그분, 저분, 이

놈, 그놈, 저놈; [대용] 이, 그, 저"(신지연, 2008: 35)라는 다섯 가지로 나누어 지고 있다. 김미형(1997: 34)도 "지시대명사는 하위 범주이고 그 상위 범주 는 3인칭 대명사"라고 하는 견해가 타당하다고 본다.

한편 이익섭(2005), 김미형(1997)과 다르게 남기심·고영근(1985), 고영근 (2011), 고영근·구본관(2009) 등 연구는 대명사를 우선 인칭대명사/지시대 명사로 나눈 다음에 지시대명사를 다시 사물표시(이것/그것/저것)와 장소표 시(여기/거기/저기)로 나눈다. 이 분류 체계는 중국어 분류 체계110)와 공통점 도 있고 차이점도 있다. 공통점은 대명사를 인칭대명사와 지시대명사로 대분한다는 점이며 차이점은 중국어에서는 사물표시(它)를 3인칭대명사 범주에 포함시키는 반면에 한국어 대명사 분류체계에서는 사물표시(이것, 그것, 저것)를 지시대명사 범주에 포함시킨다는 점이다.

한편 신지연(2008 :54)은 한국어의 대명사를 독립 품사로 볼 수 없다고 주장한다. 구체적인 이유 중의 하나로 대명사가 화시적 성격을 갖기는 하 지만 이것이 대명사에만 고유한 것은 아니다. 지시동사, 지시형용사, 지시 부사 등도 화시적 성격을 가지고 있지만 각각 동사, 형용사, 부사의 하위 범주로 분류되고 있을 뿐이다. 게다가 화시적 성격을 갖고 있는 모든 어 휘들이 대명사에 포함되어 있는 것도 아니다. 화시적 성격을 갖는 시간 표현111)을 대명사 목록에서 빠져있다고 제기하고 있다. 신지연(2008)에서 언급된 화시적 성격을 갖고 있는 대명사는 주로 3인칭 대명사라고 할 수

---

110) 중국어의 3인칭 대명사 체계는 상대적으로 간단하며 구성원은 비교적 적다. 일반 적으로 세 종류로 나뉘는데, 1) 남성을 대체, 또는 구분하지 않을 때-'他'; 2) 여성 을 대체할 때-'她'; 3) 사물, 즉 동물, 식물 및 기타 비생물체를 대체할 때-'它'를 사 용한다. 또한, 중국어의 지시대명사(demonstrative pronoun)도 조응의 기능을 가지고 있다. 지시대명사는 주요하게 간단한 형식과 복잡한 형식 두 가지로 나뉘며, 간단 한 형식은 독자적으로 사용되는 지시대명사인 '這(근거리 지시사)'와 '那(원거리 지 시사)'를 가리키며 복잡한 형식은 다른 어사(語辭)와 결합해서 '지시사+NP' 형식 으로 쓰이는 경우를 가리킨다.(崔健·姜美子, 2004: 27)

111) 이 책에서 중국어권 학습자의 지시사 사용 양상을 분석할 때 화시적 시간표현인 '이때', '그때'를 포함시켰다.

있다. 즉, 한국어의 3인칭 대명사의 형태는 대부분 <지시사+의존명사(명사)>로 분석할 수 있기 때문에 한국어의 3인칭 대명사는 독립 품사로 볼 수 없다는 관점이다. 한편 魏義禎(2012: 125)도 신지연(2008)의 관점에 동의하며 "한국어의 3인칭 대명사는 진정한 의미의 인칭대명사가 아니며 그들은 본질적으로 명사구 '지시사+NP'와 다르지 않기 때문에 한국어의 3인칭 대명사 체계라는 것은 하나의 폐쇄적 체계는 아니다."라고 주장한다.112)

이 책에서는 "중국어와 다르게 한국어의 3인칭 대명사는 지시사와 어원과 형태적으로 밀접한 관계를 가지고 있으며 대부분 <지시사+의존명사(명사)>로 분석할 수 있다."라는 신지연(2008)과 魏義禎(2012)의 관점에 기본적으로 동의한다. 예를 들어, 텍스트에서 대용적 조응으로 쓰이는 "이(그) 친구, 이(그) 애, 이(그) 놈, 이(그) 자식, 이(그)분, 이(그) 사람……"는 기본적으로 '이(그)+NP'의 형식이라고 할 수 있다. 여기서 NP가 포함하는 범위는 비교적 넓다. 사물표시인 '이것/그것' 역시 '이(그)+NP' 형식이며 장소표시인 "이곳/그곳, 여기/저기"도 "이(그)+NP"의 형식이다.113)

여기서 주목해야 할 것은 한국어 3인칭 대명사의 위와 같은 특징 때문에 한국어 텍스트에서 '지시어+어휘 반복'과 '대용적 조응'이 형태적으로 동일할 수도 있다는 점이다. 영어, 중국어와 같이 대부분 언어의 '동일어 반복'과 '대용사 조응'은 형태가 다르다. 예를 들어, 영어의 경우에 '동일어 반복'은 많은 경우에 'the+NP'의 형식이며 대용적 조응은 일반적으로 대명사 'she, he' 또는 대부사 'here, there'이다. 그러나 한국어는 다르다. 아

---

112) 또한 영어 3인칭 대명사나 중국어의 3인칭 대명사는 단지 '대용'의 기능이지 '지시'의 기능은 없다. 반대로 "한국어의 3인칭 대명사 대부분은 '지시사+NP'의 형식으로 나눌 수 있기 때문에 그 중 'NP'는 지시대상의 소속을 나타내는 '대용'의 기능을 하고, 지시사는 의미상 상대적으로 불명확한 'NP'를 구체화시키는 '지시'의 기능을 한다. 따라서 엄밀히 말하면 한국어 텍스트에서 3인칭 대명사의 기능은 '지시+대용'이며 단순한 '대용'이 아니다."(魏義禎, 2012: 131)

113) 독자적으로 사용되는 '이(그)'는 '이(그)+∅'라고 볼 수 있다.

래 사례 3-36을 살펴보자.

> 사례 3-36 대련외국어대학 3학년 양**
> 어느 하루
> …… a. 오후에 나가서 또 <u>그 친구</u>랑 만났다. b. 먼저 <u>그 친구</u>가 여전한 부
> 끄러운 미소로 인사를 했다. 갑자기 이 동네가 사랑스러워졌다. "이 동네에
> 인정이 많구나." 이렇게 생각했다. 그리고 갑자기 한국과 한국인에게 아주
> 좋은 감정을 가지게 되었다. ……

사례 3-36 a문장의 밑줄 친 부분 '그 친구'와 b문장의 밑줄 친 부분 '그
친구'는 표면적으로 보면 형태가 일치하지만 이 두 조응어는 선행어와 조
응관계를 형성하는 방식이 다르다. 단락은 하나의 독립된 의미단위이기
때문에 단락에서 앞 내용에서 말한 인물을 처음으로 언급할 때 일반적으
로 동일어 반복(명사 조응, NA)의 방식을 사용해야 한다.[114] 따라서 a문장의
'그 친구'는 대용적 조응이 아니라 명사 조응(동일어 반복)이다. 반대로 b문
장의 '그 친구'는 이어서 다시 그 인물을 언급한 것임으로써 대용적 조응
(대명사 조응, PA)이다. 이것은 위 내용에 상당하는 영어나 중국어 텍스트에
서 a문장의 '그 친구'와 대응되는 영어나 중국어는 '지시사+명사'이지 3인
칭 대명사가 아니며, b문장의 '그 친구'와 대응되는 중국어는 3인칭 대명
사이라는 것을 통해서 알 수 있다.

다음에서는 3인칭 대명사 '그'의 과잉 사용을 인물·사물·장소라는 3가지
측면에서 살펴보고자 한다. 왜냐하면 이 연구의 병렬 말뭉치 분석 결과,
중국어권 학습자의 한국어 텍스트에서 그것이 대용적 조응 부분의 가장
뚜렷한 특징을 드러냈기 때문이다.

---

114) 李櫻(Li, 1985)에 의하면 명사 조응(nominal anaphora, NA)은 새로운 지칭대상을
　　도입하거나 단락의 경계를 표시한다.(Chu(屈承熹), 1998; 潘文國 외 역, 2007: 233)

2.1.1. 인물 지칭의 경우

한국어에서 친족 관계 등 손위 사람을 지칭할 때는 3인칭 대명사가 아닌 그 명칭이 직접 사용된다. 중국어권 학습자의 한국어 텍스트에서는 이 부분도 문제가 된다. 김미형(1997, 113-114)에 의하면 한국어의 3인칭 대명사는 2인칭 대명사와마찬가지로 대명사와 준대명사를 모두 사용하더라도 모든 경우의 3인칭 대상을 담당하지 못한다. 특히 친족 관계의 손위 사람을 지칭할 때는 존대말로 "이(/그/저) 어른, 이(/그/저) 분"이 있지만, 이런 3인칭 대명사나 준대명사를 사용하지 않고 호칭을 사용한다.115) 이와 같은 김미형의 주장은 일부분 상황만을 언급했다. 실제로는 '아주 높여야 할 친족 관계의 어른' 뿐만 아니라, '회장님', '교수님' 등 사회적으로 높여야 할 대상의 경우도 대명사로 지칭하지 못한다.

두염빙(2012: 402)은 사회언어학적 시각에서 사회적 힘의 관계[勢位]로 이 문제를 설명한다. 그것은 "연령, 지위, 친근도, 친족관계 등의 요소가 만들어 낸 사람 간의 상, 하, 동등 등의 관계"다.116) 구체적으로 말해서,

---

115) 김미형(1997: 114)에서는 예시를 제시하면서 다음과 같이 설명한다.
　　(28) 어제 어머니가 어머니(*그 분의) 옷을 사가지고 오셨어요.
　　(29) A. 이모부님 오셨어.
　　　　B. 이모부가 (* 그 분이 /?그 어른이)웬 일이실까?
　　"(28), (29)는 존대말로 3인칭 대명사처럼 쓰이는 '그 분, 그 어른'이 아주 가까운 친족 관계에서는 적절하지 않음을 보여 준다. 그러나 (29)의 대화 같은 경우, B가 이모부와 항렬이 비슷한 사람이라면 '그 양반이 웬일이야?' 같은 표현이 쓰일 수 있다." 실제로 김미형(1997)에서 제시한 예시 (28)의 경우, "어제 어머니가 어머니 옷을 사가지고 오셨어요"는 문제는 없지만 중복을 피하기 위해 일반적으로 재귀대명사를 사용해 "어제 어머니가 자신의 옷을 사가지고 오셨어요"와 같이 대체하기도 한다. 이것은 재귀사 조응 부분에서 구체적으로 살펴볼 것이다. 또한 (29)의 경우, "그 분이 웬 일이실까?"가 잘못된 표현이라고 보기가 어렵다고 본다.
116) 여기서 '지위'는 영어로 'power'인데 한국어로 '권세'라고 번역하는 경우도 있다. 그리고 '친근도'는 영어로 'solidarity'인데 한국어로 '유대'라고 번역하는 경우도 있다.(이익섭, 2009: 177) 이익섭(2009: 233)에서는 한국어 경어법에 영향력을 행사하는 요인들의 순위를 '친족 서열-직장(사회적) 서열-나이-친분'의 순서로 보고 있다.

지칭어가 지칭하는 인물이 발화자의 윗사람이라면 발화자는 구체적인 호칭 형식으로 지칭하며 3인칭 대명사 조응어를 사용하지 않는다. 다음 사례 4-14를 보자.

사례 4-14 제남대학 3학년 유**
양심
…… 그렇게 한 달이 지냈다. a. 어느날 밤에 잠이 깨는 나는 물을 마시려고 방에 들어가고 싶은데 <u>부모님</u>은 객실에 이야기하고 있었다. b. 처음에 신경 쓰지 않았지만 <u>그들의[√부모님들이 하시는]</u> 말을 듣고 너무나 놀라 가슴이 가라앉지 않았다. ……

사례 4-14의 a문장의 밑줄 친 부분은 '부모님'을 언급했기 때문에 조응의 일반성 원칙에 따르면 b문장에서 명사 조응의 재사용은 분명 중복에 해당한다. 그래서 "그분들의 말을 듣고……"처럼 대명사로 조응해야 한다. 그러나 대부분의 한국어 모어 화자는 이러한 상황에서 지칭어를 중복 사용해 '부모님들이 하시는 말씀을 듣고……'와 같이 조응시킨다. 한편, 중국어에서는 손윗사람에게도 3인칭 대명사의 조응어 사용이 가능할 뿐 아니라 일상화되어 있다. 다시 말해서 '부모님'이 웃어른이라고 할지라도 중국어에서는 일반적으로 대명사를 사용해 조응시키기 때문에 사례 4-14의 밑줄 친 부분에 상당하는 중국어는 "그들[他們]의 말을 들었다……"라고 할 수 있다. 또한 아래의 사례 4-10에서는 이러한 현상이 연속 세 번 사용되고 있다.

사례 4-10 대외경제무역대학 3학년 최**
서민의 양심
…… 참 이상하다. 예전에 그렇게 말을 잘하는 아줌마는 어디로 갈까?집에 돌아온 후에 엄마께 묻고나서 알게 되었다. 아줌마의 아들이 도시에서 감옥에 들어갔다. 아줌마는 아들을 구하기 위해 모든 돈을 쓰고 사람을 부탁했다.

a. 시장에서 아줌마하고 싸우는 사람이 바로 ?그[√아줌마]의 아들이었다.

…… 서민의 양심이라는 말은 듣기 좋지 않다. 하지만 우리는 지금 이 사회의 서민이다. 우리의 부모님도 이 사회의 발전을 위해 매일 버스를 타고 다니는 보통 사람이다. 서민의 꿈이 크지 않다. 주먹만큼 작다.

b. 자식이 ?그[√부모님]들의 전부이다. 서민의 양심도 그들의 거짓말처럼 보잘것없는 것 같다.

아줌마는 잘못했어? 아들을 위하여 자기의 전부를 버렸다. 남들 앞에 얼굴을 들 수 있도록 거짓말까지 했다. 매일 바람 속에 햇빛 아래 짓는 미소 뒤에 얼마나 눈물이 흘리고 있겠는지 모르겠다.

c. ?그의[√아줌마에 있어] 양심이 중요하지 않다.

사례 4-10에서 a문장의 '그', b문장의 '그들', c문장의 '그'는 각각 '아줌마', '부모님', '아줌마'와 조응한다. '아줌마'와 '부모님'은 모두 어른들이기 때문에 이것들은 모두 대명사 '그'나 '그분' 등의 대명사보다 지칭어로 바꾸는 것이 적절하다.[117] 흥미로운 것은 a, b, c 세 문장의 해당 위치에

---

117) 한편, 魏義禎(2012: 134)에서는 한국어의 발화자가 윗사람을 지칭할 때도 3인칭 대명사를 사용해 조응하는 경우가 있다고 본다. 예를 들어, 웃어른의 행위에 대해 발화자가 찬성하지 않거나 비교적 먼 심리적 거리를 표현하기 위해서 발화자는 3인칭 대명사 '그분'을 의도적으로 선택할 수 있다. 다시 말해서 조응어로 3인칭 대명사를 선택하느냐 지칭어를 선택하느냐의 문제는 실제로 지칭 대상이 발화자의 웃어른인지의 여부와 필연적 관계를 갖지 않는다. 그것은 발화자와 지칭 대상의 심리 거리를 반영한다.(魏義禎, 2012: 135) 다음 사례 3-18를 보자.

사례 3-18 서안외국어대학 3학년 이**
어느 하루

…… "안녕하세요! 저는 중국에서 온 유학생입니다. 혹시 여기서 알바를 필요하세요? 저는 홀서빙이든지 설거지든지 다 할 수 있습니다."

내 간절한 눈빛을 보면서 그 아주마가[/아주머니가] 미안한다는 표정을 짓고 천천히 말했다.……

사례 3-18의 밑줄 친 부분에서 만약 '아주머니'를 사용하면 지시 대상을 높이는 의미가 더 강하지만 '그 아줌마'를 사용해도 무방하다. 그러나 두 가지 용법이 표현하는 필자와 지칭 대상 간의 심리 거리는 다르다. 즉, 직접 지칭어(NP) 형식으로 조응시키는 것에 비해 3인칭 대명사 '그+NP'형식의 조응은 저자와 지칭 대상 간의 심리적 거리가 멀다는 점을 알려준다. 이것은 '그+NP'가 지시사의 거리적 의

대응하는 중국어는 모두 3인칭 대명사를 사용해야 한다는 점이다. 학습 필자가 위의 텍스트에서 모두 '그'를 사용했다는 점이 이것의 영향 관계를 잘 보여준다. 따라서 이것은 우연의 일치라기보다 모국어 영향 관계를 직접적으로 뒷받침하는 근거가 된다.[118]

그 이외에도 장르적 요소의 영향, 즉 구어 및 문어의 차이도 고려해볼 수 있다. 다시 말해서 '이', '그'의 독자적 사용은 문어에서 자주 보이지만 구어에서는 일반적으로 나타나지 않는다. 다음 사례 3-56과 사례 4-8는 중국어권 학습자의 텍스트 가운데 '이(그)' 형식의 정확한 사용을 보여 준다.

> 사례 3-56 대외경제무역대학 3학년 주**
> 어느 하루
> ⋯⋯ 그날 나는 버스를 타고 친구를 찾으러 <u>그의</u> 학교에 갔다. 출근기간 때문에 버스 안에서 사람이 너무 많아서 정말 발 디딜 틈이 없을 정도였다.
> ⋯⋯

미를 여전히 간직하고 있기 때문이다.

118) 또한 중국어권 학습자의 한국어 텍스트에서 대명사 '그' 과잉 사용 현상은 교육적 전이의 가능성도 고려해 볼 수 있다. 이것은 교재나 가르치는 교사의 영향 관계로부터 발생할 수 있는 가능성을 가리킨다. 중국에서 현재 사용되고 있는 대부분의 교재는 한국어의 어휘나 문법에 대해 중국어를 직접 번역·대응시키거나 중국어로 설명하는 방식을 취한다. 또한 중국 현지에서 한국어 교육을 담당하고 있는 교사들 대부분도 중국어로 문법 사항을 설명하고 있다. 이 지점이 중요한 이유는 바로 대부분의 한국어 학과 학생들이 교실이라는 공간과 교재라는 교육 매개를 통해 한국어 학습을 진행하고 있다는 상황 때문이다. 다시 말해 교사와 교재의 내용 전달에 문제가 있을 경우를 상정해 볼 수 있다. 만약 이 지점에 문제가 존재한다면 중국인 필자의 한국어 텍스트 생산은 그 시작부터 오용 가능성을 피할 수 없는 것이다. 여기에는 한국어 지식에 대한 교사의 잘못된 중국어 지식의 선택, 그것에 대한 한국어 교재의 불명료 또는 불충분한 설명이 그 원인에 해당한다. 여기서는 교재의 경우에 국한시켜 살펴보고자 한다. 북경 지역 대학교 한국어학과에서 주교재로 가장 널리 사용하고 있는 <한국어>(북경대)가 대표적인 사례에 속한다.(제효봉, 2011ㄱ: 253-254) 1권 14과의 어휘 목록을 보면, '그(代)'에는 '他;她;它'로 번역·대응시키고 있다. 이러한 상황은 한국어 초급 과정에서부터 학습자들에게 '그'를 '他;她;它'로 대응시키게 한다.

사례 4-8 장춘대학광화학원 3학년 양**
양심
-효도심
······ 노인들은 젊었을 때 사회 나라를 위하여 힘과 공헌을 기여하고 자기
의 목숨까지 밭칠 때도 있다. 하지만 세월이 흘러가면서 그들은 점점 늙어가
고 사회에 더이상 힘을 기여할 수 없다. 자연적으로 사회나 가족의 버림을
받게 되었다. ······

사례 3-56과 사례 4-8이 대화 환경에 있다면 "그의 학교"와 "그들은"은
부적절하다. 그것은 "그 친구의 학교"와 "그분들은"으로 고쳐 써야 한다.
그러나 중국어에서 이러한 구별은 존재하지 않는다. 즉, 구어냐 문어이냐
에 상관없이 3인칭 대명사에는 '他(그)'나 '他們(그들)'이 사용된다.

마지막으로 서술 관점 문제도 고려할 필요가 있다. 魏義禎(2012: 130)에서
는 "한국어 텍스트에서 대용적 조응으로 사용되는 한국어 3인칭 대명사
'이(그)+NP'형식 중에 일반적으로 많이 사용되는 것은 '그+NP'이다. 반
대로 '이+NP'는 보통 설명적 텍스트에 국한되며 '그+NP'와 교체 가능하
다."고 설명한다. 魏義禎의 이러한 평가는 실제 설명적 텍스트에 적용될
뿐만 아니라, '이+NP' 유형은 소설, 묘사적 텍스트 등의 내적 서술모델인
현장 모델의 상황도 적용 가능하다. 예를 들어, 다음 사례 3-7은 소설식
표현으로 저자가 현장에 있는 것처럼 하나의 장면을 묘사한다. 다시 말해
서 사례 3-7의 내용은 내적 서술모델에 속하는 경우로, 중국인 학습 필자
가 '이들'을 정확하게 사용하고 있다.

사례 3-7 장춘대학광화학원 3학년 유**
어느 하루, 어머님을 위하여
창밖, 몰아치는 빗바람을 가르면서 발걸음을 재우치는 길손들의 모습이
유난히 번거롭고 급해 보인다. 바삐 지나치는 이들의 모습이 바라 볼라 치면
어머님의 가랴픈 얼굴과 그 비 온 하루가 머릿속에서 겹쳐진다. ······

2.1.2. 사물·장소 지칭인 경우

다음 사례 4-4의 밑줄 친 부분에서 '그'는 앞문장의 '양심'에 조응하며, 사례 4-9의 밑줄 친 부분에서 '그들'은 '가방, 책, 옷, 그리고 예술 사진 등'에 조응한다. 서정수(2006)에 따르면, '그'는 인물을 지칭할 때만 사용하고 사물·장소를 지칭할 때는 "이, 이것/그것/저것, 여기/거기/저기"로 바꿔야 한다.(魏義禎, 2012: 121) 따라서 사례 4-4의 밑줄 친 부분은 '그것의 존재 때문에'로 고쳐야 한다. 또한 사례 4-9의 밑줄 친 부분은 서술모델에 따라 두 가지 수정 방법이 있을 수 있다. 내적 서술모델의 경우에는 '이것들'로, 외적 서술모델의 경우에는 '그것들'로 고쳐야 한다.

> 사례 4-4 북경공업대학 2학년 이**
> 양심-존재한 이유
> …… 잔혹한 현실 앞에도 양심을 지켜야 하다. 그[√/그것]의 존재때문에 인간이 유망의 돌리에 휩쓸리지 않고 찬란한 햇빛아래에서 행복하게 산다. ……

> 사례 4-9 중국전매대학 2학년 유**
> 사랑하는 말
> 가방 책 옷 그리고 예술사진 등은 무엇을 대표할 수 있을까요? 그[√/이것/그것]들은 다 제가 받았던 생일 선물입니다. ……

그렇다면 학생 필자는 사물을 지칭할 때 왜 '그것'을 사용하지 않고 '그'를 사용했을까? 학습 필자에게 '그'가 인물을 지칭할 때만 사용된다는 목표어 지식의 부족을 거론할 수도 있겠지만 앞서 언급된 것처럼 중국 내의 교재에서 '그'에 '他; 她; 它'를 번역·대응시키고 있다는 점도 간과할 수 없다. 또한 중국어에서는 사물 표시(它)가 3인칭 대명사 범주에 포함되어 있다는 점도 개념적 차원의 혼용을 야기할 수 있다.

한편, 다음 사례 4-33에서 "돈, 명예 같은 것에 대한 추구"와 같은 표현은 추상적인 개념에 기초한 것이기 때문에 "이에 대하여 부정적인 시각을 가질 필요가 없다"로 고치는 것이 적절하다. 흥미로운 것은 학생 필자가 여기서 장소를 지칭하는 '여기'를 사용했다는 점이다.

사례 4-33 청도대학 3학년 왕**

양심-아름다운 마음

…… 요즘 들어 돈, 명예 등 같은 것을 위하여 양심을 잃은 사람들이 부쩍 늘고 있다. 돈, 명예 등 같은 것에 대한 추구는 인간의 본성이므로 여기[√이]에 대하여 부정적인 시각을 가질 필요가 없다. 단만 나는 이런 것들을 추구할 때 양심과 마음의 아름다움을 잃지 않아야 하는 것을 권장하고 싶을 뿐이다. ……

학습 필자가 '여기'를 사용한 이유에 추정하기 위해 다음과 같이 가능성을 상정해볼 수 있다. "이에 대하여 부정적인 시각을 가질 필요가 없다."는 내용을 중국어로 유추·해석해보면, 앞서 언급된 근거리 지시사 '這'보다는 관습상 중국어의 또 다른 근거리 지시사인 '此(차)'가 사용된다. '此'는 고대 중국어에서 유래된 것으로, 현대 중국어에서는 장소, 시간 등 추상적 개념을 지칭할 때 많이 사용된다. 이 경우, 시간과 기타 추상적 개념들에는 '장소의 은유'가 적용된다. 반면, 한국어에서는 '장소의 은유'로 시간을 지칭할 때 흔히 '여기'가 사용되지만[119], 추상적 개념을 지칭할 때는 대부분 '이'로 표현된다. 다시 말해서 학습 필자가 사례 4-33에서 '이' 대신 '여기'를 사용한 이유에는 한국어와 중국어의 복잡한 대응 관계가 존재한다. 그러나 이것을 단순히 표층적으로 언어 간의 대응 문제로 파악해서는 안 된다. 오히려 여기에는 심층적인 개념 간 차이로 작동하고 있기 때

---

119) 한국어에서도 시간을 '공간의 은유'로 보고, 장소대명사 '여기'를 사용하기도 한다. 예를 들어, "오늘 여기까지 합시다."

문이다. 다시 말해서 중국인 학습자에게 L1 매개언어로 표상되는 지시사 '這'·'此'라는 '모국어 개념'과 L2 매개언어로 표상되는 '이'·'여기'라는 '목표어 개념' 사이에는 정연한 대응 관계가 존재하지 않는다.

또한 다음 사례 3-28에서는 '거기'가 세 번이나 등장하는데, c문장의 '거기'만이 장소 지칭으로 정확하게 사용된 것이다. a문장의 경우, 시(詩)라는 내용에는 장소 대명사 '거기'가 아니라 '그 말'을 사용한 조응이 보다 적절한 표현에 해당한다.[120] 그리고 b문장의 경우 조응어가 단락 첫머리에 위치한다. 앞서 언급했듯이 단락 첫머리에 위치한 조응어로는 일반적으로 대용적 조응보다 명사 조응어가 더 많이 사용되고 있다. 따라서 '거기'보다 '그곳'을 사용하는 것이 적절하다.

> 사례 3-28 북경대학 3학년 부**
> 화원에 앉아 있던 어느 하루
> …… 그러나 이럴 때 나는 도연명의 시구가 머리에 떠올라 이것을 읊으면서 마음을 달래곤 해요. 중국사람들이 즐겨 읊는 마지막 두 발[√말]이 있어요. a. 거기에[√그 말 속에는] 두둥실 날아가는 하얀 민들레꽃씨가 있는가 하면 민들레 꽃씨를 하늘로 보내주는 사람이 있지요. 그 사람이 바로 나예요.
> b. 거기[√그곳]에 과거와 미래가 없도 언제나 개이고 따스한 햇빛만 둘어싸 있어요. 민들레씨가 바람을 타고 어디로 가는지? 아마 바람이 머무는 곳대로 사뿐히 내려앉겠지. 그리고 내년에 c. 거기서 다시 꽃피겠지. 민들레가 가고 싶은 곳으로 가는 것이 아니다는 생각이 들어요. ……

그러나 사례 3-28의 내용을 중국어로 유추·해석해보면, a문장의 '그 말'과 b문장의 '그곳'이 사용된 곳에 중국어의 장소 대명사 '那里'를 대응

---

120) 한국인 독자들에게 장소 대명사 '거기'를 사용해 시구와 조응시키는 것은 생소하다. 그러나 선행문을 다음과 같이 바꿔 쓰면 '거기'는 도연명의 시에서 묘사되는 허구 공간을 가리킨다. "중국사람들이 즐겨 읊는 마지막 두 발이 있어요[√도연명의 시 가운데 사람들이 즐겨 읊는 마지막 두 구절이 있다. 그것은 다음과 같은 묘사를 담고 있는데,] 거기에(는) ……"

시켜도 무방하다. 즉, 중국인 독자들이 이해하기에 적절한 표현이다.[121] 특히 a문장의 경우, '의미적 일관성(paratactic, 意合)'를 중시하는(朱永生 외, 2001: 69) 중국어 특징이 잘 드러나 있다. 이것은 인지언어학적 접근법의 필요성을 알려주는 것이기도 하다. 王寅(2007: 370)에서는 "많은 텍스트에서 대명사와 그것이 지시하는 선행 어휘 사이에는 모호한 관계가 존재한다. 이 때 인지 세계의 지식에 의존해야만 대명사의 적절한 지시 대상을 확정할 수 있다."[122] 다시 말해서 사례 3-28 a문장에서 중국어의 대용적 조응어 즉, '那里(원거리 장소 표시)'의 선행사는 도연명의 시구가 아니다. 그것은 텍스트를 통해 명시적으로 제시하지는 않았지만 중국인 독자들의 인지 세계에서는 도연명의 시에서 '묘사된 공간'으로 형상화된다.

2.2. 재귀적 조응[123]

한국어 재귀표현[124]에 관한 기존 연구로는 양동휘(1989)·강영세(1986) 등의 변형문법적 접근, 임홍빈(1987)·이익섭(1978) 등의 기능적 접근, 정연찬(2003)·장경희(1989) 등의 재귀사 해석에 관한 연구 등 다양한 형태로 진행되었다. 하지만 이 연구들은 대부분 국어학 분야에서 진행된 것으

---

121) 사례 3-28은 북경대 학생의 글인데 전체 글을 보면, 이 글은 비교적 많은 곳에 중국어 수사법을 사용했으며 중국어로 번역하면 중국 독자들에게 매우 잘 쓴 글이다. 위에 있는 a문장와 b문장의 '거기에(在那里) ⋯ 거기에(在那里) ⋯' 또한 배비구라는 중국어 수사법을 사용하는 의도를 보이는 부분이라고 할 수 있다.

122) 또한 일반적으로 대명사를 사용할 때 윗글과 아래 글에 지시 대상이 포함되지만 실제 텍스트에서 대명사의 선행 어휘를 찾을 수 없는 경우도 있다. 이것은 연결 어휘와 텍스트 응집성을 표층적으로 분석하는 것에 한계가 있다는 점을 의미한다.(王寅, 2007: 371)

123) 이 부분은 제효봉(2011ㄴ)를 수정·보완한 것이다.

124) 김광희(1991: 23)에서 "재귀표현이란 재귀동사를 매개로 행위자 주체의 행위가 동일지시관계에 있는 수동자(경험자) 대상에 되미치는 표현"으로 정의하고 있지만 이 책에서는 재귀표현을 재귀사와 동일한 의미로 사용하기로 한다.

로125), 한국어 교육 분야에서, 특히 텍스트 차원에서 진행된 연구는 매우 미비한 실정이다. 한국어의 재귀사는 선행사를 동일 문장 내에서만 취하는 것이 아니라, 상위문장에서도 그것을 취할 수 있으며(강범모, 1998: 171), 선행사가 생략되는 경우도 있다(김광희, 1991: 397). 이 점에서 한국어 재귀사과 영어 재귀사가 구분된다. 따라서 문장 차원이 아닌 텍스트 차원에서의 분석과 고찰이 요구된다.126)

한국어 재귀사의 개념 설정과 분류에 관해 다양한 견해차가 존재한다. 이 책에서는 "'자기' 외에 많은 요소들을 재귀사로 볼 수 있다"는 정연창의 주장127)에 따르면서, '자기'·'자신'·'자기자신'128)의 재귀적 용법129)을 중심으로 중국어권 학습자의 사용 양상을 조사·분석하겠다. 이 책에서

---

125) 그 이외에도 강범모(1998)와 같은 코퍼스에 기반한 연구, 程壽鳳(2007)·姜海燕(2006) 등 한국어 재귀표현과 중국어 재귀표현 '自己'의 대조 연구 등이 있다.

126) Halliday & Hasan(1976/2009: 9)에서 언급된 것처럼 문장 내부의 문제는 통사론의 검토 대상이기도 하는 반면에 문장 이상의 단위에서는 텍스트적 문제만 검토되기 때문에 지금까지 우리가 주로 문장 이상의 단위에서 응결성 문제를 검토해 왔다. 하지만 실제로 결속 관계(cohesive relations)는 문장 간 뿐만 아니라 문장 내부에서도 존재한다.(Halliday & Hasan, 1976/2009: 7-8; Halliday & Hasan, 1976; 張德祿 외 옮김, 2010:6) 그리고 결속장치들이 문장 내부와 문장 간에 다르게 사용되는 경우도 있다. 예를 들면, 지시사의 사용 부분에서 검토한 것처럼 중국어권 학습자의 텍스트에서는 지시부사 '이렇게/그렇게'가 문장 내 조응으로 사용될 때와 문장 외 조응으로 사용될 때는 서로 다른 양상을 보이고 있다. 따라서 이 책의 재귀적 조응과 영조응 부분에서는 문장 간의 조응 문제를 주로 다루겠지만 필요할 때 문장 내부의 조응 문제도 같이 검토하기로 한다.

127) "전통적 견해를 따르면, 재귀사는 주체어의 행위가 다시 주체어에 되돌아가는 것을 나타내는 요소로 정의될 수 있는데, 이러한 전통적 정의에 따른다면, '자기' 외에 많은 요소들을 재귀사로 볼 수 있을 것이다. 즉, 자신, 자기자신, (존칭)당신, 저, 스스로 …… 등의 형태가 있다"(정연창, 2003: 138).

128) '자기자신'에 대해 '자기 자신'처럼 띄어 써야 한다는 주장도 있지만 이 책에서는 연세 한국어사전(1998: 1520)에 따라서 붙여 쓰기로 한다.

129) 재귀사로 볼 수 있는 형태들이 실제 의미상에서 재귀적으로 사용되지 않는 경우도 있어 이것을 재귀사가 아니라 일반 인칭대명사의 특수 용법으로 해석하는 시도(성광수, 1981)뿐만 아니라 '자기'의 경우, '명사적 쓰임'·'대명사적 쓰임'·'재귀대명사적 쓰임'이라는 세 가지 쓰임으로 구분하는 시도(김미형, 1986) 역시 존재한다.

주석 말뭉치 자료(18,710어절)를 재귀적 조응의 분석 텍스트로 하는 이유는 다음 두 가지이다. 첫째, 앞서 언급되듯이 재귀사로 볼 수 있는 형태들은 '재귀사적 쓰임'뿐만 아니라 '명사적 쓰임'·'대명사적 쓰임' 으로도 사용된다. 둘째, 학습자 텍스트에서 나타나지 않는 누락 오용은 실제로 형태 검색으로 추출하지 못한다.

다음의 <표 3-2>는 본 연구의 자료를 분석하여 2·3·4학년으로 나눈 중국어권 학습자의 재귀표현 사용 빈도를 정확 빈도, 오용 빈도, 그리고 총 출현빈도로 세분화하여 정리한 것이다.

<표 3-2 재귀표현의 사용 분포>

학년	자기			자신			자기자신		
	正	誤	출현 빈도	正	誤	출현 빈도	正	誤	출현 빈도
2	8	12	20	3	9	7(5)	2	1	3
3	16	24	38(2)	7	8	10(5)	2	0	2
4	5	6	10(1)	3	2	4(1)	0	1	0(1)
계	29	42	68	13	19	21	4	2	5

* 괄호 안의 숫자는 실제로 학습자 텍스트에서 나타나지 않는 누락적 오용의 빈도수이다.

위의 표에서 나타난 바와 같이 우리가 조사한 중국어권 학습자 텍스트에서 '자기'가 총 68번, '자신'이 총 21번, '자기자신'이 총 5번 등장했다.[130] 이로부터 재귀표현의 출현빈도가 정확하게 사용되는 빈도와 오용 빈도의 합보다 적다는 사실을 알 수 있다. 그것은 오용빈도에 누락적 오

---

130) 강범모(1998: 178)에서는 재귀사로서의 '자기자신'이 '그 자신, 철수 자신'의 특성과 동일한 것인지에 대해 더 많은 검증이 필요하다고 지적한다. 그러면서 '자기자신'을 붙여 쓴 형태인 '자기자신'으로 제시하고, 그것이 갖는 재귀사로서의 특성을 기술하기 위해 코퍼스 자료에서 '자기 자신'과 같이 띄어 쓴 경우까지 모두 포함해 분석한다. 강범모의 입장을 따르면, 이 책의 연구 자료에서 '자기 자신'은 총 5번 검색되었는데, 모두 띄어 쓴 형태로 나타나고 있다.

용이 포함되기 때문이다. 그리고 재귀표현의 출현빈도가 이처럼 낮게 나타나는 이유는 재귀표현이 표본의 크기와 무관하게 본래 출현빈도가 낮은 어휘 유형에 속하기 때문이다. 본 연구에서 중국어권 학습자가 산출한 재귀표현의 빈도수는 총 94번인데, 그것은 총 표본크기인 18,710어절의 0.5%에 해당한다. 이와 같은 결과는 강범모(1998)에서 약 1,000만 어절의 '고려대학교 한국어 말모둠1'에 대한 조사 결과, 즉 '자기'·'자신'·'자기자신'의 출현빈도가 총 표본크기의 약 0.21%[131]를 차지한다는 것보다 두 배 이상 높은 수치이다.

또한 이 책의 연구 대상인 중국어권 학습자와 강범모(1998)에서의 한국어 모어 화자의 '자기'·'자신'·'자기자신'의 사용빈도를 살펴보면, 중국어권 학습자와 한국어 모어 화자 모두 '자기자신'의 사용이 다른 두 가지에 비해 현저히 적다는 공통점이 존재한다. 이와 다르게, 중국어권 학습자의 '자기' 사용 빈도수가 '자신'의 그것보다 훨씬 높은 반면, 모어 화자의 경우 '자기'와 '자신'의 사용 빈도수가 비슷하다는 점에서도 차이를 보인다. 구체적으로 앞의 표에서 알 수 있듯이, 중국어권 학습자는 '자기'를 총 68번을 사용했지만 '자신'은 21번만 사용하고 있다. 이에 비해 한국어 모어 화자는 '자기'와 '자신'의 사용 빈도수가 각각 10,001번과 10,006번으로 비슷하게 사용되고 있다(강범모, 1998: 195).

여기에서 또 다른 조사 결과를 참조할 수 있다. 21세기 세종계획 형태분석 말뭉치(1000만 어절)의 통계 결과, '자신'의 출현빈도가 총 18,683회인데 대명사와 명사로 각각 12,641번·512번, 총 13153번이 사용된 '자기'보다 출현 빈도수가 높았다. 즉, 모어 화자는 두 가지를 비슷하게 사용하거나 '자기'보다 '자신'을 더 많이 사용하는 반면, 중국어권 학습자들은 '자신'의 사용빈도보다 3배 가까이 '자기'를 더 많이 사용하고 있는 것이다.

이로부터 중국어권 학습자의 '자기' 과잉 사용 문제가 제기된다. 이 경

---

131) 필자가 강범모(1998)에서 나오는 수치를 계산한 것이다.

우는 중국어권 학습자가 한국어에서 선행사가 1인칭이나 2인칭일 때, 특수한 경우를 제외하고 재귀사 '자기'를 사용하지 못한다는 내용을 파악하지 못한 목표어 지식 부족이 문제일 수 있다. 하지만 또 다른 근본적 이유로는 중국어의 재귀사 '自己[자기]'에 포함된 의미가 한국어의 '자기'보다 훨씬 풍부하다는 데 있다. 다시 말해서 중국어의 '自己(자기)'는 한국어의 '자기'·'자신'·'자기자신'에 직접 대응할 뿐만 아니라 한국어의 '스스로'·'자기 스스로'·'혼자'·'혼자서'·'직접' 등과 같이 부사어에도 대응할 수 있기 때문이다(程壽鳳, 2007: 47). 또한 한국어 재귀대명사는 존비의 구별을 갖지만(고영근·구본관, 2009: 76), 중국어의 '自己(자기)'는 존칭과 비칭(겸칭을 포함한)에 상관없이 사용된다(程壽鳳, 2007: 74). 예를 들어, 중국어권 학습자는 재귀사 '당신'과 '저'에 '자기'를 대응시키기도 한다. 이처럼 중국어권 학습자가 한국어 재귀사 '자기'를 사용하는 과정에는 중국어 재귀사 '自己[자기]'의 영향이 깊이 관여되어 있다. 다음으로 목표어 지식 관련 사용 양상과 모국어 영향 관련 사용 양상 두 가지로 나눠서 살펴보겠다.

2.2.1. 목표어 지식에 의한 양상

1) 인칭별 제약

사례 4-12 대외경제무역대학 3학년 서**
……나는 숨을 쉬지 못하도록 아주 크게 울었다. *자기[√나] 혼자만 남아서, 너무 무서워서, 어머니가 얼마나 아픈지 몰라서, 난 그렇게 크게 울었다. ……

사례 4-8 장춘대학광화학원 3학년 양**
……부모님이 안 계실때 나는 집의 왕으로 되었다. 텔레비전을 볼때 할아버지와 다투며 *자기[√내가] 좋아하는 프로그램을 보고, 식사할 때는 할아버지 오시기도 전에 먼저 먹어버렸다.

사례 4-12, 4-8는 각각 '나', '내가'가 요구되는 자리에 '자기'가 잘못 대응된 경우이다.[132] 왜냐하면 선행사가 1인칭 대명사 '나'인 경우, 재귀사 '자기'를 사용하면 안 되기 때문이다. 다시 말해서 1·2인칭과 관련된 '자기'는 3인칭에 관련된 '자기'에 비해 사용상 제약이 따른다.[133] 이러한 인칭별 제약에 의한 오용은 여러 가지 수정 방법이 가능하다. 예를 들어,

> 사례 4-8 장춘대학광화학원 3학년 양**
> ……할아버지께서 자리에 앉기도 전에 나는 숟가락을 쥐고 밥이며 국이며 퍼먹었다. 할아버지의 눈치도 살피지 않고 그냥 *자기의 미식 세계에 취하고만 있었다. ……

위 사례는 1) 나의 미식세계에만 빠져 있었다. 2) 나 자신의 미식세계에 빠져만 있었다. 3) 나만의 미식세계에 빠져 있었다 등으로 수정할 수 있다. 또한 이러한 인칭별 제약이 단수의 경우뿐만 아니라 복수의 경우도

---

132) 사례 4-12, 4-8는 선행사와 재귀사가 다른 문장에 있는 경우지만 중국어권 학습자의 텍스트에서 선행사와 재귀사가 동일 문장 내에 있는 경우도 많이 존재한다. 예를 들면 사례 4-21은 그것이다. "그리고 나는 *자기[√나 자신]에게 이렇게 말했다. (사례 4-21 주**/중국해양대학/3학년)"다시 말해서 사례 4-21도 '나 자신'이 요구되는 자리에 '지기'가 잘못 대응된 경우이다.

133) 일상적인 대화체 문장에서는 1·2인칭을 받아서 '자기'를 쓸 수 없지만, 대신 표어적인 문장과 관용적인 문장 또는 '나, 너'라는 주관성으로부터 탈주관화, 곧 객관화시킨 표현 따위에서는 한정적으로 쓰일 수 있다. 여기서 일상적인 대화체 문장이란 것은 '영이(*나/*너)는 자기가 그 일을 처리하겠다고 말했다.' 따위의 문장을 가리킨다. 표어적인 문장과 관용적인 문장이란 것은 '나(/너)는 자기가 제일인 줄 안다.' 따위의 문장으로, '자기가 제일이다.'라는 표어적인 혹은 관용적인 독립 구문을 포함한다(김미형, 1986: 271). 예를 들어, (1) ⓐ *나는 자기가 쓴 일기를 태웠다. ⓑ 나는 자기가 쓴 일기를 태울 정도로 화가 났었다. (2) ⓐ *너는 자기가 합격했다는 사실을 몰랐다. ⓑ 너는 자기가 합격한 줄도 모르고 어딜 돌아 다녔니?의 경우에서처럼, (1)과 (2)의 ⓐ는 그 내용이 주관적이다. 즉 직접적으로 '나, 너'에 관련되는 것이다. 그러므로 이럴 경우는 '자기' 대신 '나, 너'가 선택되어야 한다. 하지만 ⓑ는 각각 '자기가 쓴 일기를 태울 정도', '자기가 합격한 사실'이라는 독립된 구문을 포함한다. 이 구문은 '나, 너'와 직접적으로 관련되는 것이 아닌 객관화된 표현이 된다. 이럴 경우 '자기'가 사용될 수 있다(김미형, 1986: 278).

마찬가지로 적용된다.

> 사례 4-8 장춘대학광화학원 3학년 양**
> ……우리들은 다 *자기가[√스스로] 양심이 있다고 한다. 하지만 주변에
> 계신 노인분들을 볼 때 우리는 *자기가[√자신이] 지닌 양심이 진정한 양심
> 인가 한번 되물어야 한다. *자기가[[√우리가] 일상생활에서 노인을 존중했
> 는가를 깊이 생각해야 한다. ……

위 사례에서 '자기'가 세 번 나타나는데, 각각 '스스로', '자신', '우리'
로 바꾸어야 되는 경우이다.134) 여기에서는 선행사가 1인칭 대명사의 복
수형 '우리'이기 때문에 '자기'를 사용하면 안 된다.

이상의 용례에서 나타난 오용들은 모두 중국어권 학습자들이 한국어
재귀표현 사용에 인칭별 제약이 있다는 목표어 규칙을 완전히 이해하지
못한 것에서 기인한다. 다시 말해서 선행사가 1인칭이나 2인칭일 때, 특별
한 경우를 제외하고 재귀사 '자기'를 사용하지 못한다는 점을 학습자가
알지 못해 발생한 오용에 해당한다.

2) 존비의 구별

앞에서 언급한 바와 같이 한국어의 재귀사에는 '자기' 이외에도 '저'와
'당신', 그리고 '저'의 복수형 '저희' 등이 있다. 이들은 존비의 등분에 따
라 구분되어 쓰인다(고영근·구본관, 2009: 76). '자기'는 대표형이라고 할 수
있으며, '저'는 '자기'의 겸칭이고 '당신'은 '자기'의 존칭이다.

> 가. 누구든 제(저의) 자식은 귀여워한다.

---

134) 여기에서 언급된 수정 표현 이외에도 다른 표현들이 적용 가능하다. 예를 들어, 첫
번째와 두 번째의 '자기'를 모두 '우리'로 수정할 수도 있다. 또한 첫 번째, 두 번
째 '자기'는 선행사를 동일 문장 내에서 취하는 경우와 반대로 세 번째 '자기'는
상위문장에서 선행사를 취하는 경우이다.

나. 누구든 자기 자식은 귀여워한다.

다. 할아버지께서는 당신이 젊으셨을 때, 나라를 위해 싸우다 돌아가셨단다.

라. ?김 사장님께서는 당신께서 하시는 사업을 확장하셨다.[135)

예문 '가'의 '저'와 '나'의 '자기'는 거의 자유롭게 넘나들 수 있는 것이지만, '자기'가 '저'보다는 앞에 오는 선행 명사구를 조금 더 대접해 주는 것으로 보인다(고영근·구본관, 2009: 76). 그리고 재귀사 '당신'은 집안의 아주 웃어른께 쓰이며 때로는 아주 존경받는 분에게 쓰이기도 한다.(이익섭, 1978)[136) 다시 말해서 '다'와 '라'에서 보이듯, '당신'은 모든 존대 대상을 자유롭게 되받아 가리킬 수 없다는 제약성을 갖는다. 따라서 '다'는 자연스러운 표현이지만 '라'는 어색한 표현이 된다.

본 연구에서는 중국어권 학습자들이 이러한 목표어의 규칙을 몰라서 발생한 오용이 총 12번 나타나고 있다. 모두 '당신'을 사용해야 할 자리에 '자기'를 사용하면서 발생한, '자기'의 존비 구별에 의한 오용률이 17%에 이른다.[137) 따라서 이것은 '자기'의 오용 유형 가운데 중요한 비중을 차지하는 것이며, 다음 예시에서 보이듯이 2·3·4학년 중국어권 학습자 모두에게 드러나는 오용으로 간주된다.[138)

---

135) 예문 '가-다'는 고영근·구본관(2009: 76)에서 인용한 것이고, '라'는 程壽鳳(2007: 24)에서 인용한 것이다.

136) 또한 '당신'은 화자가 어린 사람일 경우에는 쓰이기 어렵다(허숙자, 1987). (程壽鳳, 2007: 24).

137) 김정은(2003: 43)에서 오류분석이 객관성을 가지려면 오류의 절대적 빈도수가 아닌 상대적 빈도수, 즉 오류의 발생 가능수와 실제 발생 오류수를 고려하여 그 발생 비율을 기술하여야 한다고 지적한다. 여기에서 오류의 발생 가능수에는 학습자 텍스트에 나타나지 않는 누락 오류도 포함된다. 본고에서는 '오류분석가설'과 구별하기 위해 일부러 '오류'가 아닌 '오용'이라는 용어를 택하기로 하고 여기서 17%라고 제시한 '자기'의 존비 구별에 의한 오용률은 68번이 아닌 71번의 오용의 발생 가능수와 실제 발생 오용수인 12번을 고려해 계산된 것이다.

138) 여기서 사례 4-24, 4-45는 동일 문장 내에서 선행사와 재귀사가 조응적 관계를 형성하는 경우이다. 반대로 사례 4-12는 문장 간에 재귀적 조응을 형성하는 경우이다.

사례 4-24 북경대학 2학년 경**

……할아버지는 *<u>자기가</u>[√당신이]] 심장병이 나서 병원에 보내 주라고 말했다. ……

사례 4-12 대외경제무역대학 3학년 서**

……그때의 어머니가 많이 아파하셨다. 아주 심각한 병에 걸려서 밥도 못 먹고 잠도 못 자게 되었다. 한 달 동안 *<u>자기</u>[√당신] 혼자서 버티고 나한테 *<u>자기가</u>[√당신께서] 힘든다고 딱 한 번도 하신 적이 없었다. ……

사례 4-45 광동외어외무대학 4학년 장**

……할머니는 늘 다른 사람을 배려해 주시고 *<u>자기</u>[√당신]의 생각과 느낌을 드러내지 않으신다. ……

또한 사례 4-12는 '자기'를 '당신'으로, '자기가'를 '당신께서'로 고치는 경우, 존비 구별에 의한 대치적 오용라고 할 수 있다. 그러나 약간의 의미 차이가 존재하기는 하지만 사례 4-12를 "…… 한 달 동안 혼자서 버티시고 나한테 힘드시다는 말 한마디 하신 적이 없으셨다."로 수정할 경우, 이 것은 첨가적 오용의 유형에 속한다.

3) 의미적 차이

사례 4-33 청도대학 3학년 왕**

……일주일 후에 소녀는 흥분된 심정으로 호숫가로 뛰어갔다. 그리고는 호수 수면에 비친 ?<u>자기</u>[√자신]의 얼굴을 보고 갑자기 얼굴 표정이 어두워졌다. ……

사례 4-33은 선행사가 3인칭이기 때문에 '자기'의 표현이 가능하다. 따라서 이 경우 틀린 문장이라고 볼 수는 없지만, 문맥적 의미에서 판단해 보면 '자기'보다 '자신'이 더 자연스럽다고 할 수 있다. 이러한 현상은 '자기'와 '자신'의 의미 차이와 관련된다. 임홍빈(1987: 108-112)에서 '자기'와 '자신'의 의미 자질을 다음의 ⓐ와 ⓑ로 구분하고 있다. 또한 선행사와 맺는 '자기', '자신'의 거리는 다음 ⓒ와 같이 설정된다.

    ⓐ 자기=[+의식성, +독자성, +고유성]
    ⓑ 자신=[-의식성, -독자성, +고유성]
    ⓒ 철수---자신------------자기

'자신'에 비해 '자기'의 거리가 더욱 먼 이유는 '철수'와 '자신'이 [-의식성, -독자성]이라는 특징으로부터 분리될 수 없는 관계에 놓여 있기 때문이다. 반면, '철수'와 '자기'는 [+의식성, +독자성]이라는 특징으로부터 그 관계가 다소 멀어질 수도 있는 관계를 의미한다. 다시 말해서 '자기'는 '자신'보다 [+의식성]이라는 특징을 갖고 있지만, '자신'은 '자기'보다 신체적 의미를 더욱 강하게 가지고 있기 때문이다(임홍빈, 1987: 108). 따라서 사례 4-33에서 신체의 부위인 '얼굴'의 수식어로서 '자기'보다 '자신'이 더 자연스러운 표현에 해당한다고 할 수 있다.[139]

이와 같은 '자기'와 '자신'의 의미적 차이뿐만 아니라 '그, 그녀' 등의 인칭대명사와 재귀표현 간의 의미적 차이에 대한 이해 부족도 오용의 원인이 될 수 있다. 다음 예시는 바로 그러한 경우에 해당한다.

---

139) 참고로 성광수(1981: 36)에서는 아래 예시ⓐ와 ⓑ를 통해, ⓐ보다 ⓑ가 더 자연스럽다고 평가한다. 즉, "근거리 선행사를 갖는 재귀대명사로는 '자신'이 주로 사용된다."고 주장한다.
    ⓐ 영수는 자기를 미워한다.
    ⓑ 영수는 자신을 미워한다.
또한 강범모(1998: 183-185)에서는 직관이 아닌 실제 언어 사용의 빈도 조사를 통해, 그것의 사용 양상을 파악하고 있다. 말뭉치를 이용한 '자기를'·'자신을'·'자기자신을'에 대한 조사 결과, 우선 '자기자신'은 대부분 근거리 선행사만을 취한다고 평가한다. 또한 '자신'은 '자기'와 마찬가지로 근거리/원거리 선행사들을 모두 취하지만, '자기'와 달리 근거리 선행사를 훨씬 많이 취하고 있다고 주장한다. 이와 같은 조사 결과는 성광수(1981)와 앞서 언급했던 임홍빈(1987)이 주장한 직관적 판단, 즉 자연스러움의 여부를 주된 근거로 삼는 태도에 적절한 근거를 제공해주고 있다.

사례 4-36 무석상업직업기술학원 3학년 진**

……지난번에 학교 운동회에서 500미터 달리기 시합을 본 후에 나의 기억에 깊은 인상을 남는다. 3호 선수는 달리기시합 시작할 때 관객들에게 놀라움을 줬다. 아마 그*Ø[√_자신]도 상상에 못 할 것였다.……

사례 4-36은 두 가지 수정 방법이 가능한데, 3인칭 대명사 '그'를 '자기'로 대체하게 되면 대치적 오용으로 분류된다. 한편, 위의 수정 방식과 같이 '그'를 '그 자신'으로 바꾸면 누락적 오용으로 분류된다. 이 문장을 오용으로 판정하는 이유는 '그' 따위의 일반 인칭대명사가 선행사인 3번 선수나 다른 사람을 지시 대상으로 할 수 있다는 모호성 때문이다(김미형, 1986: 272). 문맥과 보조사 '도'를 통해 알 수 있듯이 여기서 '그 선수 자기 자신'을 강조하기 때문에 재귀적 조응을 사용하는 것이 더 타당하다. 참고로 여기서 '3호 선수'라는 표현은 중국어의 '3號選手'의 영향을 받은 전형적인 모국어 영향에 의한 오용으로 볼 수 있다.

4) 기타 목표어 지식

사례 4-32 노동대학 3학년 주**

……어떤 일을 하기 전에 자기 부모님을 한 번 생각해 봐야 한다. *자기 부모님[√부모님들]은 당신들이 힘들게 살아왔던 날들을 당신 자식들이 똑같이 겪는 것을 절대로 용납하지 않으실 것이다. 그렇다면 자기가 한 잘못된 일로 인해 피해를 입은 사람의 부모님의 심정이 과연 어떻겠는가?140)……

사례 4-32의 첫 번째 문장에서 나오는 '자기'는 화자가 지시 대상의 관점에 서서 각자 자신(self)을 지시하는 것이다. 따라서 여기에서의 '자기'는 지시 대상물을 받아야만 기능할 수 있는 대명사적인 기호가 아니라, 지시

---

140) 문맥에 대한 이해의 편의를 위해 고찰 대상이 아닌 오용에 대해서는 수정을 가했다.

대상을 문맥 속에서 받지 않더라도 기능할 수 있는 "범칭적인 대상에 대해서 그 개개인 자신임"을 표현하는 일반명사적인 기호라고 할 수 있다(김미형, 1986: 262). 그리고 두 번째 문장에서 나오는 '자기'가 첨가적 오용에 해당한다. 여기에서 문맥적 의미에 의해 판단하면 특정한 지시대상보다는 부모님들의 공통적인 특징에 대한 진술이기 때문에 재귀표현 '자기'를 사용하지 않는 것이 더욱 자연스럽다.

> 사례 4-7 북경어언대학 3학년 왕**
> ……"엄마는 아직도 사랑을 믿어? 사랑은 변하는 거야. 사람들은 다 ?마음대로[√자기 마음 가는대로] 하는 거지. 그래서 엄마랑 아빠도 이혼했잖아. 난 사랑을 다시 믿지 않을래." ……

사례 4-7의 경우, 틀린 문장이라고 할 수 없지만 어색한 표현에 해당한다. 만약 선행사가 1인칭이나 2인칭이었다면 '내 마음대로 할 거야!', '네 마음대로 해!' 등과 같이 '마음대로'라는 부사어의 사용이 적절하지만, 여기에서는 선행사가 3인칭인 '사람들'이기 때문에 문맥적 의미에서 '마음대로'를 '자기 마음대로'나 '자기 마음 가는대로'로 바꾸는 것이 더 적절할 것이다.[141] 만약 사례 4-7을 오용으로 판정한다면, 본 연구 자료에서 이와 같은 오용이 전체적으로 두 번 나타나며 모두 누락적 오용에 해당한다. '자기'에 관한 오용 가운데 누락적 오용이 가장 적은 이유는 앞서 언급한 것처럼 중국어권 학습자의 '자기' 과잉 사용 현상과 관련된 것으로 보인다.

---

141) 아래의 용례 ⓐ와 ⓑ에서처럼 '자기'는 '스스로' 또는 '마음대로'와 결합하여 부사어 기능을 담당할 뿐만 아니라, ⓒ와 같이 '저'도 '자기'의 비칭으로 '멋대로'와 결합하여 부사어 기능을 담당하기도 한다.
   ⓐ 먼저 남을 탓하기 전에 자기 스스로 바르게 행동해야 한다.
   ⓑ 가정이나 그 어느 곳에서나 자기 마음대로 화를 내면 평화롭고 사랑이 가득한 곳도 지옥으로 변해 버린다.
   ⓒ 요즘 아이들은 제멋대로 행동하고 제멋대로 말한다.(程壽鳳, 2007: 18-21)

2.2.2. 모국어 영향에 의한 양상

1) '자기'의 과잉 사용

> 사례 4-8 장춘대학광화학원 3학년양**
> ……노인들은 젊었을 때 사회 나라를 위하여 힘과 공헌을 기여하고 ?자기
> [√당신들]의 목숨까지 받칠 때도 있다. ……

사례 4-8은 모국어와 목표어의 영향이 중첩되는 형태로 존재하는 경우이다. 학습자가 존대 재귀사 '당신'이라는 목표어 지식이 부족했다고 하더라도 '자기' 대신 '자신'을 선택했더라면 보다 덜 어색한 문장이 가능할 것이다.[142] 하지만 여전히 '자기'를 선택하고 있다는 점에서 중국어 '自己'의 영향을 받은 모국어 전이로 '자기' 과잉 사용 현상이라고 판단된다. 따라서 여기에서의 오용 원인은 학습자의 목표어 지식부족과 함께 모국어의 영향 관계가 중첩된 형태로 드러난다. 다시 말해서 학습자 오용의 원인을 판단할 때 피해야 할 점은 '도가 아니면 모'라는 양자택일적 사고이다. 왜냐하면 모국어와 목표어, 심지어 교육과정이나 학습 환경의 영향이 서로 얽혀있는 경우가 존재하기 때문이다.

> 사례 4-8 장춘대학광화학원 3학년 양**
> ……우리들은 다 *자기가[√스스로] 양심이 있다고 한다. 하지만 주변에
> 계신 노인분들을 볼 때 우리는 *자기가[√자신이] 지닌 양심이 진정한 양심

---

142) 임홍빈(1987)에 따르면 아래의 용례 '가'와 같이 존귀한 인물에 대해서 '자기'를 쓸 수 없다. '자기'가 가지는 [+개별성]의 의미 특성이 존귀성을 크게 해치는 것으로 해석되기 때문이다. 보다 정중한 대우로는 '다'에서와 같이 '당신'이 쓰여야 하지만, '나'의 '자신'도 어느 정도는 대우가 허용될 수 있는 것으로 여겨진다. '자신'은 '자기'만큼 개별성의 의미가 강하지 않기 때문이다.
가. *아버님은 자기가 겪으신 일을 말씀하셨다.
나. ?아버님은 자신이 겪으신 일을 말씀하셨다.
다. 아버님은 당신이 겪으신 일을 말씀하셨다.(임홍빈, 1987: 117)

인가 한번 되물어야 한다. *자기가[[√우리가] 일상생활에서 노인을 존중했는가를 깊이 생각해야 한다. ……

앞에서 언급했듯이 사례 4-8은 중국어권 학습자가 목표어의 규칙을 완전히 이해하지 못했을 가능성을 지적할 수 있다. 선행사가 1인칭 대명사의 복수형 '우리'이기 때문에 '자기'를 사용하면 안 된다는 재귀표현에 관한 인칭별 제약을 알지 못해 발생한 오용이라고 판단하는 것이다. 하지만 우리는 여기에서 또 다른 가능성들을 검토해볼 수 있다. 우선, 중국어 재귀사 '自己'가 한국어 재귀사 '자기'뿐만 아니라 '자신, 스스로' 등에도 대응되기 때문에, 이와 같은 모국어 영향으로부터 '자기'의 과잉 사용 문제가 발생할 수 있다는 점이다. 또한 목표어 규칙의 이해 부족과 모국어 영향으로 인한 과잉 사용 문제와 더불어, 학습자가 사용하는 교재와 가르치는 교사들에 의한 영향 관계 역시 오용 발생의 가능성으로 검토될 수 있다.

대표적인 사례로 거론할 수 있는 것이 바로 북경 지역 대학교의 한국어 학과에서 주교재로 널리 사용하고 있는 『한국어』(북경대)이다. 『한국어』 2권 1과(19쪽)와 2권 6과(84쪽)의 어휘 목록을 살펴보면, "자기(대명사)自己; 자신(명사)自身, 自己"로 아주 간단하게 설명되어 있다. 다시 말해서 한국어 어휘인 '자기'와 '자신'에 중국어 번역을 직접 대응시키는 설명 방식을 채택하고 있는 것이다. 하지만 이것은 '자기'와 '자신'의 차이에 주목하기보다는 중국어의 '自己'와 동일한 의미로 해석할 여지를 처음부터 제공한다는 점에서 문제가 있다. 양자의 의미나 용법상 차이에 대한 문법적 설명이 전혀 없다는 점에서 그러한 문제의 심각성이 존재한다. 또한 중국 현지에서 한국어 교육을 담당하고 있는 교사들 역시 어휘 설명을 중국어로 직접 대응시키는 방식이 일반화되어 있다.[143]

---

143) 한국어로 어휘설명을 진행하는 경우도 있지만 그것도 학생들의 이해를 돕기 위해 중국어로 부연설명을 같이 하는 경우가 많다. 또한 원어민인 한국교사들도 대부분 중국어를 어느 정도 알고 있기 때문에 중국어로 문법 설명을 하거나 한국어 어휘

앞에서 언급되듯이 중국이라는 특정한 지역에서 한국어를 공부하는 대부분의 한국어 학과 학생들이 교실이라는 공간과 교재라는 교육 매개를 통해 한국어 학습을 진행하고 있다는 상황으로부터 한국어 지식에 대한 교사의 잘못된 중국어 지식의 선택, 그리고 그것에 대한 한국어 교재의 불충분한 설명이나 부정확한 모국어 대응이 오용의 원인으로 지적될 수 있다. 필자는 이러한 학습 환경이 조성한 모국어와 목표어 영향 관계가 중국어권 학습자들에게 매우 공고한 형태로 진행되고 있다고 판단한다. 이로부터 목표어 지식 부족, 모국어 영향과 학습 환경의 영향 관계가 서로 밀접하게 얽혀있다고 할 수 있다. 마찬가지로 다음에서 검토할 오용역시 일차적으로 모국어 영향에 의한 오용으로 판단되지만 위에서 언급한 학습 환경의 구조적 요인에서 발생하는 문제를 해결하지 않는 이상, 목표어 습득 과정은 그 자체로 불완전할 수밖에 없는 것이다.

> 사례 4-47 치치하얼대학 4학년 이**
> ······인생은 드라마가 아니다. 후속편도 없고 다시 돌아갈 수도 없다. 언제든지 보라색 양심을 가지고 *자기[√스스로]에게 자신감도 주고 기쁨도 주고 한 없어 생활하면 행복을 받을 수 있겠다. ······

사례 4-47은 '스스로'를 '자기'로 잘못 대치한 사례이다. 중국어의 '自己'와 한국어의 '스스로'의 대응 관계로부터 형성된 이와 같은 오용은 다음과 같은 사실을 알려 준다. 한국어 '스스로'에는 명사와 부사적 용법 두 가지가 있는데, 부사로 사용되는 경우에 재귀사 '자기'가 부사어로 사용될 수 없다는 통사적인 판단에 의해 모국어 전이가 발생하지 않는다. 반면에 '스스로'가 명사로 사용되는 경우에는 중국어권 학습자가 이러한 '스스로'에 중국어 '自己'를 바로 대응시키기 때문에 사례 4-47과 같은 오용에 범

를 중국어로 대응시키는 경우가 상당수 존재한다.

하게 된다. 이 사례는 중국어 '自己'로 한국어의 '자기'·'자신'·'스스로'를 이해하기 위한 접근 방식의 한계를 보여 준다.

2) 복수 접미사의 누락

한국어의 재귀표현들이 선행사가 복수인 경우에는 복수형이 사용될 수 있다. '저'의 복수형이 '저희'이고, '자기'·'당신'·'자신'·'자기자신'의 복수형은 각각 '자기들'·'당신들'·'자신들'·'자기자신들'로 모두 복수 접미사 '들'이 첨가된 형태들이다. 그러나 본 연구 자료를 통해 중국어권 학습자의 재귀표현 복수형의 사용 양상을 조사한 결과, '자기'(68번)·'자신'(21번)·'자기자신'(5번)이 사용된 것에 비해 복수 접미사 '들'이 사용된 경우는 단 한 번도 없었다.144) 이로부터 중국어권 학습자가 재귀표현 사용할 때, 복수 접미사 '들'이 결합된 '자기들'·'자신들'·'자기자신들'을 거의 사용하지 않는다는 사실을 알 수 있다.145)

한편, 한국어 모어 화자들의 '자기들'·'자신들'·'자기자신들'에 대한 사용빈도를 파악해보면 다음과 같다. 21세기 세종계획 최종 결과물인 현대문어 말뭉치(약 1,000만 어절) 통계에 따르면, '자기'의 경우 '자기, 자기가,

---

144) 본 연구 자료를 이용해 같은 방식으로 다음의 작업을 진행하였다. 먼저 '자기'의 존칭인 '당신'의 복수형, 즉 '당신들'을 형태 검색하고 그 가운데 2인칭 대명사적 용법을 제외시키고자 했다. 그러나 학습자 텍스트 가운데 '당신들'은 한 차례도 검색되지 않았다. 또한 '자기'의 겸칭인 '저'의 복수형, 즉 '저희'를 형태 검색하고 그 가운데 1인칭 대명사적 용법을 제외시키려 했지만, 결과적으로 '저희' 역시 검색되지 않았다. 다시 말해서 본 연구 자료의 경우, 1인칭 대명사로서의 '저희'도 나타나지 않은 것이다. 필자는 그와 같은 이유가 구어가 아닌 문어 자료라는 본 연구 자료의 특성으로부터 '저희' 대신 1인칭 복수형인 '우리'가 사용되었다고 추정한다.

145) 주석 말뭉치의 자료 이외에는 필자가 또한 3회 백일장의 77편 작문(34,447 어절) 자료를 조사한 결과, '자기'(73번), '자신'(56번), '자기자신(2번)의 사용 중에 '들'과 같이 사용되는 경우는 한 번도 없었다. 이 연구에서 사용했던 53,156 어절은 표본 크기라는 한계가 존재하기 때문에, 이에 대해서 이후 중국어권 학습자 대규모 말뭉치가 구축된 다음 재검증의 과정이 필요가 있다고 본다.

자기의, 자기를'이 대부분을 차지하고, '자신'의 경우 '자신의, 자신이, 자신을'이 대부분을 차지한다. 다시 말해서 단수의 주격·소유격·목적격이 대부분이다. 하지만 '자신들의'와 '자신들이'가 '자신'의 어형 가운데 각각 상위 4위와 10위에 랭크된 반면, '자기들의'와 '자기들이'는 '자기'의 그것에서 각각 상위 10위와 11위를 차지하고 있다.[146] 이와 같은 결과는 한국어 모어 화자들이 '자기'와 '자신'의 단수 어형을 많이 사용하면서도 복수 어형을 어느 정도까지 사용하고 있다는 사실을 보여 준다.

한국어 모어 화자와 제2언어 화자 사이에 발생하고 있는 이러한 사용 양상 차이는 우리에게 중국어 학습자의 모국어 영향에 주목해야 할 근거를 제공한다. 다시 말해서 중국어는 선행사가 단수이든 복수이든 상관없이 하나의 재귀사 '自己'만을 사용해야 한다. 예를 들어, 일반 대명사의 경우 한국어의 '들'에 대응하는 복수 접미사 '們'을 결합시킬 수 있지만, 재귀대명사의 경우 복수 접미사 '們'의 사용은 근본적으로 불가능하다. 이 지점이 중국어 재귀표현과 한국어 재귀표현의 중요한 차이에 해당한다(姜海燕, 2006: 19). 바로 이러한 이유 때문에 중국어권 학습자는 중국어 재귀사 '自己'와 대응할 수 있는 한국어 재귀표현 '자기'·'자신'·'자기자신'을 선택할 때, 선행사가 복수인 경우 복수 접미사 '들'을 사용하지 않는 것이다. 다음은 이러한 사례들에 해당한다.

---

146) 구체적으로 살펴보면 다음과 같다. '자신'의 어형은 모두 27종이며, 발생 빈도순으로 각각 '자신의, 자신이, 자신을, 자신들의, 자신도, 자신에게, 자신은, 자신, 자신과, 자신들이……'로 이루어져 있다. 한편, '자기'의 어형은 모두 25종이며, 발생 빈도순으로 '자기, 자기가, 자기의, 자기를, 자기도, 자기는, 자기에게, 자기네, 자기와, 자기들의, 자기들이……'로 나열된다. 참고로, 세종 21세기 말뭉치에서는 '자기자신'의 발생 빈도에 관한 통계가 존재하지 않는다. 그 이유는 '자기자신'의 중간 띄어쓰기를 인정해 두 개의 어절로 파악한 데 있다고 판단된다. 따라서 '자기자신'의 통계 수치는 모두 '자기'와 '자신'의 통계에 반영되어 있다고 추정된다.

사례 4-22 중앙민족대학 2학년 무**

……사회가 발전하면서 인심이 각박해지는 것 같습니다. 매일 <u>자신의 이익</u>을 추구하기 위하여 바쁘게 움직이는 사람들이 다른 사람과 교류하면서 지내는 것이 아니라 이익과 교류하면서 지낸다고 할 수 있습니다. ……

수정문: ……사회가 발전하면 할수록 인심은 점점 각박해지는 것 같습니다. 매일 <u>자신(들)</u>의 이익을 추구하기 위해 바쁘게 움직이는 사람들이 다른 사람들과 교류하면서 지내는 것이 아니라 이익과 교류하면서 지낸다고 할 수 있습니다. ……

사례 4-29 중국전매대학 2학년 채**

……아마도 사람들이 서로 관심하지 않으며, 그들은 기사하고 이용해서 <u>자기 자신</u>의 목적을 이루기 위해 다른 사람을 끼친다. ……

수정문: ……사람들은 서로 관심을 갖지 않을 뿐만 아니라, 이재민들을 이용해서 <u>자기 자신(들)</u>의 이익을 위해 다른 사람들에게 해를 끼칠 수도 있다. ……

사례 4-22와 사례 4-29는 중국인 학습자가 복수 접미사 '들'을 사용하지 않는 경우로, 만약 한국어 모어 화자라면 수정문처럼 충분히 그것을 사용할 수 있는 예에 해당한다. 다시 말해서 선행사가 복수인 경우, 한국어 재귀표현에서 복수 접미사 '들'의 사용 여부가 문법성에 크게 저촉되지 않는 것처럼 보인다. 이로부터 '들'의 사용 여부가 의미관계에 미치는 영향 관계를 검토할 필요가 제기된다.

　　가. 학생들은 자기가/자기들이 나라의 보배라고 생각한다.
　　나. 학생들은 자신이/자신들이 나라의 보배라고 생각한다.
　　　(임홍빈, 1987: 117)

임홍빈(1987: 117)에서는 선행사가 복수인 경우, '자기/자신'과 '자기들/자신들'이라는 두 가지 형태가 모두 사용 가능하다는 것을 보여 준다. 그는

'자기'와 '자신'의 의미 자질을 분석하면서 그 차이를 밝히고 있다. 예문 '가'의 '자기'는 개별 해석(individual reading)만을 갖지만 '자기들'은 개별 해석 과 동시에 집단 해석(group reading)을 가질 수 있다. '나'의 '자신들'도 '가'의 '자기들'의 경우와 유사하게 개별 해석과 집단 해석 모두를 가질 수 있다. 그러나 '나'의 '자신'은 '자기'와 다르게 '들'이 없어도 개별 해석과 동시에 집단 해석을 가질 수 있다는 점에서 집단 해석을 가질 수 없는 '가'의 '자 기'와 분명한 대비를 이룬다. 그는 이것에 대해 "개별성의 측면에서 드러 나는 이러한 차이를, '자기'는 [+개별성]의 의미 자질을 가지는데 대하여 '자신'은 [±개별성]의 가지기 때문"(임홍빈, 1987: 117)이라고 지적한다. 다시 말해서 개별성의 측면에서 '자신'과 '자신들' 사이에는 별다른 차이가 없지 만, '자기'와 '자기들' 사이에는 의미적 차이가 발생하고 있는 것이다. 아래 의 사례 4-1은 '자기'가 사용된 사례에 해당한다.

사례 4-1 북경대학 3학년 동**
……우리가 태어났을 때부터 부모가 우리에게 관심과 사랑을 기울이고 아낌없이 *자기를 희생한다. 부모는 촛불 *자기를 태우고 우리가 갈 길을 밝게 비친다. ……
수정문① ……우리가 태어났을 때부터 부모님은 우리에게 관심과 사랑을 주시고 아낌없이 자신(들)을 희생한다. 부모님은 초처럼 자신(들)을 태워 우 리가 갈 길을 밝게 비춰주신다.……
수정문② ……우리가 태어났을 때부터 부모님은 우리에게 관심과 사랑을 주시고 아낌없이 당신(들)을 희생한다. 부모님은 초처럼 당신(들)을 태워 우 리가 갈 길을 밝게 비춰주신다. ……

사례 4-1은 선행사가 존귀한 인물인 '부모님'이기 때문에 '자기'가 사용 될 수 없다는 측면에서 목표어 영향의 오용이다. 또한 '부모님'이라는 복 수 선행사 때문에 '자기'는 수정문①와 수정문②의 경우처럼, 각각 '자신 (들)' 또는 '당신(들)'로 대치될 수 있다. 그러나 중국인 학습자는 여기에서 복수 접미사 '들'을 사용하지 않고 있다. 따라서 이 역시 모국어 영향의 오용에 해당한다. 다시 말해서 목표어 또는 모국어 영향이라는 단독적 오용이기보다는 두 가지 형태가 혼재된 것으로 이해된다.

3) 기타 모국어 영향 관련 오용

사례 4-36 무석상업직업기술학원 3학년 진**
……"하늘님은 *자신을 도와준 사람들에게 도움을 준다"라는 예날 말이 있다. ……
수정문: ……"하늘은 스스로 돕는 자를 돕는다."라는 옛말이 있다. ……

사례 4-36은 중국인 학습자가 중국어 속담인 '自助者, 天助之.'를 한국어로 직접 번역하면서 범한 오용에 해당한다. 한국어에도 같은 의미의 속담이 있기 때문에 정해진 한국어 표현을 따라야 한다.

사례 4-9 중국전매대학 2학년 유**
……이 세상에 애를 제일 사랑하는 사람이 부모입니다. 부모님의 사랑을 느낄 수 없으면 행복할 수 있을까요? *자신의 사랑을 가지고 부모님의 사랑하는 말을 찾아갈래요? ……
수정문: ……이 세상에서 자식을 가장 사랑하는 사람은 부모님입니다. 부모님의 사랑을 스스로가 느끼지 못한다면 행복할 수 있을까요? 부모님을 사랑하는 마음을 가지고 부모님의 사랑을 찾아갈래요? ……

사례 4-9의 경우 역시 위의 경우와 마찬가지로 모국어 영향의 오용이라고 할 수 있다. 여기에서 중국인 학습자가 언급한 '자신의 사랑'은 '부모님을 사랑하는 마음'을 가리킨다. 만약 한국어의 '자신의 사랑을 보여 준다.'라는 표현을 '자신의 사랑을 가지고 보여 준다.'로 바꿔 사용하게 되면 어색한 표현이 된다. 그것은 '가지다'와 그것의 목적어인 '자신의 사랑'

이 어색한 관계를 형성하기 때문이다. 그러나 중국어의 '帶着自己的愛(자기의 사랑을 가지고)'는 매우 흔하게 쓰이는 관용적 표현으로, 선행사에 따라 '부모님을 사랑하는 마음을 가지고', '애인을 사랑하는 마음을 가지고', '나라를 사랑하는 마음을 가지고' 등 여러 가지 의미의 중국어 표현이 가능하다. 이처럼 중국인 학습자의 모국어의 사용 습관이 직접적으로 한국어 텍스트 생산에 영향을 미치고 있다는 점을 확인할 수 있다.

> 사례4-36 무석상업직업기술학원 3학년 진**
> ······동감이 있는 수많은사람들이 곤란에 **빠져** 있는 동포들에게 <u>자신의 온난을 전달했다.</u> ······
> 수정문: ······같은 심정의 수많은 사람들이 곤경에 처한 이재민들에게 <u>따뜻한 정의 손길을 베풀었다.</u> ······

사례 4-36의 오용 원인 역시 모국어 영향에 해당한다. 여기에서 중국인 학습자는 한국어의 '이재민들에게 따뜻한 정(情)의 손길을 베풀었다.'라는 의미에 대응하는 중국어 표현인 '傳達自己的溫暖.'이라는 표현을 그대로 직역해 어색한 문장을 생산하고 있다. '동감이 있는 수많은 사람들'이라는 표현도 마찬가지다. 한국어의 '같은 심정'에 대응하는 중국어 '有同感(동감이 있다)'를 직역해 사용한 것이다.

2.3. 조응어 생략

장석진(1984)의 관점[147]에 따르면 대용적 조응이나 재귀적 조응은 축약

---

147) "담화에서 앞뒤의 문맥에 따라 문의 성분이나 문자체가 표현되지 않고 이해되는 -express되지 않고 suppress되는 - 경우,······이를 생략이라고 보통 부르고 조응의 개념에서는 영-조응이라고 부른다. 문맥은 보통 선행문의 성분, 선행문 자체(또는 선행하는 담화 전체)이며, 이들 문맥이 정보면에서는 기지(known)의 정보로 작용하여 영형으로 생략해서 조응하는 문법적 장치라 하겠고 대명사화나 재귀화는 영형

에 의한 조응인 반면 영조응은 생략에 의한 조응이라고 할 수 있다. 안경화(2001)에서도 생략을 대용과 함께 다루면서 생략이 바로 영조응이라고 보고 있다.[148] 또한 한국텍스트언어학회(2009)에서는 영조응에 대해 '대체어 생략'이라는 용어로 칭하고 있다.

한편 Halliday & Hasan(1976)에서는 생략을 명사의 생략(nominal ellipsis), 동사의 생략(verbal ellipsis), 그리고 절의 생략(clausal ellipsis)[149]으로 분류했다

까지 가지 않고 축약된(reduced) 대용형으로 기지의 정보를 조응하는 문법적 장치라고 하겠다."(장석진, 1984: 143)

148) "생략과 대용은 언어의 '경제적 사용'이라는 기능상의 공통점이 있다. 동일한 표현의 반복을 피하여 서술을 간결하게 만들기 때문에 생략은 영조응(zero anaphpra) 또는 영대용(zero substitute)로 불리며 대용에 속한 것으로 취급되기도 한다."(안경화, 2001: 140) 이와 반대로 두염빙(2012: 395)에서는 영조응과 생략이 차이가 있다고 주장한다. 즉, "영조응은 반드시 선행문에 하나의 선행어(antecedent)가 있어야 하는 반면에 생략은 선행어가 반드시 있을 필요는 없으며 맥락에 의존해 구정보[已知信息]라고 판단이 되는 경우라면 문장에서 생략을 할 수 있다." 한편 王寅(2011: 359)에서 인지언어학 시각에서 생략 문제에 대해서 다음과 같이 설명하고 있다. "텍스트의 의미 획득은 텍스트의 응집성에 달려 있기 때문에 텍스트 응집성 분석은 반드시 배경 지식에 의존해야만 한다. 우리는 모두 이러한 상식을 가지고 있다. 우리가 어떤 물체를 바라볼 때 그 뒷면을 볼 수는 없지만 일반적으로 배경 지식을 통해 뒷면과 관련된 상황을 추측할 수 있다. 뿐만 아니라 일반적으로 자신의 추측에 어떤 문제가 있을 것이라고 인식하지 않는다. 이것이 심리학에서 자주 논의되는 누락 값(Default Values) 문제다. 이러한 상황은 언어에도 적용된다. 일반적으로 사람들이 언어의 실제적 운용에서 말하려는 정보를 한자도 남김없이 그대로 드러낼 수 없고, 항상 전체 정보 가운데 일정한 선택을 해야만 하며 그것을 언어로 표현해내는 것이다. 이 때 상대방은 배경 지식에 의존해 문장 또는 말의 일부 성분이 활성화시킨 상관 정보를 획득하고, 그 과정을 통해 텍스트 전체를 이해한다. 여기에는 언어적 의사소통의 경제적 특징이 담겨 있다." 실제로 영조응이 명사 조응보다 앞뒤 문장 간의 의미적 연결을 더 빨리 만든다는 두염빙(2012: 398)의 관점, 王寅(2011)에서 언급한 인지세계분석법, 그리고 텍스트에서의 생략을 설명할 수 있는 환유, 도식, 스크립트 등 기타 인지언어학적 접근법 등은 언어의 경제성 원칙에 입각해서 볼 때 맥이 통한다고 할 수 있다. 한 가지 주목을 해야 할 것은 중국어권 학습자 텍스트에서 누락된 정보는 배경 지식이 서로 다르기 때문에 한국 독자들은 중국 학생들의 텍스트를 이해할 수 없다는 점이다.

149) "절의 생략은 모든 절이나 절의 일부분을 생략하는 현상을 가리킨다. 이러한 생략은 문답어 서열('question and answer' sequence)에서 비교적 많이 나타난다."(朱永生 외 2001: 68) 이 책은 구어가 아닌 문어에 초점을 두기 때문에, 절의 생략문제는

(Halliday & Hasan, 1976 ; 張德祿 외 옮김, 2010: 129). 여기서 주목해야 할 것은 Halliday & Hasan(1976)의 연구대상이 영어이기 때문에 연구자들이 생략 문제를 검토할 때 영어의 특징에 초점을 맞추고 있으며 여기서의 생략은 영조응과 동일한 개념이 아니라는 점이다.[150] 다시 말해서, 문법에 의한 생략은 여러 언어의 공통적인 특징이기는 하지만 언어에 따라서 나름대로 특징적인 부분도 존재한다. 예를 들어, 朱永生 외(2001: 66-71)에서 중국어와 영어의 차이를 밝히고 있다. 즉, 서술어의 생략은 특히 본동사(lexical verb)의 생략은 영어에서는 자주 볼 수 있으며 영어는 간혹 서술어 동사를 모두 생략하기도 하지만, 이와 유사한 상황에서 중국어는 일반적으로 생략하지 않는다. 반대로, 중국어에서는 주어 생략이 가장 빈번하게 나타나며, 주어가 생략된 문장이 연속적으로 사용될 수도 있는데, 이것은 영어에서는 일반적으로 허용되지 않는다.

이어서 구체적으로 논의하겠지만 주어의 생략 역시 한국어의 중요한 특징이며 한국어에서의 주어 생략은 중국어에 비해 더 자주 사용되는 경우가 많다. 따라서 필자는 한국어와 중국어에서 주어 생략의 전반적인 특징을 바탕으로 중국어권 한국어 학습자 텍스트에서의 조응어 생략 양상을 주로 논의할 것이다. 또한 학습자 텍스트에서 드러나는 '소속관계를 나타내는 대명사의 생략' 문제와 '행동의 대상을 생략하는 경우'를 간략하게 살펴볼 것이다.

살펴보지 않겠다.

150) 예를 들면 그들이 명사의 생략 부분에서 주요하게 연구한 부분은 수식어가 있는 중심어의 생략이다. 구체적으로 말해, Halliday & Hasan(1976)은 '지시적 표현 (deictics, 예: these, my, any)'와 '수량 표현(numeratives, 예: the first, two, more)', 그리고 '형용사의 비교법(Comparative) 최상급(Superlative)'이 중심어 역할을 하는 경우를 주로 살펴보았다. (Halliday & Hasan, 1976/2009 : 153-166 참조)

2.3.1. 주어의 생략

한국어와 중국어는 조응 사용이 빈번한 언어에 속한다. 이러한 이유로 두 언어는 영어 등 인도유럽어와 다른 언어 유형으로 분류되기도 한다. 그러나 한국어와 중국어의 영조응 사용에는 큰 차이가 존재한다. 그것은 장르에 따라 각기 다른 양상을 보이기도 하지만 전체적으로 중국어보다 한국어 텍스트에서 '영형 조응어' 사용이 빈번하다는 조사 결과가 있다. 예를 들어, 魏義禛(2012: 148-149)에서는 한국어 소설 『소나기』와 그 번역본, 그리고 중국어 소설 『낙타샹즈(駱駝祥子)』의 두 장(章)과 그 번역본을 대상으로 조사한다. 그 결과, 한국어의 '영형 조응어'는 중국어의 '영형 조응어', '인칭대명사 조응어', '명사 조응어' 등의 형식과 대응하지만,[151] 중국어의 '영형 조응어'는 대체로 한국어의 '영형 조응어'와만 대응한다. 또한 肖奚强·金柳廷(2009: 237)은 소설 텍스트의 한·중/중·한 병렬 말뭉치[152]의 조사에 근거, 한국어 텍스트는 중국어의 그것에 비해 인칭대명사를 적게 사용하지만 조응을 더 많이 사용한다고 평가한다. 그러한 조응에는 명사 조응어나 영형 조응어가 있다.[153]

한·중 텍스트에서 영조응 사용의 빈도적 특징이 나타나는 원인을 살펴보면, 한국어의 경우, 그것에 영향을 미치는 요소가 주로 어미와 조사 등 형태적 요소라는 점을 알 수 있다.[154] 즉, 한국어 영조응의 빈번한 사

---

151) 구체적으로 보면 『소나기』에서 영형 조응어가 모두 145개가 나오는데, 중국어에서는 각각 영형 조응어 89개, 대명사 조응어 43개, 그리고 명사 조응어 13개로 번역한다.(魏義禛, 2012: 148)

152) 중국 소설의 중국어판과 한국어판 15만자, 한국 소설의 한국어와 중국어판 총 6만자, 『어린 왕자』(프랑스 원어판 7만자)의 중국어 번역본과 한국어 번역본이 대상이다.

153) 원어든 번역어든 상관없이 중국어판의 대명사 사용수는 10,106개이고, 한국어판의 대명사 사용수는 3,409개이다. 즉, 중국어 인칭대명사의 사용량은 한국어의 그것에 비해 3배가 많다.(2009: 238).

154) 실제로 '생신'·'생일'처럼 존경 여부의 의미가 포함된 어휘 사용을 통해 관련 인물의 신분 판단이 가능한 경우도 있다. 그렇지만 영조응 사용에 관한 영향이 미미

용은 '형태적 일관성(hypotactic, 形合)'의 결과라고 할 수 있다.155) 특히 문어의 주요 특징 가운데 하나는 복합문의 빈번한 사용이다. 이러한 복합문에 사용되는 연결어미가 주술관계를 보다 명확히 나타내기 때문에 후행문의 주어는 생략이 가능하다. 독자가 연결어미로 영형 조응어의 선행어를 판단할 수 있기 때문이다. 예를 들어, 연결어미 '-고자'는 선행문과 후행문의 주어가 동일해야 한다는 제약이 따르기 때문에 후행문에서 영형 조응어로 주어를 대체하는 경우가 많다.

또한 조숙환·김세영(2006: 109)에 의하면, 한국어의 인지양태소는 주어의 인칭과 일치해야 하기 때문에 주어가 생략되어도 양태소 어미의 인칭 정보를 이용해 주어의 선행사를 부분적으로 가늠할 수 있다.156) 그 이외에도 조사의 사용, 예를 들어 '는', '를' 등의 조사는 각 성분이 문장 내에서 담당하는 역할을 표시하기 때문에 연결어미가 없다고 할지라도 문장의 주술관계와 동사-목적어 관계는 여전히 명확하기 때문에 후행문의 주어나 목적어는 생략이 가능하다.157)

여기서 주목해야 할 것은 한국어와 중국어의 차이다. 다음 魏義禎(2012)에 나온 사례를 살펴보면, (가)에서 보이듯이 한국어의 연결어미 '-면(가정관계 표시)', '-고(병렬관계 표시)'는 주술 관계가 명확하며, 독자가 영형 조응

해 이 책에서는 제외하기로 한다.
155) 魏義禎(2012: 155)에서도 동일한 평가가 제시되어 있다.
156) "[한]국어 문말 어미 중에 '인지 양태소'라고 일컬어지는 '-더라', '-구나', '-지' 등은 각각 화자의 '관찰을 통한 앎', '처음 알게 됨', '이미 앎' 등의 인지적 의미가 함유되어 있다는 점이 특기할 만하다. 따라서, 가령, '-더'는 '감각작용과 내성을 통한 앎'을 나타내는 데 쓰이는 양태소로서(장경희, 1985, p.71), …… 오직 일인칭 화자의 마음을 묘사하는 문장에서만 쓰일 수 있다."(조숙환·김세영, 2006: 106) 한편, '-다더라', '-다는구나', '-다지' 등 보고형 양태소들은 객관적인 정보를 전달하는 기능을 가지기 때문에 주어의 인칭은 이인칭, 삼인칭으로 제한된다.(조숙환·김세영, 2006: 107 참조)
157) 동사-목적어 관계에 의한 목적어 생략도 영조응 현상에 속하는데, 예를 들어 "『해리 포터』라는 책이 재미있다고 해서 동생한테도 (그 책을) 한 권 사 줬어요"

어 $\emptyset_1$과 $\emptyset_2$의 선행어로 '송철영'이라는 것을 판단할 수 있다. 반면, 중국어 번역문 (나)에서 영형 조응어를 사용하면 독자는 그 지시 대상이 앞부분에서 제기된 '재우'로 오해할 수 있다. 그래서 영형 조응어 대신 더욱 명확한 대명사 조응어 '他(3인칭 대명사)'를 선택해야만 한다.(魏義禎, 2012: 150)

> 가. "송철용은 재우가 구조조정 대상에 끼면 $\emptyset_1$ 가만있지 않겠다고 선언했었고 $\emptyset_2$ 그 이야기를 다시 하고픈 듯했다.".
>
> 나. "宋哲泳說過, 如果把在字也列入減員對象的話, 他$_1$ 不會就那麼看著不管, 現在他$_2$ 又提起這句話來。"

이러한 한국어와 중국어의 차이에 대해서는 魏義禎(2012)에서 중국어의 영조응은 형태적 일관성(hypotactic, 形合)의 결과가 아니라 의미적 일관성(paratactic, 意合)의 결과라고 설명한다. 이것은 영어와 중국어를 비교한 몇몇 연구 결과와도 관련된다. 예를 들어, 朱永生 외(2001: 69)에서는 영어와 중국어의 생략 현상이 본질적으로 다르다고 주장한다. 즉, 영어는 형태적 일관성(hypotactic, 形合)을 중요시하는 언어로서 대부분 형태나 형식에 의해 생략 현상이 생긴다. 반면, 중국어는 의미적 일관성(paratactic, 意合)을 중시하는 언어로서, 텍스트에서 생략은 주로 의미에 의해 표현된다.(朱永生 외, 2001: 70-74)[158] 또한 王馳・房明遠(2008: 205)에서는 접속어의 사용에 대해 현대 영어는 형태적 일관성(hypotactic, 形合)을 중시하기 때문에 많은 접속어를 통해 문장을 연결한다. 그러나 현대 중국어에서는 접속어를 사용하기는 하지만 의미적 일관성(paratactic, 意合)을 더 중시해 의미에 의한 자연스러운 연결을 강조한다.[159]

---

158) 그러나 중국어와 영어의 이러한 차이는 절대적인 것이 아니다. 중국어에서도 形合(hypotactic, 형태적 일관성) 현상이 존재하며, 영어에서도 意合(paratactic, 의미적 일관성) 구조가 존재한다. 여기에는 정도의 차이만이 있을 뿐이다.(朱永生 외, 2001: 102)

159) 또한 Chu(屈承熹, 1998; 潘文國 외 역, 2007: 298)에 의하면 중국어 텍스트의 응집성에서, 어휘적 응결과 '수식관계'는 중요한 역할을 담당한다. 여기서 언급된 '수식

위에서 언급한 바와 같이, 한국어가 중국어에 비해 영조응 특히, 주어의 생략 현상이 빈번하게 일어나는데 실제 언어생활에서 영조응 현상에 영향을 끼치는 요소(예를 들어, 서술 시점)는 다양하다. 周曉芳(2011)에서는 서술 시점(1인칭 서술체160)와 3인칭 서술체와 같은)에 따라 중국어 모국어 사용자라고 하더라도 주어의 생략 빈도가 다르게 나타난다고 주장한다. 구체적으로, 모국어 화자가 작성한 1인칭 서술체 텍스트에서 한 개의 주어가 생략되는 경우는 평균 1.77개의 문장이고, 3인칭 서술체 텍스트에서 그것은 평균 1.14개의 문장이다.161) 따라서 텍스트상에서 1인칭 서사가 3인칭보다 자유롭다고 할 수 있다. "1인칭 서술자는 대화나 독백을 할 수 있을 뿐만 아니라 묘사와 평가도 가능하다. 이것은 인물의 '투명도(透明度)'를 증가시킨다. 즉, 다른 인물보다 독자와의 거리가 더 가깝기 때문에 선행어와 조응어 사이에 다른 성분들이 삽입된다 하더라도 혼동되지 않는다."(周曉芳, 2011: 428)162)

관계'는 형식적 표지가 아니라 의미를 기초로 한다. 이것은 중국어의 의미 관계 즉, '意合(paratactic, 미적 일관성)'의 중시 현상을 알려준다.

160) '1인칭 서술체'는 저자가 '나' 또는 '우리'의 신분으로 텍스트에 나타나며, 서술하는 모든 것이 '내'가 보고, 듣고, 하고, 느끼는 것이다. 이 책에서 다룬 자료들은 모두 중국인 학생의 작문이며, 중국 전국 백일장 대회의 1-5회 자료들이다. 각 대회의 작문 주제가 달랐지만 학생들은 대부분 '1인칭 서술체' 방식을 채택하고 있다. (일부는 '3인칭 서술체' 방식으로 서술되었다.) 또한 뒤에서 다루겠지만 학습자 수준도 영조응에 영향을 끼치는 주요 요소에 해당한다. 따라서 이 책에서는 중·고급의 백일장 작문 외에도 별도로 초급 학습자 작문을 검토했다. 이수미(2010: 11)에서 한국어 학습 필자에게 가장 기본적인 텍스트 과제가 '자기표현'으로부터 시작된다고 했던 것처럼 초급 학습자의 작문 역시 대부분 1인칭 서술체 텍스트로 이루어진다.

161) 여기서 3인칭 서술체 관련 데이터는 徐赳赳(1990)에서의 통계 결과에 의한 것이며, 1인칭 서술체의 데이터는 周曉芳(2011)이 『신개념 작문 연습과 글쓰기(新概念作文訓練與寫作)』(孟翔勇, 2000)의 모국어 화자가 작성한 중국어 텍스트 1만자에 대한 통계 결과다.

162) 그리고 앞서 제기한 魏義禎(2012), 肖奚强·金柳廷(2009)는 문어를 중심으로 조사한 반면, 金順吉(2009: 156, 159)은 대화체 말뭉치에서 1인칭, 2인칭, 3인칭 대명사에 대한 정량 통계를 진행한 것이다. 구체적으로 살펴보면, 중국어 대화에서 사용되는 1인칭 대명사는 "한국어에서 생략되는 비율이 79.5%"에 이르며, 중국어에서 사용되는 2인칭 대명사는 "한국어 번역문에서 생략되는 비율이 90.6%"에 달한다.

여기서 주목해야 할 것은 L2 학습자의 영조응 사용에는 관련 영향 요소가 상당히 많고 복잡하다는 점이다. 모국어 영향, 목표어 영향, 교육적 영향 등의 요소 이외에도 학습자의 학습 수준과 심리 요인 등도 주요 요소로 꼽힌다. 필자는 중국어권 학습자에게서 나타나는 영조응의 대표적인 현상인 주어 생략을 살펴보았다. 그 결과, 학습 수준별 차이가 확연히 나타났다. 다시 말해서 초급 학습자 텍스트에서는 영형 조응어가 대명사로 오용된 사례가 많았고, 이와 다르게 중·고급 학습자 텍스트에서는 대명사 조응어가 영형 조응어로 오용된 사례가 많았다. 구체적으로, 중·고급 학습자의 자료인 제3회 백일장 77편의 작문(34,447어절)의 분석 결과, '나는'을 누락한 '대명사 조응어가 영형 조응어로 오용된 사례'는 총 88개이고, 불필요한 '나는'을 사용한 '영형 조응어가 대명사로 오용된 사례'가 총 11건이다. 전자가 후자보다 훨씬 많다. 그리고 초급 학습자의 경우, 북경어언대학 1학년 학생들의 작문에서 다음과 같은 영형 조응어가 대명사로 오용된 경우도 상당수 나타난다.

사례: 북경어언대학 1학년 학생의 수업 시간에 작성된 작문
나에게 제일 익숙한 사람
······ 우리는 처음 만날 때 <u>우리[√/∅]</u> 똑같이 옷을 입었다. 그래서, <u>우리는</u>

그리고 중국어에서 사용되는 3인칭 대명사는 "한국어 번역문에서 생략되는 비율이 80.21%"에 달한다. 다시 말해서 문어든 구어든 중국어에서 사용되는 대명사를 한국어로 번역·유추할 경우, 공통적으로 많은 생략이 이루어지고 있다. 하지만 여기서 주목해야 할 것은 문어에서 연결어미의 사용이 영형 조응어 사용에 많은 영향을 끼치지만 구어에서는 종결어미와 '-시-' 등 선어말어미도 중요한 역할을 담당한다는 점이다. 예를 들어, 대화에서 존경을 나타내는 '-시-'가 의문문, 명령문에서 사용될 때, 주어 위치의 2인칭 대명사는 생략될 가능성이 매우 높다. 높임을 나타내는 '-시-'의 유무로부터 생략된 논항(argument)이 청자라는 사실을 알려준다.(두염빙, 2012: 405 참조) 이 책에서 조사한 백일장 작문 자료는 주로 문어 자료들이다. 하지만 일부 내용은 대화 문체로 이루어져 있다. 또한 문어 텍스트에서 구어 표현이 등장하는 경우도 있다. 예를 들어, '알바', '-한테', '맨날', '건(것은)', '보시다시피', '-고 나서', '파이팅', '누굴까(누구일까)', '촛불', '그리곤(그리고는)', '-랑' 등이다.

[√∅] 그 때부터 제일 좋은 친구가 됐다. 내가 기분이 좋지 않을 때, 혼자서 어려움을 직면했을 때. 그녀는 내가[√∅] 늘 옆에 있어서 마음이 얼마나 따뜻했는지 모른다. 그래서 우리는 비밀하고 슬프ㄴ(픈) 일하고 기쁨을 함께 나눈다. 그래서 우리는[√∅] 서로 제일 익숙한 사람이다.

우리는 고등학교 때에는 다 대학교를 위해서 열심히 공부했다. 그런데 아무리 숙제가 많더라도 우리[√∅] 이야기를 많이 했다. 이렇게 함으로써 우리[√∅]의 우정을 계속 지킬 수 있었다.

이러한 양상은 모국어 영향 관계와 학습자 심리 단계의 부조화가 빚은 결과로 추정된다. 다시 말해서 초급 학습자에게서 보이는 결과는 대명사 조응어 사용이라는 중국어의 텍스트 특징에 부합한다. 또한 그것은 지시 대상을 명확히 하려는 초급 학습자의 심리 상태와도 긴밀히 연관되어 있다. 반면, 중·고급 학습자의 영조응 사용은 대명사 조응어 사용이라는 중국어의 텍스트 특징에 부합하지 않지만 그들이 추구하는 심리 상태에는 부합한다. 그것은 곧 일정한 표현 능력이 발달하면서 발생하는 '경제성'이라는 심리적 요인이다. 따라서 중·고급 학습자가 추구하는 경제성이라는 심리 요인은 중·고급 단계에서 발생 가능한 언어 간 차이만큼이나 큰 영향을 끼친다고 볼 수 있다. 이와 같은 주장은 한국인 중국어 학습자의 중국어 텍스트에서 나타나는 영조응 사용이 정확히 상반된 결과를 보인다는 점에서도 타당한 근거를 갖는다.

肖奚强·金柳廷(2009)에서는 한국인 중국어 학습자 말뭉치 자료163)를 분석한다. 영형 조응어가 대명사로 오용된 경우는 총 489건이며, 그 중 초급 학생들의 오용은 354건(72.39%), 중급 학생들의 오용은 79건(16.16%), 고급

---

163) 이 말뭉치는 남경사범대학 국제문화교육학부에서 중국어를 공부하는 외국 유학생들의 언어 자료로, 모두 150만자로 구성되어 있다. 막 언어를 배우기 시작한 학생부터 1학년 학생들의 자료를 초급 단계로, 2학년과 3학년 학생들의 자료를 중급 단계로, 3학년 이상의 자료를 고급 단계의 자료로 분류한다. 두 연구자는 초·중·고급 한국 학생들의 자료, 즉 각 6만자인 18만자를 분석한다.

학생들의 오용은 56건(11.45%)이다. 이로부터 중·고급 학생보다 초급 학생의 오류 빈도가 훨씬 높다는 사실을 알 수 있다. 반면, 대명사 조응어가 영형 조응어로 오용된 경우는 총 247건으로, 그 중 초급 학생의 오용은 63건(25.51%), 중급 학생의 오용은 98건(39.68%), 고급 학생의 오용은 86건(34.82%)이다(2009: 242). 즉, 학습자의 수준이 향상되면서 이러한 오용 빈도가 오히려 더 늘어났다는 점에 주목할 필요가 있다. 다시 말해서 영형 조응어가 대명사로 오용된 것은 학습자의 모국어 규칙에 부합하지 않지만 초급 단계의 학생들의 명확함을 추구하려는 심리에는 적합하기 때문이다(2009: 245). 대명사 조응어가 영형 조응어로 오용된 경우는 모국어 규칙에 부합하면서도 학생들이 일정한 표현 능력을 갖춘 후에 추구하는 경제성의 결과로 고급 단계 학습자들의 심리에 부합한다.

앞서 살펴보았듯이 중국인 학습자의 한국어 텍스트와 한국인 학습자의 중국어 텍스트에서 나타나는 영조응 사용은 공통적인 양상, 즉 초급 단계에서의 영조응 사용 부족, 중·고급 단계에서 영조응의 과잉을 보인다. 이러한 양상은 영어권 중국어 학습자의 중국어 텍스트에서도 마찬가지로 나타난다.[164] 여기서 다양한 L2 학습자 집단의 영조응 사용 양상의 기저에 동일한 근거가 작용하고 있다는 점을 알 수 있다. 그것은 바로 다양한 영향 요소 가운데 모국어 영향만큼이나 학습자 심리 요인이 큰 영향을 끼친다는 점이다.

중국어권 한국어 학습자의 사용 양상으로 분석할 다음의 내용들은 모국어 영향 관계뿐만 아니라 중·고급 학습자의 심리적 요인이 끼친 영향

---

164) 楊春(2004: 65)에서는 영어권 학습자가 중국어를 학습하면서 나타나는 영조응 사용 양상을 조사한다. 그 결과, 영형 조응어가 대명사 조응어로 오용된 사례들은 초급 수준의 학습자 텍스트에서 많이 나타난다. 이것은 의미가 연결되지 않고 일관성이 떨어진다는 문제를 야기한다. 반면, 대명사 조응어를 사용해야 할 곳에 영형 조응어를 잘못 사용한 경우는 초급 학습자 텍스트에서 자주 보이지 않지만 중급과 고급 학습자 텍스트에서는 많이 발견된다.

도 잘 보여 준다. 중국어권 학습자 텍스트에서 대명사 조응어를 사용해야 할 곳에 영형 조응어를 사용한 경우는 대부분 주어를 생략한 것이다.[165] 다음 사례 3-18은 조응어의 생략 문제가 단락 내부의 조응어 위치와 관련 된다는 사실을 알려 준다.

사례 3-18 서안외국어대학 3학년 이**
어느 하루
……

a. 그때는 Ø(나는) 부모님 곁을 떠나 친구도 없는 한국땅에 처음 밟혔다. 원래도 무뚝뚝한 나는 더 깊은 고독에 빠졌다. 가져온 돈도 점점 바닥이 나 는 게 진짜 설상가상이었다. 그래서 친구좀 사귀는 겸사겸사 돈도 좀 벌기 위해서 알바를 찾기 시작했다.

……

"사실은 우리 가게 장사가 잘 되지 않아서 다음주부터 그만둘거야…… 그 래서……"

그 말을 듣기 무섭게 내 마지막 희망은 거품이 되는 느낌을 들었다.

b. 눈물을 꾹 참으면서 Ø(나는) 말했다. "네. 알겠습니다. 이해할 수 있습 니다. 그럼, 그럼…… 안녕히계세요."

……

"얘야, 앞으로도 자주 놀러 와. 아주마가 맛있는 음식을 만들어 줄게. 지 금 힘들어도 포기하지 마라. 해볼 테면 해라. 좋은 날이 꼭 있을거야."

c. Ø(나는) 아주마의 말씀을 명심했다.

d. Ø(나는) 기숙사로 향하여 힘차게 달렸다. 밤의 장막은 이미 대지를 감 싸고 주위에도 내 마음이 두든두든 뛰는 소리만 들은 듯 조용했다. 하지만 그때 나는 두려움이 하나도 없다. 아주마 만들어 주신 그 사랑을 담은 된장

---

165) 張敏・[韓]金宣希 編著(2009: 243)에서는 1인칭 주어의 생략 문제에 관한 한국어와 중국어의 차이를 설명한다. 중국어 문장에서는 1인칭 주어가 생략되는 경우는 드 물지만 한국어에서는 종종 생략 가능하거나 생략해야 자연스러운 경우가 많다. 특 히 구어에서 "我(們)相信……(우리(들)는 …… 믿는다)", "我(們)認爲……(우리(들) 는 …… 생각한다)", "我衷心祝愿……(나는 진심으로 …… 기원한다)" 등의 관용 문장을 한국어로 번역할 때, 대부분 1인칭 주어를 생략해야 자연스럽다. 반면, 중 국어 문어체 텍스트에서는 3인칭 대명사를 생략하는 경우가 적지 않다.

찌개가 내 마음 바닥까지 훈훈하게 하기 때문이었다. ……

　사례 3-18의 경우, 대용사 조응어를 사용해야할 네 군데에서 모두 영형
조응어를 사용한다. 그 중 a, c, d 문장은 단락 첫머리에 위치한다. 앞서도
언급했듯이 李櫻(Li, 1985)에 의하면, 명사 조응(nominal anaphora, NA)은 새로
운 지칭 대상을 도입하거나 단락의 경계를 표시한다.(Chu, 屈承熹, 1998; 潘文
國 외 역, 2007: 233) 그러나 사례 3-18은 1인칭 서술체 텍스트로서 명사 대
신 대명사 조응을 사용해야만 한다. 여기서 학습 필자가 대명사 조응을
'영조응'으로 오용한 것은 중·고급 학생들의 인지 심리에 부합할 뿐만 아
니라 다른 한편으로 학습 필자가 단락 첫머리에 저급 접근성(Accessibility)의
조응어를 사용해야 한다는 인식이 부족하다는 점을 보여 준다.

　또한 c문장은 하나의 문장으로 단락을 구성한 경우로, 이것은 전형적인
한국어 텍스트의 단락 개념에 부합하지 않는다. 따라서 c문장과 d문장을
합쳐 한 단락으로 수정할 수 있다. 이 경우, d문장 중 '나는'을 생략할 수
있다. 마지막으로 b문장을 보면, 이 문장은 단락 첫 문장이 아니다. 하지
만 앞에 주어인 '나'가 제시되지 않았기 때문에 '누가 말했는지' 불분명하
다. 그래서 b문장에서는 주어 '나는'을 첨가하는 것이 적절하다.

　그리고 서술 과정에서 다른 인물의 삽입도 영형 조응어 사용 여부에 영
향을 끼친다. 예를 들어, 다음 사례 3-19은[166] 1인칭 서술체지만 a문장과
b문장 사이에 다른 인물인 '한국 유학생'이 삽입되었기 때문에 b문장에서
영형 조응어를 사용하면 행동의 주체가 불분명해진다. 따라서 수정본에
제시되어 있듯이, 주어 '나'를 추가하는 것이 적절하다. c문장 역시 주어
'나'를 보충할 필요가 있다. 김미형(1997: 198)에 의하면, "'다른 이가 아닌
어느 누구'라는 대조의 뜻이 있을 때 주어는 초점 정보가 된다. …… 이

---

166) 텍스트의 의미를 효과적으로 분석하기 위해 학습 필자의 원문과 수정본을 같이 제
　　시한다.

경우 그 주어를 생략하면 비문이 되고 만다." c문장에서는 "한국을 너무 좋아해서 ……"의 주체가 다른 사람이 아니라 학습 필자 자신이라는 대조적 의미가 함축되어 있기 때문에 주어를 생략하면 안 된다.

사례 3-19 북경연합대학 2학년 배**
어느 하루
……제주도의 독특한 경치에 신혼부부들이 많이 찾는다. a. 앞으로 나의 신혼여행은 제주도로 갈 것이다. 우리 학교에 한국유학생이 많다. b. 1학년 때 한국에 대한 모든 것을 꼼꼼해서 유학생들과 교류가 많다. 전에 모르던 것을 많이 아는다. 그리고 유학생들과 지내면서 한국사람이 아주 상쾌하고 치철한다. 그들과 함께 있으면 아주 편하다. c. 한국을 너무 좋아해서 졸업한 후 한국에 유학을 가겠다고 결정했다. 유학 대 한국을 더 깊게 이해하겠다. 중국에 돌아온 후 한국어선생님이 되고 싶다. ……
수정본:
……제주도의 아름다운 경치에 신혼부부들이 많이 찾는다고 한다. a'. 앞으로 만약 신혼여행을 간다면, (나는) 제주도로 갈 것이다. 우리 학교에는 한국 유학생이 많다. b'. 1학년 때 (나는) 한국에 관한 모든 것을 열심히 했다. 덕분에 이전에 몰랐던 것을 많이 알게 되었다. 그리고 한국 유학생들과 지내면서 한국사람들이 아주 유쾌하고 친절하다는 것을 알게 되었다. 그들과 함께 있으면 아주 편하다. c'. (나는) 한국을 너무 좋아해서 졸업한 후, 한국으로 유학을 가겠다고 결심했다. 유학을 가게 된다면 한국을 더 깊게 이해하겠다. 유학을 마치고 중국으로 돌아와, 한국어 선생님이 되고 싶다.……

사례 3-19의 a문장은 소속 관계를 나타내는 대명사 '나의'를 사용한다. 원문은 "앞으로 나의 신혼여행은 제주도로 갈 것이다."인데 만약 신혼부부가 자신들의 신혼여행 계획에 대해 논의하고 있다면 이 내용은 아무 문제가 없다. 그러나 문맥을 통해 알 수 있듯이 학습 필자는 아직 결혼 계획이 없는 대학생이기 때문에 "만약 자신들이 미래에 신혼여행을 가게 된다면 제주도로 갈 것이다."의 내용으로 고쳐야 한다. 따라서 " a'.앞으로 만약 신혼여행을 간다면, (나는) 제주도로 갈 것이다."로 바꾸는 것이 비교적

타당하다. 다음은 소속 관계를 나타내는 대명사의 생략 문제를 다루고자
한다.

2.3.2. 소속 관계 대명사의 생략

> 사례 4-2 북경제2외국어대학 3학년 여**
> 소중한 웃음
> …… 나는 장소에게 학교 주소를 알려준 뒤에 간단한 기념 사진을 찍고
> 아쉬워 눈물이 글썽이는 나는 <u>나의</u> 꼬마 친구들과 작별을 해야했다. ……

사례 4-2에서 밑줄 친 부분의 '나의'는 사용해도 되고 사용하지 않아도
된다. 만약 사용한다면 '나'와 '꼬마 친구들'의 관계의 밀접함을 강조하는
효과를 갖는다. 이 문장을 중국어로 표현해도 동일한 의미가 된다. 왜냐하
면 소속 관계 자체가 밀접한 관계에 기초한 것으로, 여기에는 인간의 공
통적 인식이 그 배경을 이룬다. 한편, 黃玉花(2005: 101)에서는 한국어 텍스
트에서 소속을 나타내는 대명사를 생략하는 것이 중국어와 기본적으로
비슷하다고 주장한다. 예를 들어, 高寧慧(1996: 64)에 의하면, 중국어 텍스트
에서 '나'와 특수한 관계가 있는 인물을 기술할 때 일반적으로 제목이나
글의 시작 부분에서만 이러한 유형의 소속 관계를 설명하고, 나머지 부분
에서는 소속 관계를 표현하는 대명사를 생략하기도 한다.167) 다음 사례
4-3에서 알 수 있듯이 한국어 텍스트에서도 비슷한 특징이 나타난다. a문
장에서 이미 학습 필자와 '할머니'의 소속 관계를 설명했으므로 b문장에
서 '나의'는 생략될 수 있다.

---

167) 또한 중국어 텍스트에서는 동일한 화제 연쇄(topic chain)의 몇 개 절(clause)에서 명
사가 표현하는 인물이나 사물은, 전체 화제가 표현하는 사람이나 사물과 소속 관계
가 갖는 경우, [그 소속관계를 나타내는] 수식어는 항상 생략된다.(高寧慧, 1996: 64)

사례 4-3 북경제2외국어대학 4학년 당**

할머니의 미소

대학에 온 것은 지난 2006년 9월의 일이었다. 때마침 은행나무 잎들은 노랗게 물들어 학교 캠퍼스 온통 황금빛이었다. (＾)168)마치 하늘에서 날아다니는 나비처럼 실바람에 가벼이 흔들리고 있었다. (＾)소녀의 입술처럼, 소녀의 부채처럼, 또 그리운 a. 나의[／우리] 할머니의 미소처럼.

갑자기 어느 날 아버지의 전화 한 통을 받았다. 할머니께서 손자를 보고 싶어 북경에 오고 싶어 하신다고 하셨다. 뭐가 그리 급하실까, 아직 시간도 많은데……난 마음 속으로 그렇게 생각했고 이런저런 이유를 대며 안된다고 거절을 했다. (＾)평생 동안 산골 마을에서 b. 나의[／∅]할머니가 왜 갑자기 북경에 오고 싶으셨는지 내가 아무리 생각해도 이해가 되지 않았다……

북경과 멀리 떨어진 어느 산골 마을에 자리잡고 있는 c. 나의[／우리] 집은 그립고 또 그리웠다. (＾)기차는 2,000km가 넘는 북쪽을 향해 가고 있었고 차 안에서 내가 조용히 어떤 작은 박스 하나를 들고 조용히 앉아 있었다.
……

그러나 소속 관계를 나타내는 대명사의 사용에서 중국어와 한국어는 여전한 차이를 보인다. 1인칭 대명사를 예로 들어보면, 한국 사람들은 일반적으로 자신의 가족에게 친밀한 관계나 감정을 가지고 있기 때문에 '우리 할머니', '우리 엄마'처럼 친족어 앞에 위치하는 소속 관계 대명사로 단수인 '나의' 또는 '내'보다 '우리'를 더 많이 사용한다.169) 따라서 사례 4-3의 a문장의 경우, '나의 할머니'를 '우리 할머니'로 고쳐야 한다. 반면, 중국어에서는 친족 명칭 앞에 위치하는 단수의 소속 관계 대명사로 '我們

---

168) 원고지에서 글쓰기를 할 때 문장 부호는 한 칸을 차지하며, 뒤의 한 칸을 비우지 않는다. 하지만 학생들의 작문 가운데 문장 부호 뒤에 한 칸을 비우는 경우가 빈번하게 나타난다.

169) '나의'와 '우리'의 구분은 '객관적 진술'과 '친밀한 관계나 감정'을 표현한다. 이것은 친족 호칭어(지칭어)뿐만 아니라 '우리 선생님', '우리 집', '우리 회사' 등과 같이 사회적 호칭어(지칭어)나 일반 명사에도 적용 가능하다. 따라서 c문장의 경우, 학습 필자가 자신의 집에 친밀한 감정을 표현하기 위해서는 '나의 집'이 아닌 '우리 집'이 적합하다.

(우리)'을 사용하는 경우는 거의 없다. 이것이 학습 필자에게 오용의 원인을 제공하고 있다.

또한 다음의 사례 4-6을 예로 들어보면, a문장에서 언급된 '아버지'는 학습 필자의 아버지가 아닌 일반적인 지칭어다. 따라서 소속 관계 대명사를 사용할 필요가 없다. 반면, b문장에서 언급된 것은 학습 필자의 아버지다. 하지만 자신의 아버지라 할지라도 감정과 관계의 측면에서 반드시 친밀한 것은 아니다. 문맥에서 알 수 있듯이 학습 필자는 자신의 아버지에게 원망의 감정을 가지고 있으며, 심리적으로도 거리감을 유지하고 있다. 이 경우, '우리 아버지'보다 '나의 아버지'가 보다 적절한 표현이 된다. 그러나 이것으로 학습 필자가 목표어 규칙을 정확하게 이해해 정확한 표현을 사용을 했다고 판단하기 어렵다. 다시 말해서 학습 필자가 '우리 아버지'와 '나의 아버지'의 차이를 명확히 이해하고 그 표현을 사용했다고 판단할 수도 있지만, 모국어에 의한 영향으로 사용했을 가능성도 배제할 수 없다.170)

> 사례 4-6 북경외국어대학 3학년 왕**
> 양심
> …… 사람들은 향기롭고 예쁜 장미꽃을 보고 '왜 가시가 달려 있을까'하고 불평할 수도 있다. 또한 '이렇게 험한 가시덩굴 속에서 어떻게 이렇듯 아름다운 장미꽃을 피웠을까'하고 감탄해할 수도 있다. 장미꽃을 보는 눈이 서로 다르듯 세상의 일을 보는 시각도 다를 수 있다. a. 그래서 나는 양심이란 아버지가 베푸는 사랑이고 남자로서 식구들을 보살피는 책임이라고 본다. 나는[√내가 만약] 결혼한다면 절대로 자식과 아내를 실망하게 만들지 않을 것이다. b. 나의[*우리] 아버지보다 천배_만배 더 큰 양심을 가지고 더 남자다운 남자가 되고 싶다. ……

---

170) 사례 4-6 a문장의 밑줄 친 부분에서 '나는'을 '내가'로 바꿔야 하는 이유는 그것이 전체 문장의 주어가 아닌 단문(내가 결혼한다면)의 주어이기 때문이다. 이 또한 중국어권 학습자들에게서 자주 나타나는 문제 중 하나다.

이상으로 중·고급 중국어권 학습자 텍스트에서 나타나는 주어 생략 문제와 소속 관계 대명사의 생략 문제를 살펴보았다. 다음에서는 '행동이 미치는 대상'이 생략되는 경우를 살펴본다.

2.3.3. 행동이 미치는 대상의 생략

사례 3-63 중앙민족대학 3학년 단**
어느 따뜻한 하루
…… 그날 그 일을 겪고 난 후, 지하철을 탈 때 내가 자리를 양보해 주는 경우 생기면, 다른 한국사람처럼 자연스럽게 <u>가방을 잠시 Ø[√상대방에게] 맡길 수 있었다.</u> ……

사례 3-63은 '행동이 미치는 대상'을 생략한 경우다. "가방을 <u>상대방에게</u> 맡길 수 있었다."처럼 일반적으로 '-에게'를 사용해 동작 관련 대상을 밝히는데 여기서는 그 '행동이 미치는 대상'이 생략된다. 행동의 대상이 생략된 것은 모국어의 영향 관계와 무관하다. 왜냐하면 해당 내용을 중국어로 역번역해보면, 동작의 대상을 꼭 밝혀야 하는 문법적 강제성 때문에 생략하게 되면 그것은 비문이 된다. 반면, 한국어에서는 가끔 '-에게'를 생략해도 앞뒤 문맥을 통해 행동의 대상을 회복시킬 수 있다. 따라서 이러한 생략 현상은 학습자가 고급 단계에서 경제성을 추구한 결과로 판단된다.

한편, 자료 분석 과정에서 행동의 대상과 관련된 오용이 많이 발견되었다. 예를 들어, 아래 사례 3-64는 모국어 영향에 의한 조사 및 어휘의 오용을 보여 준다. 문맥을 통해 알 수 있듯이 학습 필자는 "부모님에게 의지하다"는 의미의 '기대다'를 '기대하다'로 잘못 사용하고 있다. 이 두 단어의 혼용은 중국 학생들에게 자주 발생하는 문제 가운데 하나다. 그러나 흥미로운 것은 중국어권 학습자가 '기대(期待)하다'를 사용해야 할 경우, 그것을 '기대다'를 잘못 사용하지 않는다는 점이다. 이것은 '기대(期待)하

다'가 한자어인 이유로 잘 이해하고 있지만 고유어인 '기대다'를 헷갈려 하기 때문이다.171)

> 사례 3-64 중앙민족대학 3학년 오**
> 어느 하루
> 나는 18년동안 고향에서 사랑하는 부모님과 행복하게 살았었다. a. 어렸을 때부터 부모님을 많이 기대하는 편이었다. [√부모님에게 많이 기대는 편이었다.] 여행하던 경험들을 빼고는 고향외에 어디 오래 있지도 못 했다. 여기에 처음 와서 대학을 다닐 때도 거의 매일매일 집에 전화하고 엄마가 그리워서 울기도 많이 했었다. 창피한 것은 벌써 18세가 되어 대학을 다니기 시작하던 나는 독립하지 못 하고 아직도 어린 아이와 같았다. ……
> b. 이제부터 부모님을 기대하지 않고[[√부모님에게 기대지 않고]자신의 힘으로 새로운 환경에서 자신의 세계를 만들어야겠다는 결심을 했기 때문이었다. ……
> c. 그날에 나는 부모님을 기대하는[√부모님에게 기대던/의지하던] 여자아이가 자신의 힘으로 꿋꿋하게 자신의 세계를 잘 만들겠다는 용기를 갖게 되는 진정한 성년인이 됐기 때문이었다.

또한, 사례 3-64의 학습 필자는 '행동이 미치는 대상'을 나타내는 부사격 조사 '에게'를 목적격 조사 '를/을'로 계속 잘못 사용한다. 제3회 백일장 77편의 작문을 통해 7군데에서 '를/을[√에게]' 유형의 오용이 발견된다. 그 중에서 다음의 세 예시만 살펴보면, '우리', '민욱', '제 모든 가족들과 친구들'은 동작이 미치는 대상으로 동사의 목적어가 아니다. 하지만

---

171) 이것은 다시금 언어권별 교육의 중요성을 보여 준다. 적어도 이 경우에 한해서, 중국어권 학습자와 비한자권의 영미권 학습자들의 한국어 사용 양상과 습득 과정은 상이하다. 따라서 이를 위한 교육 내용과 방법도 달라야 한다. 이처럼 a문장 "부모님을 많이 기대하는 편이었다."는 문법적으로나 의미적으로도 크게 잘못 되지 않았다. 그럼에도 불구하고 그것은 학습 필자가 원래 의도하던 의미가 아니다. 이러한 유형의 문제는 학습자의 모국어를 이해해야만 발견할 수 있다. 따라서 한국어 교육자는 학습자의 모국어를 이해할 필요가 있으며, 해당 국가의 한국어 교육자와 공동으로 진행하는 교육 및 연구 활동이 요구된다.

여기서 주목해야 할 것은 사례 3-64와 아래의 사례 3-58, 3-22, 3-53의 공통점이다. 다시 말해서 이 사례들을 모두 중국어로 역번역해보면, 하나의 공통된 특징이 나온다. 그것은 이러한 동사들 뒤에 목적어를 사용해야 한다는 점이다. 학습 필자들이 '에게'를 사용하지 않고 '를/을'을 사용한 이유는 바로 '동사-목적어' 구조로부터 목적격 조사를 사용하는 모국어의 영향 때문이다.

(1) "중국사람이지?" 아줌마가 <u>우리를[√에게]</u> 물었다.(사례 3-58 북경외국어대학 3학년 왕**어느 하루)

(2) 연희는 울면서 마지막으로 <u>민욱을[√에게]</u> 키스를 하면서 말했다.(사례 3-22 북경공업대학 2학년 곽**)

(3) 제 모든 가족들과 <u>친구들을[√에게]</u> 감사합니다.(사례 3-53 중국전매대학 1학년 임**)

그리고 중국어권 학습자의 텍스트에서 자주 발생하는 어순의 문제도 있다. 한국어는 어순이 비교적 자유로운 언어에 속한다. 예를 들어, 다음 사례 3-40의 밑줄 친 부분은 원문 그 자체로도 어순상의 문제를 지적하기 어렵다. 하지만 "남에게 화난 얼굴을 보여 주는 거야." 또는 "할머니의 그윽한 눈빛은 나에게 헤아릴 수 없을 만큼 많은 말들을 걸어오는 것 같았다."와 같이 어순을 고쳐 서술하는 것이 보다 무난하다.

사례 3-40 북경어언대학 3학년 주**
어느 하루
…… "미소는 뿌리다. 그 뿌리위에서 행복과 희망의 꽃이 피고 열매를 맺는 거야. 이 세상에서 가장 예의 없는 건 바로 <u>화난 얼굴을 남에게 보여 주는 것다.</u> 미소로 행복을 주고받는 거거든." 할머니의 말씀에 마음 한 권이 아련해지는 것을 느낄 수가 있었다. <u>할머니의 그윽한 눈빛은 헤아릴 수 없을 만큼 많은 말들을 나에게 걸어오는 것 같았다</u>……할머니께서는 아주 오래전부터 나를 잘 알고 계신 것 같았다. 나의 외로움도 알고 나의 마음도 잘 알

고 나에게 정확한 길을 가르쳐 주신 것 같았다. ……

이처럼 중국어권 학습자가 한국어 텍스트를 생산할 때 발생하는 어순 문제는 대부분 의미 파악에 방해가 되지 않는 선에서 용인된다.[172) 따라서 한국어 교육 학계에서는 중국어권 학습자에게 어순 문제를 그다지 강조하고 있지 않다. 그렇지만 이 책에서는 구어 영역의 어순이 비교적 자유로울지라도 문어로서 쓰기 영역에서는 원어민 담화공동체의 어순 관습은 중요한 교육 내용을 차지한다고 본다.

3. 명사에 의한 조응(어휘적 응결)

이 부분에서는 형태를 중심으로 먼저 같은 형태의 어휘 반복 즉, 동일어 반복을 검토한 후, 인지언어학 시각에서 선행어와 관계가 있는 이형태 어휘들 간의 조응 현상을 검토할 것이다.

3.1. 동일어 반복

이수미(2010: 91)에서 "동일어 반복은 텍스트의 주제 및 단락의 화제와 관련된다. 필자는 주제를 드러내기 위해 핵심어를 반복적으로 사용함으로써 강조하기도 하고, 한 단락 내에서 화제를 유지하고, 화제를 아우르는 기능으로써 동일어를 사용하기도 한다. 따라서 동일어 반복은 응집성(coherence)과 밀접한 관련을 맺는다"고 주장한다. 다시 말하면 동일어 반복

---

172) 그러나 중국어는 어순이 의미 표현에 매우 중요한 수단으로 간주된다. 따라서 한국인 학습자가 중국어를 배울 때 발생하는 어순 문제 역시 모국어의 영향 관계와 무관치 않다.

은 "문장과 문장이 의미적으로 연결되고, 문장과 단락, 단락과 텍스트가 유기적인 연결체가 되는 기제로 작용하고 있다(2010: 93)"고 할 수 있다.

'대용적 조응' 부분에서 이미 살펴보았듯이 대부분 언어와 다르게 한국어 텍스트에서는 '지시사+동일어 반복(NP)'과 대용적 조응어로서의 '지시사+NP'가 형태적으로 동일한 현상이 존재한다.173) 또한 한국어 텍스트에서는 지칭대상이 높여야 할 웃어른인 경우, 일반적으로 대명사를 사용하지 않고 '지칭어'로 조응시킨다. 다시 말해서, 웃어른의 조응어로 영어나 중국어에서는 반드시 대명사를 사용해야 하는 곳에 한국어는 일반적으로 선행사와 형태적으로 동일한 지칭어를 사용한다는 것이다. 이런 경우에, 영어와 중국어보다 한국어 텍스트는 동일어 반복 현상의 출현 빈도가 비교적 높다.

3.1.1. 인물 지칭

우선 언제 명사적 조응어를 사용해야 되는지에 대해서 살펴보면 단락 구분 및 기타 인물의 개입여부가 영향 요소라고 할 수 있다. 예를 들면 다음 사례 4-1에서 '스님'174)은 모두 11번 나왔다. 그 중 첫 번째 사용은 이야기의 주인공을 제시한 것이고 나머지 10번은 조응어 사용에 해당하는데 정확한 사용 9번과 부적합한 사용 한 번을 포함한다. 그 중에서 6)과 9)는 새로운 단락의 첫 번째 문장에서 명사적 조응어가 사용되는 경우이다. '영조응' 부분에서 언급되듯이 李櫻(1985)에 의하면 인지·심리적으로 접근성 수준이 낮은 명사 조응어는 새로운 단락의 시작을 나타내는 기능을 가지고 있다. (Chu(屈承熹), 1998; 潘文國 외 역, 2007: 233)

---

173) 물론 "용남이를 만나려는데 이(그) 친구 소식 아무도 모르지 않아.(장석진, 1984: 131)"처럼 '대용적 조응어'의 '이(그)+NP' 형식이 형태적으로 선행사 NP와 형태가 다른 경우도 존재한다.

174) '승님'은 '스님'의 오용이다.

또한 서사 과정에서 다른 인물이 개입하느냐, 다른 인물이 주체로서 이야기를 전개하느냐가 역시 조응어 사용에 영향을 주는 요인이다. 예를 들어 11)의 경우, 앞부분에 '소녀'가 등장했고 중간에 '소녀'가 주어로서 이야기를 전개했다. 이러한 상황에서 의미혼돈을 피하기 위해 명사 조응을 사용해야 한다. 다시 말해서, 접근성 수준에서 보면 다른 인물의 개입 때문에 선행사의 접근성 수준은 이미 상당히 낮고 명사형식을 사용해 조응하는 것이 더 적합하다. 5), 7), 8), 10)도 같은 상황이다. 즉 선행사와 조응사 간에 새로운 인물이 나타났는데, 5)는 "부자", 7)은 "그 사람", 8)은"동물까지 아끼는 사람", 10)은 "그녀"가 나타났으며 모두 이러한 인물이 주어로서 이야기를 전개시켰다.

사례 4-1 북경대학 3학년 동**
  가장 양심이 있는 사람이란
  어떤 마을 근처의 산에서 많은 덕과 지식을 가지는 1) 승님 한 명이 살고 있다. 마을사람들은 2) 승님을 아주 존경하고 3) 승님이[√스님에게] 산에서 내려서 마을의 복을 기도해 달라고 부탁했다. 하지만 4) 그 승님은 "이 세상에서 가장 양심이 있는 사람을 모시세요 그러면 제가 내릴게요."라고 말했다.
  마을 사람들은 이에 대해서 다 모여서 토의했다. 결과는 가장 양심이 있는 사람이 마을의 부자란 것이었다. 그 부자 돈을 많이 벌지만 마음씨가 좋다. 마을을 위해서 좋은 일을 많이 해서 그 부자 덕분에 마을 사람들이 잘 살아왔다. 그런데 5) 승님이[√스님은] 아니라고 말했다.
  얼마 안 지나 마을 사람은 또 한 사람을 6) 승님에게 보냈다. 그 사람이 착하기로 유명하고 친구가 제일 많다. 평생에 사기 한 번도 안 치고 친구를 배반한 적도 없었다. 그러나 7) 승님도[√스님은 또] 안 된다고 했다.
  마을 사람들은 머리를 써서 또 한 명 보냈다. 그 사람이 동물까지 아껴서 양심이 있다고 말했다. 하지만 8) 승님도[√스님은 또 다시]] 실망한 표정으로 부정했다.
  어느 날 9) 승님은 숲속에서 어떤 울음소리를 들었다. Ø 가까이 다가가면 어떤 소녀가 나무 밑에 앉아 있고 울고 있었다. 10) 승님이 왜 우냐고 물어봤는데 그 소녀가 아픈 엄마가 먹을 약을 따러 산에 올라왔지만 갔다가 넘어져서 약도 잃어버리고 발도 뺐다고 대답했다. 대답하자마자 소녀가 어렵게 일어나서 또 약을 따러 천천히 갔다. 11) *그 승님[√스님]은 손바닥으로 떨어진 그 소녀의 눈물을 쳐다보다가 산에서 내렸다. 마을에 와서 가장 양심이 있는 사람을 찾았다고 했다. 그 사람은 바로 자기의 아픔에 불구하고 엄마를 위해서 눈물이 나고 매일같이 약을 따는 그 소녀다.

여기서 흥미로운 것은 사례 4-1의 5)-9) 부분에서 지칭어 '스님'을 다음과 같이 '지시사+지칭어'인 '그 스님'으로 바꿔도 문제가 없다는 점이다.[175] 다시 말하자면, 다음 사례 4-1'에서 보이듯이 여기서 독자적으로 사용되는 지칭어로 조응해도 되고 '지시사+지칭어' 형식으로 조응할 수도 있다.

사례 4-1'
……
마을 사람들은 이에 대해서 다 모여서 토의했다. 결과는 가장 양심이 있는 사람이 마을의 부자란 것이었다. 그 부자 돈을 많이 벌지만 마음씨가 좋다. 마을을 위해서 좋은 일을 많이 해서 그 부자덕분에 마을 사람들이 잘 살아왔다. 그런데 5) 그 스님은 아니라고 말했다.
얼마 안 지나 마을 사람은 또 한 사람을 6) 그 스님에게 보냈다. 그 사람이 착하기로 유명하고 친구가 제일 많다. 평생에 사기 한번도 안 치고 친구를 배판한 적도 없었다. 그러나 7) 그 스님은 또 안되다고 했다.
마을 사람들은 머리를 써서 또 한 명 보냈다. 그 사람이 동물까지 아껴서

---

175) 하지만 2)와 3)은 연속적으로 사용되는 상황이라 "? 마을 사람들은 2)그 스님을 아주 존경하고 3)그 스님에게 산에서 내려서 마을의 복을 기도해 달라고 부탁했다." 처럼 모두 다 '지시사+지칭어'로 바꾸면 어색한 문장이 된다. 대신 다음 (가), (나) 처럼 바꾸면 문제가 없다.
　가. 어떤 마을 근처의 산에서 많은 덕과 지식을 가지는 1) 스님 한 명이 살고 있다. 마을 사람들은 2) 그 스님을 아주 존경하고 3) 스님에게 산에서 내려서 마을의 복을 기도해 달라고 부탁했다.
　나. 어떤 마을 근처의 산에서 많은 덕과 지식을 가지는 1) 스님 한 명이 살고 있다. 마을 사람들은 2) 스님을 아주 존경하고 3) 그 스님에게 산에서 내려서 마을의 복을 기도해 달라고 부탁했다.

양심이 있다고 말했다. 하지만 8) <u>그 스님</u>은 또 다시 실망한 표정으로 부정했다.
어느 날 9) <u>그 스님</u>은 숲속에서 어떤 울음소리를 들었다. Ø 가까이 다가
가면 어떤 소녀가 나무밑에 앉아 있고 울고 있었다.……

그러나 우리가 주목해야 할 것은 사례 4-1와 사례 4-1'가 표현하는 글쓴
이와 지시대상 간의 심리적 거리[176]는 다르다. 이것은 한국어 지시사 '그'
가 '화자와의 거리가 비교적 멀다'는 함축적 의미를 지니고 있기 때문이
다. 따라서 '그+NP'로 조응할 때 독자에게 주는 느낌은 글쓴이의 서술관
점이 비교적 객관적이고 등장인물과의 거리가 비교적 멀다는 것이다. 반
면 독자적으로 사용되는 지칭어로 조응할 때 독자에게 주는 느낌은 글쓴
이와 등장인물 간의 심리적 거리가 비교적 가깝다는 것이다. 다시 말해서
'대용적 조응'부분에서 이미 살펴봤지만, "조응어로 '지칭어'를 선택하느
냐 '지시사+지칭어'를 선택하느냐는 실제로 지칭 대상이 높여야 할 웃어
른인지와 필연적인 관계가 아니라 글쓴이와 지칭대상의 심리적 거리를
반영한 것이다. 다음 사례를 보자.

> 사례: 북경어언대 10학번 학생(1학년) 수업 시간 작문의 교정본
> 가. 내 남자친구는 올해 스물 두 살이다. <u>남자친구</u>의 고향은 강원도의 한
>   小邑인데, Ø아홉살 때까지만 거기서 살고 그 이후에는 줄곧 서울에서
>   살았다. ……
> 나. 내 남자친구는 올해 스물 두 살이다. <u>그 친구</u>의 고향은 강원도의 한
>   小邑인데, Ø아홉살 때까지만 거기서 살고 그 이후에는 줄곧 서울에서
>   살았다. ……

(가)의 경우, '남자친구'라는 지칭어를 사용해 '지칭대상이 자신의 남자

---

176) "'이, 그, 저'는 거리 지시어에 해당(박영환 1991: 37)할 뿐만 아니라 인식상의 거리
   개념도 드러낸다(장경희 1980)"(김광희, 2011: 366). 여기에서 인식상의 거리는 바
   로 심리상의 거리라고 본다.

친구임'을 드러내면서 글쓴이가 지칭대상과 심리적으로 가깝다는 것을 보여 주고 있다. 반대로 (나)의 경우, '그 친구'라는 조응어로 독자에게 주는 느낌은 글쓴이가 지칭대상이 자신의 남자친구라는 개인적인 요소를 제거하고 지시대상과 일정한 거리를 유지하면서 비교적 객관적으로 서술을 진행한다는 것이다.

또한, 일반적으로 텍스트에서 글쓴이와 지칭 대상 간 심리 거리에는 두 가지 경우가 있다. 하나는 텍스트 전개 과정에서 심리 거리에 변화가 생긴 경우이고, 다른 하나는 심리 거리에 변화가 발생하지 않은 경우다. 특히, 전자는 텍스트 전개 과정에서 지칭 대상과 글쓴이의 심리 거리는 변화 전과 후에 각각 일관성을 유지해야 한다. 하지만 바로 이 지점에서 중국인 학습자는 한국어 텍스트의 요구에 부합하지 않는 양상을 쉽게 드러낸다. 다음 사례 3-23를 살펴보자.

> 사례 3-23 산동과기직업학원 3학년 조**
> 어느 하루가 지나가면서...
> …… 대학교 2학년의 어느 하루에 우리 말하기 선생님께서 일이 생겨서 귀국했다. 그래서 선생님이 바꿨다. 며 칠 지난 날에 새로운 말하기 선생님이 우리 앞에 나왔다. 남자분이었다. 1) 그 선생님의 처음 수업을 들었을 때 한 마디도 알아듣지 못했다. 그런데 그 하루부터 2) 그 선생님과 인연을 맺었다. 왜냐하면, 그대 우리 말이 통하지 않지만 3) 그의 가르친 방법[√그 선생님의 교육 방법]이 나에게 딱 좋기 때문이다. Ø매일 예습하고 복습한 과정을 통해 4) ?그 선생님[√선생님]의 말을 알아들었다. 그 하루가 얼마나 기쁜지 몰랐다. 5) ?그 선생님의[√선생님은] 40십대 사람이고 풍부한 지식과 경험이 있다. 수업할 때 책 외에 있는 것을 많이 알려 주고 한국 생활 중에서 특이한 것을 알려주며, 한국 사회에서 있는 규칙도 알려주었다. 6) ?그 선생님[√선생님]은 나를 가르친 동안에 애 많이 쓰고 학생위해 말하기 대회 같은 활동을 많이 세웠다. 그때 7) ?그 선생님[√선생님]을 미운 학생이 너무 많다. 왜냐하면 8) *그가[√선생님은] 너무 엄격하고 시험을 칠 때 어려운 문제를 많이 세우기 때문이다. 그런데 나는 9) 선생님의 마음을 알 것 같아

끝까지 했다. 그때 정말 많이 고생했지만 너무 행복한 날이다. ……

사례 3-23의 4)번 문장 이전의 내용을 보면 처음에는 새롭게 오신 선생님과 친숙하지 않고 심리적 거리가 비교적 멀었다. 그래서 조응어로 모두 '그 선생님'을 사용하는 것이 적절하다. 그러나 "그 선생님의 교육방법은 나에게 잘 맞았기 때문에", "매일 예습과 복습을 통해 선생님의 말씀을 이해했다. 그날 얼마나 기뻤는지 모르겠다." 등의 내용을 통해 알 수 있듯이, '나'와 '선생님' 사이의 심리적 거리감은 차츰 가까워졌다. 따라서 4)번 문장 이후의 내용에서 '그 선생님'보다 '선생님'으로 조응하는 것이 더 적합하다.177) 한국어 텍스트와 중국어 텍스트에서 글쓴이와 지칭 대상 간 심리 거리는 다르게 표현된다. 따라서 중국어권 학습자에게 지칭어 앞에의 지시사(그) 사용을 통해 지칭 대상과 글쓴이의 심리적 거리를 표현한다는 의식이 부족하다.178)

3.1.2. 사물 지칭

이상으로 한국어 텍스트에서 어휘반복으로 사용되는 '지칭어'와 '그+지칭어'의 차이를 살펴봤다. 한국어 지시사 '그'가 '화자와의 거리가 비교

---

177) 물론, 비교적 객관적인 서술어투를 계속 유지하기 위해 3번 문장을 "매일 예습하고 복습하는 과정을 통해 그 선생님의 말을 알아들을 수 있었다."와 같이 바꾼다면 뒷부분의 내용은 선생님과 비교적 먼 심리적 거리를 유지하면서 '그 선생님'을 사용해 조응할 수도 있다.

178) 또한 사례 3-23의 3)번 문장과 8)번 문장에서는 학습필자가 '선생님'의 조응어로 대명사 '그'를 사용하고 있다. 재미있는 것은 해당 내용을 중국어로 유추·해석하는 경우에 다른 위치에는 명사 조응으로도 문제가 없지만 3)번과 8)번 위치는 중국어 3인칭 대명사 '他'를 사용해야 한다는 점이다. 앞서 언급되듯이 중국에서 출판되는 교재에서 '그'를 중국어 3인칭 대명사 '他'와 대응시킨다는 방식은 모국어 영향 관계를 강화시킨다는 부작용이 발생한다. 중국어권 학습자에게 많이 존재하는 3인칭 대명사 '그'의 과잉 사용은 이러한 영향 관계에서 원인을 찾아낼 수 있다.

적 멀다'는 함축적 의미를 지니고 있기 때문에 '그+지칭어'는 '지칭어'보다 글쓴이와 지칭대상의 심리적 거리가 멀다는 것을 표현한다. 이것은 지칭어뿐만 아니라 일반적인 어휘반복에도 적용된다. 여기서 서술관점 문제도 고려해야 한다.

앞서 언급했듯이 일반적인 글쓰기에서는 두 가지 서술 방식을 많이 사용한다.[179] 하나는 이야기 세계와 거리를 두고 객관적으로 서술하는 방식인 외적 서술모형이고 두 번째 방식은 이야기 세계 내의 직접적이고 현실적인 상황 서술인데 내적 서술모형이라고도 한다. 魏義禎(2012: 106)의 예시[180]에서 보이듯이 한국어 텍스트에서 '그+어휘반복' 형식을 사용해 조응할 때, 독자에게 주는 느낌은 글쓴이의 시점이 서술 상황 밖에 있으며 지칭대상과의 거리가 비교적 멀고 서술이 비교적 객관적이다. 반면 어휘반복(NP)만을 사용해 조응할 때, 독자에게 주는 느낌은 글쓴이의 시점이 서술 상황 내에 있으며 지칭대상과의 거리는 매우 가깝다. 하지만 그 예시에 상당하는 중국어는 내적 서술모형이든 외적 서술모형이든 모두 어휘반복(NP)만으로 조응한다.

또한 魏義禎(2012: 108)에서 34개의 한중 대조 설명적 텍스트를 분석한

---

179) 김호정(2006: 127-128)에 따르면 "서술자는 자신이 서술하는 이야기 세계와 거리를 두고, 이야기 세계 밖에서 객관적으로 또는 전지적으로 서술할 수 있다. 또는 이야기의 사건에 관계, 혹은 연루되어 이야기를 서술할 수도 있다. 그런데 보다 더 거리를 좁혀서 그 이야기 세계를 가까워지기 위해서 그 이야기 세계 안에서의 인물에 동일시되어 즉, 그 인물의 관점에서 이야기를 서술할 수도 있을 것이다." 다시 말해서 김호정(2006)에서 세 가지 서술관점을 제기하다. 하지만 이야기 세계에서의 인물의 관점에서 이야기를 서술하는 방식은 일반적 글쓰기보다 소설에서 흔히 사용되는 서술 방식이기 때문에 이 책의 논의 대상에서 제외시키겠다.

180) 가. "거실안 창문 옆에 책상이 하나 있고 책상 위에 책이 한 권 있었다."(내재 서술모형)

나. "거실안창문 옆에 책상이 하나 있었고 그 책상 위에 책이 한 권 있었다."(외재 서술모형) 그러나 여기서 (가)의 경우, 魏義禎(2012: 106)에서 "……있었다"라고 제시하고 있지만 필자가 현장에서 서술하는 경우이기 때문에 과거시제 어미 '-었-'을 생략해야 된다고 생각한다.

결과, 내적 서술모형에서 대부분(78%)은 한국어의 어휘반복과 중국어의 어휘반복이 대응된다. 반면 외적 서술모형에서는 한국어 '그+어휘반복' 형식이 중국어 'Ø+어휘반복'과 대응되는 비율은 79%를 차지한다. 이것은 중국어권 학습자가 외적 서술모형에서 '그+어휘반복'을 사용해야 할 곳에 '그'를 누락하는 조건을 제공하고 있다.

魏義禎(2012: 105)는 위와 같은 대응관계의 존재는 설명적 텍스트에만 국한된다고 주장한다. 왜냐하면 그가 서사적 텍스트를 대상으로 조사한 결과, 위와 같은 대응관계를 발견하지 못했기 때문이다. 그러나 필자가 魏義禎(2012)에서 제시한 관련 사례들과 병렬 말뭉치의 자료를 살펴본 결과, 한·중 대응 관계의 존재 여부가 텍스트의 유형보다 선행어가 사람인지, 사물인지와 관련이 있다는 점을 발견할 수 있었다. 다시 말해서, 외적 서술모형에서 선행어가 사물인 경우, 대부분은 한국어 '그+어휘반복' 형식이 중국어 'Ø+어휘반복'과 대응되지만 선행어가 인물인 경우, 한국어와 중국어는 비교적 깔끔한 대응관계가 존재하지 않는다. 인물 지칭 관련 내용은 앞 절에서 이미 언급했기 때문에 여기서 사물 지칭인 예시를 살펴보자.

> 사례 4-5 북경연합대학 1학년 성**
> 양심
> 4월3일날 아침, 저는 어머니께 이쁜 포장지로 포장한 작은 상자를 드렸습니다. 어머니는 생각치 못하셨던 선물이라 그런지 깜짝놀라셨습니다. 그리고 웃으시며 제게 고맙다고 하셨습니다. 어머니는 기쁜 얼굴로 선물상자를 풀어보시더니 저에게 의문을 눈길을 보내셨습니다. 왜냐하면 <u>상자[√그 상자]</u>안에는 아무것도 없었기 때문입니다. 어머니는 단연히 어떻게 될 일이 냐고 물으셔고 저는 비록 상자안에는 아무것도 안 보이지만 제 사랑이 가득차 있다고 다답했습니다…….

사례 4-5는 외적 서술관점에서 이야기를 전개하는 경우인데 밑줄 친 부분 내용을 중국어로 역번역하면 '箱子(상자)'를 사용해야 되지만 한국어 텍스트에서는 '그 상자'를 사용해 조응해야 더 잘 어울린다. 즉, 한국어 텍스트에서 '그+어휘반복(NP)'형식의 조응어를 사용해야 할 곳에 학습필자가 모국어 영향 관계로 어휘반복(NP)만 사용했을 가능성이 있다. 다시 말해서, 한국어 텍스트에서 인물 지칭의 조응어로 '그+어휘반복(NP)'을 사용해야 할지, 아니면 어휘반복(NP)만 해야 할지는 서술관점 뿐만 아니라 글쓴이와 지칭 인물의 심리적 거리도 고려해야 한다. 즉, 선행어가 사물인 경우보다 선행어가 인물, 특히 글쓴이와 관계가 있는 인물인 경우에는 조응어의 선택문제가 더 복잡해진다는 것은 중국어와의 대응관계에서도 반영되어 있다고 추정할 수 있다.

3.1.3. 총칭성과 한정성

명사의 지시대상은 일반적으로 두 가지이다. 총칭성 지시와 한정성 지시가 그것이다. 일반적으로 총칭지시(generic)의 지시 대상은 모든 사물이며 한정지시(individaul)의 지시 대상은 모든 사물 중의 개체이다. 박철우(2002: 863-864)에 의하면 "[한]국어에서는 영형 대명사를 제외하면 대명사의 사용이 극히 제한적이므로 무수식 보통명사가 사용된 경우엔 같은 명사(같은 개체를 지시하는 것이 명백한 경우는 동의어(同義語)인 명사(구))를 이전 발화(또는 상황)에서 확인하는 것이 매우 중요하다. 일반적으로 '-은/는'은 주어진(given) 정보를 표시하는 것으로 알려져 있지만, 만일 이전 발화에서 그 표현이 사용된 것을 확인할 수 없다면 그 '-은/는' 붙은 명사구는 고유명사가 아니라면 총칭성의 의미를 가지는 것으로 해석된다." 다시 말해서 박철우(2002)에서 제기한 사례인 경우, '소금장수는 다리가 아프다'라는 발화가 아무런 선행 발화가 없는 상황에서 발화되었다면 '소금장수라는 직업을 가진 사람들은 (많이 걸어서) 대개 다리가 아프다'는 총칭적 의미로 이해할 수밖에 없는 것이다.

사례 4-15 요동대학 4학년 마＊＊

양심-"효"를 좌우하는 요인

…… 사람들이 부모에게 효도를 하지 않는 사람이 점차적으로 늘어나고 있다. 왜 그럴까? 돈에만 몰두하다 보니까 양심이 점점 없어지게 된 것이라고 생각한다. <u>만약에 그 사람의 양심이 변질한다면 그 사람의 모든 것이 다 변질하기 십상이다.</u> ……

사례 4-15의 밑줄 친 부분을 다음과 같이 두 가지로 고칠 수 있다. 하나는 선행어를 한정적인 어떤 사람, 즉 한정지시로 이해하는 것이다. 이런 경우에 다음 수정본 (가)에서 보이듯이 선행어는 '한 사람'을 사용해야 하며 조응할 때는 '그 사람'을 사용한다. 다른 하나는 선행어를 사람 전체를 총칭하는 것으로 이해한다. "만약에 사람의 양심이 변질한다면 사람의 모든 것이 다 변질하기 십상이다"로 수정해야 한다. 여기서 '사람'이 두 번 사용되는데 모두 총칭적이며 전자는 '지시', 후자는 '조응'이다.

　　가. 만약에 <u>한</u> 사람의 양심이 변질한다면 <u>그 사람</u>의 모든 것이 다 변질하기 십상이다.

　　나. 만약에 사람의 양심이 변질한다면 <u>사람</u>의 모든 것이 다 변질하기 십상이다.

위의 사례 4-15에서 보이듯이 명사는 고유명사이거나 명확한 한정적 성분이 따르는 경우가 아니라면 보통 총칭성을 갖고 있다. 개별적인 대상을 지칭할 때 일반적으로 지시사나 수식어를 첨가해 한정한다. 그러나 실제로 한·중 텍스트에서 단독명사(NP)가 조응어로 지시대상의 한정성을 나타내는 경우가 드물지 않다. 이에 대해 魏義禎(2012: 103)에서 다음과 같이 설명하고 있다. "하나의 단독명사가 구체적인 언어환경과 동떨어질 때 지시대상은 한정이 되기가 어렵지만 대화자가 이 단독명사를 텍스트 안으로 가져와 이해시킬 때 그 지시대상은 한정이 될 수 있다." 예를 들면 앞에서 언급되던 사례 3-23에서 나온 '선생님'은 이러한 경우에 속한다. 조응어로 반복적으로 사용되는 '선생님'이라는 명사 앞에 한정적 성분이 없지만 독자가 문맥에 의해 '새롭게 오신 말하기 선생님'이라는 것을 알 수 있다.

이와 유사하게 중국어 텍스트에서도 NP가 단독으로 한정성 조응어로 사용하는 것을 드물지 않게 볼 수 있다. 예를 들어, 다음 사례 4-12의 밑줄 친 부분의 한국어 텍스트에서는 선행문에서 나온 '답'을 한정적으로 표현하기 위해 지시사 '그'를 사용해 '그 답'으로 조응하는 것이 더 적절하다. 하지만 중국어로 유추·해석하는 경우에는 조응어로 단독명사(NP)만 사용하면 된다. 지시사 '这个(근거리 지시)'나 '那个(원거리 지시)'를 추가할 필요는 없다. 여기서 학습필자가 범한 오용은 모국어의 영향으로 지시사 '그'를 빠뜨렸을 가능성이 있다. 다시 말해서, 한국어와 중국어 모두는 단독명사(NP)가 조응어로 한정성을 표현하는 경우가 존재하지만 양자가 반드시 대응하는 것은 아니다.

> 사례 4-12 대외경제무역대학 3학년 서**
> 양심
> ······ 나는 어렸을 때 이 단어만 알지만 그 속에 숨겨 있는 깊은 뜻을 몰랐다. 그리고 한 동안 고민하였다. 사람들은 다 양심, 양심이라고 하는데 도대체 양심이 무엇일까? 아무리 생각해도 답이 나오지 않았다. 그러나 다행하게도 난 나중에 어머니한테서 *답[✓그 답]을 찾았다. ······

여기서 주목해야 할 것은 선행어와 조응어가 단독명사라도 형식상으로는 같지 않다는 것이다. 이러한 종류의 선행어와 조응어가 형식상으로 다른 상황에 대해 魏義禎(2012: 102)은 다음과 같이 의미와 화용의 측면에서 해석을 시도했다. 의미적 측면에서 보면 "한국어와 중국어 텍스트 조응에서 청자(독자)는 단독명사로서의 조응어를 한정으로 이해하는 데는 우선 전제조건이 있다. 청자(독자)가 연상할 수 있도록 선행어와 조응어가 공시(空時)상에서 어떤 의미관계를 갖추고 있어야 한다. 시간순서와 공간순서는 사물이 존재하고 변화하는 기본적인 순서이며 또한 사람들이 사물을 인지하는 내재적 순서이다. 선행어와 조응어의 이러한 의미관계는 청자(독자)가 선행어와 조응어 간의 공지시 관계를 확정하도록 도울 수 있다." 또한 화용적 측면에서 "'협력원리(cooperative principle)'에 따르면, 독자는 텍스트를 구성하는 각 문장이 내용상 관련이 있으며 연속적이지 않고 두서없는 말이 아니라고 생각한다. 따라서 독자는 단독명사 조응어를 한정성으로 이해하는 것은 '합력원리'를 바탕으로 선행어와 조응어가 시간과 공간의 의미관계에 따라 화용적 추론을 통해 실현된다." 이것은 앞서 언급되듯이 일종의 개념조응이며 연상조응이라고도 부른다. 다음 소절인 '인지에 의한 명사 조응' 부분에서 구체적으로 살펴보고자 한다.

3.2. 인지에 의한 명사 조응

3.2.1. 인지모형과 문화모형

Ungerer & Schmid(2006; 임지룡 · 김동환 옮김, 2010 :89)에 의하면 본질적으로, 인지모형과 문화모형은 동전의 양면이다. 용어 '인지모형'은 인지적 실체들의 심리적 본질을 강조하고 개인 간의 차이를 참작하는 반면, 용어 '문화모형'은 많은 사람들이 인지모형을 집단적으로 공유한다는 인지모형의 결합적 측면을 강조한다.

사례 3-26 남경대학교 2학년 하**
그런 하루
...... 오전 8시에 수업이 있어서 부랴부랴 책가방을 챙기고 식당으로 향했

다. 아침을 먹으러 온 학생들이 가득했다. 느긋하고 여유있게 빵을 먹는 사람이 있는가 하면 급해서 뜨거운 콩물에 시달리는 사람도 종종 있었다. 들떠 있는 식당, 바쁘게 움직이는 학생, 그리고 서로 뽐내고 있는 백화. 오늘도 아름다운 하루이다. ……

사례 3-26의 경우, 중국인의 전형적인 아침식사 인지모형에서 '뜨거운 콩물(豆漿)'과 '꽈배기'를 포함하고 있기 때문에 본문은 개념상 조응을 했으며 텍스트는 연관성을 가지고 있다. 그러나 한국인의 아침식사 인지모형에는 '뜨거운 콩물'은 없기 때문에, 한국인의 관점에서는 조응이 되지 않으며 텍스트도 관련이 없고 이해하기 좀 어렵다. 중국의 '콩물(豆漿)'을 한국어로 번역하면 '두유'가 된다. 그러나 양자가 완전히 일치하지는 않는다. 한국의 '두유'는 좀 걸쭉하며 일반적으로 차게 마신다. 중국의 콩물은 좀 묽으며 중국인의 아침식사 때 마시는 콩물과 우유는 일반적으로 따뜻하게 마시며 많은 사람들은 우유를 데워서 마시기 때문에 중국의 주방용품에는 전문적인 우유냄비가 있다.

> 사례 4-24 북경대학 2학년 경**
> (제목 없음)
> …… 저는 아침밥을 먹지 않으면 못살 정도로 아침밥 꼭 먹는 사람중 하나이다 어렸을 때부터 부모님께서는 번갈아 가면서 제게 아침밥을 준비해주시기 때문이다. 그때 저는 7시에 집에서 출발해서 등교했다. 그래서 부모님께서는 매일 6시에 일어나서 아침밥을 준비하셔야 했다. 마실거리나 우유나 죽 준비하고 반찬도 한 접시 준비하며 주식으로는 빵을 준비하셨다. ……

사례 4-24 밑줄 친 부분에서의 '마실거리'는 '마실 것'을 가리킨다. '우유'도 '마실 것'에 해당하기 때문에 '마실거리나 우유'는 타당하지 않은 표현이다. 또한 여기서 '빵'이 가리키는 것은 '빵'이 아니라 '饅頭'일 가능성이 크다. 왜냐하면 중국인들의 전형적인 아침식사의 인지모형에서 반찬과 같이 먹는 주식은 '饅頭'라는 속이 없는 찐빵이다.[181] 여기서 학습 필자가 같은 밀가루 음식이라 '饅頭'를 빵이라고 했다고 생각한다.

한편 이상적 인지모형(idealized cognitive model, ICM)은 전체의 텍스트, 또한 장르에 대해서 새로운 해석을 시도하고 있다. 楊一飛(2011: 138)에 의하면 "인지적으로 텍스트는 추상적인 전체적 심리 단위로 간주된다. 그것은 이상적 인지 모형(ICM)이다. 예를 들어 활동 통지와 같은 텍스트를 언급할 때, 먼저 떠오르는 것은 통지에 대응하는 행위나 사건이 아니라 활동 통지라는 이상적 인지 모형 즉, 통지의 전형적 양식이다. [그것은] 일반적으로 우선 표제가 있고, 활동과 관련된 이유·목적·장소·시간·인물·참가 조건·그 밖의 내용 설명이 열거된다. 마지막으로 통지를 한 단위나 개인, 그리고 통지가 발송된 시간과 공시(公示)적 권리 표지가 있다." 이러한 텍스트의 이상적 인지 모델은 텍스트의 생성과 조직에 도움을 줄 뿐만 아니라 텍스트 내용에 대한 전제(presupposition, 預設)와 이해에 도움을 준다.

예를 들어, 만약 상응하는 문체를 사용하지 않고 다른 문체의 격식으로 통지를 표현한다면, 다시 말해서 다른 유형의 표현이 주체적 인지 심리의 본래 모형과 충돌할 때, 필자도 더 많은 노력이 필요할 뿐만 아니라 독자도 이를 이해하기 위한 더 많은 노력이 요청된다. 텍스트를 ICM이라는 인지 모형으로 간주하고 하나의 전체적인 명제 전개 구조로 해석하는 것은 우리에게 의미적 응집성이라는 전제 아래, 텍스트 전체의 구성 부분에 대해 연상을 진행하게끔 한다. 따라서 텍스트의 전체적 상관관계가 구성된다. 이로부터 텍스트 주제의 조응 관계 확증도 두뇌에서 연상의 기점을 찾게 된다. 텍스트 전체 구조에 관한 ICM 모형들은 앞뒤의 대응 연관을 만드는 것뿐만 아니라 우리가 구조 덩어리에서 각 문장의 주제를 연상하는 데 도움을 준다.(楊一飛, 2011: 138-139)

---

181) 한국어 '만두(饅頭)'에 해당하는 음식은 중국에서 '餃子'라고 한다.

3.2.2. 은유 · 환유 · 스크립트 · 도식

Lakoff & Johnson의 <삶으로서의 은유>이라는 책에서 보여 주듯이 "우리의 언어가 은유적이라는 사실을 우리 대부분이 일상적으로 의식하지 못하지만, 은유는 너무나 자연스러운 현상으로서 언어 속에 넓게 확산되어 있다는 것이다. 언어에 스며 있는 이러한 관습적 은유들은 우리의 사고와 경험 속의 보다 근본적인 은유적 구조에 의해 형성된다." (Lakoff & Johnson, 2003; 노양진 · 나익주 옮김, 2008: 7) 심리학계와 언어학계의 은유 연구는 은유의 인지적 특징에 대한 사람들의 인식을 확대 · 심화시켰다. 은유는 더 이상 언어적 '장식품'으로 간주되지 않으며, 인간이 세계를 인지하고 세상사 지식[世界認知]을 표현하는 방식이다. 우리는 은유로부터 생각[思維]을 조직하고, 은유를 사용해 언어의 표현 형식을 구성한다.(王魯男 · 董保華, 2006: 1) 예를 들면, 다음 사례 3-42에서 나온 "인생은 여행이다"라는 은유도 수사법적 은유보다 개념적 은유라고 봐야 된다.

> 사례 3-42 북경외국어대학 4학년 서**
> 하루의 행길[행로]
> 그는 <u>여행</u>을 떠났다. 해보다 일찍 일어나서 떠났다. 차가운 달빛에 데이지 꽃 가운데 있는 작은 길이 보이고 조용한 밤기운에서 짐승 같은 달의 숨소리까지 들린다. 그는 걸어온 길을 그대로 걸어왔다. 그는 어린 시절의 소학교 생활 기억을 했다. 그때는 순수했다. 그의 소학교 시절에 아이들은 지금 초등학교 다니고 있는 짓궂은 아이들이 절대 생각지도 못하는 촌스로울 정도의 순수함을 가지고 있었다. 풀만 가져도 좋은 장난감 만들고 달콤한 산딸기가 있으면 최고의 반찬거리로 먹었다. 삶은 간단했다. 만족하기도 쉬웠다. 선생님과 부모님의 말씀을 잘 따라서 벌을 안 당하면 하루종일 즐거울 수 있었다. <u>하늘과 땅 사이에 하얗기 시작했다. 그리고 이 물고기 배 같은 하얀색이 금방 동쪽의 하늘로 스며들었다.</u> 다음에는 빨깐 점이 하나 생겼다. 올라오고 있다. 다 붉혔다. 이세상의 눈이 떴다. 그는 또 생각났다. 중학교 때 처음으로 여학생의 치마를 들쳤다. 또 다른 아이들과 패를 지어 같이 싸웠다. 처음

으로 아버지의 말씀이 이렇게 마음에 들지 못했다.

......

'그'는 우리의 아버지들이다. 지금은 우리세대의 소년들이 <u>여행</u>을 떠나는 차례다.

위 사례에서 나온 "인생은 여행이다"는 한국인과 중국인에게 모두 공통된 개념적 은유라고 할 수 있다.[182] 또한 "교사가 부모다"라는 은유적 사고 또는 표현도 한국과 중국의 일치하는 측면을 보여 주고 있다. 이것은 영어에서는 찾아보기 어려운 표현이지만 유교사상의 영향으로 한국인이나 중국인에게는 어려서부터 주입되어 잠재의식에 자리한 개념적 은유이다.[183] 언어 습득이라는 시각에서 학습자는 모국어를 학습하면서 특정한 은유능력이 발전된다. 이 능력이 바로 중요한 언어 학습 능력이다. 은유라는 기본적 인지 특징이 인종 간·문화 간·언어 간 일반성을 갖기 때문에 학습자는 서로 다른 언어를 학습하는 잠재적 능력을 갖추고 있다. 그러나 서로 다른 언어의 은유 체계는 특정한 문화적 배경의 영향과 특수성을 갖기 때문에 특수성은 학습자가 다른 언어를 학습하거나 사용할 때 어려움을 야기할 수 있다. 이러한 은유의 일반성과 특수성이 학습자 은유 능력의 기본적 특징이다.(王魯男·董保華, 2006: 2)

---

182) 위 사례 밑줄 친 부분의 "하늘과 땅 사이에 하얗기 시작했다. 그리고 이 물고기 배 같은 하얀색이 금방 동쪽의 하늘로 스며들었다." 등은 한국인 독자에게 생소한 표현 방식이다. 여기서 "물고기 배 같은 하얀색"은 '魚肚白'라는 중국어 색채어를 직역한 것인데 물고기의 배 부분의 색깔로 비유적으로 해가 뜨기 전에 점점 밝아지는 동쪽 하늘의 색깔을 표현하는 데 잘 쓰이는 색채어이다. "하늘과 땅 사이에 하얗기 시작했다"는 표현도 점점 밝아지는 하늘을 묘사하고 있다. 흥미로운 것은 바로 이와 같은 한국인 독자가 이해하기가 어려운 표현들은 중국어로 해석·유추하는 경우 학습필자의 풍부하고 좋은 중국어 표현력을 보여 주고 있다는 점이다.

183) "Cortazzi와 Jin은 중국 학생 113명에 대한 은유 분야의 실험을 진행한다. 적지 않은 중국 학생들이 '교사'를 '부모'로 비유함으로써, 학생들 스스로 '교사'라는 어휘에 대한 이해와 해석을 표현한다. 이러한 은유는 중국어에서 '인지 구조의 일부분이며, 규정[規約]적 함의를 갖는'(蔣勇, 2004) 것으로 아로새겨져 있다." (王魯男·董保華, 2006: 2)

다음 사례 3-1에서 한·중 은유의 일반성보다 특수성 즉, 구체적 경험의 개념화에 대한 서로 다른 문화의 특수한 모형을 보여 주고 있다. 한국어는 보통 "마음이 찢어질 듯 아프다"라고 하지만 중국어는 일반적으로 "心碎(심쇄)"라고, "깨진다"로 "마음이 아프다"는 것을 표현한다. 반대로 한국어는 "머리가 깨질 듯 아프다."다는 표현을 많이 사용하지만 중국어는 보통 "머리가 찢어질 듯 아프다(頭痛欲裂)"라고 한다. 다시 말하면 한국과 중국에서는 "마음이 아프다", "머리가 아프다" 등 일반적 경험을 다르게 개념화하는 것이다.

> 사례 3-1 대외경제무역대학 3학년 조**
> 어느 하루
> …… 하지만 행복한 시간은 짧게 보인다. 열매를 다닥다닥 맺는 다음에 겨울이 올 법이다.[184] 그녀는 입원했다. 암말기. 이 벽락같은 소식을 들은 순간 <u>마음이 깨질 듯이 아프다.</u> 며칠 안 된 후에 그녀는 갔다. 유성처럼 행복한 데에 갔다. 나는 그녀의 얼굴을 벽에 그리고 하루 종일 집에 들어박이고 하염없이 가만 있었다. ……

위의 사례 3-42와 사례 3-1을 통해서 알 수 있듯이 기본적 인지 모형으로서 은유의 일반성이 제2언어와 그 은유 체계를 학습하는 학습자에게 도움이 되더라도 제2언어와 그 은유 체계의 습득은 그렇게 간단한 일이 아니다. 인간의 다양한 생활환경이 인간의 경험적 차이, 각 언어의 독특한 개념화 모형, 그리고 궁극적으로 언어적 표상을 만들어내기 때문에 모국어 은유라는 문화적 특징을 형성했다. 그 영향은 제2언어를 습득할 때 오랫동안 매우

---

184) "하지만 행복한 시간은 짧게 보인다. 열매를 <u>주렁주렁</u> 맺는 다음에 겨울이 오는 법이다."로 수정하는 것이 낫다. 중국어권 학습자의 텍스트에서 의성의태어가 누락되거나 잘못 사용되는 경우가 많다. 텍스트 차원에서의 문제가 아니라서 본문의 연구 대상에서 제외시켰다. 의성의태어가 발달한다는 한국어의 특징과 관련이 있겠지만 다른 언어권 학습자와 비교하면 어떠한 차이가 있는지, 그리고 모국어 영향 관계가 어느 정도 작용하고 있는지 등 관련 문제는 후속 연구 과제로 남는다.

완고하게 남아 있다. 다시 말해서 제2언어 학습 과정에서, 특히 초급 단계인 경우, 학습자의 제2언어 은유 체계는 모국어 은유 체계에 많이 의탁[寄生]하고, 모국어의 은유 개념이 주동적으로 활성화되며, 직접적으로 학습자의 중간언어 은유 체계의 일부분을 구성한다.(王鲁男·董保華, 2006: 2)

또한 환유는 동일한 인지 영역 내부에서 비교적 감각하기 쉬운 부분을 통해 전체 또는 전체의 다른 일부분을 이해한다는 것이다. 예를 들면, '바가지 머리'로 '여자 아이'를 가리키는 것이다. 위 사례 3-1의 밑줄 친 부분에서 '열매를 주렁주렁 맺는다'는 가을 풍경의 일부로 '가을'을 가리키는 것도 환유적 표현이다. 이것은 한·중 공통의 환유이기 때문에 텍스트의 생산과 이해에 긍정적 역할을 하고 있다.

언어 형식의 표면에서는 응결성을 갖지 않지만 환유의 도움으로 응결성과 응집성을 구성할 수 있는데 盧衛中·路雲(2006)에서 이것을 '간접적 응결'이라고 칭하고 있다. 또한 언어 사용 과정에서 생략된 형식이 많이 발생한다. 생략된 형식과 온전한 형식 사이에는 환유 관계가 존재한다. 생략된 형식과 텍스트의 다른 언어 형식 사이의 응결 관계도 간접적 응결이라고 볼 수 있다. 다음 "사례 21과 22을 이해하는 과정에서 우리는 반드시 백과사전 지식으로서 뇌 속에 저장된 생략 부분 즉, 괄호 안의 내용을 점화해야 하고, 앞문장과 응결 관계를 구성해야만 한다. 이로부터 이것은 순간적인 추론이 필요한 간접적 응결이 된다." 이것이 결과를 원인으로 대체하는 환유 용법이다. 원인이 생략되었을지라도 독자는 환유적 추론의 도움으로 신속하게 생략된 요소를 점화시켜 응결성을 구성, 응집성을 갖춘 문장을 운영할 수 있다.(盧衛中·路雲, 2006: 17-18)

사례 21. I just rented a house. The kitchen is really big.[=the kitchen of the house]나는 집을 임대했다. 주방이 정말 크다.(= 집의 주방)
사례 22. The bus came on time, but he didn't stop.[the driver of the bus] 차가 제 시간에 왔지만 그는 멈추지 않았다.(= 버스 운전사)

사례 23. 위층이 텅 비어 있었다. 나는 가장 좋은 자리를 골라 몸을 의탁해 건물 아래의 황폐해진 정원을 바라볼 수 있었다. 이 정원은 술집에 속하지 않을 것이다.(= 창가의 옆자리)[185]

위에서 언급되듯이 인지언어학의 개념적 은유·환유 이론은 전통적으로 상·하위어로 설명해온 '편지'와 '편지지', '편지 봉투', '우표' 등 어휘적 응결 장치뿐만 아니라 기존 연구에서 다루지 않았던 어휘적 공기 관계를 새로운 시각에서 해석을 시도하고 있다. 盧衛中·路雲(2006: 18)에 의하면 인간은 사건을 표상하는 과정에서 스크립트 기제에 호소한다. 그렇지 않으면 언어 자료가 너무 결여되었다는 점이 드러날 것이다. 스크립트화 과정에서 생략된 요소는 맥락적 지식의 도움으로 신속하게 점화·회수[取回] 될 수 있다. 따라서 스크립트화된 사건들의 표현 자체도 생략된 유형의 환유 형식이다. 다음 盧衛中·路雲(2006)에서 나온 사례를 살펴보자.

사례 24: 존은 식당에 들어갔다. 그는 점원에게 코코뱅을 주문했다. 그는 계산서를 지불하고 나갔다.

뇌의 장기 기억에는 일반적으로 네 개 장면의 식당 스크립트인 식당에 들어가기·주문하기·식사하기·식당에서 나오기가 저장되어 있다. 그러나 사례 24에서는 식사하기라는 장면 또는 부분이 생략되었다. 이 장면은 점화를 기다리는 기본(default, 缺省) 상태에 놓여 있다. 언제든 장면[情景] 맥락에 의해 점화되거나 추출된다. 다시 말해서, 일반적 상황에서 네 개 장면은 연속적 전체를 이루지만 실제 언어적 의사소통 과정에서는 그 중 하나 또는 두 개가 결여되어 있다. 그렇다 하더라도 사람들의 마음속에는 여전히 하나의 부분이 점화와 보완을 기다리는 전체인 것이다.[186](盧衛中·路雲, 2006: 18)

---

185) 사례 23에서 '황폐해진 정원을 바라볼 수 있었다'의 앞에 생략된 것은 '이 자리는 창가 쪽에 있다'다.

또한 楊一飛(2011)에서 다음과 같이 도식이론으로 어휘적 응결 관계를 설명해 보고 있다. "텍스트 화제의 재수용 확인에서 맞추기는 관건적 부분이다. 王軍·高明强(2009)은 맞추기가 개념적 연결[連通]과 전달의 기초라고 제기한다. 다시 말해서, 두 가지 개념 사이에 유의미한 연관[關聯]이 형성될 수 있다면 반드시 어떤 공통적 의미라는 특징이 존재하게 된다. 두 가지 개념으로부터 공통점을 추출하는 과정이 곧 맞추기이다.(2011: 142)" 영상도식 이론은 우리가 개념적 맞추기라는 관계를 이해하는데 적절한 인지적 기초를 제공해준다. 어떤 유발어(trigger, 觸發語)가 점화시킨 개념은 언어 형식과 직접적으로 대응하는 단순한 정신적[心理] 표상이 아니다. 그것은 이 정신적 표상과 연관되고 풍부한 함의를 갖는 정신적 표상의 집합들이다. 영상도식 이론에 근거하면, 어떤 언어적 성분이 점화된 인지적 틀에는 채워지지 않은 빈칸들이 포함되어 있다. 이 빈칸들은 어느 정도 점화된 상태라고 할 수 있다. 다음에 이어지는 담화에서 나타난 어떤 빈칸과 서로 맞출 수 있는 개념이라면, 이 빈칸은 제때에 점화될 수 있기 때문에 개념적 연결이 이루어진다.영상도식 이론은 우리의 백과사전적 지식·논리적 경험 등과 관계가 아주 밀접하다. 또한 투사·유추 등의 인지 기제와도 밀접한 관계를 맺고 있다. 그것들은 텍스트 수용자가 최종적으로 텍스트 화제의 재수용 대상을 확인할 수 있도록 돕는 데 공통적으로 작용한다. 이를 통해 텍스트의 응집성을 이해하게 만든다. 楊一飛(2011)에서 나온 사례 41을 보면 텍스트 화제인 '스승과 제자 두 사람'은 젊은 남녀지만 '스승과 제자'이라는 내용 도식은 중국 사람들의 전통적 '스승을 존경하고 도리를 중히 여긴다[尊師重道]'라는 개념이 포함되어 있다. 그래서 정보 맞추기 과정에서 앞에 있는 '냉담'의 '하나'와 '스승' 간 연관[關聯]

---

186) 이것은 마치 하나의 원에서 그 일부분이 지워졌다고 하더라도 여전히 하나의 원인 것처럼 하나의 연속적 전체로 간주된다. 이러한 추론적 연속 기제는 사람들이 게슈탈트[完形心理]를 가지고 있기 때문에 가능하다.

이 발생하고, 뒤에 있는 '공손'의 '하나'와 제자 간 연관이 발생한다. (楊一飛, 2011: 142-143)

　사례(41) 스승과 제자 두 사람은 비록 나이가 젊은 남녀일지라도 늘 한 사람은 냉담하게, 한 사람은 공손하게 지낸다. 예의를 벗어나는 한 치의 행동도 없다. [師徒二人雖是少年男女, 但朝夕相對, 一个冷淡, 一个恭誠, 絶无半点越礼之處](金庸<神雕俠侶>)

또한 중국어권 학습자 한국어 텍스트에서 나온 다음 사례 3-12는 스크립트에 의한 어휘적 응결을 보여 주고 있다.

　사례 3-12 대외경제무역대학 2학년 황**
　어느 하루
　…… 아침 6시쯤 나는 정신없이 일어났다. 늦잠을 자고 싶더라도 못했다. 학교의 규정대로 아침 7시에 운동장에서 아침 체조를 해야 하기 때문이었다. ……
　아침 7시에 나는 제 시간에 운동장에 도착했다. 음악이 울리자 우리는 체조를 하기 시작했다. 바로 내가 정신없이 체조를 했을 때 한 노인의 모습이 나의 눈에 띄었다. 나뿐만 아니라 내 옆에 있는 친구들의 시선도 다 그 노인에 모였다. 노인은 연세가 70세가 넘어 보이셨다. 노인은 운동장에서 비틀거리며 천천히 달리기를 하고 있었다. ……

사례 3-12 밑줄 친 부분이 묘사하는 것은 중국 대학생들이 아침에 규칙적인 시간에 운동장에 집합해 체조하는 광경이다. 시간은 규칙적인 것으로 글쓴이는 '제 시간에'를 사용했다. 아침 체조의 동작과 음악은 전국적으로 통일된 것이기 때문에 대학에서 하는 아침 체조의 스크립트는 중국 독자들에게는 비교적 익숙한 것으로 아침 7시, 운동장, 음악, 체조는 어휘적 응결을 형성할 수 있지만 관련 배경지식이 부족한 한국 독자들은 이해하기 어렵다.[187] 다시 중국 대학을 예로 들면, 교수와 직원들을 대상으로 하는 체조 시합과 합창대회 등을 조직할 수 있으며 이러한 장면을 본 외국 유학생들 대부분은 신기함을 느낄 수 있다.

> 사례 3-63 중앙민족대학 3학년 단**
> 어느 따뜻한 하루
> …… 지하철이 동대문 역에 도착했을 때, 아주 큰 가방을 메신 한 할머니께서 지하철 안으로 들어오셨다. a. 중국에서도 한국처럼 노약자에게 자리를 양보하는 것은 미덕인지라 나는 얼른 자리에서 일어나 할머니께 자리를 양보해 드렸다. 할머니께서는 자리에 앉으셨고 나는 할머니 앞에 서 있었다. b. 그런데 내가 객차안에 걸린 광고판을 보고 서 있을 때, 갑자기 누군가가 내 가방을 홱 채가는 것이었다. 깜짝 놀란 나는 주위를 둘러보니, 자리에 앉으신 할머니께서 내 가방을 들고 계신 것을 발견했다.
> 그 상황을 이해하지 못해 나는 기분이 아주 나빠졌고 볼멘소리로 할머니께 '왜요?'라고 여쭈었다. ……

사례 3-63의 밑줄 친 부분 a는 한중의 지하철 탑승 스크립트에서 공통적인 부분을 드러냈는데 모두 나이 드신 분에게 자리를 양보하는 내용이다. 반면, 밑줄 친 부분 b는 한중의 다른 부분을 드러냈다. 한국의 지하철 탑승 스크립트에서 나이 드신 분에게 자리를 양보한 후 나이 드신 분은 주동적으로 상대방의 가방을 대신 들어줄 수 있다.[188] 그러나 중국의 지하철 탑승 스크립트에는 기본적으로 이러한 내용이 없기 때문에 학생필자는 뜻밖의 감정을 느낄 수 있다.

---

187) 중국의 이러한 상황도 점점 감소하는 추세를 드러낸다. 예를 들어 "2013년 9월초 하남성 교육청 규정에 따르면, 대학 신입생은 모두 아침체조를 해야 한다. 하지만 한 매체가 조사를 했는데, 현재 대략 14%의 대학만이 모든 학생들의 아침체조를 유지하기로 했다고 한다."
http://www.ceiea.com/html/201311/201311141015178340.shtml
188) 현재 한국에서 이러한 상황은 점점 감소하는 추세를 보여 준다.

사례 3-33 중국전매대학 3학년 황**

어느 하루에 꽃이 필 것이다.

…… 그 후 어느 하루에 나는 대학 입학 통지서를 받았다. 빨간 봉투 위에 내가 꿈꿨던 대학교의 이름이 적혀 있었다. 어찌할 줄 모르는 나는 눈물이 흘렸다. 왜냐하면 많은 유명한 아나운서들이 다 그 대학교 출신이기 때문이다. 내 꿈과 더 가까워진 줄 알았다. <u>그런데 그 봉투를 뜯어보니 내가 둘어가는 학과는 아나운서가 아니라 한국어였다.</u> 그 순간에 모든 것이 정지됐다. 나는 웃어야 할지 울어야 할지 잘 몰랐다. ……

→ 그런데 그 봉투를 뜯어보니 내가 들어가야 하는 학과는 아나운서 학과가 아니라 한국어 학과였다.

사례 3-33는 한국과 중국의 수능 시험의 인지도식과 스크립트가 다름을 드러냈다. 중국의 수능 시험의 인지도식과 스크립트에는 "분배복종[服從分配]" 항목이 있는데 "분배복종"는 학교가 전공을 결정하는 것에 따른다는 것이다. 만약 시험 때 지원한 전공의 정원이 다 차고 학생이 "분배복종"에도 신청을 했다면, 그 학생은 지원하지 않은 전공에 배정될 수도 있다(그가 좋아하지 않는 전공을 포함해서). 따라서 최종적으로 합격결과가 매우 엉뚱하게 나왔기 때문에 글쓴이의 감정은 "그 순간에 모든 것이 정지됐다. 나는 웃어야 할지 울어야 할지 잘 몰랐다."라고 한 것이다.

3.2.3. 문화적 키워드

Wierzbicka(1997, 2006)는 문화적 키워드가 전체 일련의 문화적 가치를 위한 '초점(focal point)'으로 행동하므로 서로 다른 언어로 표현되는 서로 다른 세계관에 대한 접근을 제공한다고 주장한다. 이것들은 문화적으로 특정한 가치들을 단 하나의 낱말이나 표현으로 증류하며, 많은 의역 없이는 번역하기가 불가능한 것은 아니지만 매우 어렵다.(Littlemore, 2009; 김주식·김동환 옮김, 2012: 117) 다시 말해서 특정 언어로만 간결하게 표현되는 개념들이다.

1) 젓가락-수저

사례 4-45 광동외어외무대학 4학년 장**
나는 양심이 없는 사람이다
…… 어릴 적부터 받아온 사랑이니까 언젠가부터 나도 모르게 할머니께
서 그렇게 하시는 것은 다 당연한 일이라고 생각하게 되어 버렸다. 좋아하는
반찬이 없으면 <u>젓가락을 놓고</u> 방으로 들어간 경우가 적지 않다. ……

한국 사람은 '수저'를 식사용으로 사용한다. 반면 중국인은 주로 젓가
락을 사용하기 때문에 사례 4-45의 학습 필자는 여기서 사용한 '젓가락을
놓고'는 모국어의 영향을 받았을 가능성이 크다. "좋아하는 반찬이 없으
면 수저를 내려놓고 방으로 들어간 경우가 허다했다."로 수정해야 한다.
이것은 다음 사례 4-40에서 나타난 것처럼 학습자의 작문에서 흔히 보이
는 오용이다.

사례 4-40 북경제2외국어대학 4학년 변**
(제목 없음)
…… 아빠는 엉뚱하게도 내게 화풀이를 하셨다. 나는 속상하고 억울해 그
만 눈물 핑 돌뿐, 아무말도 할 수 없었다.아빠는 도시락을 드시는 듯, 마시는
듯 하시더니, 그만 <u>젓가락을 놓고</u> 자리를 뜨셨다. ……

2) '언니/선배/친구……'

사례 3-66 광동외언외무대학 4학년 여**
어느 하루
…… 그러던 어느날 아침에 나는 어제 못다한 과제에 정신없이 몰두하고
있었는데, 언니는 그것을 못본 체 나한테 빨리 아침식사를 하러 가자고 졸랐
다. 나는 조금 짜증이 나서 "안 그래도 바빠 미치겠는데 제발 좀 말 시키지
마세요." 라는 말을 해버렸다. 내 말을 듣고 언니는 얼마나 화가 났었던지

한참 말없이 서 있다가 문을 쾅 닫고 나가 버렸다. 나는 너무 당황해서 어쩔 줄 모르고 있을 때 다시 돌아오는 언니를 보았다. 언니는 내 앞에까지 와서 내 얼굴을 쳐다보지도 않고 차가운 말투로 말했다.

'넌, 언니를 우습게 보는거지?'

'아니오…'그냥 짜증나서 무심코 내뱉은 내 말을 가지고 이렇게까지 화날 필요가 있나 솔직히 좀 어이가 없었다. 그랬더니 언니가 또 말했다.

'언니한테 그런 말을 하는 게 아니지?난 정말 니가 이런 애인 줄은 몰랐어!언니라고 부르면서 속으로는 날 우습게 보고 있지?'

'저……'더 말해 보려고 했지만 언니는 나와 상대하기도 싫은 것처럼 다시 방을 나갔다.

그날 나는 하루 종일 불안했다. 내가 잘못했다고 생각하는 것이 아니라 무엇을 잘못했는지를 몰라서였다.

물론 기분 좋은 말은 아니었겠지만 그렇다고 나쁜 뜻으로 하는 말도 아니었다. 반말도 아니고 욕도 아닌데, 살다보면 누구나 짜증낼 때가 있을 테고 짜증날 사람에게서 그런 말을 들을 수도 있다고 생각했다.

중국인 친구에게 아침에 일어났던 일을 알려줬더니, 중국인 친구들도 나와 비슷한 생각을 하는 것이었다. '화날 것이 뭐냐 있냐' 며 다들 이상해 했다. 그러나 한국인 친구의 반응은 완전히 달랐다. '언니한테 그렇게 말하면 안되지! 친구라면 괜찮을지 몰라도 언니한테는 절대 안돼!' '뭐라고?언니가 화나겠다! 화났지?맞지?' 등등…

알고 보니 그동안 내가 '선배'를 '친구'로 착각하고 있었던 것이었다. 더 정확히 말하면, 나는 한국인이 생각하는 '선배'와 '친구'의 개념을 모르고 중국인의 사고방식대로 다같이 '친구'라고 생각했던 것이었다. ……

사례 3-66은 한국과 중국의 '문화적 키워드' 측면에서 개념상 차이를 보여 준다. 이러한 차이는 동일한 사건에 대해 관점이 완전히 다른 '나'와 한국의 '언니'를 만들어냈다. 주목해야 할 것은 "중국인 친구에게 아침에 일어났던 일을 알려줬더니, 중국인 친구들도 나와 비슷한 생각을 하는 것이었다.", "그러나 한국인 친구[들]의 반응은 완전히 달랐다." 등 내용에서 보이듯이 이것은 개체 간의 다른 인식이 아니며 두 개의 담화공동체의 인식 차이를 반영한 것이다. 그리고 글의 마지막 단락에서 글쓴이는 이러한 문화적 차이의 원인을 스스로 찾았다. 즉, "한국인이 생각하는 '선배'와 '친구'의 개념을 모르고 중국인의 사고방식대로 다같이 '친구'라고 생각했던 것이었다." 다시 말하면 학습자에게는 '언니', '선배' 같은 목표어 문화적 키워드가 중요한 교육내용이 된다. 뿐만 아니라 학습자의 텍스트를 제대로 이해하고 피드백을 줄 수 있도록 교사는 학습자 모국어의 문화적 키워드도 숙지해야 된다.

3장에서 논의한 이상의 내용을 바탕으로, 중국어권 학습자 텍스트에 나타난 지시와 조응 관련 응결장치의 특징적인 양상을 정리하면 다음과 같다.

<표 3-3> 중국어권 학습자 텍스트의 특징적인 양상: 지시와 조응

지시사		① 이[√그]식 혼용의 고빈도 출현(단락 간/단락 내)
		② 문장 내 '그[√이]렇게'식 혼용
		③ '그렇게'의 연속 사용
		④ 지시사의 위치: 지시사, 수식어 위치 전도
		⑤ 수식어 앞에 지시사 추가 사용
		⑥ 수사적 효과를 지닌 지시사의 누락
대용	사물 지칭	⑦ 사물의 대용어로서 '그'의 오용(→ '그+명사'/'그것')
	장소 지칭	⑧ 추상적 개념의 대용어로서 장소 대용어의 오용
		⑨ 장소표시 대명사와 '지시사+곳'형식의 혼용
	인물 지칭	⑩ 웃어른의 대용어로 '그'의 오용(→ 지칭어)
어휘 반복	인물 지칭	⑪ 웃어른의 조응어로서 '지칭어'와 '지시사+지칭어'의 혼용
	사물 지칭	⑫ 외적 서술모형에서 '그+어휘반복'을 사용해야 할 곳에 '그'를 누락
재귀 조응	'자기'의 과잉 사용	⑬ 1·2인칭 대명사, 존칭/겸칭, '자신', '자기자신'의 의무 맥락에서 '자기' 사용
		⑭ 복수접미사 '들'의 미사용
생략		⑮ 주어 생략의 오용
		⑯ 소속 관계 대명사 생략의 오용
		⑰ 행동 대상 생략의 오용

<표 3-3>에서 보이는 ①-⑰번 특징적 양상은 언어 간 영향의 원리에

따라 '순수 개념적 전이'와 '개념화 전이'로 구분될 수 있다. 전자는 장기 기억 가운데 상이한 언어의 개념적 구조 차이에 의해, 후자는 작업 기억에서 나타나는 개념의 선택과 조직에 의해 각각 유발된다. 예를 들어, '그'를 사용해야 할 곳에 '이'를 사용했다는 ①번 양상이 중요한 이유는 한국어 텍스트와 중국어 텍스트에서 선호하는 지시사 선택의 근거가 상이하다는 점을 보여주기 때문이다. 즉, 한국어 텍스트는 주로 '정보 전달'의 차원에서 지시사 사용을 선택하는 반면, 유형론적으로 화제 중심 언어에 속하는 중국어 텍스트에서는 '화제 연속'이 지시사 선택의 주요 근거가 된다.

①번 양상뿐만 아니라 지시사 사용에 관련된 ②-⑥번 양상 모두 언어 간 개념 조직의 모형 차이에 속하는 문제다. 다시 말해서 문장 내에서 '이'를 사용해야 할 곳에 '그'를 사용했다는 것은 '화제+참조물(參照物)+일부 격조사+那麽(원거리 지시부사)+참조물의 특징'이라는 중국어의 조직 방식과 밀접한 관련을 맺고 있다. 또한 수식어 앞에 지시사를 추가 사용한 경우도 수식어로 지시대상을 묘사했다면 지시사로 다시 구분할 필요가 없는 중국어 조직 방식과 관련된다.

한국어의 지시사가 의문사와 함께 사용되면 강조의 문체적 효과를 낳는다. 반면 중국어에서는 의문사 앞에 지시사를 첨가하지 않는다. 그리고 중국어권 학습자 텍스트에서 수사적 효과를 지닌 지시사의 누락은 이와 같은 조직 차이에 기인한다. 그 외에도 지시사와 수식어의 위치 전도는 고급 학습자에게도 자주 발생하는 견고한 문제에 해당한다. 이것은 형식적 측면에서 한·중 어순의 차이에 기인한다고 할 수 있지만 개념적 측면에서는 개념화 전이에 속하는 것이다.

어휘 반복에 관한 ⑪번은 웃어른의 조응어로서 '지칭어'와 '지시사+지칭어'의 혼용 문제이고, ⑫번인 외적 서술모형에서 '그+어휘반복'을 사용해야 할 곳에 '그'를 누락한 문제는 한·중 텍스트 조직 방식의 차이와 관련된다. 즉, 한국어 텍스트 전개 과정에서 지시사 '그'의 사용 여부로 글쓴이와 지칭 대상 간의 심리적 거리 및 서술관점을 조정할 수 있다는 것은 중국어와 큰 차이를 보이는 부분이다.

한편 개념화 전이가 아니라 순수 개념적 전이에 의한 양상의 예로는 ⑬번 재귀표현 '자기'의 과잉 사용을 들 수 있다. 이것은 실시간 언어 처리 과정에서 개념 조직보다 주로 장기 기억에 저장되는 개념의 내용과 관련된다. 이와 같은 개념저장 모형의 차이는 주로 하나의 언어문화에서 형성된 개념이 다른 언어문화에서 결핍되어 있거나 상이한 언어문화가 범주 구분과 내부 요소의 관계에서 불일치하는 것으로 나타난다.

한국인 모어 화자의 장기 기억에는 의미적인 차이를 갖는 '자기', '자신', '자기자신' 그리고 존비의 구별을 나타내는 재귀사 '당신'과 '저' 등의 여러 재귀표현이 저장되어 있다. 그러나 이러한 한국어 재귀표현의 개념 체계와 다르게 중국어의 그것에는 재귀표현 '自己(자기)' 하나만이 존재한다.[189] 이처럼 중국인 학습자가 한국어 재귀사 '자기'의 사용 과정에는 중국어 재귀사 '自己(자기)'의 영향이 깊이 관여될 수밖에 없기 때문에 '자기'의 과잉 사용 문제가 발생한 것이다. 이와 같은 불일치 관계 하에 ⑭번과 관련된 복수 개념적 차이까지 고려하면 한·중 언어 간 관계는 '일(一) : 다(多)' 대응 관계로 확장된다. 다시 말해서 한국어 재귀표현 '자기(들)', '자신(들)', '자기자신(들)', '당신(들)', '저'와 중국어 재귀표현 '自己[자기]' 간에 존재하는 비대칭 관계가 그것이다.

또한 대용 조응의 문제는 대부분 중국어와 한국어 대용어 간 비대칭 관계가 존재하는 지점에서 발생하기 때문에 순수 개념적 전이에 해당한다. 예를 들어, ⑧번 추상적 개념의 대용어로서 장소 대용어를 잘못 사용하는 것은 한국어와 다르게 중국어의 일부 장소 대명사가 추상적 개념을 지시할 수 있다는 점에서 원인을 찾을 수 있다. ⑨번 장소 표시 대명사와 '지시사+곳' 형식의 혼용은 한국어의 장소 표시 대명사 '여기·거기·저기'와

---

189) '自身(자신)'도 재귀표현으로 사용되는 경우가 있지만 상당히 제한적이다.

'지시사+곳' 형식이 중국어 장소 표시 대명사에 대응한다는 '2:1'형 대응 관계와 관련된다. 또한 ⑦번 사물 지칭 사물의 대용어로서 '그'의 오용과 ⑩번 인물 지칭의 경우, 웃어른의 대용어로 '그'의 오용은 중국인 학습자가 3인칭 대명사 '그'를 과잉 사용하고 있다는 경향을 드러낸다. 이것은 한·중 관련 개념적 내용의 범주 구분과 내부 구성원 관계의 불일치에 기인한다.

이상의 특징적 양상과 언어 간 영향의 원리를 정리해서 말하자면, 순수 개념적 전이는 어휘와 덩어리 표현이라는 측면에서 학습자의 장기 기억과 관련되지만 개념화 전이는 실시간 언어 처리 과정에서 개념을 선택·조직하는 작업 기억과 연관되어 있다.

제4장
중국어권 학습자 텍스트의 문법적 응집성: 연접과 시제

1. 연접

앞서 언급되듯이 연접(connextion)은 문장과 문장의 관계를 이어주는 역할을 함으로써 문법적 응집성에 기여한다. Halliday & Hasan(1976/2009: 226)은 텍스트의 연접성분(conjunctive element, 連接成分)의 특징 및 응결 기능에 대해 다음과 같이 설명한 바 있다. 연접성분은 그 자체로 응결 기능이 없으며 그들이 가지고 있는 특정한 의미를 통해 간접적으로 응결 역할을 하는 것이다. 그것들은 앞문장 또는 뒷문장까지의 확장 수단이 아니며 텍스트에서 몇몇 의미를 표현함으로써 다른 성분의 존재를 미리 설정했다.

그리고 Halliday & Hasan(1976)는 연접성분을 네 가지 유형, 즉 "추가"(additive), "역접"(adversative), "인과"(causal), "시간"(temporal)으로 분류했다. 이후 Halliday(1985)는 본래의 4대 분류법을 포기하고, "설명"(elaboration), "확대"(extension), "강화"(enhancement)라는 논리적·의미적 관계(logico-semantic relations)를 강조하는 보다 합리적이고 과학적인 3분법을 차용함으로써 연접성분을 분류하기 어려웠던 이전의 분류법의 단점을 보완했다. 4분법을 3분법으로 바꾼 것이 일종의 단순화라고 오해하면 안 된다. 오히려 새로운 3분법에서는 상위 분류항이 하위 분류로 세분화되었다.

이런 분류법은 한국 학계에 크게 영향을 미쳤다. 예를 들어, 안경화(2001: 139)에서는 논리적 응결장치라는 명칭을 사용했지만 전체 분석틀은 기본적으로 Halliday(1985)의 분류체계를 따랐다. 한편 고영근(2011: 108)은 문장을 연결시켜 텍스트를 형성하는 장치를 통사론적 응결장치라고 하여, 순접, 역접, 인과관계 등 논리적 접속부사와 등시적·계기적 사건을 서술하는데 쓰이는 시간적 접속사로 나누었다. 본고에서는 논리적 연접과 시간적 연접 두 부분을 나눠서 살펴보겠다. 구체적으로 안경화(2001: 143)에 따라 접속부 사뿐만 아니라 관용적 연결어 등 관용적 시간표현도 포함한다.190)

한편 이수미(2010)에서는 한국인과 한국어 학습자(언어권별 구분 없이)가 사용하는 접속어 순위와 빈도가 각각 제시되어 있다. 자료를 종합하여 중국인 중·고급 학습자의 접속어 순위와 빈도를 함께 정리해보면 다음 표와 같다.191)

<표 4-1 접속어 사용의 선호도>

	한국인의 접속어 사용 순위와 빈도192)		중고급 한국어 학습자의 접속어 사용 순위와 빈도 (중국인)		중고급 한국어 학습자의 접속어 사용 순위와 빈도 (多언어권)193)	
1	그리고	61	그리고	363	그래서	107
2	그런데	30	그런데	261	그리고	83
3	먼저	25	그래서	261	하지만	62
4	그래서	23	하지만	220	왜냐하면	36
5	그러나	22	그러나	117	그런데	35
6	하지만	22	왜냐하면	89	먼저	20
7	그렇지만	5	나중에	66	그러나	17

190) 백일장 학생작문 중에서 한 편의 작문에는 서사적 부분이 있고 설득적 부분도 있다. 본고에서는 주로 설득적 텍스트의 자료를 이용해 논리적 관계를 살펴보고, 서사적 텍스트를 이용해 시간적 관계를 탐색한다.
191) 구체적인 분석 대상으로는 이수미(2010: 77)에서 서울대 교재 <한국어 1,2권>에 나오는 접속어 "1급에서는 '그리고, 그런데, 그러나, 왜냐하면, 그래서, 그렇지만, 이따가, 그러니까, 2급에서는 '그러자, 나중에, 먼저, 첫 번째, 하여튼, 하지만' 등" 총 14개로 정했다. 본고에서는 이수미(2010)의 연구결과와 비교하기 위해 이 14개 접속어가 중국인 학습자의 텍스트에서 쓰이는 빈도를 조사했다. 이수미(2010)에서 분석한 접속어는 국립국어연구원(2003)에서 한국어 학습용 어휘 선정 조사에 따르면, '그리고, 그런데, 그러나, 왜냐하면, 그래서, 그렇지만, 나중에, 그러니까, 하지만, 먼저, 첫 번째'는 1등급 어휘에 속하고, '이따가, 하여튼'은 2등급 어휘에 속한다. '그러자'는 1-3등급으로 나눈 학습 어휘에 포함되지 않았다.

8	나중에	5	먼저	57	그렇지만	16
9	왜냐하면	2	그렇지만	40	나중에	9
10	하여튼	1	그러니까	27	그러니까	8
11	이따가	0	그러자	4	첫 번째/ 두 번째	6
12	그러니까	0	첫 번째	4	이따가	2
13	그러자	0	이따가	2	하여튼	1
14	첫 번째	0	하여튼	0	그러자	1

위의 통계결과를 분석해보면 다음 차이점과 공통점을 첫째, 세 가지 조사 자료에서 나타나는 접속어 사용빈도는 전반적으로 보면 양적인 차이가 있다. 이것은 말뭉치의 크기에 차이가 있기 때문이다. 이수미(2010)에서는 200편의 중·고급 학습자의 작문을 조사한 반면, 본고에서는 중국인 중·고급 학습자의 작문 313편을 조사했는데, 모두 2시간에 걸쳐 작성한 것이라 무려 143,412 어절에 달했다. 이수미(2010)에서는 구체적으로 몇 어절인지 밝히지 않았지만 본고의 말뭉치의 크기가 이수미(2010)보다 훨씬 큰 것으로 보이며 접속어의 사용빈도도 전반적으로 이수미(2010)보다 많다. 둘째, 세 집단은 고빈도 어휘의 사용이 유사하다는 점에서 공통점을 보인다. 구체적으로 세 집단의 사용 빈도 순위 상위 6개 중 다섯 개는 동일하며 단지 1개만 다르게 나타났다.[194] 그러나 이것으로 중국인 중·고급 학습자가 한국어 접속어를 적절하게 사용한다는 것을 증명할 수는 없다. 예를 들어 중국어권 학습자의 텍스트에서 나타난 '그런데'의 오용률은 50%에 달한다.

---

192) 이수미(2010: 78) 참조.
193) 이수미(2010: 78) 참조.
194) ① 한국인: 그리고(61) → 그런데(30) → 먼저(25) → 그래서(23) → 그러나(22) → 하지만(22)
　　② 중국인: 그리고(363) → 그런데/그래서(261) → 하지만(220) → 그러나(117) → 왜냐하면(89)
　　③ 다(多)언어권: 그래서(107) → 그리고(83) → 하지만(62) → 왜냐하면(36) → 그런데(35) → 먼저(20)

1.1. 논리적 연접

위의 <표 4-1>에서 보이듯이 중국인 중·고급 한국어 학습자와 한국인의 접속어 사용 순위 2위까지는 '그리고'와 '그런데'이다. 본고에서 주석 말뭉치 자료[195]를 대상으로 중국인 중·고급 학습자 텍스트에서 '그런데'의 사용 빈도 및 양상을 조사한 결과는 다음과 같다.

<표 4-2> '그런데'의 사용 빈도 및 오용율[196]

	2학년	3학년	4학년[197]	총합
사용 빈도	10	22(4)	2(2)	34(6)
오용 빈도	3	15	2	20
정확 사용 빈도	7	11	2	19
오용율	30%	57.7%	50%	50%

1.1.1. 접속어의 혼용

오용 빈도가 높은 것은 잘못된 혼용과 관련이 있다. 총 20개의 오용 중에 14개의 혼용이 있었는데, 그 중 2학년 자료에서 나타난 '근대[√그런

195) 김정은(2003)의 관점에 따르면, 오류율을 계산할 때 'A'의 실제 사용 빈도율(횟수)만을 고려하면 안 되고 'A'의 사용, 'A'의 누락오류 및 'A'를 사용해야 하는데 'B'를 사용한 횟수도 고려해야 한다. 여기서 사용빈도뿐만 아니라 오용율을 조사하는 것도 연구 목적이기 때문에 형태 검색을 중심으로 한 평행 말뭉치가 아니라 누락 빈도 및 '그런데'를 사용해야 하는 곳에 다른 접속어를 사용한 현상까지 표기해 놓은 주석 말뭉치를 조사 자료를 삼는다.

196) 본고에서 김정은(2003)에 따라 오류율을 '오류빈도/실제 사용빈도'가 아닌 '오류빈도'/'실제 사용빈도+누락빈도+반드시 사용해야 하는데 오용한 빈도'이라는 방식으로 계산한다. 위의 표에서 괄호 안의 횟수는 '누락빈도+반드시 사용해야 하지만 오용한 빈도'이다. 구체적으로 말하면, 3학년 학생은 누락이 3회, 1회는 '그런데'를 사용해야 하는데 '하지만'을 사용했다. 4학년 학생은 누락 1회, 1회는 '그런데'를 사용해야 하는데 '하지만'을 사용했다. 즉, 조사한 자료에서 실제로 '그런데'를 사용한 총 횟수는 34회이며 '누락빈도+반드시 사용해야 하지만 오용한 빈도'는 총 6회이기 때문에 오류율은 50%('14+6'/'34+6')이다.

197) 여기서 학년에 따라 분류하는 이유는 수준별 습득 정도를 파악하기 위해서다.

데]’는 구어 표현방식인 ‘근데’의 오타에 속하므로 여기에서는 다루지 않겠다. 나머지 13개의 혼용 중에서 9개는 ‘그런데’와 ‘하지만’, ‘그러나’, ‘그런데도’를 혼동한 경우이다. 구체적으로 살펴보면 다음과 같다. 그런데[√ 그러나](3번)・그런데[√ 하지만](2번)・하지만[√ 그런데](1번)・하지만[√ 그런데도](1번)・그런데[√ 그런데도](2번)이다. 즉, 이러한 혼용의 분명한 특징은 ‘그런데/하지만/그러나/그런데도’의 혼용이다. 다음의 예를 통해 자세히 살펴보자.

> 사례 4-14 중국전매대학교 4학년 왕**
> 양심의 의미
> …… 그렇게 보면, 양심은 사람들이 속마음에 언떠한 책임이다. 하지만, [√그런데] 왜 요즘 양심은 점점 이 세상에서 사라졌을까? 아마 그것 문제가 저 사람마다 잘 생각해 봐야 할 문제이다. ……

> 사례 4-25 북경대학2학년 조**
> 양심에 대한 수상
> …… 양심은 자기가 한 일을 반성하고 검사하게 합니다. 좋은 일을 해서 마음이 편합니다. 그런데[√그러나] 나쁜 일을 하면 양심에 때문에 스스로 미안하다고 생각해서 밤에 잠도 못 잘 것 같습니다. ……

사례 4-14은 접속어의 혼용에 해당하는 것이다. 밑줄 친 부분의 ‘하지만’에는 ‘그런데’가 들어가야 한다. 그리고 사례 4-15는 ‘그런데’를 ‘그러나’로 고치면 더 자연스러운 문장이 된다. 여기에서 우선 중국인 필자가 목표어의 규칙을 완전히 이해하지 못했을 가능성을 지적할 수 있다. 다시 말해 필자가 ‘그런데’와 ‘그러나’, 그리고 ‘하지만’의 차이를 알지 못해 발생한 오용이라고 판단하는 것이다.(제효봉, 2011ㄱ: 252-254) 하지만 우리는 또 다른 가능성을 검토해 볼 수 있다. 그것은 언어 간 개념 저장 모형 차이의 영향 관계로부터 발생할 수 있는 오용 가능성이다. 필자는 후자의 경우에 주목하고자 한다.

여기에서 주목해야 할 것은 중국에서 현재 사용되고 있는 대부분의 교재는 한국어 어휘나 문법에 대해 중국어를 직접 번역·대응시키거나 중국어로 설명하는 방식을 취한다는 점이다. 앞서 언급된 『한국어』(북경대) 1권 12과와 2권 2과의 어휘 목록을 보면, '그런데'에는 '但是, 然而'을, '그렇지만'에는 '但是'를(53쪽), 그리고 '하지만'에는 '然而'을(22쪽) 각각 번역·대응시키고 있다. 이러한 상황은 한국어 초급 과정에서부터 학습자들에게 '그런데'와 '그렇지만', 그리고 '하지만'에 대해 그 차이를 인식하지 못하게 만들 뿐만 아니라 더 나아가 중국어의 '但是, 然而'과 그것들을 동일한 의미로 뭉뚱그려 해석할 여지를 제공하고 있다. 또한 12과의 문법 설명 부분에서는 '그런데'를 중국어의 '可是'에 해당한다고 소개한다(57쪽). 하지만 실제 중국어의 '可是'는 한국어의 '그러나' 또는 '하지만'이 표현하는 것처럼 대립 관계의 선행문과 후행문을 연결시키는 기능을 가지고 있다. 이러한 불명료한 대응 관계의 설정은 학생들에게 큰 혼란을 주기에 충분하다. 그뿐만 아니라 '그렇지만'에 대한 문법 설명 부분에서 중국어의 '但是'에 해당한다고 소개하면서도, 그 용례 부분에서는 '그런데'를 '但是'로 번역·대응시켜 사실상 '그런데'와 '하지만', 그리고 '그렇지만'의 관계를 교재 스스로 동일한 의미의 접속어로 해석하고 있다.(제효봉, 2011ㄱ: 252-254) 따라서 이와 같은 상황, 즉 교재에서 한국어 접속어에 대한 불명료(또는 불충분)한 중국어 대응, 그리고 접속어 용법 설명과는 다른 용례의 중국어 번역 등은 한국어의 대립 접속어 학습에 있어서 학습자의 습득 과정에 영향을 미친다. 다시 말해서 한·중 접속어(개념) 간의 범주 구분 또는 관련 형식·의미의 비대칭 관계는 위의 사례 4-1과 같은 접속어의 혼용과 직접적인 상관성을 맺고 있다고 판단된다.

1.1.2. 접속어의 부재[198)]

중국인 한국어 학습자가 생산한 한국어 텍스트의 단락 내부 구성을 보면 중국어 글쓰기의 영향이 두드러지게 나타나는데 크게 두 가지 특징을 언급할 수 있다. 첫째, 중국어 텍스트에서 허용되는 짧은 문장을 연속해서 쓰는 방식이 한국어 텍스트에서도 동일하게 적용된다. 둘째, 이러한 양상은 한국어 텍스트에서 접속어의 부재로 이어진다. 중국어에서 짧은 문장의 연속적 사용이 가능한 이유는 그것 자체로 의미 연속이 가능하다는 점 때문이다. 따라서 이러한 글쓰기 방식이 적용된 한국어 텍스트에는 응결 장치인 접속표지가 쉽게 생략된다.

> 사례 4-11 대외경제무역대학 3학년 왕**
> 양심
> 그날 수능고사의 전날이었다. 나는 엄마와 같이 침대에 앉으면서 스트레스를 해소하기 위해 재미있는 이야기를 나누고 있었다. 갑자기 내 핸드폰이 울리기 시작했다. 친구가 수능고사를 칠 때 도와달라는 전화였다. 나는 엄마가 걱정될까 봐 간단하게 대답하고 전화를 끊었다. 전화를 끊고 나서 엄마한테 빙그레 웃어 주었다. 엄마는 아무 것도 물어보지 않았다. 그냥 미소를 머금으며 우리가 금방 하던 얘기를 계속 하고 있을 뿐. 좀 이상한 느낌이 들었다. 그래도 나는 크게 신경 쓰지 않았다. 사람을 약이 오르게 한 것은 그후에 있는 일이었다. ······

위의 사례는 짧고 간결한 문장의 연속으로 구성된 경우이다. 여기서 주목해야 할 것은 한국어와 중국어 텍스트는 근본적으로 상이한 텍스트다움을 요구받고 있다는 점이다. 특히 응결성 장치에 해당하는 접속표지가 그러하다. 그런데 접속표지와 같이 문장의 연결시키는 연접 기능에는 연접 관계가 드러나는 것도 있지만 드러나지 않는 것도 존재한다(한국텍스트

---

198) 다음 내용은 제효봉(2011ㄱ: 248-252)의 내용을 수정·보완한 것이다.

언어학회, 2009: 63). 다시 말해서 연속 관계를 드러내는 측면과 드러내지 않는 측면이 각각 완결적 응결성과 응집성을 확보하고 있는지, 그로부터 텍스트다움을 생산하고 있는지에 대한 평가 지점이 관건이 된다. 중국어 텍스트는 짧고 간결한 문장의 연속으로도 응결성과 응집성을 확보할 수 있지만, 한국어 텍스트는 많은 경우 앞뒤 문장의 의미 연속을 위해 연접 관계를 드러내야만 응결성과 응집성을 확보할 수 있기 때문이다. 그렇다면 문제는 중국인 한국어 필자가 한국어 텍스트를 생산하면서 모국어의 사유 구조나 텍스트 생산 구조에 기초해 글쓰기를 진행한다는 점에 있다.

이처럼 짧고 간결한 문장을 연속시키는 글쓰기 방식은 접속표지의 부재와 연관된다. 중국어는 습관적으로 시간 순서와 사건의 논리적 순서에 따라 문장이 구성되며, 전후 인과 관계에 어떤 접속어를 사용하지 않더라도 의미가 분명하다. 또한 중국어 문장들에 논리 표지가 적게 사용되어도 각각의 문장은 문장들 사이의 논리적 관계 속에서 이해된다(牛淑傑, 2006: 94). 이러한 인지적 태도는 중국인 학습자가 한국어 텍스트의 접속 표지에 습관적으로 소홀할 수 있다는 가능성을 보여준다.[199] 다음 사례 4-10과 사례 4-48은 중국인 학습자 텍스트에서의 접속어 부재 문제를 보여 주고 있다.

사례 4-10 대외경제무역대학 3학년 최**
서민의 양심
참 이상하다. 예전에 그렇게 말을 잘하는 아줌마는 어디로 갈까? 집에 돌아온 후에 엄마께 묻고나서 알게 되었다. 아줌마의 아들이 도시에서 감옥에 들어갔다. [1] 아줌마는 아들을 구하기 위해 모든 돈을 쓰고 사람을 부탁했다 [2] 시장에서 아줌마하고 싸우는 사람이 바로 그의 아들이었다. ……
서민의 양심이라는 말은 듣기 좋지 않다. 하지만 우리는 지금 이 사회의 서민이다. 우리의 부모님도 이 사회의 발전을 위해 매일 버스를 타고 다니는

---

199) 다시 말해서 중국인 학습자가 한국어 텍스트의 '읽기'를 진행할 때, 접속 표지에 주의를 기울이지 않아도 스스로 의미 맥락을 구성하는 습관에 의존할 수 있다는 것이다.

보통 사람이다. 서민의 꿈이 크지 않다. 주먹만큼 작다. [3] 자식이 그들의 전부이다. [4] 서민의 양심도 그들의 거짓말처럼 보잘것없는 것 같다.

사례 4-48 산동대학위해분교 4학년 우**
  양심
  나는 아버지와 어머니의 딸이고 언니의 여동생이다. [1] 나는 선생님들의 제자고 친구들의 친구다. [2] 나는 이 사회에서 살고 있는 대학생이고 이 지구촌에서 살고 있는 한 사람이다. 나는 지금까지 충실하고 행복하게 살아왔고, 앞으로도 그렇게 살아갈 수 있기를 나는 믿는다. 언제나 양심을 갖고 작은 일까지 진심으로 대하거나 처리해 왔기 때문이다. ……

사례 4-10의 경우, 한국어 텍스트의 구조상 [1], [2], [3], [4]에는 각각 '그래서', '그런데', '그러나', '그래서'가 들어가야만 한다. 또한 사례 4-48의 [1], [2] 경우에는 각각 '또한', '그리고'가 들어가야 한다. 그러나 위의 중국인 필자는 이러한 접속어 배치를 생략하고 있다. 이것은 단순히 한국어 접속어나 접속 어미에 대한 지식이 부족해서 발생한 오용이라기보다는 중국어 텍스트 생산구조의 영향을 받은 경우로 이해할 수 있다. 특히, 사례 4-48의 경우에서 명확하게 드러난다. 이 중국인 필자는 4학년이라는 고급 학습자에 속하며, '그리고'라는 접속어를 알지 못한다고 판단할 수 없다. 따라서 이것은 중국어의 '배비구'라는 수사법의 영향으로 필자가 의도적으로 선택하지 않은 사례에 속한다. 따라서 문제는 접속표지가 존재하지 않지만 의미적 접속은 문맥 가운데 연속되고 있는 중국어 텍스트의 영향에 있다. 중국어에서는 접속표지를 사용하지 않아도 응집성이 확보되는 텍스트적 특징이 존재하기 때문이다. 이와 같은 문제를 해결하기 위해서는 한국어와 중국어의 텍스트적 '차이'를 인식하는 것이 무엇보다 중요하다. 다시 말해서 중국인 한국어 학습자는 문장의 의미적 연속 관계에 대해 한국어와 중국어 텍스트에 내재해 있는 접속 장치의 '차이'를 이해할 필요가 있다.200) 또한 이 지점은 한국어 텍스트 구성에 관한 지식의 부재와도 연결된다.

이처럼 중국인 필자에게 목표어인 한국어 텍스트의 생산 과정은, 일반적으로 알려져 있듯이 모국어의 영향 관계와 목표어의 지식 습득 과정이 중층적 구조를 형성하며 개입되어 있다. 이로부터 모국어 영향 관계와 함께 목표어 지식습득의 오용 문제가 제기된다. 여기에서 피해야 할 점은 단순히 중국인 필자가 생산한 한국어 텍스트를 모국어의 영향 아니면 목표어 지식 습득의 부족이라고 판단하는 이분법적 태도이다.

1.2. 시간적 연접

이수미(2010: 76)에서 접속 관계를 표현하는 장치를 다섯 가지로 분류한다. 그 가운데 시간 순서를 나타내는 접속어로는 '그리고 나서, 다음으로, 결국에는, 이전에는' 등이 있다. 안경화(2001: 143)에서는 '우선, 먼저, 이제, 지금, 아까, 나중에' 등의 접속부사와 관용적 연결어를 시간적 연접에 기여하는 장치로 간주한다. 또한 김상태(2005)에서는 한국어의 시간표현 어휘인 시간부사를 다섯 가지로 분류한다. 이는 위치 시간부사, 빈도 시간부사, 지속 시간부사, 상황의 내적인 시간 속성들을 기술하는데 제공되는 시간부사, 그리고 연속된 상황들 속에서 상황의 위치를 가리킬 수 있는 시간부사다.

이 책에서는 중국인 학습자의 시간적 연결표현 사용 양상을 살펴보기 위해 제3회 백일장 작문 77편(34,447어절)을 검토했다. 제3회 백일장의 글

---

200) 물론 중국어의 모든 논리적 연결 지점에서 접속어가 사용되지 않는 것은 아니다. 예를 들어 '원인-결과'식 전개 구조에서는 접속어를 사용하지 않지만 '결과-원인' 식에서는 접속어가 사용된다. 따라서 중국인 학습자는 한국어 텍스트에서 언제 접속사를 생략할 수 있고 없는지 등 문장의 의미적 연속 관계를 둘러싼 한국어와 중국어의 접속 장치 간 '차이'를 명확히 이해할 필요가 있다.

제는 '어느 하루'로 과거 사건을 서술한 내용이 대부분을 차지한다. 다시 말해서 시간적 연결표현의 사용 양상이 적절히 드러날 수 있는 주제라고 할 수 있다. 여기서 구체적인 검토 대상은 텍스트 연접과 밀접히 관련된 '연속된 상황에서 사용되는 시간 부사'다. 그 중에서 선행·동시·후행을 나타내는 '우선·먼저', '동시에·마침', '다음에'에 초점을 맞춘다.201)

1.2.1. 선행시 연접표현

여기서 선행시 연접표현의 예시로 '먼저'만 살펴보겠다. '먼저'의 사용 빈도는 77편 가운데 모두 57회로 비교적 높게 나타났다.202) 구체적으로 살펴보면, 문장 중간에 사용되는 경우와 문장 첫머리에 사용되는 경우로 나눌 수 있는데, 각각 54회와 3회로 전체 사용빈도에서 95%와 5%를 차지한다. '먼저'가 문장 중간에 사용된 경우는 일반적으로 서술어(동사)만을 수식하고 텍스트 연결 기능은 갖추고 있지 않다. 그러나 연구 대상인 작문 자료에 나타난 '먼저'는 문장 중간에 사용되면서도 앞뒤 문장을 연접하는 기능을 담당한다. 다음 사례 3-5를 살펴보자.

> 사례 3-5 북경대학 3학년 이**
> 어느 하루
> ……집에 도착하자마자 아버지가 미리 준비해 놓으신 생각차를 <u>먼저</u> 거내고 마셔랐었다. 또 젖은 옷을 갈아입지 않고 나를 목욕을 시켰다. 목욕한 후에 식탁에 맛있는 음식을 다 차려 놓으셨다. 차 잘됐다 먹어봐 입맛이 맞는지 내가 오늘 하루 종일 꼼꼼히 연구해서 만든 것이다 라고 말하신 순간에 내가 눈물이 물이 흐르듯이 붓었다. ……

---

201) 선정 기준은 사용빈도와 중국인 학습자의 특징적인 양상의 존재 여부이다.
202) '우선'은 77편에서 단 1회만 사용되는데, 문장 첫머리에서 시간적 연결어로서 기능하고 있다. 또한 '우선'을 사용해야 할 곳에 '우선'을 사용하지 않은 경우도 1회 보인다. 본문에서는 구체적으로 검토하지 않겠다.

밑줄 친 부분의 '먼저'는 문장 중간에 사용되지만 서술어(동사)를 수식하는 것이 아니라 연속적인 행위의 순서를 나타내는 텍스트적 연접 기능을 한다. 다시 말해서 '먼저'의 전후 문장 내용은 "아버지가 <u>먼저</u> 생강차를 <u>꺼내서</u> 마시라고 하셨다. <u>또</u> 당신은 젖은 옷도 갈아입지 않은 채 나를 목욕시키셨다. <u>목욕을 시킨 후</u> 음식을 차리셨다."이다. 이처럼 '먼저'는 아버지가 하는 일의 선후 순서를 나타내는 텍스트 응결장치로 사용된다.

결론적으로 학생 필자는 '먼저'의 어순을 오용한 것으로, 위의 원문은 한국인 독자에게 '먼저'가 꺼내는 물건의 순서를 나타내는 부사로 사용되었다고 이해될 여지가 크다. 왜냐하면 '먼저'가 동사 '꺼내다'의 앞에 위치했고, 주어인 '아버지'와도 거리가 멀기 때문이다. 다시 말해서 '먼저'는 '꺼내다'를 수식하는 부사로서, "여러 가지 중에서 생강차를 먼저 꺼낸다."는 의미 구조를 띠기 때문이다. 이와 같은 현상의 발생 원인은 기본적으로 한국어와 중국어의 어순 차이에 있다. 중국어는 SVO 형식의 언어라는 점을 고려하면, 위에서 학습 필자가 표현하고 싶었던 내용은 '父親[아버지]首先[먼저]拿出[꺼내다]提前準備好的生薑茶[생강차]'다. 여기서 시간부사 '首先[먼저]'은 형식적으로 바로 뒤의 서술어 '拿出[꺼내다]'와 직접 연결되지만 의미적으로는 동사(꺼내다)의 순서를 나타내는 것이 아니라 앞에 위치한 주어(아버지)가 하는 일의 순서를 나타낸다.

'먼저'가 문장 첫머리에 사용된 경우는 모두 3회로 그 빈도가 매우 낮다. 그 가운데 2회는 텍스트 응결장치로 정확히 사용한 경우에 해당한다. 그리고 나머지 1회(다음 사례 3-36)는 '먼저'를 문장 중간에 사용하지 않고 문장 첫머리에 잘못 사용한 경우로, 텍스트적 연접 기능을 갖추고 있지 않다.

사례 3-36 대련외국어대학 3학년 양**
어느 하루
……오후에 나가서 또 그 친구랑 만났다. <u>먼저</u> 그 친구가 여전한 부끄러운 미소로 인사를 했다. 갑자기 이 동네가 사랑스러워졌다."이 동네에 인정

이 많구나." 이렇게 생각했다. 그리고 갑자기 한국과 한국인에게 아주 좋은
감정을 가지게 되었다. ……

여기서 학습 필자가 표현하고자 한 것은 '그 친구가 나보다 먼저 인사
했다.'이다. 앞서 밝혔듯이 이수미(2010: 78)에 따르면 '먼저'는 한국인 모국
어 화자의 접속어 사용 순위에서 3위, 다언어권 중·고급 학습자의 접속
어 사용에서는 6위다. 그러나 여기에서 중국인 중·고급 학습자에게 '먼
저'는 접속어 사용 순위 가운데 8위를 차지한다. 이러한 차이는 사용자의
개인적 차이 이외에도 텍스트의 유형과 관련될 수 있다. 즉 텍스트에서
'절차를 설명하는' 부분이 많을수록 '먼저'와 '우선'을 사용하는 빈도가
높아진다는 점이다.

1.2.2. 동시 연접표현

여기서 동시 연접표현의 예시로 '동시에·마침'만 살펴보겠다. '동시
에'는 작문 자료에서 7회 발견되는데 모두 정확한 사용을 보인다. 구체적
으로 5회는 연결어미인 '-는/ㄴ 동시에'와 '와/과 동시에'의 경우고, 나머지
2회는 각각 문장 첫머리에 사용되는 '동시에'와 '그러나 그(와) 동시에'다.
여기서 '그러나 그(와) 동시에'를 제외한 경우는 모두 한국어와 중국어의
표현 방식이 정확히 일치한다는 점과 관련된다. 하지만 다음 사례 3-20처
럼 '그러나 그(와) 동시에'의 경우는 학생 필자의 모국어 사유와 관련이 없
다. 왜냐하면 이것은 한국어 표현 방식에 부합하더라도 중국어 표현 방식
에는 적합하지 않기 때문이다. 앞서 언급했듯이 한국어 지시사는 주로 정
보 전달의 원리에 의해 선택된다. '그러나'는 의미의 역접 즉, 정보 흐름
의 단절을 표현하기 때문에 여기서는 '그러나 그(와) 동시에'를 사용하는
것이 자연스럽다. 하지만 이 내용에 상당하는 중국어 텍스트에서는 일반

적으로 '但是同時(그러나 동시에)' 또는 '但是與此同時(그러나 이와 동시에)'를 사용한다.

그럼에도 불구하고 이 학생 필자가 텍스트를 생산하는 과정에서 모국어의 영향 관계를 벗어났다고 판단하는 것은 무리가 따른다. 예를 들어, 사례 3-20의 밑줄 친 부분인 "지식의 바다는 밑이 없는 줄 잘 안다."는 표현은 은유적이다. "지식의 바다는 드넓어 끝이 없다"는 표현은 한국어와 중국어 모두 공통된 은유에 해당한다. 하지만 중국어에서는 "지식의 바다는 깊어 끝이 없다"는 은유도 사용하고 있다. 다시 말해서 '지식의 바다'를 하나의 그릇으로 형상화하기 때문에 '深不見底[너무 깊어 밑이 안 보인다]'라는 표현이 사용된다.

> 사례 3-20 천진외국어대학 3학년 곽**
> 어느 하루
> ……목표도 중요하거니야 생활의 여유도 그 못지않게 중요하다. 생활을 즐기면서 노력하는 자세가 필요한 것이다. 나는 지금도 바쁘다. <u>지식의 바다는 밑이 없는 줄 잘 안다.</u> 그래서 더 많은 것을 배우고 싶다. 그럴수록 바쁘다. <u>그러나 그 동시에</u> 생활 의미를 발견하는 눈도 가지게 되었다. 이제 봄이다. 내 인생도 봄 햇살에 따뜻해지고 있다. ……
> → 지식의 바다는 끝이 없다는 것을 잘 안다.

따라서 사례 3-20의 학생 필자는 모국어 영향 관계를 벗어난 것이 아니라 부분적으로 한국어 표현을 정확하게 사용하고 있거나 중국어의 개념적 운용 과정에서 그에 상응하는 일부 한국어 표현 방식을 숙지한 결과로 판단할 수 있다. 이처럼 글쓰기 과정에서 모국어 사유의 영향 관계는 매우 복잡한 양상을 드러낸다. 제2언어 학습자가 문법의 영역에서는 이미 목표어의 개념 체계를 세웠지만 개념적 은유의 영역에서는 오히려 모국어 사유의 영향을 받고 있는 것이다. 따라서 학습자의 제2언어 학습

과정은 결코 '모국어 체계에서 벗어나 목표어 체계로 접근한다.'라는 식의 선형(線形)적 시각에서 설명하기 어렵다. 왜냐하면 선형적 시각에서 '학습자 언어의 일부분이 목표어 체계에 상당히 근접(즉 모국어[개념]를 완전히 벗어난 상태)해 있지만 다른 일부분은 매우 낮은 초급 단계(즉 모국어[개념]의 직접적 영향)에 머물러 있다.'는 현상을 설명할 수 없기 때문이다. 중간언어 이론은 일종의 전형적인 선형적 관점에 기초하고 있는데, 언어 습득의 불균형성과 언어 손실 등은 모두 중간언어 이론의 한계성을 보여준다. 다시 말해서 발전-정체-퇴보라는 선형적 시각에서 언어 손실은 퇴보에 해당하지만 언어 습득과 언어 손실은 동시에 발생하는 현상으로 간주된다.

한편 '마침'은 모두 5회 사용되었는데, 그 중 3회는 텍스트 응결장치로 문장 첫머리에 사용되고 있다. 구체적으로 말해서 2회는 내적 서술모형에 속하기 때문에 '마침'으로 사용된 경우며, 나머지 1회는 외적 서술모형에 속하기 때문에 '그때 마침'으로 사용된 경우다. 이것은 모두 적절하게 사용되었다. 하지만 다음 사례 3-72와 3-7은 문장 중간에 위치하며 적절하지 않게 사용된 경우에 속한다.

사례 3-72 요령대학교 4학년 장**
내 화원에 핀 해바라기
-꿈과 현실을 깨닫게 된 어느 하루
한국에 있을 때의 일인데 사람들은 비둘기보고 '닭둘기'라고 부른다. <u>어느 날, 내가 마켓에 갔다오는 길에 마침 한 아줌마가 음식쓰레기를 버리고 있는데 빵부스러기 쓰레기통밖에 좀 떨어진다.</u> 어디 숨어 있던 비둘기 네댓마리가 그것을 보자마자 재빨리 뛰어 간다. 남에게 뺏길까 봐 날쌔게 끄덕거리는 꼴을 보고 있자니 꼭 닭과 닮았다. 난 그 웃긴 놈들에게 눈길을 떼지 못한다. ……

한국어의 일부 연결어미는 사용 과정에서 분명한 제약이 존재한다. 예를 들어 '-는 길에'가 전후 두 개로 분절시킨 문장 주어는 동일해야 한다. 따라서 밑줄 친 부분의 내용에서 선행문의 주어인 '내가'와 후행문의 주어인 '한 아줌마'가 동일인 아니기 때문에 어색한 표현에 해당한다. 위의 표현을 수정하면 다음과 같다.

　　　수정 방안(A)→ 어느 날, 나는 슈퍼마켓에 갔다 오는 길에 마침/Ø 한 아줌마가 음식 쓰레기를 버리는 것을 보았다. 빵 부스러기가 쓰레기통 밖으로 떨어졌다.

또한 '-는 길에' 자체를 삭제하면 밑줄 친 부분의 내용을 두 개의 문장으로 고칠 수 있다. 문법상 문제도 없을 뿐만 아니라 글쓴이의 원문 의미에 더 부합한다.

　　　수정 방안(B)→ 어느 날, 내가 슈퍼마켓에 갔다 오는 길이었다. 마침 한 아줌마가 음식쓰레기를 버리고 있는데 빵부스러기가 쓰레기통 밖으로 떨어졌다.

수정 방안(A)의 경우, '마침'은 문장 내 부사로서 기능하며 주요 서술어인 동사 '보다'를 수식한다. 기본적으로 연접의 역할을 담당하지 않기 때문에 생략이 가능하다. 수정 방안(B)는 '마침'이 문장 첫머리에 사용되며 연접 기능을 하기 때문에 생략할 수 없다. 한편, 사례 3-7은 '마침'을 사용해야 할 곳에 '때맞게'를 사용한 경우다.

　　　사례 3-7 장춘대학광화학원 3학년 유**
　　　어느 하루, 어머님을 위하여
　　　…… 그날 또 보잘 것 없는 일 때문에 어머님과 크게 다투였다. <u>밖에 때맞게[√마침] 비가왔다.</u> 화가 나기 때문에 나는 그냥 아침밥을 대충 먹고 책가방을 둘러메고 빗물을 맞고 학교를 향했다. 문옆에 기대여진 그 푸른색 우산

이 봤지만 우산이 하나 밖에 없는 때문에 그냥 뛰어 갔다. 어머님은 출근해
야 하니까.

'때맞게'와 '마침'은 완전히 동일한 의미를 갖지 않는다. '마침'은 '우연
히·공교롭게'를 강조하는 반면, '때맞게'는 '이르지도 늦지도 않고 시간
이 꼭 맞다'를 강조한다. 따라서 '때맞게 내린 비로 산불 피해를 줄일 수
있었다'와 '마침 내린 비로 산불 피해를 줄일 수 있었다'의 의미는 동일하
지 않다. 앞뒤 문장의 내용으로 알 수 있듯이 밑줄 친 부분의 '마침'은 '때
맞게'로 바꿔 사용할 수 없다. 여기서는 학습자의 목표어 지식 부족 때문
에 학습자가 '마침'과 '때맞게'의 의미와 용법상의 차이를 이해하지 못했다
는 판단이 가능하다. 또한 한국어 '마침'과 '때맞게'의 개념적 차이를 그대
로 각각 반영한 중국어 개념적 어휘는 존재하지 않는다는 점도 주목할 만
하다. 한국어 '마침'과 '때맞게'에 대응하는 중국어 번역 어휘로 '正好'만 가
능하다는 것은 학습 필자가 텍스트 생산 과정에서 '마침'과 '때맞게'의 혼
용 문제가 발생되는 조건을 제공하고 있다.

1.2.3. 후행시 연접표현

후행시 연접표현의 예시로 '다음에'에 대해서만 살펴보겠다. '다음에'는
연속된 상황에서 순서 비교상의 후행을 표현할 때 많이 사용된다. 중국어
권 학습자 텍스트에 나타난 사용 양상을 보면 지시어의 누락이라는 특징
이 발견된다.

> 3-56 대외경제무역대학 3학년 주**
> 어느 하루
> …… 할아버지가 힘겹게 손잡이를 잡고 서 있었다. 이 장면을 보고 옆에
> 자리에 앉은 한 젊은 회사원 모양인 남자가 일어나서 할아버지에게 자리를

주었다.
　　이것은 아주 작은 일이지만 이미 나에게 감동을 주었다. ……
　　<u>그러나 Ø[√그] 다음에 발생한 일은 그일에 뜻밖에 감동적인 마무리를</u>
<u>주었다.</u> ……

　　사례 3-56의 밑줄 친 부분에서 '그 다음에'는 '시간적 연결어'라는 텍스트적 기능을 담당한다. 즉 연속적인 상황에서 사건의 시간적 위치를 나타낸다. "그 다음에 발생한 일은"의 '그'는 '젊은이가 할아버지에게 자리를 양보한 사건'을 가리킨다. 여기서 지시사 '그'는 필수적이다. 만약 '그'가 없다면 독자는 발화 당시를 현재 시점으로 오해할 수 있기 때문이다. 그러나 사례 3-56에 상당하는 중국어에서는 '그'와 같은 지시사를 반드시 사용해야 하는 것은 아니다. 여기서 지시사의 사용은 중국어 문법 규칙에는 위배되지 않는다. 이것은 중국어의 의미적 일관성[意合]을 강조하는 특징과 관련된다. 마지막으로 다음 사례 3-58은 '선행시'와 '후행시'의 전환을 보여 준다.

　　사례 3-58 북경외국어대학 3학년 왕**
　　…… "중국사람이지?"아줌마가 우리를 물었다.
　　…… 내 머리속에 갑자기 의혹이 많아졌다."혹시 교회사람이라"라는 생각도 들었다. 왜냐하면 내가 밖에 있을 때마다 나를 교회를 다니기위해 권하는 사람이 너무 많기 때문이다.
　　A. 내가 질문을 던지기전에 아줌마가 또 말했다. "우리는 다른나라지만 이렇게 연접하고 또 같은 아시아에 있어 가지고 이웃처럼 서로 도움을 받아 줘야지. 나도 같은 아시아 사람으로서 중국지진을 보고 너무 슬프다."
　　B. "네, 감사합니다."내가 더 말하고 싶기 전에 아줌마가 이미 버스에 타<u>고 갔다.</u> ……

　　사례 3-58 A의 경우 '질문을 던지다'는 순간적인 동작이고, '내가 질문을 던지기 전에'가 표현하는 것은 구체적인 시점 이전이다. 이 '-전에'는 의미상 적절하게 사용된 것이다. 하지만 B의 경우, '내가 더 말하고 싶다'는 '-고 싶-'이 있기 때문에 순간의 동작이라고 보기 어려우며 '-전에'와 함께 사용하는 것은 부적절하다. '내가 말하기 전에 아줌마가 이미 버스를 타고 갔다.' 또는 다음과 같이 후행시 '-(으)ㄴ 후'로 수정할 수도 있다. '네, 감사합니다. 나도 말하고 싶었으나 아주머니는 이미 버스에 타신 후였다.'

2. 시제 연속성

본고는 중국어권 학습자의 시제 습득에 대한 전체적 고찰이 아니라 텍스트 연속 과정에서 나타나는 시제 연속성의 문제를 고찰하는 데 그 목적이 있다. 우선 1장 3절에서 언급되듯이 일부 말뭉치 자료(18,710 어절)에 대해 시제사용 오용의 태깅(tagging) 작업을 진행했다. 주석 내용에는 과거시제 선어말어미 '-었-', 현재시제 선어말어미 '-는-/-ㄴ-', '영형태' 및 미래시제 선어말어미 '-겠-'과 '-ㄹ 것이-'이 포함된다.[203] 주석 말뭉치에 대한 조사 결과, 중국어권 학습자의 오용 빈도는 다음과 같다.

<표 4-3> 시제 어미의 오용 빈도[204]

오용의 유형	-었-	-겠-/-ㄹ것이-	-는-/-ㄴ- ,영형태
누락 오용(67개)	64(58.2%)	3	0
대치 오용(22개)	11(10%)	3	8
첨가 오용(38개)	35(31.8%)	3	0
합계(127개)	110(86.6%)[205]	9(7.1%)	8(6.3%)

---

203) 김호정(2006: 49) 학교 문법에서의 '시제 선어말 어미' 기술 부분을 참조할 것.
204) 물론 바르게 쓴 경우도 고려할 수 있지만 이 책의 궁극적 목적이 교육에 있기 때문에 교육의 핵심으로서의 문제 지점에만 초점을 두기로 한다.
205) '합계'라는 항목에서 보이듯이 중국인 학습자의 오용은 총 127개인데 전체 시제사용 오용 가운데 '-었-'의 비율이 86.6%로 가장 높았고 미래시제를 나타내는 어미

결과적으로 전체 시제사용 오용 가운데 '-었-'의 비율이 86.6%로 가장 높았다. 따라서 이 책은 중국인 학습자의 과거시제 표지'-었-'의 사용 양상 및 시제 연속성의 관계에 초점을 맞추고자 한다. 또한 주석 말뭉치에 대한 조사 결과로 '-었'의 '누락 오용'이 58.2%로 가장 높은 비율을 차지한다. 그 구체적인 양상을 조사하기 위해 필자는 형태검색 방법을 통해 평행 말뭉치 중 제3회 77편 34,447 어절의 자료를 조사했다. 조사 자료가 3회 자료에만 한하는 이유는 3회 '어느 하루'라는 글제에 따라 과거에 대한 서사가 주를 이루고 있어서 과거시제 어미 사용 양상을 조사하는 데 더 적당한 자료라고 판단하기 때문이다. 조사결과, '-었' 유형의 누락 오용은 모두 45건이다.[206] 특히 '-었'은 '이다/아니다', '있다/없다', '-ㄹ 수 있다/없다', '-고 싶-', '-고 있-' 등의 용언이나 관용형과 함께 사용될 때 누락 오용이 집중적으로 발생한다. 구체적으로 정리하면 다음과 같다.

<표 4-4> 시제 어미 '-었-'의 누락 양상

1. '이다/아니다'	11회	'-이(었)-' 9회	'아니(었)-' 2회
2. '있다/없다'	7회	'있(었)-' 3회	'없(었)-' 4회
3. '-ㄹ 수 있다/없다'	8회	'-ㄹ 수 있(었)-'6회	'-ㄹ 수 없(었)-'2회
4. '-고 싶-'	4회	'-고싶표(었)-'	
5. '-고 있-'	5회	'-고있(었)-'	
6. 연결어미	4회	'-(었)고'	
7. 대과거	3회	'-았(었)-' 2회	'-ㄴ 적이 있(었)-'
8. 형용사	1회	'싫(었)-'	
9. 관용형	1회	그때 속상해 죽겠(었)다.	
10. 기타 (서술관점 등)	1회	거기 무슨 꽃이 피(었)나요?	
	총 45회		

'-겠-/-ㄹ 것이-'과 현재를 나타내는 어미인 '-는-/-ㄴ-, 영형태'의 오용은 각각 7.1%와 6.3%를 차지한다. 또한 표에서 보이듯이 '-었'의 오용 중에서 '누락 오용'은 58.2%, '첨가 오용'은 31.8%, '대치 오용'은 10%를 차지한다.

206) 그러나 이 결과는 전체 '-었'의 누락 오용이 아니라 누락 오용 중 일부에 해당한다. 다시 말해서 검색할 수 없는 '개[√]갰다', '슬프[√]펐]다' 등 형태소 '-았/었-'의 누락 오용은 제외한 결과다.

위의 결과를 바탕으로 각각의 유형별 '-었'의 오용 사례를 중국어와 관련시켜 분석해보면 다음과 같다. 첫째, '이다/아니다'에 대응되는 중국어는 계사 '是/不是'다. 둘째, 존재와 소유를 표시한 '있다/없다'에는 '有/沒有'가 대응된다. 셋째, 관용 표현인 '-ㄹ 수 있다/없다'에는 중국어 조동사(auxiliary)인 '能/不能'이 대응된다. 넷째, 보조용언 '-고 싶-'에는 중국어 조동사 '愿意/想要'가 대응된다. 다섯째, 보조용언 '-고 있-'는 진행 중을 표시한다. 여섯째, 형용사 '싫다'에는 중국어 심리동사 '討厭'이 대응된다. 이 여섯 가지 유형은 모두 36회 나타나며, '-었-'의 전체 누락 오용 중 80%를 차지한다. 주목해야 할 것은 중국인 학습자들이 누락한 '-었-'의 지점이 바로 중국어의 일반적 완료상 표기인 '了'가 사용되지 않는 곳이라는 사실이다. 이것에 근거해 다음과 같은 추정이 가능하다. 중국어권 학습자들은 한국어 과거시제 표기 '-었-'의 사용 과정에서 모국어의 영향을 받는다. 여기서 한국어와 중국어의 시제·상적 개념 차이, 그리고 한국어 과거시제 표기 '-었-'과 중국어 완료상 표기 '了'의 영향 가능성에 대한 검토가 요구된다.

2.1. 시제·상 체계와 학습자의 시제 사용

우선 한국어와 중국어 간 시제·상의 개념적 차이에 주목할 필요가 있다. 林娟廷(2011: 135)은 중국어를 학습하는 한국인 학습자를 대상으로 한 연구에서 한국어와 중국어의 차이를 다음과 같이 논한다. "중국어와 한국어 간에 차이가 매우 크다. 현재까지의 유형론 및 한중 언어 연구 성과를 다음과 같이 정리할 수 있다. 한국어와 중국어가 모두 '동작상(aspect)' 및 '시제'의 범위에 있다 하더라도 양자 간의 핵심은 다르다. 중국어는 동작상 개념이 강한 언어이지만 한국어는 시제 개념이 강한 언어에 해당한다. 한국어는 시간 표현에서 절대 시간을 참조하며 이것에 근거한 시간 체계는 과거·현재·미래·진행 시제 등으로 나뉜다. 또한 시간 및 동사의 상태에 상응하는 시제어미를 통해 표시한다. 따라서 한국인 중국어 학습자들은 시간 개념을 시제 체계에 기초해 인식한다. 즉 한국인 중국어 학습자들은 중국어 동작상 표기를 학습할 때도 한국어 시제 개념에 근거해 중국어 시간·동작상 개념을 이해한다. 중국어 교사는 한국인 학습자를 대상으로 한 중국어교육 과정에서 이 점을 주의해야 한다."

또한 "한국인 중국어 학습자의 동작상 범주 관련 오용 가운데 '了₁'[207]의 오용이 가장 많은 원인은 한국어와 중국어의 다른 시제·상 개념과 직접적으로 관련된다. 왜냐하면 한국인 학습자들은 자주 '了₁'를 중국어 시제표기로 보기 때문에 한국어 과거시제 표기인 '-었-'과 대응시키며, 어떤 동작이나 사건 발생이 과거에 있었다면 한국인 학습자들은 바로 '了₁'를 사용해 표현한다. 또한 표현하고자 하는 것이 과거발생 상황이라면 '過'를 사용해야 하는 상황에도 '了₁'를 사용한다.[208] 따라서 한국인 학습자들은 이것을 모두 과거시제의 표기로 간주한다는 점을 알 수 있다. 그밖에도 한국인 학습자들은 한 문장에서 두 개 이상의 '了'가 동시에 나타났을 때 앞의 '了₁'를 생략하곤 하는데, 이러한 오용도 한국어의 시제 체계와 관련된다. 한국어에서는 시제어미와 결합된 용언이 일반적으로 문장의 가장 마지막에 위치하기 때문에 한국인 중국어 학습자들은 자주 문장 끝의 '了₂'를 생략해서는 안 된다고 생각한다."(林娟廷, 2011: 135-136) 한국인 중국어 학습자를 대상으로 한 이와 같은 분석은 동일한 맥락에서 중국인 한국어 학습자에게도 역으로 적용될 수 있다. 즉 중국인 학습자들이 한국어를 학습할 때도 중국어의 시간·동작상 개념에 근거해 한국어의 시제·동작상

---

207) 현대 중국어에서 '了'의 용법은 크게 두 가지로 구분된다. 그것은 단어 끝에 위치하는 '了'와 문장 끝에 위치하는 '了'이다. 전자는 주로 '了₁'로 표기되는 완료상이다. 후자는 '了₂'는 문장의 어투조사다. 이 책에서는 완료상 표기에 주안점을 둔다.
208) '了'와 '過'는 모두 한국어 '-었-'에 상당하기 때문에 '了'와 '過'의 대체 오용이 발생한다는 설명이다.

개념을 이해하는 것이다.

林娟廷(2011)의 연구 결과는 다음의 측면에서 기존의 연구와 구별된다. 첫째, 기존의 연구가 한국어와 중국어의 형태 대응적 관점에서 접근했다면, 그는 개념의 측면에서 조망하고 있다. 둘째, 기존의 연구가 '了'와 '-었-'의 대응 관계에만 초점을 맞췄다면, 그의 연구는 '了₁'에 상당하는 한국어 표기를 범주를 크게 확대시킨다. 그것은 한국어의 전형적 완료상 표기인 '-어 있-'과 '-고₂ 있-', 그리고 한국어 동작상·시제 표기인 '-었(였)-'과 선후 순서의 표기인 '-고서'이다. 셋째, '了₁'에 상응하는 한국어 표기 외에도 여타의 중국어 동작상 표기인 '着'와 '過'에 상응하는 한국어 표기를 밝힌다. 예를 들어, 한국어 완료상 표기인 '-어 있-'과 '-고₂ 있-', 그리고 한국어 비완료상 표기인 '-며/면서' 모두 중국어 '着'에 상당한다는 점, 한국어 동작상/시제 표기인'-었(였)-' 또한 중국어 완료상 표기인 '過'에 상당한다는 점(2011: 137)이 그것이다. 이처럼 한국어와 중국어 간 영향 관계는 사실 대단히 복잡한 양상을 드러낸다. 다시 말해서 이것이 중국인 학습자의 한국어 사용 양상에 대해 보다 심도 깊은 논의를 요구하는 이유이기도 하다. 이 책은 위에서 언급된 다양한 차이 가운데 텍스트의 시제 연속성과 직접적으로 관련된 '-었-'과 '了'의 관계에 초점을 맞추고자 한다.[209]

한국어의 '-었-'과 중국어 '了' 사이에는 통계적으로 상당히 높은 대응 관계를 보인다. 鄭素英(2004: 165)에서는 王朔의 소설 『空中小姐[스튜어디스]』에서 단어 끝에 위치한 '了' 및 그에 상응하는 한국어 번역문을 조사한다. 결과를 살펴보면 '了₁ '는 239회이며, 그 가운데 한국어 '-었-'으로 번역된 경우는 210회로 87.8%에 달한다. 또한 姜룡淑(2012: 34)에 따르면, 말뭉치

---

209) 이밖에도 林娟廷(2011: 136)에서는 "한국어와 중국어의 서로 다른 상 표기와 시간 부사의 조합도 그것들의 시제·상 개념과 관련된다."고 지적한다. 이와 같은 시각은 이 책의 문제의식과 기본적으로 일치하는 것으로, 앞서 살펴본 시간적 연접 부분의 시간 부사어 또한 시제 연속성과 밀접한 관련을 맺는다.

가운데 한국어 과거시제 어미 '-었-'이 포함된 531개 문장들의 중국어 번역은 다음과 같은 결과를 보인다. 한국어 과거시제 어미 '-었-'과 중국어 '了'가 직접적으로 대응하는 것은 168회로 31.9%(가장 높은 비율)였다. 만약 '了'에 대응할 수도 있고 '了'를 생략할 수도 있는 58회를 포함시키면, 한국어 과거시제 어미 '-었-'은 중국어 '了'에 대응하는 비율이 42.9%까지 이른다. 따라서 한국인 중국어 학습자가 중국어 '了'를 한국어 과거시제 어미 '-었-'에 자주 대응한다는 것을 알 수 있다. 그러나 주의해야 할 것은 한국어 '-었-'을 사용해야 하고 중국어 '了'를 반드시 사용하지 않아야 하는 상황도 48.7%에 이른다는 점이다. 이처럼 한국인 중국어 학습자들은 '了'를 사용하지 않아야 할 때, 모국어인 한국어의 영향으로 '了'를 과도하게 사용하는 현상을 보인다. 그렇다면 논리적으로 중국인 한국어 학습자 역시 동일하게 모국어인 중국어의 영향 때문에 '-었-'을 부적절하게 사용한다는 추론이 가능하다. 이 책의 연구에서 진행한 중국인 학습자의 한국어 말뭉치 자료에 대한 분석 결과는 다음과 같은 사실을 알려준다. 중국인 학습자가 생산한 텍스트에서 발생한 '-었-'의 오용은 대부분 과거 사건의 서술 과정에서 반드시 '-었-'을 사용해야 하는 지점에서 사용하지 않은 상황이다. 이러한 누락 오용의 발생 지점은 위의 姜旻淑(2012)에서도 언급된 한국어 '-었-'을 사용해야만 하고 중국어 '了'를 사용하면 안 되는 상황과 거의 일치한다. 또한 중국어에서 동작상 표기 '了'와 함께 사용하지 않는 계사 · 조동사 · 심리인지 동사 · 형용사 등의 지점에서도 중국인 학습자들은 자주 '-었-'의 누락 오용을 보이고 있다.[210]

---

210) 이러한 동사는 주로 의미적으로 시작점이나 종착점이 없는 동사다.(姜旻淑, 2012: 38)

1) '이다/아니다'[211]

한국어 '이다'는 주로 판단구(判斷句)에 사용되며, 상당하는 번역어휘는 중국어 계사 '是[이다]'이다. '是'는 중국어의 상 표지인 '了'와 함께 사용할 수 없다. 姜昊淑(2012: 39)의 사례를 살펴보면, "전자는 후난 여자로서 내 대학 때의 같은 반 친구였다."는 중국어 "前者是一個湖南女孩兒, 我大學時候的同班同學."로 번역된다. 한국어 문장에서는 '이었/였'이 사용되었지만 중국어 문장에서 '了'가 사용되지 않았다. 다시 말해서 중국인 학습자는 모국어 영향으로 위의 한국어 문장을 생산할 때 "…… 같은 반 친구이다."로 쉽게 '-었-'을 누락하게 된다. 이처럼 중국인 학습자는 '이다'가 서술어인 판단 문장에서 자주 '-었-'을 누락하고 있다. 다음의 사례 4-37도 그것을 잘 보여 준다.

> 사례 4-37 중앙민족대학 2학년 범**
> 양심
> 양심은 끝날 수 있는 경우가 없다. 하지만 지금 많은 사람들은 젊은이들이 자기의 양심을 완전히 잃어버린다고 생각한다. 예전에 보도 한편을 본 적이 있다. 폐션을 가진 소녀가 갈가에 불쌍한 노인에게 밥을 먹여 주었다. 얼마나 강한 비교를 형성한지도 모르겠었다. 이 그림은 참으로 아름답고 간동적이다. 그 소녀의 동기는 단순한 생각으로 나타났다. *바로 양심이다[√바로 양심이었다]. ……

또한 '이다'의 부정형인 '아니다'[212]의 경우도 마찬가지 양상을 보여 준다. 중국인 학습자는 사례 4-44의 B 문장과 같이 '아니다'를 용언으로 만드는 판단 문장에서도 '-었-'을 누락한다.

---

211) 고영근·구본관(2009: 151)에서는 '이다'를 서술격 조사로 분류하면서도 '용언의 성격을 지니고 있'다고 설명한다.
212) 고영근·구본관(2009: 97)에서는 학교 문법이나 각종 사전류가 '아니다'를 형용사로 분류하고 있지만 그것이 보어를 요구한다는 점에서 불완전형용사로 봐야 한다고 주장한다.

사례 4-44 중국전매대학 4학년 왕**

양심의 의미

······ 책의 줄거리가 간단하지만, 그 간단한 이야기를 통해 인생 철학을
많이 반영했다. 그 인생 철학들중에 하나가 바로 양심이었다. A. 예전 내생
각대로, 양심이라는 것은 그저 자녀가 부모님에게 효도하는 것일 뿐이(었)다.
B. 하지만 그것이 전부가 아니(었)다. ······

사례 4-44의 A 문장도 계사 '是'가 용언이 된 상황으로, 시간사도 '예전'
이기 때문에 당연히 과거시제를 사용해야 하지만 과거시제 표기인 '-었-'
이 누락된다. 한국어에서는 '형태적 일관성[形合]'을 강조하기 때문에 과거
시간 개념을 표시할 때 어휘적 수단(시간사)은 일반적으로 문법적 수단(과거
시제 표기)와 호응한다. 중국어는 이와 다르다. 단지 시간사만을 사용해 시
간 개념을 표시할 수 있기 때문이다.

이와 같은 누락 오용은 결과적으로 전체 텍스트의 시간적 연속성에 큰
영향을 끼친다. 그리고 다음에서 살펴볼 첨가 오용도 누락 오용과 마찬
가지로 '了'와 '-었-'의 영향 관계로부터 그 발생 원인을 찾을 수 있다. 예
를 들어 사례 4-31의 밑줄 친 부분 "앞으로 아무리 훌륭한 사람이 되었
더라도 ······"에서 시간사는 '앞으로'이며, 학습 필자는 용언 뒤에 과거시
제 표기 '-었-'을 사용한다. 필자는 4학년으로 고급 학습자에 속함에도
불구하고 이러한 오용을 보이는 원인은 다음과 같이 추정된다. 학습 필
자가 '-었-'을 한국어 동작상 표기로 보고 그것과 중국어 완료상 표기인
'了'를 대응시키며, 특정 동작이 이미 완성되었다는 것을 '-었-'으로 표현
한 것이다.[213]

---

213) 이것은 앞서 다룬 한국인 중국어 학습자의 경우와 정확히 상반된 결과다. "한국
학생들은 자주 '了₁'를 중국어의 시제표기로 보고 그것과 한국어의 과거시제 표기
인 '-었-'을 대응시키며 특정 동작이나 사건이 과거에 발생했다면 한국 학생들은
'了₁'를 사용해 표현한다."(林娟廷, 2011: 135-136)

사례 4-31 요녕대학 4학년 유**

(제목 없음)

······ 지난 달에 포항철강 xx지사의 사장님께서 우리 학교에 오셔서 특수 강하셨다. 마지막 하신 말씀을 아마 내가 평생도 잊을 수 없을 것이다. '그 때 우리 교수님이 없더라면 지금의 나도 없을 겁니다'라고 하셨다. 앞으로 아무리 훌륭한 사람이 되었더라도[√ 되더라도] 스승님에게 감사의 마음을 꼭 가져야 한다는 것을 깊이 알게 되었다. 이것이야 말로 사람이 더 진보할 수 있는 비결이라고 생각한다. ······

2) 조동사

중국어의 조동사는 일반적으로 한국어의 보조동사 또는 보조형용사와 영향 관계를 맺는다. 예를 들어, 당위의 의미를 갖는 보조동사인 '(-어/아야) 한다', 희망의 의미를 갖는 보조형용사인 '(-고) 싶다' 등이다.[214) 또한 의지를 나타내는 관용구를 포함하기도 한다. 姜暻淑(2012: 39)에서 제시된 "나는 다가가서 그 여자를 잠시 위로하려 했다.(我走了過去, 想安慰那個女孩兒一下.)"가 그러한 경우다. 하지만 여기에서는 '(-고) 싶다'만을 분석하고자 한다. 그 이유는 분석 자료에서 '-고 싶-' 뒤에 '-었'을 누락시킨 '-고 싶(었)'이라는 유형 오용이 가장 많았기 때문이다. 이러한 오용은 다음의 사례 3-53, 사례 4-28, 사례 3-54, 사례3-77에서도 알 수 있듯이, 초·중·고급 (1·2·3·4학년) 학습자 자료에서 두루 출현한다. 그 가운데 사례 4-28은 학습 필자는 두 번이나 연속적으로 희망의 의미를 갖는 보조형용사 '(-고) 싶다' 뒤에 과거시제 표기 '-었-'을 누락한 경우다.

사례 3-53 중국전매대학 1학년 임**

어느 하루

······ 그 날은 저는 어른이 되었습니다. 그래서 저는 부모님께 많은 일을 도와주고 싶(었)습니다. 저녁에는 저는 집안일을 했습니다. 그리고 저는 부

---

214) 고영근·구본관(2009: 103, 104, 116)을 참조할 것.

모님께 맛있는 저녁을 만들었습니다. 부모님께서는 아주 즐겁셨습니다. 저도 아주 행복했습니다. ……

사례 4-28 북경어언대학 2학년 이**
인생의 거울을 갖다
…… 다음 학기에 내가 바보처럼 공부했다. 잠도 필요없는처럼 연습 문제를 풀렸다. 왜 그렇게 한 이유가 모르지만 그냥 어디에서 실수했던 어디에서 다시 일어나고 싶(었)다. 끝까지 힘을 쓴 양심을 갖고싶(었)다.[215] ……

사례 3-54 천진사범대학 3학년 고**
어느 하루
…… 다시 들어가고 싶(었)지만 아버지한테 거짓말을 한 것이 너무나 미안하여 들어갈 면목이 없어졌다. 울고 싶은 것을 억지로 꼭 참았다. ……

사례 3-77 치치하얼대학 4학년 왕**
어느 하루
…… 내가 고등학교 때부터 한류의 바람이 이미 불어왔다. 한국 드라마를 보면서 한국이라는 곳에도 한번 가고 싶(었)다. 그리고 번역된 드라마가 틀린 때도 있으니까 항상 답답했다. ……

'-고 싶(었)' 유형의 오용은 문장 끝에 나타난 경우도 많지만, 다음 사례 3-72처럼 문장 중간에 나타나는 경우도 있다. 구체적으로 살펴보면, 밑줄 친 부분에서 선행문의 동작은 후행문에 비해 과거에 발생했기 때문에 과거시제 의무 맥락에 속한다. 하지만 학습 필자는 접속어미 '-는데' 앞에 과거시제 표기'-었'을 누락시키고 있다.

사례 3-72 요령대학교 4학년 장**
내 화원에 핀 해바라기

---

215) "어디에서 실수했던 어디에서 다시 일어난다."는 중국어의 관용어 "내가 실수한 바로 그곳에서 다시 일어나다."이다.

-꿈과 현실을 깨닫게 된 어느 하루

…… 어릴 적부터 여태껏 난 내 꿈이 무언지 모르고 있다. 입학할 나이가
되어 부모님이 날 학교에 보낸 첫날, 국어선생님이 우리더러 꿈에 대해 글을
쓰라고 하였다. 친구들이 막 제각기 과학자, 소설가, 기자 등 되겠다고 신나
게 쓰고 있는데 난 웬지 그것에 대해 별 느낌이 없었다. 종소리가 울려 친구
들이 한 장 넘게 쓴 글을 보고 깨끗한 흰 종이 한 장만 꼭 쥔 손에 땀이 난
나는 얼굴까지 확 달아 오름을 느꼈다. '전 제꿈이 뭔지 잘 모르겠어요.' 라
고 말해 버리고 싶은[√었는]데 겁나서 '더 곰곰이 생각하고 내일 내겠다'
고 핑계대어 선생님께 말씀 드렸다. ……

이처럼 앞서 서술한 몇몇 예시는 모두 시제 연속성의 관점에서 과거시
제 표기를 반드시 사용해야만 하는 문장이다. 그러나 중국인 학습자들은
결과적으로 '-었'을 누락시키고 있는데, 이것은 그들이 '조동사는 완료상
표기와 공존할 수 없다.'는 중국어 사유 모형의 영향으로부터 '-었-'을 동
작상 표기에 대응시켰을 개연성이 매우 높다.

3) 심리인지 동사[216]

한국어와 중국어의 어휘 분류 방법은 상이하다. 한국어 학계와 중국어
학계 모두 어휘 분류 방식에 따라 학자별 차이를 보인다. 그 가운데 특징
적인 것은 林娟廷(2011)의 분류 방식이다. 그는 戴耀晶(1997)과 박덕유(2007)
의 방식을 참조해 한국어와 중국어 동사에 대한 통일적 분류를 시도한다.
林娟廷(2011: 45)의 분류 방식에서 심리인지 동사의 속성은 [+정적][-종결
성][+지속성]을 갖는다. 중국어의 심리인지 동사로는 '喜歡'·'討厭'·'希

---

216) 또한 심리동사라고 한다. 고영근·구본관(2009: 411)에서는 한국어의 동사를 동작류
에 따라 다음과 같이 분류한다. "상태동사: 높다·낮다 등의 일반적인 형용사, 과정
동사: (바람) 불다·사랑하다·미워하다·걷다, 완성동사: 결과성/비결과성-닫다·
열다·눕다·앉다·입다, 비결과성-(편지) 쓰다·먹다·주다·(집) 짓다·만들다,
순간동사: 결과성-죽다·가지다·(눈) 뜨다·감다·도착하다, 비결과성-끝나다·이
기다·차다·때리다·꼬집다, 심리동사: 믿다·느끼다·알다·바라다·생각하다"

望'·'知道'·'相信', 한국어 심리인지 동사에는 '좋아하다'·'싫어하다'· '바라다'·'알다'·'믿다' 등이 포함된다.

姜旻淑(2012: 39)의 사례("엄마는 식구들이 모이는 왁자지껄한 상태를 좋아했다. [媽媽喜歡家人團聚的喧囂氣氛.])에서도 알 수 있듯이, 심리인지 동사의 속성 중 하나는 [-종결성]이다. 중국어 심리인지 동사 '喜歡'은 일반적으로 '了₁'와 같이 사용할 수 없다. 그러나 한국어에서 '좋아하다'는 과거시제 의무 맥락에서 시제표지 '-었-'과 결합할 수 있다. 중국인 학습자가 심리인지 동사를 사용해 용언을 만들 때 자주 '-었-'을 누락시키는 이유가 바로 '-었-'을 중국어 동작상 표기 '了'에 대응시키기 때문이다. 예를 들어, 다음 사례 3-1의 밑줄 친 부분에서 시간 부사어는 과거 시간을 표시하는 '이 벼락같은 소식을 들은 순간'이지만 학습 필자는 '-었-'을 누락시키고 있다.

사례 3-1 대외경제무역대학 3학년 조**
어느 하루
…… 그녀는 입원했다. 암말기. <u>이 벼락같은 소식을 들은 순간 마음이 깨질 듯이 아프[√팠]다.</u> 며칠 안 된 후에 그녀는 갔다. ……

또한 다음 사례 3-16은 A·B·C 문장 모두에서 '-었-'이 누락되었다. 세 문장을 수정해 보면 다음과 같다.

사례 3-16 북경연합대학 2학년 상**
어느 하루
…… A. 어느 하루 나랑한국어는 첫인상이 있게 되었다. 그게 나한테는 아무래도 잊을수 없는 하루이다. …… B. 어느 하루 나랑한국어는 인연을 맺고 나한테는 그게 풀수 없는 깊은 인연이라고 생각한다. 그하루는 정말 의미가 있다. …… C. 어느 하루 나는 진정한 한국어 학과의 학생이 되었다. 그때 나는 아주 행복하다고 말 하고 싶다. ……

A 문장의 수정 방안(1): 어느 날 나와 한국어의 첫 만남이 있었다. 그 날은 나한테 잊을 수 없는 하루였다. 또는 수정 방안(2): 어느 날 나와 한국어의 첫 만남이 있었다. 나는 그 하루를 잊을 수 없었다.

B 문장의 수정 방안: 어느 하루 나는 한국어와 인연을 맺었고 이 인연은 쉽게 끊을 수 없는 깊은 인연이라고 생각했다. 그날 하루는 내게 정말 큰 의미가 있다.

C 문장의 수정 방안(1): 어느 하루 나는 진정한 한국어 학과의 학생이 되었다. 그때 나는 너무 행복하다고 말하고 싶었다. 또는 수정 방안(2): 어느 하루 나는 진정한 한국어 학과의 학생이 되었다. 그때 나는 너무 행복했다.

정리해보면 A 문장의 수정 방안(1)의 용언 '이다'에 상당하는 중국어 계사, 수정 방안(2)의 관용구 '-ㄹ수 없다'에 상당하는 중국어 조동사, B 문장의 용언 '생각하다'라는 심리인지 동사, C 수정 방안(1)의 보조형용사 ' - (고) 싶다'에 상당하는 중국어 조동사, 수정 방안(2)의 용언인 형용사 등이 제시되어 있다. 이런 용언에 상당하는 중국어 표현에는 모두 '了'와 사용할 수 없다. 이와 같은 사실은 앞서 제시한 중국인 학습자들이 한국어 과거시제 표기 '-었-'의 사용 과정에서 모국어의 영향을 받았다는 추정의 실질적 근거가 된다. 다시 말해서 중국인 학습자가 한국어 텍스트를 생산할 때, 시간적 연속성을 담지한 '-었-'의 사용에는 그들의 모국어인 중국어의 사유 패턴이 깊숙이 자리하고 있다.

4) 형용사/상태동사

앞서 밝혔듯이 과거 사건을 서술할 때 보통 과거시제 어미를 연속 사용하는 경우가 많다. 사례 4-1의 밑줄 친 부분은 과거시제 어미가 없는 문장이 삽입되었기 때문에 시제 연속성에 문제가 발생한다. 여기서 학습필자가 '-었-'을 누락한 원인은 모국어와 관련된다. 다시 말해서 오용 문장의 용언이 형용사라는 점 때문이며, 중국어 형용사는 일반적으로 완료상 표기인 '了'를 함께 사용할 수 없다. 중국인 학습자는 '-었-'과 '了'를 직접적으로 대응시켰을 가능성이 매우 크다.

4-1 북경대학 3학년 동**
가장 양심이 있는 사람이란
······ 얼마 안 지나 마을 사람은 또 한 사람을 승님에게 보냈다. <u>그 사람이</u> <u>착하기로 유명하고 친구가 제일 많(았)다.</u> 평생에 사기 한번도 안 치고 친구를 배판한 적도 없었다. 그러나 승님도 안되다고 했다. ······

다음 사례 3-45의 밑줄 친 부분 용언도 '싫다'로 형용사이다. 이에 상당하는 중국어 '討厭'은 심리인지 동사로 알려져 있다. 일반적으로 중국어 심리인지 동사도 '了'와 함께 사용할 수 없기 때문에 학습 필자의 '-었-' 누락 원인도 중국어 '了'와 관련이 깊다.

사례 3-45 중앙민족대학 3학년 서**
어제 보다 오늘 더
······'힘 있는 사람들이 저 장애인 좀 도와 주세요.'기사 아저씨가 말하셨다. <u>나는 '장애인'이 세 글자를 진짜 듣기 싫(었)다.</u> 그래도 어째든 도움이 필요해서 듣기 싫고도 받았다.고등학교 같은 남자 두 명 나왔다.한 명은 나를 업고 한 명은 내 휠체어를 챙겨줬다. ······

이상으로 '-었-'의 누락이 텍스트의 '시제 연속성'에 영향을 준 상황들을 검토했다. 이 상황들은 모두 용언의 성격과 밀접한 관련이 있으며, 용언이 '이다/아니다', 그리고 [-완성성]의 성질을 갖는 중국어 형용사·조동사·심리인지 동사 등의 용언에 상당하는 한국어 표현일 경우 '-었-'의 누락 오용이 빈번하게 나타났다. 이 외에도 과거 사건을 서술하는 과정에서 나타나는 자주 반복되는 상황, 진행 중인 행위, 그리고 실현되지 않은 동작(부정) 등에서도 '-었-'의 누락 오용을 발견할 수 있다. 이러한 경우에도 중국어에서는 일반적으로 완료상 표기 '了'는 사용될 수 없다. 이것이 다음에서 논의할 내용이다.

5) '了'와 '-었-'의 기타 영향 관계

김성란(2010)에서는 중국인 한국어 학습자의 '-었-'의 오용과 중국어 '了'의 영향 관계를 검토한다. 중국어의 전이로 생긴 가장 큰 오용 원인은 중국어에는 한국어의 '-었-'과 비슷하면서도 완전히 같지는 않은 동작의 완료, 실현을 나타내는 조사 '了[료]'가 있기 때문이다. 중국어에서의 '了'는 발화 시간과 상관이 없이 단순히 동작이 완료되었거나 실현됐을 때 쓰이는 조사이다. 따라서 중국어에서는 '了'를 완성태(完成態)를 나타내는 조사라고 부르는데 완성태는 한국어에서의 완료상과 같은 개념이다. 이로부터 중국인 학습자들은 완료상 '了'의 영향으로 중국어 문장에서 '了'가 쓰이지 않으면 한국어 문장에서도 '-었-'을 쓰지 않으려는 경향을 보인다.(김성란, 2010: 151) 다음의 구체적 사례가 그것이다.

(13ㄱ) 1학년 때 저는 늘 지각합니다.: 一年級的時候我經常遲到.(√지각했습니다.)217)

(13ㄷ) 어제 네가 전화할 때 나는 자고 있다.: 昨天你打電話的時候我正在睡覺.(√자고 있었다.)

(13ㄱ)에서 중국어 문장을 보면 이는 반복적으로 어떤 행위가 나타낼 때 쓰이는 시간부사 '經常[늘]'과 함께 쓰여서 어떤 사실이 반복하여 나타난다는 문법적 의미를 포함하고 있는 반복 진행상이다. 이처럼 중국어에서 '了'는 어떤 동작이 비록 과거에 발생했지만 반복적으로 진행되는 상황을 나타내는 경우에는 쓰이지 않는다. 즉 과거시제이지만 완료상이 아닐 경우에는 쓰이지 않는다. 예문 (13ㄷ)에서 '나의 자고 있는' 행위가 어

---

217) 괄호 안의 내용은 수정한 부분이다.

제 발생했지만 중국어에서는 자고 있는 행위가 진행 중인 진행상으로 보기 때문에 완료상을 나타내는 '了'를 쓰지 않는다.(김성란, 2010: 152)

여기서 검토된 두 가지 유형, 즉 1) 반복적인 행위, 2) 진행 중인 행위의 관련 오용은 아래 자료에서도 찾아볼 수 있다.

① 자주 반복되는 행위의 사례:

사례 4-24 북경대학 2학년 경**

(제목 없음)

...... 저는 아침밥을 먹지 않으면 못살 정도로 아침밥 꼭 먹는 사람중 하나이다. 어렸을 때부터 부모님께서는 번갈아 가면서 제게 아침밥을 *준비해주시기 때문이다.[√준비해 주셨기 때문이다.] 그때 저는 7시에 집에서 출발해서 등교했다. ......

사례 4-24의 경우는 "어렸을 때부터 ...... 번갈아 가면서"에서 알 수 있듯이 '부모님께서 나에게 아침밥을 해 주셨다.'라는 반복적 행위가 이루어진 문장에 해당한다. 이로부터 학습 필자는 이 같은 누락 오용이 발생한다.

② 진행 중인 행위의 사례:

사례 3-21 남경사범대학 4학년 정**

사는 행복을 느끼게 해 주는 어느 하루

...... A. 봄이 완연한 4월 어느날에 아침 6시경에 나는 자신의 존재를 의식하기 시작하고 천천히 눈을 떴다. B. 수업이 없어서 그냥 침대에 누워 있어 한가하게 창밖을 바라보고 있(었)다. C. 진달래꽃과 같은 투명한 연한분홍색 빛깔을 띤 해는 수주워하든 저 푸른 산뒤에 숨어 있다가 뛰어올라 점점 눈이 부실 정도로 강해졌다. D. 햇살에 가득 적셔 귤색 빛깔을 띤 커튼은 산뜻한 아침 바람에 가볍게 몸을 하늘거리고 있(었)다. E. 풀잎향기 꽃향기 등 섞여 있는 시원한 아침 바람에 나는 자신도 모르게 기분이 유쾌해졌다. F. 이렇게 활기찬 모양으로 내 하루를 시작했다. ......

사례 3-21의 전체 단락은 4월 어느 날 아침에 대한 묘사이다. 전체적으로 과거를 사용해야 하지만 학습자는 '-고 있-'이 나타난 위치에서 두 번이나 '-었-'을 누락한다. 흥미로운 점은 학습 필자가 '-었-'을 모두 네 개의 문장(A·C·E·F)에서 사용하는데, 그 문장들을 중국어로 번역해보면 모두 완료상 표기 '了'를 필요로 한다는 점이다. 반면, 중국어 문장에서 '了'를 사용할 수 없는 두 개 문장(B·D)에서는 모두 '-었-'을 누락하고 있다. 이 사례는 필자의 추정의 또 다른 확실한 근거가 된다.

또한 다음 사례 3-66은 A 문장의 "몰두하고 있었는데"는 정확한 사용을 보인다. 그러나 B 문장의 "날 우습게 보고 있(었)지?"에서는 '-었-'을 누락한다. B 문장은 앞부분에서 '언니라고 부르다'와 뒷부분의 '속으로는 나를 우습게 보고 있다'를 접속 어미 '-면서'를 연결시킨다. 여기서 '-면서'는 "선행문이 후행문과 동시에 이행되고 있음을 나타내는 연결어미"(김호정, 2006: 104)로서 선행문의 시간 개념과 후행문의 시간 개념이 전체적 또는 부분적으로 중복된다. 문맥에 근거해보면, '언니라고 부르다'의 행위와 "속으로는 나를 우습게보고 있다"의 행위도 발화 시점 이전에 발생한 것으로 봐야 한다. 따라서 과거시제 표기를 첨가해 '속으로는 나를 우습게 보고 있었지?'로 해야 한다.[218]

> 사례 3-66 광동외어외무대학 4학년 여**
> 어느 하루
> …… A. 그러던 어느날 아침에 나는 어제 못다한 과제에 정신없이 몰두하고 있었는데, 언니는 그것을 못본 체 나한테 빨리 아침식사를 하러 가자고 졸랐다. 나는 조금 짜증이 나서 "안 그래도 바빠 미치겠는데 제발 좀 말 시키지 마세요." 라는 말을 해버렸다. …… 언니는 내 앞에까지 와서 내 얼굴을 쳐다보지도 않고 차가운 말투로 말했다.

---

218) "선행문에서 [결정성]의 의미 자질을 갖는 '-었-'의 결합은 허용하지 않는다. 이때 선행문의 시간 해석 또한 후행문과의 관계에 따라 조응적으로 해석된다."(김호정, 2006: 104)

'언니한테 그런 말을 하는 게 아니지?난 정말 니가 이런 애인 줄은 몰랐어! B. 언니라고 부르면서 속으로는 날 우습게 보고 있(었)지?' ……

이것은 한국어가 형태적 일관성[形合]을 중시하며, 복합문(선행문과 후행문)은 접속어미에 따라 주어와 시제 등의 제약을 받는다는 점 때문이다. 반면, 중국어는 의미적 일관성[意合]을 강조하며, 의미 전개에 문제가 없다면 상대적으로 문법상의 제약이 적다. 따라서 위의 B 문장의 경우, 상당하는 중국어 표현에서는 선행문과 후행문 간 명시적 접속 수단 즉, 연결어가 요구되지 않으며, 시간적 일치의 사안도 요구되지 않는다. 또한 학습 필자가 A 문장에서 정확한 과거시제 표기 '-었-'을 사용한 것은 이 문장에서 시간을 나타내는 부사절 '그러던 어느 날 아침에'가 '행위의 과거 발생'을 명확히 표시하고 있기 때문이다. 이에 비해 B 문장에서 학습필자는 시간 부사어도 사용하지 않았을 뿐만 아니라 접속어미 '-면서'의 제약 조건을 이해하지 못한 상태에서 '-었-'을 누락시켰다는 추론이 가능하다.

③ 부정 표현: 실현되지 않은 동작 / 존재하지 않음.
중국어에서는 실현되지 않은 동작에 대해 '了'를 사용하지 않는다. 姜珬淑(2012: 42)에 의하면 동작의 실현이나 완성을 부정할 때 용언동사 앞에 부정사 '沒'가 있으면 여기서 동사 뒤에 동태조사[즉 완료상 표지] '了'를 다시 사용할 수 없다. 다시 말해서 중국인 학습자는 한국어의 부정을 표시하는 '못/-지 못하다'와 '안/-지 않다'를 사용할 때, '-었-'과 '了'의 영향 관계에 쉽게 노출된다. 이로부터 '-었-'을 누락하는 현상이 발생한다. 뿐만 아니라 중국인 학습자는 '존재하지 않음'을 표시하는 '없다'를 사용할 때도 자주 과거시제 어미 '-었-'을 누락시킨다. 사례 3-76의 A 문장과 B 문장이 그것을 보여 준다.

사례 3-76 청도이공대학 3학년 양**

나의 첫 연설

…… A. 그 때 나는 특별한 재주는 없(었)지만 공부만큼은 반에서 일등 아니면 이등 하는 편이었다. 하지만 자주 불안해하였다. 특히 친구들이 "야 너 공부 정말 잘하는군아" 라고 할 때 더욱 그랬다. B. 왜냐하면 늘 좋은 성적을 받으리라는 자신이 없(었)기 때문이다. ……

이처럼 중국어의 부정 표현은 일반적으로 '了'를 함께 사용할 수 없기 때문에 과거시제 의무 맥락에서 '-었-'이 누락된 것이다. 따라서 이는 중국인 학습자들이 반드시 숙지해야 할 내용이다. 시제 연속성 유지라는 시각에서 과거 사건을 서술할 때 부정 표현의 시제표지 사용이 문제로 부각되기 때문이다.[219]

중국어 부정사는 동작상 범주와 관련되며, '不'와 '沒有'는 본래 일정한 시제·동작상적 의미를 갖는다. 예를 들어, 戴耀晶(2000)에서는 '沒'가 '부정·현실·유지' 등의 의미 특징을 갖는다고 설명한다. 반면, 한국어 부정사는 이러한 동작상적 의미를 갖추고 있지 않다. 다시 말해서 한국어의 부정사 '안'·'못'·'-지 않다'·'-지 못하다' 등은 부정만을 표시할 수 있을 뿐 '현실'·'완성' 등의 상적 의미는 없는 것이다. 따라서 중국어의 부정사와 동작상 표기의 공기에는 엄격한 제약이 있지만 한국어는 그와 다르다.(林娟廷, 2011: 48) 따라서 한국인 학습자가 중국어를 학습할 때 나타나는 동작상 표기 오용은 "이미 견고한 '시제' 체계를 구축했기 때문에 '동

---

219) 또한 이러한 '-었-'과 '了'의 영향 관계는 비단 중국인 한국어 학습자에게만 국한되지 않는다. 동전의 양면처럼 한국인 중국어 학습자에게서도 동일한 현상이 역으로 발견된다. 예를 들어, 林娟廷(2011: 121)에서는 "사례 56에서 알 수 있듯이 한국어에서는 과거 발생한 사건에 과거시제 어미 '-었-'을 첨가해야 하며 부정사의 영향을 받지 않는다. 따라서 한국인 중국어 학습자는 시제표기 '-었-'의 부정적 전이 영향으로 중국어의 부정표현에서 자주 '了'를 첨가하는 오용이 나타난다." 이것은 한국어와 중국어라는 두 언어 간 영향 관계를 극명하게 보여 주는 단서가 된다.
(사례 56)那時我們的旅遊沒有了[√/∅]什麽問題, 安全地回來了.: 그때 우리의 여행에는 아무 문제가 없었고, 안전하게 집으로 돌아왔다.

작상 체계'로 전환하는 것이 쉽지 않다."(林娟廷, 2011: 116)는 점에 기초한다.

이상에서 '이다/아니다', 형용사·조동사·심리인지 동사 및 '자주 반복되는 행위'·'현재 진행 중인 동작'·'부정 표현' 등과 함께 사용된 시제 표지 '-었-'의 양상을 살펴보았다. 공통적 특징은 용언 모두 [-완성성]의 성질을 갖기 때문에 중국어에서는 완료상 표기 '了'를 사용할 수 없다는 점이다.[220] 이러한 '了'의 특징은 기본적으로 규칙적이다. 그러나 '了'에는 불규칙성도 존재한다. 즉 "'-了'는 중국어 완료상의 표지다. 그러나 이것은 서양의 상 표지와 용법 면에서 많이 다르다. 과거 발생한 동작이나 사건을 표기할 뿐만 아니라 그 '완전성'(Comrie, 1976: 12)을 표기하기도 한다. 하지만 비슷한 상황에서는 '-了'를 사용하는 경우도 있고 사용하지 않는 경우도 자주 보게 된다(Chu and Chang, 1987; V. W. Chang, 1986 참고). 따라서 '있어도 되고 없어도 되는' 것이라 할 수도 없으며, '완성'이라는 차원에서 그럴듯하게 설명하기도 어렵다. 이것은 텍스트 문법 관점에서 해석할 수밖에 없다. 예를 들어, 일련의 동작성 동사의 관련 의미를 표현하기 위해 모든 동사 뒤에 붙는 '-了'를 삭제하는 대신 마지막 하나만 남겨두는 경우

---

220) 여기에서 부가적 설명이 필요하다. 앞서 본문에서 '-었-'을 '시제표지'로 통칭했지만 이에 대해 다른 견해도 존재한다. 즉 "시제 형태에는 동작성도 파악된다. 현재시제는 진행상으로, 과거시제는 완료상으로, 미래시제는 예정상으로 해석하는 것이 그러하다. 이는 시제를 동작상의 관점에서 다시 해석하는 것이다."(고영근·구본관, 2009: 408) 따라서 '-었-'은 시제 표지일 뿐만 아니라 동작상 표지라고 할 수 있다. "최근에는 개별 동사에서 벗어나 동사구를 중심으로 '상황 유형(situation type)'을 세우기도 하고 다시 전통적 동작류로 되돌아가는 기운도 보인다. 상황 유형이란 동사를 동사 밖에 논항과 관련시키는 동작류의 동적인 의미범주를 가리킨다. 같은 동사를 공유하고 있어도 논항의 차이에 따라 상적 특성, 곧 동작성이 다르니 그 의미가 동적인 것이다. (1) 가. 철수는 밥을 먹었다. 나. 철수는 밥을 한 공기를 먹었다. (1가)에서는 동사 '먹다'가 수량적으로 한정된 목적어를 가지고 있지 않기 때문에 비완성의 의미[-완성성]를 줄 수 있고, (1나)에서는 한정된 목적어 '한 공기'가 쓰였기 때문에 완성의 의미[+완성성]를 줄 수 있다."(고영근·구본관, 2009: 410) 이 책에서는 한국어와 중국어의 언어 간 차이를 분명히 드러내기 위해 시제 표기 '-었-'에 초점을 맞춘다.

가 그러하다."(Chu(屈承熹), 1998; 潘文國 외 역, 2007: 3)

　Chu(屈承熹)의 이와 같은 언급은 대단히 중요한 문제를 제기한다. 그것은 '了'의 규칙성 내지 불규칙성을 파악하기 위해서 텍스트적 접근이 요구된다는 점이다. 이러한 문제의식에서 보면 '-었'도 예외는 아니다. 다시 말해서 문장 단위의 조합이 곧 텍스트로 완성되는 것이 아니라 텍스트적 차원에서 문장 차원의 각 요소 기능이 명확히 드러난다는 시각이 필요하다. 예를 들어, 다음 사례 3-30의 A 문장 용언은 [-완성성]의 성격을 지니지만 학습 필자는 과거시제 표지를 누락한다. 반면, B 문장의 용언은 [-완성성]의 '이다'이기 때문에 과거시제 표지를 사용하면 안 된다. 이와 같은 관계 설정은 담화 구조인 전경/배경의 관점에서만 분석이 가능하다. 정리하면 A는 전경으로 '-었-'을 사용해야 하며, B는 배경으로 '-었-'이 불필요하다.

> 사례 3-30 중국전매대학 3학년 왕**
> 아름다운 그날덕분에
> …… 그땐 한국어 재학중이었던 나와 같은 반 친구 중에 아주 친한 친구가 A. 한명이 있(었)다. B. 이름이 황청이다. 우리는 맨날 싸둥이처럼 같이 밥 먹고, 같이 수업을 듣고, 언제 어디든지 붙여 다녔다. 하지만, 그날때문에 우리의 사이는 완전히 변했다. ……

　이처럼 중국인 한국어 학습자든 한국인 중국어 학습자든 한국어와 중국어라는 두 언어 간 영향 관계를 명확히 파악하기 위해서는 텍스트적 의미 연관으로부터 개별 요소의 기능을 추출하는 과정이 요구된다. 특히 외국어교육에서 이러한 점에 중점을 두어야 한다는 것은 두말할 나위가 없다. 이것이 이 책의 기본 의의이자 핵심에 해당한다.

2.2. 서술관점 전환에 따른 시제 문제

텍스트 전개 과정에서 '서술관점의 전환' 또는 '서술관점의 연속성'은 일반적 언어 현상에 속하며, 중국어도 예외일 수 없다. 따라서 중국인 학습자 역시 이 두 측면을 인지하고 있다. 그러나 한국어나 중국어 텍스트를 생산하는 과정에서 서술관점의 전환 또는 그것의 일관성을 유지하고자 할 때 두 언어 간 표현 방식의 유사함과 상이함이 드러난다. 이것이 하나의 문제 지형을 구성한다. 예를 들어 서술자 관점을 드러내는 인용 표현·시간 부사어('지금'·'이제'와 같은)·대용 표현('이'·'그'·'저'·'나'·'너'와 같은)·직시 동사('가다'·'오다') 등의 언어 요소(김호정, 2006: 132) 등은 두 언어 간 유사한 부분이다.

한국어에서는 문법적 형태의 변화로서 '시제 교체 또는 연속성'를 통해 '서술관점의 전환'이나 '일관된 서술관점'을 표현한다. 반면, 유형론적으로 시제 중심 언어가 아니라 무시제 언어에 속하는 중국어는 텍스트 전개 과정에서 이것을 표현하지 않는다. 이러한 측면에서 한국어와 중국어는 다르다고 할 수 있다. 김호정(2006: 119, 122)에 의하면 Lukoff(1986)는 한국어를 배우는 외국인 학습자들이 한국 문학 작품에 나타나는 시제 교체 현상 (tense switching)을 보면서 당혹감을 느끼는 것은 과거시제로 서술되고 있는 문학 작품에서 예상치 못하게 일부 서술어가 소위 현재시제 특히, '-는/ㄴ다' 형태로 서술되거나 혹은 그 반대로, 현재시제 서술에서 갑자기 과거시제 서술로 바뀌는 경우라고 했다. 다시 말해서 이 같은 현상은 한국어 모어 화자에게는 이야기 담화 전체를 이해하는 데 어떠한 혼동도 초래하지 않고 자연스럽게 받아들여지는 것과 달리, 외국어 학습자들에게 작가가 시제 교체를 통해서 의도하는 바가 무엇인지 정확히 이해되기 어렵다.

김호정(2006: 121, 123, 126)에 의하면 이와 같은 시제 현상은 한국의 국어 교육 문법에서 뿐만이 아니라 국어학의 시제 문법 연구에서도 많이 다루어지지 못한 것이 사실이다. Lukoff(1986)와 Lukoff & Nam(1988)에서는 한국어 소설 작품에 나타나는 '-었-'과 '-는/ㄴ다' 형식의 의미 분석을 통해서 이것을 작가의 관점(point of view) 전이로 설명했다. 이들의 논의에서 작가의 '관점'은 '철학적인 관점'으로서의 의견이나 태도를 나타내는 것은 아니다. 작가가 독자인 우리에게 담화 내의 인물이 무엇을 하고 생각하거나 느끼는지를, 마치 그 인물의 눈을 통해서, 혹은 작가 자신이나 또 다른 인물의 눈을 통해서 이야기하는 것을 뜻한다. 시제·상 표지의 선택이 '관점(point of view)'에 따라 달라짐을 보여 주는 이 같은 논의들은 시제와 상이 객관적인 시간만을 표지하는 문법적인 기제가 아니라는 것과 그것의 선택이 담화 참여자의 표현 태도를 나타내는 언어학적 수단이 됨을 보여 주고 있다는 점에서, 한국어 담화 내의 시제 교체 현상을 설명하는 데에도 매우 적절하다.

우선 중국인 학습자의 서술관점이 전환되는 양상 가운데 한국어 표현 방식에 부합한 사례를 살펴보고자 한다. 사례 3-51과 3-48의 밑줄 친 부분은 모두 서술관점의 전환, 즉 서술자의 의도적인 시제 교체로 보인다. 사례 3-51의 밑줄 친 부분은 '내적 서술 모형(이야기의 내부 세계)'[221]로 전환된 것을 가리킨다. 그것은 현장 서술 모형으로서 학습 필자가 부친을 만난 그 순간의 놀라움과 고통의 감정을 더욱 생동감 있게 묘사하고 있다. 사례 3-48의 밑줄 친 부분도 내적 서술 모형으로 전환시키는 방식을 통해 지진이 일어난 뒤 어머니의 안전을 걱정하는 학습 필자의 절박한 심정을 그리고 있다.

사례 3-51 연변대학 3학년 왕**
어느 하루
······병원으로 날려가서 병상에 누워 자고 계시는 아버지를 봤다. 그 순간

---

221) 김호정(2006)에서는 魏義禎(2012)에서 언급된 내적 서술 모형을 '이야기(story)의 내부 세계', 외적 서술 모형을 "이야기(story)의 외부(external) 세계"로 각각 지칭한다.

눈물이 쏟아냈다. A. 병상에 그 마른 사람이 정말 내 아버지인가? B. 그렇게 튼튼하셨던 아버지가 어쩌다가 그렇게[√이렇게] 마를 수가 있는가? C. 일 년밖에 안 되는데 얼굴이 어떻게 그렇게[√이렇게] 창백해졌는가? D. "아빠, 제가 왔어요. 많이 배워서 귀국했어요. 아빠." 이말을 들을 아버지가 눈을 떴다. ……

사례 3-48 북경제2외국어대학 3학년 심**
행복의 느낌표
…… 지옥 같은 시간이 지속되었다. A. 지진으로 인해 통신이 중단된 상태가 한 시간 한[√두] 시간 지속되었다. B. 평소 대학교 생활을 밟으면서 하루가 너무나 빨리 지났는데 시계의 바늘은 왜 거북이처럼 그렇게[√이렇게] 천천히 걸어(생략)가는지 모르겠다. 그 동안 내가 몇 백번의 전화를 했는지 나 또한 모른다. 새벽 두 시에 내 휴대폰에 엄마의 번호가 찍힌 채 벨소리가 울렸다. ……

사례 3-51과 3-48에서 밑줄 친 부분의 시제어미 사용을 보면, 학습 필자는 거의 정확하게 시제어미를 전환하고 있다. 즉 외적 서술 모형에서 정확한 과거시제 어미를 사용했으며 이어지는 내적 서술 모형에서도 정확한 현재시제 어미로 전환시킨다. 그러나 위의 한국어 텍스트를 중국어로 번역해서 검토해보면, 이와 같은 전환이 학습 필자의 모국어인 중국어의 영향으로 발생한 현상이라는 점을 알 수 있다. 다시 말해서 사례 3-51의 밑줄 친 부분의 A 문장과 B 문장의 용언은 계사와 조동사이다. 앞서 언급했듯이 이러한 동사들은 모두 [-완성성]을 지니며 중국어 텍스트에서 일반적으로 완료상 표기와 함께 사용할 수 없는 것이다. 따라서 사례 3-51과 3-48에서 나타난 시제어미의 사용은 모두 모국어 상 개념과 관련된다. 따라서 학습자가 A 문장과 B 문장에서 현재시제를 사용한 것은 한국어 숙련도에 기초한 '의도적인 시제 교체'가 아니라 모국어의 텍스트적 사유의 결과로 판단된다.

이를 뒷받침 할 수 있는 몇 가지 단서가 사례 3-51과 3-48에 존재한다.

첫째, 사례 3-51과 3-48의 밑줄 친 부분에서 '그렇게[√이렇게]'가 여러 번 출현한다. 앞서 '지시와 대용' 부분에서 언급한 것처럼, 이것은 중국어 '那麼'의 영향이다. 위의 밑줄 친 두 부분에서 '그렇게'가 네 번 사용되는데, 모두 중국어 '那麼'에 정확히 대응한다. 그 가운데 한 번만 한국어 표현 방식에 부합하고 나머지 세 번은 '그렇게[√이렇게]'의 오용에 해당한다. 따라서 한국어 표현 방식에 부합한 그 하나도 학습 필자가 의식적으로 사용한 것이라고 볼 수는 없다.

둘째, 한국어에서는 일반적으로 누적된 시간의 양을 '한 시간 두 시간 세 시간 지속되었다'라는 방식을 선호한다면, 중국어에서는 하나의 시간 단위를 반복하는 방식, 즉 '한 시간 한 시간 또 한 시간 지속되었다'를 선호한다. 예를 들어, 사례 3-48 A의 수정된 지문을 통해 시간 지속에 대한 한국어와 중국어의 개념화 방식이 다르다는 점을 알 수 있다. 또한 B 문장도 모국어 사유의 영향이 직접적으로 드러난다. 일반적으로 한국어에서는 '시계의 바늘'이 '걸어가다'는 표현을 하지 않는다. 하지만 중국어에서는 '鍾表的指針(시계의 바늘)'과 '烏龜(거북이)'에 사용되는 용언동사가 일치한다.

또한 중국인 학습자의 서술관점이 전환되는 양상에서 한국어 표현 방식에 부합하는 않는 사례를 살펴보면 다음과 같다.

사례 4-26 북경제2외국어대학 4학년 전**
대동강의 달도 양심 있는가……
…… 기억속에의 그 날도 하나의 보름달이었다. ……
A. 평양의 달은 베이징의 달과 같지만 그 달빛은 다르다. B. 그 아래 사는 사람들의 생각이 다르고 달빛으로 보이는 세상이 달라서 그럴 것이다. C. 도시 한복판을 흐르고 있는 평양 대동강의 강물은 달빛과 어울려 밤 경치의 최고의 멋을 *가져다 주었다.[√가져다 준다.] 그를 만난 것도 그런 밤이었다. 평양의 밤은 강기슭이라 안개가 자주 끼는데다가, 어두워지지만 하면 온 천지 거의 캄캄한 밤으로 변해 을씨년스럽기까지 하였다. ……

사례 4-26에서 "기억속에의 그 날도 하나의 보름달이었다."로 시작하는 첫 문단은 객관적 묘사를 통해 독자의 시점을 대동강변으로 이끈다. 두 번째 단락에서는 당시의 장면 묘사로 바뀐다. 특히 밑줄 친 부분의 "도시 한복판을 흐르고 있는 평양 대동강의 강물은 달빛과 어울려 밤 경치의 최고의 멋을 가져다 주었다."와 같이 섬세한 묘사가 특징적이다. 魏義禎 (2012: 54)에서는 인지적 관점에서 묘사가 섬세할수록 필자와 묘사 대상의 거리는 가까워진다고 설명한다. 따라서 밑줄 친 부분의 서술 시점은 마치 현장에 있는 듯한 느낌을 전달한다. 마지막으로 학습 필자는 "그를 만난 것도 그런 밤이었다."이라는 문장을 통해 다시 외적 서술 모형으로 전환을 꾀한다.

사례 4-26의 밑줄 친 부분은 모두 세 문장으로 나눌 수 있는데, 현장 묘사에 해당하기 때문에 모두 현재시제 어미를 사용해야 한다. 학습 필자는 A 문장과 B 문장에서 현재시제 어미를 정확하게 사용했지만 C 문장에서는 과거시제 어미 '-었-'을 잘못 사용하고 있다. 흥미로운 점은 A 문장과 B 문장의 용언이 [-완성성]의 속성을 지닌 형용사지만 C 문장의 용언은 [+완성성]의 속성을 지닌 동사라는 것이다.

이처럼 중국인 학습자가 사용한 시제어미가 한국어 표현 방식에 부합하든 부합하지 않든 간에 서사 텍스트에서 서술관점이 전환되는 지점 모두 모국어 시제 개념과 직접적 영향 관계를 맺는다. 다시 말해서 중국인 학습자가 텍스트에서 사용한 현재시제가 설사 '의도적인 시제 교체'로 보일지라도 그것의 이면에는 중국어 영향에 의한 시제 어미의 누락이 자리 잡고 있다.

다음에서는 '일관된 서술관점이 요구되는 상황'을 살펴보고자 한다. 그것은 곧 '서술관점' 차원의 '시제 연속성' 문제다. 김호정(2006: 168)에서는 사례 114를 통해 일관된 서술관점의 문제를 다룬다.

114) 제일 재미 있었던 일은 뭐니뭐니해도 한국의 친구하고 많이 데이트를 하던 일이다. 유원지에 가거나 유적지를 돌아다니면서 한국어를 공부하면서 재미 있는 일을 많이 할 수 있어서 굉장히 *기쁘다[√기뻤다].

이에 대해 "위 114)의 작문은 자신의 과거 경험을 이야기하고 있는 것이다. 따라서 유적지에서 한국어 공부를 하면서 재미있는 일을 많이 할 수 있었던 그 시점에서 기쁜 것이므로, 114)의 '기쁘다'는 '기뻤다'로 표현하는 것이 적절할 것이다. 이것은 과거 상황을 표현하는 것이므로 과거시제로서의 '-었-'이 결합되어야 한다는 것이 아니고, 서술자의 관점이 현재 발화 시점에서 과거의 경험을 서술하는 위치에 있다는 점에서 보다 일관된 서술관점이 요구된다는 것이다."(김호정, 2006: 168) 다음 사례 4-37은 중국인 학습자와 한국어 텍스트의 일관된 서술관점 즉, 시제적 연속성의 상관성을 잘 보여 준다.

> 사례 4-37 중앙민족대학 2학년 범**
> 양심
> ...... 양심은 끝날 수 있는 경우가 없다. 하지만 지금 많은 사람들은 젊은 이들이 자기의 양심을 완전히 잃어버린다고 생각한다. A. 예전에 보도 한편을 본 적이 있다. B. 폐션을 가진 소녀가 갈가에 불쌍한 노인에게 밥을 먹여 주었다. C. 얼마나 강한 비교를 형성한지도 모르겠었다. D. 이 그림은 참으로 아름답고 간동적이다.[√감동적이었다.] E. 그 소녀의 동기는 단순한 생각으로 나타났다. F. 바로 양심이(었)다.[문단 나누기] G. 양심은 태어난 것이 아니라 후천적이다. 사실 젊은이들은 사회의 미래이니까 어린 시절부터 덕에 관한 것을 많이 배웠다. ......

사례 4-37의 A 문장 "예전에 보도 한편을 본 적이 있다."를 통해 학습 필자가 예전에 본 기사 내용이 '과거의 경험'이라는 것을 알 수 있다. 즉, "서술자의 관점이 현재 발화 시점에서 과거의 경험을 서술하는 위치에 있다"는 김호정(2006)의 시각에서 보면 D 문장은 "이 그림은......√감동적이

(었)다.", 그리고 F 문장은 "[그 소녀의 동기는] 바로 양심이(었)다."로 수정되어야 한다. 왜냐하면 김호정(2006)의 주장처럼 한국어의 '서술관점의 전환'은 주로 서술자의 의도적인 시제 교체로 표현되며, '일관된 서술관점 요구되는 상황'에서는 '시제의 연속성'이 마련되어야 하기 때문이다.

그러나 중국어는 시제의 문법 형태가 한국어와 다르기 때문에 중국어 텍스트에서는 '시제의 교체 또는 연속성 여부'가 쉽게 판단되지 않는다. 오히려 중국어 텍스트의 서술자 시점 전환에는 다른 기준이 적용된다. 그 것은 중국어 지시사 '這(근거리 지시)'와 '那(원거리 지시)'를 통해 필자의 서술관점을 표현하는 것이다. 앞서도 언급했지만 魏義禎(2012)은 필자의 사물 묘사가 섬세하다면 서술자와 묘사하는 사물의 거리는 매우 가깝다고 했다. 이러한 상황은 대부분 내적 서술 모형에 속하는데, 그것은 '가까울수록 더 잘 보인다'는 일반적 인지 규칙을 따른다.

또한 사례 4-37의 B-F 문장은 과거 경험의 서술에 해당한다. 하지만 D · F 문장에서는 과거시제표지 '-었-'이 누락되었는데, 이는 앞서 언급했던 것과 동일하게 D · F 문장의 용언이 형용사와 계사이기 때문이다. 따라서 중국어에서 용언인 형용사와 계사는 [-완성성]이라는 성격으로부터 상 표지와 함께 사용할 수 없다는 점, 그리고 과거시제표지를 누락하지 않은 B · C · E 문장의 용언동사[222]가 [+완성성]이라는 성격으로부터 상 표지와 함께 사용되었다는 점을 동시에 고려해야 한다. 결론적으로 중국인 학습자는 용언으로 [-완성성] 관련 어휘를 사용할 때 시제 · 상 표지를 첨가해야 한다는 개념이 부족하다는 것을 알 수 있다. 이것은 모국어 사유 모형과 직접적으로 관련된다. 하지만 중국인 학습자에게 이러한 한국어 개념 체계의 부재 자체보다는 그 부재의 성격이 문제로 부각된다. 다시 말해서 중국인 학습자의 모국어인 중국어와 목표어인 한국어의 영향 관계로 인해 발생하는 차이로부터 그러한 부재의 성격이 규정된다.

---

222) '먹여주다(喂)'/'형성하다(形成)'/'나타나다(出現)'

사례 4-37이 모국어 사유 모형과 직접적으로 관련되었다는 사실은 사례에 사용된 어휘들에서도 발견된다. 예를 들어, D 문장의 '감동적이다'는 중국어 '感動(gan dong)'과 관련이 있다. 그리고 B-F 문장에서 언급된 '그림'은 당시 각종 미디어에서 이슈로 보도됐던 사건의 사진을 가리킨다. 즉 '유행하는 스타일의 옷을 입은 여자가 길거리에서 거지에게 음식을 먹이는 장면'이고, 그 두 사람이 '선명한 대비를 이루었다'는 것이다. 이것이 학습 필자가 표현하고자 했던 것이다. 그러나 위의 사례처럼 실제 표현된 내용은 이와 거리가 멀다. 수정 작업에 참여한 한국인 교사조차도 "폐션을 가진 소녀[√ 패셔너블한 여자]"를 "폐렴에 걸린 소녀"로 수정할 정도였다. 이로부터 '개념적 전이'의 문제가 발생한다.

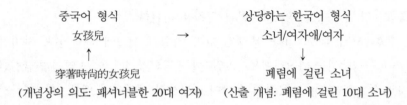

중국어 형식　　　　　　　　상당하는 한국어 형식

女孩兒　　　→　　　소녀/여자애/여자

↑　　　　　　　　　↓

穿著時尙的女孩兒　　　　폐렴에 걸린 소녀

(개념상의 의도: 패셔너블한 20대 여자)　(산출 개념: 폐렴에 걸린 10대 소녀)

학습 필자가 표현하고자 한 것은 '20대 여자'라는 개념이다. 그러나 학습 필자가 한국어의 '소녀'라는 어휘를 선택한 이유는 '여자/여자애/소녀'라는 L2 개념 체계의 불안정성에 기인한다. '20대 여자' 개념의 중국어 형식은 '女孩兒'로, '10대 소녀'와 '20대 여자' 모두를 가리킬 수 있지만 한국어 '소녀'는 일반적으로 '10대 여자'만을 가리키며 '20대 여자'를 포함하지 않는다. 다시 말해서 '女孩兒'과 '소녀'의 개념적 범주가 근본적으로 상이하다.

학습자에게 모국어와 목표어 개념이 일대일 대응 관계를 형성하지 않았을 때 개념적 전이가 쉽게 일어난다.223) 이로부터 발생하는 중국인 학

---

223) (多 : 多)의 경우, 女孩兒 : 소녀/여자/여자애/여자 아이; 여자: 女孩兒、女人.

습자의 오용은 매우 은폐된 것으로, 한국인 독자가 관련 배경 지식을 갖추고 있지 않다면 학습 필자가 표현하고자 하는 개념과 드러난 개념 사이의 차이를 발견하기 힘들다. 따라서 수정 작업을 진행한 한국인 교사는 위의 D문장에서 '이 그림은'을 '이것은'으로 수정했다. 하지만 이 기사에는 사진이 들어 있었으며, 당시 사진 속의 두 사람이 선명한 대비를 이루면서 사진은 인터넷에서 크게 회자되었다. 학습 필자에게는 뚜렷한 기억이지만 정작 텍스트에서는 그에 관한 언급이 없다. '기사에 실린 사진을 보면 정말 예쁘고 감동적인 장면이었다.'라는 설명 대신 그냥 '이 그림은'이라고만 서술한 것이다. 한국인 독자가 기사에 사진이 있는지를 모르는 상태에서 글을 읽기 때문에 '그림'의 개념적 내용을 파악하기 힘들다. 이러한 '부족한 정보'의 형태는 학습 필자가 독자, 특히 문화적 맥락이 상이한 독자를 배려해야 한다는 '독자 중심' 의식이 취약해서 발생한 문제라고 할 수 있다. 다음 사례 4-32도 '과거의 경험'에 대한 서술로서 '일관된 서술관점'을 유지해야만 한다.

> 사례 4-32 노동대학 3학년 주**
> 양심을 가지고
> …… 그날 오후 2여시쯤에 체조 교육을 받은 내가 기숙사에 돌아가자마자 룸메이트한테서 쓰촨에서 지진이 난다는 말을 들었다.그런데 그때 아무 반응도 없는 나는 "응, 그래?"라는 말밖에 말하지 않았다. A. 내가 왜 그렇게 반응한지 지금이라도 내가 모른다. 하지만 내 주변의 사람들이 B*대조적이다[√대조적이었다]. 큰 소리로 지른 사람이 있고 당장 컴퓨터를 켜 뉴스를 본 사람도 있었다. ……

여기서도 A 문장에 현재시제가 사용되고 있는데, "내가 왜 그렇게 반응했는지 지금도 잘 모르겠다."로 고쳐 서술해야 한다. 그러나 사례 4-32는 위의 사례 4-26과 '서술관점의 전환'이라는 방식상의 차이를 보인다. 다시 말해서 사례 4-26은 서술관점을 현재에서 과거의 사건 당시로 전환시킨 것이기 때문에, 과거 경험의 상황을 서술함에도 현재시제를 사용해야 한다. 반면, 사례 4-32의 서술관점은 바뀌지 않았지만 학습 필자가 서술 내용에 현재(시간사는 '지금')의 감정을 표현하기 때문에 현재시제를 사용한 것이다. 이처럼 사례 4-32은 전체적으로 과거 경험의 서술에 해당하기 때문에 과거시제 어미를 사용해 '시제 연속성'을 유지해야만 한다. B 문장에서 형용사 '대조적이다'가 용언의 기능을 담당하며, 사례 4-37과 마찬가지로 과거시제 어미 '었'이 누락된다.

지금까지 이야기 담화(narrative discourse)에 대해 살펴보았다. 한편 김호정(2006: 139-140)에서는 '장르'의 중요성을 다음과 같이 강조한다. 보다 거시적인 차원에서의 '-었-'의 선택은 담화 장르와의 관계 속에서 기술되어야 한다. '-었-'이나 영형태/'-(ㄴ/는)다'는 단순히 객관적인 시간 관계를 지시하는 것이 아니고, 서술자의 서술관점(point of view)을 표현하는 언어 형식임을 이해할 수 있도록 실질적인 담화를 예로 제시하는 것이 필요하다. 예컨대, 신문 기사, 영화 개요, 학술 논문 담화 등의 장르에서 볼 수 있는 '-었-'이나 영형태/'-(ㄴ/는)다'의 실제 사용 예를 제시할 수 있을 것이다.

이러한 장르적 특징을 보이는 사례를 다음의 4-36에서 찾아볼 수 있다. 첫 번째 문단(P1)과 두 번째 문단(P2)는 설득적 담화이고, 세 번째 단락(P3)는 이야기 담화로서 필자의 과거 경험, 즉 학교 체육 대회에서 일어난 사건을 서술한다. 또한 P3의 중간 중간에 설득적 담화(S3/S10/S13)를 포함시키는 서술 방식을 채택하고 있다.

사례 4-36 무석상업직업기술학원 3학년 진**
양심
……
P1: 왜 마음씨가 좋은 사람의 양심은 빨간 색이느냐고 물으면 이유가 두 가지가 있다.

P2: 첫째, 자신의 노력을 통해서 성공을 받은 사람들에게 열광적인 박수를 줄 수 있는 것이다.

P3: (S1)지난 번에 학교 운동회에서 500미터 달리기 시합을 본 후에 나의 기억에 깊은 인상을 남는다. (S2)3호 선수는 달리기 시합 시작할 때 관객들에게 놀라움을 줬다. (S3)아마 그도 상상에 못 할 것였다. (S4)자기도 모르게 넘어졌다. (S5)그것은 첫발에 남보다 뒤에 있는 것을 의미했다. (S6)모든 사람들이 그는 포기한 다는 것을 생각했을 때 힘을 다해서 일어나고 계속 시합을 진행했다. (S7)그때 열광적인 박수 소리를 울렸다. (S8)그리고 "화이팅, 화이팅"라는 말을 끊임없이 울렸다. (S9)마지막 50미터에서 "힘을 내세요"라는 말의 소리는 되게 크다. (S10)"하늘님은 자신을 도와준 사람들에게 도움을 준다"라는 예날 말이 있다. (S11)3호 선수는 자신의 포기하지 않는 심년과 스스로 노력을 통해서 일등을 받았다. (S12)3호 선수의 이름도 모른 사람들이 그의 대단한 표현에 박수를 주는 것이 정말 마음이 착한 사람들의 행위이다. (S13)그들의 양심이 빨간색이 아닌다고 말할 수 없다. ……

P4: (S1)달리기 시합에서 3호 선수는 시작할 때 넘어지고 다시 일어나고 경기할 때 열광적인 박수를 받았지만 그중에 그의 넘어지기에 박수를 준 것이 없다는 말할 수 없었다. 아마 이런 박수를 준 사람은 자신 안 선수는 경기 상대가 하나 적다는 것을 축하했던 것이다. 하지만 넘어진 사람들에게는 어떤 깊은 상처를 받았다. ……

사례 4-36의 서술관점은 현재 시점이며, 학습 필자는 과거 경험을 서술할 때(이야기 담화 부분) 주로 과거시제 어미 '-었-'을 사용하고 있지만 논평을 밝힐 때(설득적 담화 부분)는 현재시제 어미 영형태/'-(ㄴ/는)다'를 사용한다. P3의 경우, S1·S9·S12는 과거 경험에 대한 서술이기 때문에 과거시제 어미 '-었-'을 사용해야 하지만 학습 필자는 현재시제 어미 영형태/'-(ㄴ/는)다'를 사용한다. 이와 다르게 S3는 학습 필자의 논평에 속하기 때문에 현재시제 어미를 사용해야 한다. 구체적으로 살펴보면, S3는 필자가 현재 시점에 위치해 과거 상황에 대해 "아마 그자신도 상상을 하지 못했을 것이다."와 같이 추측하는 표현이다. 그 중 관형사절인 "상상을 하지 못한다"는 문장 내 용언 뒤에 '-었-'을 첨가해야 한다. 그러나 학습 필자는 주

문장인 '아마 …… 을 것이다'의 용언 뒤에 과거시제 어미 '-었-'을 첨가 해 "(S3) 아마 그도 상상에 못 할 것였다."와 같은 표현을 만들어낸다. 또 한 P3의 S13과 P4의 S1도 학습 필자의 논평에 속하며, "……말할 수 없다 (不能說)"는 서술자의 현재 판단을 포함하기 때문에 "말할 수 없었다."로 사 용하면 안 된다. 학습 필자는 세 번째 단락에서는 맞았지만 네 번째 단락 에서는 오용한 것이다.224)

　다음 사례 4-30은 과거 경험의 서술이 아니라 일반적 논의에 해당한다. 학습 필자는 설득적 담화의 첫 번째 문장에 정확하게 현재시제를 사용했 지만 두 번째 문장에서는 과거시제로 오용한다.

> 사례 4-30 중국전매대학 2학년 서**
> 양심있는 선택
> 이 세상에 살면서 우리는 여러가지 선택을 상대해야 한다. <u>대부분 선택은</u> <u>죽거나 사거나 하는 것처럼은 그렇게 심하지 않지만 인생을 대하는 태도를</u> <u>반영할 수 있다고</u> *생각했다[√생각한다]. ……

　문맥적으로 밑줄 친 부분이 표현하는 것은 학습 필자의 일반적 생각이 지 과거 어느 시간의 생각이 아니기 때문에 반드시 현재시제 어미를 사용 해야 한다. 다음의 A와 B라는 상응 표현 방식을 보면 알 수 있듯이, 한국 어는 시제의 문법 형태가 발달했지만 중국어는 부사를 통해 문법적으로 시제 표지가 부족한 부분을 보완한다.

---

224) 참고로, 사례 4-36의 밑줄 친 부분의 '힘내세요'는 '힘내라'로 고치는 것이 적절하 다. 일반적인 상황에서는 관중은 선수에게 '힘내라'를 사용해 응원한다. 주목할 점 은 '힘내라'·'화이팅'·'힘내세요'라는 언어 형식에 상당하는 중국어 형식이 '加 油!'라는 점이다. 여기서 학습 필자는 '힘내세요'을 사용한 이유는 L1과 L2의 상호 개념 체계가 형성되지 않았기 때문이다. 또한 '3호 선수'는 중국어 '3號選手'를 가 리킨다.

A. 한국어 표현 방식
  - 보통 그렇게 생각한다.(일반적인 경우)
  - 지금 그렇게 생각한다.(현재)
  - 그때 그렇게 생각했다.(과거)
  - 그때 그렇게 생각했었다.(대과거/과거와의 단절: 그렇게 생각했는데 지금은 아니다.)
B. 상응 중국어 표현 방식[225]
  - 一般那樣想(일반적인 경우)
  - 現在那樣想(현재)
  - 過去那樣想(과거)
  - 曾經那樣想(대과거/과거와의 단절: 그렇게 생각했는데 지금은 아니다.)

앞서 사례 4-36과 마찬가지로 한국어 텍스트에서 장르의 전환은 일반적으로 시제어미의 전환을 동반한다. 그러나 중국어는 이와 다르다. 이 때문에 중국어권 학습자들의 한국어 텍스트 서술 과정에서 정확한 시제어미에 대한 선택과 전환이 원활하게 이루어지지 못하는 측면이 존재한다. 특히, 중국어권 학습자가 과거 경험과 관련된 이야기 담화에서 '-었-'을 누락하는 경우와 설득적 담화에서 한편으로 현재시제의 정확한 사용을 보이면서도 다른 한편으로 '-었-'의 첨가 오용의 경우가 특징적이다.

---

225) 밑줄 친 부분은 모두 시간어에 해당한다.

제5장
중국어권 학습자 텍스트의 조직과 표현: 내용의 조직

　연구 방법 및 자료 부분에서 이미 밝혔듯이 이 책에서 구축한 평행 말뭉치는 텍스트 내용의 전개 및 조직 관련 대조를 할 수 없는 한계가 있다. 따라서 필자는 1차 수정 작업을 맡은 원어민 교사와 2차 검토를 맡은 교사의 코멘트를 근거해 원시 말뭉치에서 관련 사례를 살펴보는 방법으로, 주제 전개, 단락 조직, 단락 내부의 내용 조직 등 중국어권 학습자 텍스트의 주제와 내용적 특징을 구체적으로 살펴볼 것이다.

　백일장 글제는 자유 형식의 작문에 해당한다. 앞서 3장과 4장에서는 텍스트의 문법적 응집성에 초점을 두기 때문에 보다 포괄적인 텍스트 형식을 인정하면서 장르적 요소가 영향을 끼치는 경우만 따로 검토했다. 그러나 van Dijk의 거시구조·초구조 이론과 Brinker의 주제 전개 모형에서 보이듯이 텍스트의 전개 및 조직 방식은 텍스트 유형에 따라 다르다. 정달영(1997: 35-40)에 따르면, 글의 전개 방식은 설명(exposition)·논술(argument)·기술(description)·서사(narration) 네 가지로 나누어진다. 이 네 가지의 전개 방식은 글의 종류 즉, 설명문·논설문·기술문·서사문 등을 결정하는 기준이 된다. 이 전개 방법은 단락 전개에도 그대로 적용된다. 설명법은 지정(identification)·정의(definition)·비교 대조(comparison and contrast)·분류(classification)·분석(analysis)·예시(illustration) 등으로 나눌 수 있다. 논술법은 어떤 문제에 대해 자기 나름의 견해나 주장을 내세우고 합리적으로 뒷받침하는 것이다. 논술법은 서구의 문장론에서 거의 예외 없이 다루어지고 있는데, 귀납법·연역법 등의 논리적 추론을 다룬다. 기술법은 어떤 대상을 있는 그대로 그림 그리듯이 또는 사진 찍듯이 드러내 보이는 글의 전개 방식이다. 기술법은 일반적으로 실제적(또는 전문적) 기술법과 암시적 기술법(또는 묘사법)으로 나뉜다. 서사법은 행동이나 사건을 있는 그대로 글로 엮어 나타내는 것을 말한다. 서사법은 벌어졌던 일련의 행동을 순차적으로 그려 간다.

이 책에서는 논술(argument)적 텍스트226) 또한 논설문 문단(논술법으로 전개되는 단락)에만 한해서 글의 전개와 단락 내부의 내용 조직 문제를 검토한다. 그 이유는 "논증문의 각 문단은 필자의 주장과 근거를 중심으로 구성되고, 다른 글쓰기 방식에 비해 문단의 구성 요소와 문단 전개 양상이 보다 분명하게 파악되는 경향"(김옥화, 2005: 21)이 있기 때문이다. 또한 단락 조직 오용에 대한 양적 분석은 주석 말뭉치를 이용했다. 그리고 단락 조직에 관한 대표적 사례의 추출은 주석 말뭉치뿐만 아니라 원시 말뭉치도 이용했다.

1. 주제 전개의 특징: 병렬식 구성

진대연 외(2006: 344)에서 주제문의 위치를 분석한 결과, 중국어권 학습자가 특히 병렬식 구성을 선호하고 있음을 발견했다. 즉, 중국어권 학습자 텍스트 가운데 절반에 가까운 47%가 여러 개의 소주제를 지닌 단락들을 나열하여 한 편의 글을 이루는 병렬식 구성을 보인다는 것이다. 이처럼

---

226) 백일장 자료에는 하나의 글에 여러 텍스트 유형 존재하는 경우가 많다. 예를 들면, 글제가 '어느 하루'인 3회의 경우, 하나의 글은 서사적 텍스트와 서사에 대한 평가 즉, 논술적 텍스트로 구성되는 경우가 많다. 이런 경우, 논술적 부분만을 조사 자료로 삼는다.

주제문을 병렬식으로 배치하는 것은 논지전개 유형 가운데 대등병렬 구조와도 관련이 있다. 하나의 주제를 가지고 논지를 심화하거나 확대하는 것보다 여러 가지 사항에 대해 순환적으로 나열하는 식의 수사를 구사하는 중국어권 학습자들의 이와 같은 특징은 일본어권이나 영어권 학습자의 글과 크게 대조된다.

나아가 진대연은 위와 같은 연구 결과와 Kaplan의 초기 연구 결과가 상이한 이유를 다음과 같이 평가한다. "[Kaplan(1966)] 당시 연구에서는 일본도 중국과 같이 '동양'이라는 하나의 실험 집단에 속해있었다. 그런데 우리의 연구에서 차이가 보이는 것은 아마도 일본 글쓰기 방식이 지난 40여 년간 서구화된 결과가 아닐까 하는 추측을 조심스럽게 제기해 본다." 다시 말해서 Kaplan의 초기 연구 시점인 1966년에는 중국과 일본의 글쓰기 방식이 유사했지만 2006년 현재 중국과 일본의 그것에 많은 차이를 보이는 이유를, 단서를 달기는 했지만 일본의 서구화에서 찾고 있다.

이러한 서구화 영향은 일본어뿐만 아니라 한국어에도 동일하게 적용된다. 한국어 글쓰기와 서양 문화의 관계를 단적으로 보여 주는 '단락' 이론 및 개념의 수용이 그것이다. 정달영(1997: 13-14)에서는 "단락 이론은 우리가 처음부터 창안해서 발전시킨 것이 아니라 서구의 수사학 또는 문장 이론에서 약 200년 동안에 걸쳐 발전되어 활용되고 있었던 것이다. 이것이 우리나라에 본격적으로 도입된 것은 30년 정도밖에 안 된다. 물론 우리 문장 이론이 발전하는 데 따라서는 더 나은 이론 체계를 확립할 수도 있을 것이다. 그러나 그것은 한두 사람의 즉흥적인 견해나 직관을 바탕으로 하루 이틀에 될 일이 아니고 장기간의 실험과 논의를 거쳐서 가능할 것이므로 당장은 서구에서 오랫동안의 실험 결과로 확립된 단락 이론을 바탕으로 이들 개념을 정립할 수밖에 없는 것이다."[227)]라고 했다. 이 저술이

---

227) 이러한 '서구 단락 개념'의 수용 방식은 결과적으로 중국의 그것과 큰 차이를 보인다. 자세한 논의는 단락 관련 논의를 참조할 것.

1997년에 나왔다는 점을 감안한다면 정달영이 바라던 '장기간의 실험과 논의'는 2015년 현재까지도 큰 진전이 없어 보인다. 오히려 그가 언급한 '30년 정도'로부터 지금까지 한국어 텍스트에서 단락 개념은 서구의 그것이 공고히 안착되는 과정으로 이해된다.

이처럼 한국어와 일본어는 서구, 특히 영어의 영향을 받아 기존의 글쓰기 방식이 많은 부분 바뀌었다고 볼 수 있다. 반면, 중국어의 글쓰기는 근현대사를 관통하는 학술적 긴장 즉, 전통과 현대 또는 중국과 서구라는 대립적 인식 구도로부터 자유롭지 못하다. 다시 말해서 현재 중국어 글쓰기의 특징으로 거론된 병렬식 구성은 전통적 수사법 또는 그것을 반영한 초·중·고 국어[語文] 교육의 영향과 밀접한 관계를 맺는다. 예를 들어, 병렬·배비·한시(漢詩)의 정연한 구성 방식, 그리고 팔고문(八股文) 등이 있다.

여기에서 楊玲(2001)과 陳娟(2009)의 주장 역시 이러한 주장에 힘을 실어 준다. 우선 楊玲(2001: 51)에서는 劉禮進(1999)이 진행한 영어와 중국어 학술 논문의 대조 연구를 인용하면서 텍스트 구조의 측면에서 중국어는 병렬식, 영어는 수렴식 또는 확장적 구조가 현저하다고 주장한다. 또한 陳娟(2009: 105)에서는 중국인 영어 학습자의 영어 텍스트 분석을 통해 절반이 넘는 학습자들이 병렬식 전개 방식을 채택했을 뿐만 아니라 내용면에서도 설득적이지도 못했다고 평가한다. 중국인 학습자는 각기 다른 측면에서 자신의 관점만을 반복적으로 나열할 뿐, 전체적으로 논리적 전개나 사례 증명 등은 없었다는 것이다. 이처럼 중국인 한국어 학습자와 동일하게 중국인 영어 학습자의 텍스트에서 병렬식이 나타난다는 사실은 전통적 수사법과 현재 중국어 글쓰기의 관계 또는 그것과 현재 중국어 담화공동체의 관계를 잘 보여 준다. 다시 말해서 그러한 전통적 수사법은 현재의 담화공동체에서 지속적으로 재생산되고 있다.

이 책의 주요 연구 대상인 백일장 글쓰기에서도 이와 같은 병렬식 전개 양상이 많이 확인되었다. 다음의 사례는 백일장 제2·3·4회에 참가한

2·3·4학년 학생의 글이다. 이 예시들을 통해 각 학년별로 한국어 학습 정도에 따른 병렬식 구성 양상을 파악해 보고자 한다.

사례 2-2 남경사범대학 2학년 동**
나눔
먼 곳에 우뚝한 산이 있다. 벽에 붙어 뿌리박는 소나무는 절친한 친구 새와 같이 살고 있다.

봄에는 소나무와 새는 새해 제일의 햇볕을 맞이한다. 소나무는 무둑둑하고 말할 수 없는데 재는 목소리가 청아하고 노래를 잘 부른다. 아름다운 노래는 그윽한 향기처럼 아침 바람을 타서 온 산곡에 풍긴다. 모든 생명이 기뻐하거니와 평소에 활발하지 않은 소나무도 노래에 맞아 翩翩地 춤을 춘다.

여름이 봄을 쫓겨가고 이르게 달려온다. 높은 산에는 덥지 않지만 점심 때에는 햇살이 눈부시다. 새가 목마르고 소나무도 물을 마시고 싶어서 안타갑다. 오랫동안 기다리게 한 후에 지각한 소나기는 드디어 도착한다. 그러나 10분밖에는 않돼도 그친다. 소나무가 비를 조금만 빼고 다 버늘 잎으로 새 입에 기울여 준다.

어느덧 소나무의 잎이 추운 바람을 느낀다. 소나무가 가지를 흔들여 새에게 알려준다. 그런데 새가 모르는 척한다. 어느 서리가 많이 낀 아침에 새는 자기의 활기가 넘치는 노래로 소나무를 개웠다. "이봐! 서리구경을 하자!"

가을은 성실이 점점 무서워지고 결국 겨울이 되었다. 아무 인사도 없이 눈으로 산을 덮고 싶다. 새는 지금 어때요? 소나무가 자기의 푸른 잎으로 큰 우산을 이미 만들어 주었다. 이런 돌조차 공공 얼어붙은 겨울 아침에 따뜻한 노래가 들린다.

새가 소나무의 아늑한 품에서 부르고 있는 노래의 가사는 무엇인가?

눈을 감아 마음으로 느껴 보며, '나눔'이 들린다.

사례 2-2의 주제 전개 방식은 전형적인 병렬식에 속한다. 첫 번째 단락과 마무리 단락을 제외하고 각각 '봄'·'여름'·'가을'·'겨울'의 주제로 한 단락씩 구성하고 있다. 위의 사례가 흥미로운 점은 이 텍스트를 중국어로 재구성하면 완성도를 갖춘 텍스트에 해당한다는 것이다. 그리고 다음 사례 3-14는 북경대 3학년 학생의 글인데, 한 줄 띄기를 사용하는 등 일정한 형식을 갖추지 않고 있다. 그러나 이것도 앞의 사례 2-2와 마찬가지로 중국어로 작성된 텍스트일 경우 완성도가 매우 높다고 할 수 있다.[228]

사례 3-14 북경대학 3학년 왕**

역사의 어느 하루, 나의 어느 하루

신라의 어느 하루, 최치원은 배 위에서 당나라의 눈부심에 놀랐고 양국간의 교류가 그제야 새로운 장을 열렸다.

제2차 세계전쟁전의 어느 하루, 한국의 애국자들은 중국 땅에 와서 대한민국임시정부를 세워, 중국의 날개 아래서 조국의 존엄을 유지했다.

한국전쟁의 어느 하루, 중국군인들은 뚜거운 발길로 한국을 혼란의 소용돌이로 끌었다.

이로부터 양국은 40년 동안의 대치의 외길에 밟아서, 헤아릴 수 없는 증오의 하루를 지냈다.

그러나 천년의 우정은 그토록 쉽게 끊지 못했다. 눈에 띄게 발전하는 한국에 중국사람들이 하루하루에 많이 찾아가게 되었다.

2006년의 어느 하루, 운명적으로, 나는 한국어를 배우게 되었다.

2008년의 어느 하루 나는 비행기 안에서 한국의 아름다움에 놀랐다. 1200년 전의 그 하루가 되살리는 것 같았다. 1200년 전 최치원이 지낼 수많은 하루를 나도 지내려고 했다. 그러니까 한국 문화에 물들고 한국인의 심정을 헤아려 봤다. 양국간 우의의 땅 위에서 오해의 잡초를 뽑고, 신뢰와 합력의 꽃을 피우게 하고 싶다. 80년 전에 일치단결의 그 하루가 다시 되길 바란다.

사례 3-14의 전개 방식도 병렬식에 해당한다. 그리고 다음 사례 4-15는 병렬식을 포함한 설득적 텍스트다.

사례 4-15 요동대학 4학년 마**

양심-"효"를 좌우하는 요인

1) 이 세상의 가지각색 사람들 중에서 양심이 있는 사람, 양심이 없는 사

---

228) 중국인 한국어 교사는 중국인 한국어 학습자가 생산한 한국어 텍스트의 의미 맥락을 파악하는 데 용이하다. 이것은 두 언어 간 차이의 이론적·교육적 접근 방식이 현실적으로는 중국인과 한국인 교사의 공동 연구 필요성을 제기한다.

람, 양심이 올바른 사람, 양심이 그릇된 사람이 있다. 대체로 양심이 있는 사람과 양심이 올바른 사람이 한 축에 속한다. 양심이 없는 사람과 양심이 그릇된 사람이 한 축에 속한다. 이 두 축을 구별하는 현저한 분계선은 "효"가 아닌가 싶다.

2) 중국과 한국은 유교사상 중의 "효"라는 사상을 숭배해 왔다. 동서고금을 막론하고 "효" 사상을 줄곧 여러 사상중의 주류사상이다. 뿐만 아니라 "효" 사상은 이미 한 사랑을 평판하는 기준이 되었 있다. 그럼 "효"를 좌우하는 요인이 무엇일까? 양심이 아닐까 싶다.

3) 먼저 중국 사회를 살펴보자.

4) 중국은 급속하게 발전하건만 옛날에 전해온 미풍양속은 고스란히 물려받아가고 있다. 특히 유대한 교육가인 공자가 제창한 "효" 사상은 이미 사람들의 마음속으로 깊이 들어갔다. 그러나 경제화의 소용돌이에 사람들이 ("효도")부모에게 효도를 하지 않는 사람이 점차적으로 늘어나고 있다. 왜 그랬을까?돈에만 몰두하다 보니까 양심이 점점 없어지게 된 것이라고 생각한다. 만약에 그 사람의 양심이 변질한다면 그 사람의 모든 것이 다 변질하기 십상이다.

5) 양심이 올바른 사람은 다른 일은 물론 특히 "효도"에 대해 유난히 잘한다. 우리 아버지는 바로 그런 사람이다. 아버지는 평범한 노동자이지만 양심이 아주 올바르기 때문에 할아버지와 할머니에게 효도를 극진히 잘하는 소위 말한 "효자중의 효자이다". 할아버지와 할머니에게 밥하는 것이요, 발을 씻어주는 것이요, 마사지를 하는 것이요, 빨래를 하는 것이요…효도뿐만 아니라 사람 됨됨도 올바르다.

6) 한편, 양심이 그릇된 사람이 효도는커녕 부모를 괴롭히지 않기만 해도 다행인 셈이다. 텔레비전에서 봤는데 어떤 남자가 컴퓨터 게임에 빠져서 일도 안하고 집도 가지 않는다고 했다. 그랬더니 어느 날 가진 돈이 게임때문에 다 없어지자 짐승처럼 부모에게 돈을 달라고 협박했다. 부모는 주지 않고 그 남자가 이성을 잃듯이 과일칼을 들고 차가없이 부모에게 꽂혀버렸다. 이런 비인간적인 행위는 사회에서 허용할 수 없는 것이다. 그래서 중국에는 이런 말이있다. "효도를 하지 않다가 벼락을 당하기 십중팔구이다"고 한다. 미신이 든말든 그 남자가 도망치다가 어느 날에 벼락을 맞아 죽었다고 한다.

7) 또 중국에는 이런 말도 있다. "모든 일중에서 "효"는 제일위이다". 그리고 이"효"의 결정적 요인은 바로 양심이다.

8) 동아시아권에 속한 한국도 중국과 마찬가지다.

9) 한국은 유고사상의 "효"를 받고 발전하여 "집단문화"도 이뤄졌다. 이 집단문화의 중심은 바로 "가족"이다. 가족에는 자식은 꼭 부모에게 "효도"를 해야 한다. 특히 윗어른께 "효도"를 하지 않는다면 벌을 받는다는 말이 들어본 적이 있다. 다시 한번 말하자면 양심이 없는 사람은 효도를 못한다. 한국어 원어 선생님과 지내다 보니까 그럼 점을 발견했다 물론, 한국 드라마에서나 영화에서도 그런 것을 볼 수 있다.

10) 결론적으로 말하면 양심이 올바라야 효도를 잘한다. 반면, 양심이 없는 사람이나 그릇된 사람은 효도를 못한다는 것이 분명하다. "효"이 미풍양속을 잘 가꾸어 나가고서는 양심이 꼭 올바라야 한다. 왜냐하면 "효"를 좌우하는 요인은 양심에 달려 있기 때문이다. 우리는 부모를 위해서라도 양심이 올바른 사람이 되자!

사례 4-15는 모두 10개 단락으로 구성되어 있는데, 1)은 서론, 2)-9)는 본론, 10)은 결론이다. 본론에서 사용된 논지의 병렬식 구성이 눈에 띈다. 구체적으로, 3)-7) 중국 사회와 8)-9) 한국 사회라는 두 부분으로 이루어진 대등적 전개 유형에 해당한다. 그리고 중국 관련 부분은 '4) 도입→ 5) 논거1 → 6) 논거2 → 7) 소결'이라는 네 개의 단락으로 되어 있다. 이것은 수렴적 전개 방식으로 보이지만 실질적으로 논거1('양심이 올바른 사람')과 논거2('양심이 그릇된 사람') 두 부분이 대조되는 방식을 취하고 있다. 즉 사례 4-15의 논지 전개는 대등과 대조를 사용한 병렬식이라고 할 수 있다. 이처럼 병렬식 전개 방식은 중국어권 학습자 텍스트의 특징에 해당한다.

이러한 병렬식 전개 방식은 또 다른 특징과 관련되어 있는데, 그것은 바로 필자 자신의 의견과 반대되는 주장을 텍스트 구조에 포함시키지 않는다는 점이다. 정다운(2007)에서는 중국인과 일본인 학생 두 집단이 생산한 논술문 텍스트에 어떤 차이가 있는지를 살펴본다. 결론적으로, 정다운(2007: 240)에서는 "전체 텍스트 구조를 살펴보면 두 집단은 논술문 텍스트에 적절한 구조를 선택하고 있었다. 그러나 두 집단의 선택을 구체적으로 살펴보면 일본인 학생은 자신과 의견이 다른 사람의 주장을 제시하고 이에 대한 반론을 제기하는 구조를 보다 많이 선택하는 반면 중국인 학생들은 자신의 주장을 제시하고 이를 뒷받침할 수 있는 근거를 주로 드는 구조를 선택하였다. 이를 볼 때 자신의 의견과 반대되는 주장에 대한 논의가 부족한 중국인 학생의 글[229]의 경우 설득력이 떨어질 가능성을 제기해 볼 수 있다."고 지적하고 있다. 앞서 언급한 陳娟(2009: 105)에서 중국인 영어 학습자의 영어 텍스트가 내용면에서 설득적이지 못하다는 평가가 이러한 추정을 뒷받침한다.

중국인 학습자 텍스트의 설득력 부족은 중국인 학습자의 한국어 글쓰기 자료에서도 빈번하게 나타나는 현상 가운데 하나다. 박성희는 Liu(2005)의 연구를 통해 그 원인을 중국의 전통적 수사학적 구조에서 찾는다. 우선 Liu는 영어와 중국어를 각각 모국어로 사용하는 필자를 위한 온라인상의 논설문 쓰기 교육 자료를 비교·분석, 두 가지 쓰기 교육 자료의 공통점과 차이점을 밝힌다. 공통점으로는 두 가지 모두 논설문의 작성 목적, 서론-본론-결론이라는 구조적 전개, 주제를 뒷받침하기 위한 예들을 사용한다는 점을 들 수 있다. 반면, 영어 논설문 쓰기 교육 자료에서는 반대 의견의 개진을 논설문의 필수 요소로 간주하지만, 중국어의 그것에는 반대 의견의 개진을 논의 전개를 위한 방법 가운데 하나로 파악한다는 점이 큰 차이로 부각된다. 뿐만 아니라 중국어 논설문 쓰기 교육 자료에서는 인식론적 측면과 변증법적 논리 전개를 중요시한다. Liu는 이 차이가 중국의 전통적 수사학적 구조에 영향을 받고 있다고 본다. 이 연구의 의의는 쓰기 교재를 분석 대상으로 삼아 쓰기 교육에 실질적인 도움을 준다는 점이다.(최연희 편저, 2010: 212-213)

또한 중국인 학습자 텍스트의 특징으로는 '문제 논의 방식'과 '문제 해결 전략'이 있다. 劉穎(2004: 25)에서는 문화 간 논설문 텍스트의 대조수사학을 조사했는데, 중국 대학생이 생산한 중국어와 영어 글쓰기 50편과 영

---

229) 이러한 특징은 중국의 사회맥락적 측면과 깊은 상관관계를 맺고 있다.

국 대학생이 생산한 영어 글쓰기 30편에 대한 양적 분석을 진행했다. 분석된 데이터를 살펴보면, 그들의 모국어 글쓰기에는 수사학적으로 명확한 차이가 나타난다. 문제를 논의하는 방식에서 는 크게 원인 분석형·해석형·개인형·관점형·서술형이라는 5가지로 구분된다. 그 가운데 현저한 특징은 영국 학생의 글쓰기에서 원인 분석형의 비율이 상당히 높다는 점이다. 이와 다르게 중국 학생의 글쓰기에서는 그것의 비율이 단지 6%정도에 불과할 정도로 대단히 낮다.

또한 '문제 해결 전략'의 차원에서 그들의 글쓰기는 대체적으로 무(無)해결 방법·일반적 해결 방법·개인적 방법 세 가지로 구분된다. 통계 결과를 보면, 그들이 문제를 해결하는 전략은 확연히 구별된다. 영국 학생 96.6%의 문제 해결 방법은 다른 사람들에게도 적용 가능한 일반적 방법이지만 중국 학생 44%만이 그러한 일반적 방법을 사용한다. 또한 중국 학생 38%는 개인적인 문제를 다루고 있을 뿐만 아니라 지극히 개인적인 해결 방법만을 제시한다. 이처럼 중국 학생이 추론을 통해 문제에 접근하는 경우는 매우 드물다.(劉穎, 2004: 26)

劉穎이 위의 연구를 통해 제기하려는 주장은 바로 중국 학생이 생산한 모국어 글쓰기와 영어 글쓰기에 동일한 수사학적 전략이 채택된다는 점이다. 이 책의 연구 대상인 중국인 학습자의 한국어 글쓰기에서도 동일한 특징이 보인다. 앞서 언급한 사례 4-15처럼, 원인 분석에 근거한 논리적 전개보다는 당위적·추상적 관점만을 나열하는 전개 방식이 많이 사용되고 있다. 또한 텍스트 내부에서 제시된 예들 역시 대부분 개인적인 것으로서 일반적 설득력이 매우 떨어진다. 예를 들어, 사례 4-15의 단락 5)의 '아버지', 단락 6)의 '어떤 남자'가 전형적인 예라고 할 수 있다. 다음 사례 4-4도 그러한 경우에 속한다.

사례 4-4 북경공업대학 2학년 이**

양심-존재한 이유

1) 사람들이 태어났을 때부터 다 착한데 현실의 잔혹한 그림자가 삶에 들어가서 양심을 지키기도 힘들게 된다. 하지만 이것은 우리가 양심을 포기한 이유가 될 수 없다. 양심이 여전히 존재한 이유가 있다.

2) 한 사람이 양심에 대한 조사를 해본 적이 있었다. 그녀는 안 사람의 상점에 가서 물건을 샀을때 고의로 값을 넘는 돈을 주었다. 그 상점의 주인이 아무말도 없이 돈을 받았다. 그녀가 이 상점의 주인이 잘 계산 하지 않았을 줄 아는데 하지만 많은 상점에 가고 똑 같은 상황을 만났다. 이 조사를 한 작가가 "돈보다 양심이 이재 중요하지 않은가?"라는 의문을 내었다.

3) 사실 상점 주인들의 행위가 법에 어긋하지 않는데 고개가 정신이 없어 값을 넘는 돈을 주기 때문이다. 하지만 양심을 어긋했다. 양심을 가지는 사람들이 이런 일을 해낼 수 없을 것이다. 만약 그렇게 하면 창피해서 머리도 들 수 없겠다. 이것은 바로 양심이 존재한 이유-사람의 행위나 사상이나 관리할 수 있는 것이다.

4) 근데 이 말을 하기 쉽지만 언제나 양심을 지켜야 한 것이 어렵겠지. 사실 나도 양심을 어긋한 일을 한적이 있거든. 나 친구의 고모가 위국에 사니까 자주 그 친구에게 위국의 만화책을 보냈는데 중국에서 살 곳이 없어 난 친구한테서 비려보았다. 그중에 있는 한 권이 아주 재미 있으니까 갚기 싫었다. 친구의 기억이 나빠서 나는 차리리 갚지 않기로 한다고 결정했다. 하지만 그 뒤에 난 그 만화책이 열지지 않았다. 보기 싫어서가 아니라 무조건 책을 비려준 친구에 대해 미안하니까 그렇게 했다. 친구를 마날 때마다 심장이 두근두근 뛰었는데 남이 발견할까봐 그책을 책장속에 꾹꾹 숨게 했는데.

5) 양심을 가져서 난 기장하고 창피하다고 느꼈다. 그때 여남은 살난 내가 잡가기 알게 되었다. 아무리 좋아해도 양심을 지켜야 한다. 양심은 우리 편하게 살게 한 이유이기때문이다.

6) 보통 사람들이 보통한 양심이 있고 위대한 사람들이 위대한 양심이 있다. 좁은 양심을 가져 있는 우리 남에게 상철을 주지 않으면 된다고 생각하고 위대한 사람들은 남에게 행복을 줄 수 있으면 사람들은 남에게 행복을 줄 수 있으면 좋겠다고 여긴다.

7) 석가는 무엇을 위해 설산에서 샀는가? 공자도 무엇을 위해 가국간에 다녔는가? 밥을 위해서 아니라 옷을 위해서 아니라 미인을 구하기 위해서도 아니라 천하백성을 품고 있는 양심을 위해서 할 것이다. 그러므로 양심으로

나오고 인민들이 행복하게 살기 바라는 소원도 양심이 존재한 이유가 될 수 있겠지.

　8) 잔혹한 현실 앞에도 양심을 지켜야 하다. 그의 존재때문에 인간이 유망의 돌리에 휩쓰리지 않고 찬란한 햇빛아래에서 행복하게 산다.

　사례 4-4는 첫 번째 단락 1)과 마지막 단락 8)은 각각 서론과 결론에 해당하며[230], 본론 부분 2)-7)은 병렬적 구성을 보인다. 본론의 앞부분 2)-5)에서는 '보통 사람', 뒷부분 6)-7)에서는 '위대한 사람 또는 성인(成人)'을 검토한다. 또한 본론의 앞부분 2)-5)에서도 2)-3)은 '다른 사람', 4)-5)는 '나'를 대등적으로 연결시킨다. 특히, 네 번째 단락 4)를 보면, '언제나 양심을 지키는 것이 어렵다'는 문제 해결 전략을 사회 구조나 제도 등의 일반적 시각에서 접근하지 않고 자신의 개인적인 경험에서 찾고 있다. 이것은 앞서 살펴본 劉穎(2004)의 연구 결과와 정확히 일치한다. 그리고 두 번째 단락 2)에서도 "돈보다 양심이 이제 중요하지 않은가"라는 주장을 뒷받침하기 위한 필자 자신의 구체적・논리적 서술이 부재하다. 이러한 추상적 주장 또는 결과 제시는 설득력을 크게 떨어뜨릴 뿐이다.

　이에 대해 劉穎(2004: 26)은 중국 학생들이 글을 쓸 때 사건의 결과를 중시하는 습관이 있다고 설명한다. 추론 과정을 중시하는 영국 학생들과 달리, 중국 학생은 추론 또는 문제 해결이라는 방식을 사용하지 않고 결과만 고려하는 경향이 있다. 따라서 그들은 사건이 발생한 원인을 분석하려 하지 않는다. 중국 학생들이 이처럼 상황 자체에 흥미를 느끼고 있다면, 영국 학생들은 상황의 발생 과정 자체를 강조하면서 그 원인을 파헤친다. 나아가 劉穎은 중국어와 영어의 텍스트 구조는 그 문화적 배경과 밀접한 상관관계를 맺고 있다고 평가한다. 즉 영국 문화가 선형적 인과론적 사유

---

230) 특히, 결론의 마무리 방식이 특징적이다. 2개의 문장으로 한 단락을 이뤄 글 전체를 마무리하고 있다. 중국어권 학습자의 글 마무리 방식에 대해서는 다음에서 구체적으로 다룬다.

와 연역적 추론 방식에 치우쳐 있다면, 중국 문화는 직관과 총체적 사유에 치우쳤다는 것이다.[231] 이와 같은 평가는 穆從軍(2007: 23)에서도 드러난다. 穆從軍은 Matalene(1985)의 연구 결과를 인용하면서, 영국과 미국의 필자가 자신의 관점을 증명하는 데 집중하는 반면, 중국어 필자는 자신의 관점을 펼쳐 놓고, 논리적 추론 과정을 독자의 몫으로 떠넘긴다고 설명한다. 다시 말해서 중국어 필자는 텍스트에서 자신의 관점을 증명하기보다 단지 나열식과 같이 제시하는 데머무른다는 진단이다.

2. 단락 조직

앞서 2장 3.3절 텍스트의 거시적 응집성 부분에서 단락의 개념을 간단히 살펴봤는데, 여기에서 주목해야 할 것은 한국어와 중국어의 단락 개념이 서구의 영향으로 형성되었다는 점이다.[232] 문제는 서구의 단락 개념이 한국과 중국에 수용되는 과정에서 발생한 인식의 차이다. 다시 말해서 서구 단락 개념의 수용 과정은 한국과 중국에서 일정한 차이를 동반한다.

---

231) 여기에서 이러한 劉穎의 주장을 중국인과 영국인 또는 중국 문화와 영국 문화의 본질적이고 고정불변인 성향 차이로 이해하기보다는 대체적으로 드러나는 평균적 텍스트 양상에 주목했다는 측면에서 파악하는 것이 보다 더 타당하다.

232) 한국어의 단락 개념이 서구의 영향으로 형성되었다는 것은 앞서 언급되었지만 중국어의 그것을 좀 더 구체적으로 살펴보면 다음과 같다. "고대에 인쇄된 서적들은 일반적으로 줄을 바꾸고 띄어쓰기가 없는 방식을 선택했다. 1919년 <신식 구두점 부호 안건 공포 및 시행 요구(請頒行新式標點符號議案)>으로 전통적 단락 형식의 변화가 시작되었으며, '각 단락의 처음에 반드시 두 칸을 들여 쓴다'고 규정한다. 나아가 1930년 <교육부의 교육기관 공문 형식 통일화 방안(教育部劃一敎育機關公文格式辦法)>에서는 단락의 형식을 규정한다. 중국어 단락 나누기 방식은 서구 단락 나누기 형식을 영향을 받았을 뿐 아니라 단락 쓰기 형식도 변화[進步]된다."(劉青·王向東, 2011: 82) 이로부터 중국어에서 단락은 '내용적 구분에 근거한 글의 일부분'으로 최초 정의된다. 다만 현재 중국어는 한국어와 다르게 띄어쓰기를 채택하고 있지 않다.

현재 한국에서는 "단락은 다른 말로 문단이라고 한다. 단락은 문장보다는 큰 단위이고, 한편의 글보다는 작은 단위이다. 즉 단어들이 모여서 문장을 이루고, 문장들이 모여서 단락을 이루고, 이 단락들이 모여서 한 편의 글을 이룬다. 단어가 의미의 최소 단위라면, 문장은 완결된 사상이나 감정의 최소 단위이다. 문장이 사고의 1차 단위라면, 단락은 사고의 2차 단위라고 할 수 있다. 그리고 단락이 비교적 단순한 사고의 전개라면, 글 전체는 보다 깊은 사고의 전개라고 할 수 있다. 단락은 글 전체를 구성하는 단위인 동시에, 그 자체는 하나의 독립적인 사고 내용을 표현하는 문장들의 집합이다. 따라서 단락은 소규모적이기는 하지만, 그 나름의 구성과 체계를 가지고 있어야 한다."[233]고 설명한다. 이와 같은 언급은 단락이 내용의 구분에 따라 일정한 형식을 갖춰야 한다는 점을 알려준다. 그러나 바로 이 지점, 즉 단락의 내용과 형식에서 한국어와 중국어에는 차이가 존재한다.

중국어인 경우 일반적으로 단락에 관한 두 가지 시각이 있다. "하나는 '단락[自然段]'으로, 문어에서 줄 바꾸기나 몇 칸 들여 쓰기 등의 형식을 나타내는 언어 단위다. 다른 하나는 '의미 단락'이다. Langacre(1979)는 그것을 '주제 단위(themantic unity)'로, Hofmann(1989)은 그것을 '논리 구조(logical structure)'로 간주했다. 의미 단락은 화제 또는 주제의 언어 단위를 표현한다."(徐赳赳, 2010: 370) 이러한 구분 방식은 단락을 형식 단락과 내용 단락으로 구분하는 김봉군(1980/2005)의 그것과 유사하다. 김봉군(1980/2005)에서는 문장에서 형식적으로 확연히 나뉜 단락을 형식 단락으로, 그리고 형식 단락들을 의미 근접성에 의해 보다 큰 몇 개의 단락으로 묶은 것을 내용 단락 또는 의미 단락, 실질 단락으로 이해한다. 여기에서 그의 형식 단락과 내용 단락은 중국어의 단락[自然段]·의미 단락과 상당히 유사한 면을 보인다.

---

233) 정달영(1997: 225)에서 재인용. 성균관대학교 국어국문학과 교재편찬위원회, <대학작문>, 1995, 서울: 성균관대학교출판부.

그러나 이러한 단락 이해 방식에 대해 정달영(1997: 26)은 "어떤 서구의 문장 이론에서도 찾아볼 수 없는 것으로서 사실상 단락의 개념을 근본부터 변질시키는 것"으로 비판한다. 나아가 "형식 단락과 내용 단락의 구분은 '한 문장 단락'설과 마찬가지로, 단락 이론을 무용지물로 만들어 버리는 결과를 빚는다. 가령, 50개의 문장으로 된 글은 50개의 단락이라 할 수도 있고, 몇 개의 문장들로 짝지어 보임으로써 그보다 적은 수의 단락이라 할 수도 있다. 이런 식의 단락 이론이라면 단락이라는 개념을 굳이 거론할 필요도 없게 된다. 결국 형식 단락과 내용 단락의 구분은 단락 이론을 부질없는 것으로 만들고 마는 것이다."고 주장한다.

그러나 중국에서는 여전히 단락은 위의 두 가지 방식으로 이해된다. "중국어에서 단락[自然段]과 의미 단락이 동일할 수도 있지만 대부분의 의미 단락은 두 개 또는 그 이상의 단락[自然段] 구조에 의해 구성된다." (廖開宏, 1999: 31)[234] 廖開宏(1999)에서는 흥미로운 통계 결과가 제시되는데, 영어 50편과 중국어 50편 모두 100편의 텍스트를 대상으로 단락의 형태를 조사한다. 영어의 단락과 의미 단락의 일치 비율은 72%, 그리고 2개 또는 그 이상의 단락이 하나의 의미 단락을 구성하는 비율은 28%에 이른다. 반면, 중국어의 단락[自然段]과 의미 단락의 일치 비율은 34%, 그리고 2개 또는 그 이상의 단락이 하나의 의미 단락을 구성하는 비율은 66%에 이른다.

결국 관건은 단락 나누기의 규칙성과 임의성(또는 자의성)의 문제로 귀결된다. 우선 安純人(1993: 1)은 영어 텍스트 구성과 관련된 孫本森(1990)의 세 가지 원칙을 언급한다. 그것은 통일성(unity)·응집성(coherence)·완결성으로,

---

234) 劉朝彦(2006: 79)에서도 유사한 주장을 찾아볼 수 있다. "중국어 단락의 구조적 완결성은 하나의 단락[自然段]에서 실현되지 않는데, 단락[自然段]은 일반적으로 완결적인 의미 단락이 아니다. 다시 말해서 단락[自然段]은 하나의 중심 사상을 충분히 드러낼 수 없으며, 몇 개의 단락[自然段]이 모여야만 그것을 드러낼 수 있다. 중국어 단락 가운데 단락[自然段]과 의미 단락이 일치하는 영어 텍스트와 비슷한 경우도 있기는 하지만 대부분 완결적 의미 단락은 두 개 또는 그 이상의 단락[自然段]를 통해서만 구성된다."

영어 단락[自然段]과 텍스트의 구성 원칙은 일치한다는 점이다. 따라서 한국어 단락의 구성 원칙도 기본적으로 영어에 상당히 근접해 있다고 볼 수 있다. 다시 말해서 한국어 단락을 전개하는 원리는 일반적으로 통일성(unity), 연결성(coherence) 및 강조성(emphasis)의 세 가지로 분류된다. 이는 전통적으로 수사법의 세 가지 원리라고 지칭되어 오던 것으로서 모든 글을 짓는 데 일반적으로 적용된다. 이 세 가지 원리는 서구 문장론에서 예외없이 공통적으로 강조되고 있으며 그 용어와 개념도 완전히 일치를 보이고 있다.(정달영, 1997: 32)

이와 다르게 중국어의 경우, 전통문화의 영향235)과 문장법[章法]에 대한 연구가 아직 부족하기 때문에, 단락 나누기 규칙은 여전히 확립되지 못했다. 중국에서 어문(語文)교육은 초등학교부터 중학교 교육에 이르기까지 과학적인 문장법 체계가 없기 때문에, 많은 사람들이 글쓰기를 할 때 하나의 통일된 규칙이 없었고 단지 느낌에 의존할 뿐이었다. 이것은 아마도 중국어 단락[自然段]이 아직 텍스트 구조의 단위가 될 수 없다는 원인 중의 하나일 것이다.(安純人, 1993: 2)

安純人의 이와 같은 평가가 1993년에 이루어졌다는 것을 상기한다면, 현재까지도 중국어의 단락 나누기에 아무런 변화가 없다는 사실은 많은 점을 생각하게 만든다. 그것은 중국어의 임의적 단락 나누기가 중국어권 학습자의 한국어 텍스트에 그대로 반영된다는 점 때문이다. 중국어의 임의적 단락 구분이 미발전된 또는 정체된 사안이라면, 서구적 단락 개념에 기초한 단락 나누기는 실현해야만 될 숙제가 된다. 반면, 임의적 단락 구분이 중국어 글쓰기의 주요 특징이라면, 그것은 한국어의 텍스트 구성과 다른 차원의 사안으로 간주된다. 물론 한국어와 중국어의 단락 개념이 상

---

235) 고대 중국어의 경우, 형식적 단락을 구분하지 않지만, 내용적 층차를 드러내고 있다. (安純人, 1993: 2) 다시 말해서 형식적 구분이 없어도 내용 이해가 가능했다는 점이 현재까지 텍스트의 구조 단위로서 단락이 안착되지 못한 배경의 하나로 추정된다.

이하다는 점이, 중국의 글쓰기 수준이 한국의 그것보다 떨어진다거나 중국어 텍스트 구성 능력이 한국의 그것보다 낙후되었다는 것을 의미하지 않는다. 오히려 그것은 한국어와 중국어의 좋은 글쓰기 전형 즉, 완성도 높은 텍스트의 구성적 차이를 보여줄 수 있다.

이로부터 중국어에서 단락은 다음과 같은 특징을 갖는다. 첫째, 앞서 언급한 것처럼 단락[自然段] 구분은 상당한 임의성을 지닌다. 둘째, 단락[自然段]은 텍스트의 구조 단위가 아니다. 張壽康의 『문장학 개론(文章學概論)』(1983: 84)에서는 하나의 텍스트가 몇 개의 단락[自然段]으로 나뉘는지는 텍스트의 길이 또는 작가의 습관과 관련된다고 주장한다. 예를 들어, 어떤 텍스트에서는 단락이 나뉘지 않지만 다른 텍스트에서는 단락이 아주 많이 나뉘기도 한다. 따라서 중국어의 단락은 전체적으로 융통성 있고 상황에 따른 구분이 필요하다. 나아가 夏紹臣(1985: 80)은 다양한 텍스트 분석을 통해 단락 구분은 각기 다른 작가의 상이한 견해를 보여줄 뿐만 아니라 한 작가의 한 텍스트 안에서도 서로 다른 견해가 나타난다고 했다. 이것은 마치 텍스트의 단락[自然段] 구분이 임의적이며, 일정한 기준이 없는 것처럼 보이게 한다.(安純人, 1993: 2)

따라서 "현대 중국어에서 단락[自然段]은 텍스트의 구조 단위가 될 수 없다. 독자들의 편의를 위해서 작가가 텍스트의 단락을 [임의적으로] 나누기 때문이다. 그렇지만 한 단락[自然段]만으로는 중심 생각을 충분히 표현할 수 없기 때문에 몇 개의 단락[自然段]을 합쳐야 되는 경우도 있다. 그래서 중국어 단락은 형식적 표기를 잃어버렸다고 할 수 있다. 이는 중국어 텍스트의 의미 단락 구분에 많은 어려움을 가져다준다."(廖開宏, 1999: 31)[236] 물론 이와 같은 지적이 단락[自然段]과 의미 단락이 일치하는 상황을 배제하지 않는다.[237]

---

236) 그래서 지금까지도 중국의 초 · 중 · 고교 어문(한국의 국어 과목에 해당) 시간에 진행하는 주요 과제가 바로 의미 단락의 구분과 핵심 내용의 귀납이다.

영어 paragraph는 축소된 텍스트이자 텍스트의 구조 단위에 해당한다. 그러나 중국어 단락[自然段]은 텍스트의 구조 단위도 아니며, 임의성이 대단히 강하다. 반면, 의미 단락은 텍스트의 구조 단위일지라도 그 형식적 표기가 존재하지 않는다. 한국어가 기본적으로 영어라는 서구의 단락 개념과 조직 원리 또는 전개 원리를 그대로 수용했다는 점에서 한국어 단락과 중국어 단락은 큰 차이를 보인다. 이것은 곧 단락에 관한 한국인과 중국인 담화 공동체의 원형적 인지가 다르다는 점을 알려준다. 중국인 학습자가 생산한 한국어 텍스트에서 나타나는 이른바 '한 문장 한 단락'이나 한국어 단락의 인식 부족에 기인한 유사비표준238) 현상 등은 이런 인지적 차이와 관련된다. 또한 이와 함께 주의해야 할 점은 단락[自然段]과 의미 단락의 통일적 구성이 모든 텍스트에 적용되지 않는다는 사실이다. 설득적·논리적 텍스트 이외의 텍스트들에서 단락 구분의 규칙성이 적용되지 않는 사례를 쉽게 찾아볼 수 있다. 따라서 단락 구분은 장르적 특성에 대한 고려가 요구된다.

필자가 주석 말뭉치에 대한 조사결과, 중국어권 학습자 텍스트에 나타난 단락 조직 오용은 다음 <표 5-1>과 같다. 작문 42편 가운데 40%의 학생(17편의 작문)이 한국어 단락 조직의 형식에 따르지 않았다. 그 중 단락을 잘못 나눈 경우는 27개(53%)로 10편, 단락을 잘못 연결한 경우는 24개(47%)로 9편이다. 기본적으로 단락 구분과 관련 상당한 비율을 차지하고 있다. 여기에서는 전체 17편 가운데 하나의 텍스트에서 동시에 두 가지 문제가 나타난 2편을 포함하고 있다.

---

237) Hind(1990)의 필자-독자 책임이라는 시각에서 중국어 글쓰기는 독자 책임이지 필자 책임이 아니다.(穆從軍, 2007: 23)

238) 제2언어 학습자가 생산한 특징적 글에 대해 '오용'보다 '유사비표준(不地道, nonnative- likeness)'이라는 표현이 더 적절하다. 담화 공동체 구성원들에게 수용되는 정도에 따라 더 원형적인 것인지 더 주변에 있는 것인지에 대한 판단이 필요하다. 그러나 이런 유사비표준 현상은 모국어 화자 내부의 텍스트에서도 일정 정도 반영되어 있다.

<표 5-1> 단락 조직의 오용 빈도

분류	오용 빈도	비율	작문 수
문단 나누기 오용	27 개	53%	10편
문단 붙이기 오용	24 개	47%	9편
총계	51 개	100%	17편

이처럼 중국어권 학습자가 생산한 한국어 텍스트에서 한국어 단락 형식을 따르지 못하는 이유는 위에서 언급한 중국어 텍스트 생산 과정과 밀접한 연관관계를 맺고 있다. 중국어권 한국어 학습자에게서 나타나는 단락과 관련된 대표적 현상을 살펴보면 다음과 같다.[239]

2.1. 한 문장이 한 단락을 구성하는 현상

하나의 문장이 한 단락을 구성하는 현상으로 주로 이어지는 단락과 강조 단락이라는 형태로 나타난다.

2.1.1. 이어지는 단락

사례 4-9 중국전매대학 2학년 유**
1)__예전의 생일을 돌아보고 그 생일선물을 중시하지 않았는 세월을 돌아보았습니다. 부모님의 사랑을 못 받았기 때문에 오랫동안 후회했습니다. 부모님에게서 선물을 받는 것을 당연히 있을 수 있는 일로 생각하고 그 선물들은 보통의 선물이 뿐입니다. 부모님들 선물만 알고 사랑한다는 말을 한번도 말하지 않았습니다. 그이상에 유치한 생각을 이제 절대 하지 않겠습니다. 우리 부모님의 사랑을 표현하는 방식은 다른 부모님보다 깊고 오랫 시

---

239) '하나의 문장이 한 단락을 구성'하는 이러한 현상은 설득적 텍스트나 서사적 텍스트 모두에서 나타난다. 따라서 중국어권 한국어 학습자의 공통된 특징이라고 할 수 있다. 아래의 내용은 제효봉(2011ㄱ: 231-259)을 수정·보완한 것이다.

간 동안 있을 수 있으니까요.

　2)＿이제 우리 부모님의 사랑을 어디서든지 느낄 수 있는 처럼 행복하게 살고 있습니다.

　3)＿혹시 어떤 아들이나 딸은 제가처럼 부모님의 사랑을 느낄수 없는 시간도 있을까요? 부모님들 우리 사랑하지 않은 것이 아니라 우리 자신이 애를 쓰지 않고 관심도 복족했으니까요. 우리같이 예전에 돌아보면 큰일을 빼고 작은 일을 통해 사랑을 꼭 느낄 수 있 습니다. 부모님들 작은일 크는일을 통해 사랑한다는 말을 하고 있습니다.

위의 텍스트는 1), 2), 3)이 각각 단락의 형식으로 구분되어 있다. 이수미(2010: 112-113)에서는 2)와 같이 형식상 하나의 문장이 한 단락을 구성하고 있는 경우를 진정한 의미 단락으로 인정하지 않는데, 그 이유를 두 가지로 설명한다. 첫째, 단락이 완성된 생각의 한 덩어리라고 보기 때문에 하나의 문장을 한 단락으로 구성하는 것은 문장과 문장의 합의 결과로 보기 어렵다는 점, 둘째, 따라서 하나의 문장을 한 단락으로 구성할 경우, 전체적인 텍스트의 불균형이 발생한다는 점이다. 다시 말해서 단락은 하나의 주제문과 이를 뒷받침하는 문장들의 구성으로 이해되며, 연속된 문장들의 유기적 의미체로서 텍스트가 강조된다. 따라서 이 관점에서 보면 위의 텍스트는 텍스트성 즉, 텍스트다움을 갖추고 있지 않게 된다.

그러나 텍스트라는 의미적 연속체에서 그 텍스트를 구성하고 있는 단락의 내용과 형식이 어떤 통일성을 취해야 하는 문제는 이와 달리 맥락적 이해를 요구한다. 이수미(2010: 109)에서도 지적하고 있듯이, 한국어에서 단락 구성은 내용적 측면에서 하나의 주제와 이를 뒷받침하는 문장의 구성이 하나의 단락이라는 단위로 정의되며, 형식적인 면에서 하나의 단락은 글의 줄을 바꾸고 첫 글자를 한 칸 안으로 들여 쓴 것(indention)으로 이해된다.

이와 다르게 중국어의 단락 구성은 앞서 살펴본 것처럼 한국어와 다른 형태를 취한다. 중국어에서 '단락'은 텍스트의 가장 기본적 단위로서, 형식적으로는 줄을 바꾸는 것으로 분명하게 드러난다. 그 유형으로는 텍스트의 기본 내용을 표현하는 기본 단락, 구조적 기능을 갖춘 이어지는 단락, 텍스트의 어떤 내용들을 강조하며 단독적으로 기능하는 강조 단락이 있다(王建華, 1995: 23).

이와 같은 단락의 일반적 정의에서 주의해야 할 것은 위의 2)와 같은 '이어지는 문장[過渡句]'이 중국어 글쓰기에서는 독립적인 단락으로 기능할 수 있다는 점이다. 다시 말해서, 이어지는 문장은 기본적으로 앞 단락을 이어서 뒤 단락을 연결시킬 목적으로 사용된다. 이렇듯 위의 중국인 필자가 생산한 한국어 텍스트에는 중국어의 단락 구분이 적용되고 있다. 이에 대해 王志强은 '이어지는 문장'의 기능이 다음과 같은 담화 상황에서 요청된다고 설명한다. 1) 새로운 화제를 제기하는 경우, 2) 사건의 부연 및 전환을 드러내는 경우, 3) 시간과 장소의 변화를 제시하는 경우, 4) 담화의 전개와 무관한 내용을 삽입하는 경우와 앞뒤 문장을 연결하는 경우, 5) 표현 방식을 바꾸는 경우이다(王志强, 2008: 15-16).

또한 위의 필자는 형식적 단락 구분의 들여 쓰기를 위해 두 칸을 인덴션(indention)으로 활용하고 있다. 이 점 역시 중국어의 두 칸 들여 쓰기라는 사례를 적용하고 있는 것이다. 한국어에서 형식적 단락 구성이 한 칸 들여 쓰기를 적용하고 있는 원고지 작성과 일반적으로 두 칸 들여쓰기를 적용하고 있는 워드 작성에 차이가 있다는 점을 감안한다면, 위의 경우는 한국어의 원고지 작성에 대한 지식 부족이 그 원인에 해당한다.

이러한 한국어 텍스트 생산의 모국어 영향 관계는, 한국어 중급 과정에 해당하는 2학년 필자뿐만 아니라 고급 과정에 해당하는 4학년 필자에게서도 마찬가지로 드러나고 있다.

사례 4-15 요동대학 4학년 마**
1)_또 중국에는 이런 말도 있다. "모든 일중에서 "효"는 제일위이다". 그

리고 이"효"의 결정적 요인은 바로 양심이다.

2)_동아시아권에 속한 한국도 중국과 마찬가지다.

3)_한국은 유고사상의 "효"를 받고 발전하여 "집단문화"도 이뤄졌다. 이 집단문화의 중심은 바로 "가족"이다. 가족에는 자식은 꼭 부모에게 "효도" 를 해야 한다. 특히 윗어른께 "효도"를 하지 않는다면 벌을 받는다는 말이 들어본 적이 있다. 다시 한번 말하자면 양심이 없는 사람은 효도를 못한다. 한국어 원어 선생님과 지내다 보니까 그럼 점을 발견했다 물론, 한국 드라마 에서나 영화에서도 그런 것을 볼 수 있다.

여기에서는 사례 4-9과 다르게 단락 구성에 원고지 작성법에 부합하는 한 칸 들여 쓰기가 적용되고 있다. 그러나 한국어의 강조 부호인 ' '를 사 용하지 않고, 중국어의 강조 부호인 " "를 사용하고 있으며, 그리고 역시 앞뒤 단락을 연결하는 '이어지는 문장'의 기능으로 설정되어 있다. 이처럼 '이어지는 문장'은 일반적으로 하나의 문장을 한 단락으로 설정하지만 주 요 기능인 앞뒤 단락의 연결이라는 측면을 만족시킬 수 있다면 한 문장 이상으로, 또는 하나의 구·절로도 사용될 수 있다. 아래의 경우가 그와 같 은 사례들이다.

사례 4-73 산동청년정치대학 3학년 지**

1)_우수한 사람이 되고싶으면 그 사람의 생활에 양심이 지리잡고 있어야 합니다. 양심은 사람 삶의 기본입니다. 왜냐하면 양심을 잘 안 사람은 사회 와 가정에 책임감이 있을 수 있기 때문입니다.

2)_양심은 폭우에 있는 무지개 처럼 아름답습니다. 사람들에게 풍부하고 밝은 색깔을 줄 수 있습니다.

3)_요즘 중국 청해지역의 지진은 거기에서 산 사람들에게 고통을 갖고왔 습니다. 바로 양심때문에 중국 각족 사람들이 도와주는 손길을 뻗칩니다. 그 리고 한국 친구들은 위로를 많이 주셨습니다. 무수한 아름다운 마음은 대단 한 사랑을 미를 수 있습니다. 아름다운 마음이든지 대단한 사랑이든지 그들 의 근본은 바로 양심입니다.

사례 4-28 북경어언대학 2학년 이**

1)_실수가 인생의 소중한 교훈이다. 또한 실수를 직면한 양심이 인생의 거울이다. 실수한 후에 자기의 양심을 물어봐서 내가 열심히 했느냐? 내가 정말 힘이 끝때까지 했느냐? 이 양심의 거울을 갖고 더 열심히 살고 일하고 사랑하고 인생이 완벽한 정지를 도작할 수 있을 것 같다.

2)_바로 나비의 일생처럼.

3)_못생긴 유충이 없으면 이 꽃밭에서 춤추며 갈고 있는 나비도 없다. 바로 그 못생긴 유충을 직면하고 그 못생긴 과거를 직면하고 오늘 예쁜 나비의 아름다움을 느낄 수 있다.

4)_그래서 자기가 실수할 때 우울할 때 성공을 못 도작할 때 자기의 양심을 물어보자! 내가 정말 열심히 했느냐? 끝때까지 힘이 다 썼느냐?

사례 4-73과 사례 4-28의 2)가 바로 '이어지는 단락[過渡段]'에 해당한다. 또한 '이어지는 단락'이 연속된 방식으로 존재하기도 한다.

사례 4-39 북경대학 4학년 부**

1)_전통사화가 근대사회로 접어들어 서양의 사회체제와 가치윤리체제를 수용하면서 일부분 사람들은 우리가 양심이 결여하는 시대에 산다고 주장한다. 개인주의가 주도한 경쟁사회에서 '강월강(强越强), 약월약(弱越弱)'의 추세가 심화되고 강자가 약자를 도우며 더불어 사는 사회가 이상주의자 환상 속에만 있을 수 있는 유토피아뿐이다. 정말 그런가?

2)_그들이 말하는 것은 사회현실이다. 사회주의가 파산된 후 사람들은 도덕과 이상에 대한 믿음을 완전히 잃어버린다. "사람이 이기적 동물"이라는 말 수없이 들린다.

3)_하지만 전근대사회보다 지금의 사회에서 양심을 가지는 사람이 더 많다 그리고 점점 많아질 것이라고 저는 믿는다.

4)_근대사회의 핵심이 뭐냐하면 평등과 자유이다.

5)_아직 사회적 지위와 부의 평등이 이루지 못하고 있지만 약자는 자아각신(覺醒)되고 소리를 내어 행동하는 자유를 얻었다.

6)_오늘날의 언어체계에서 '양심'이라는 말은 개인에게는 타인의 권리와 자유에 대한 존중, 사회집단에게는 사회책임으로 이해해야한다.

7)_며칠전에 환경보호를 목표로 운영하는 NGO에서 일하는 친구와 이야

기를 나누었는데 그 친구에게 NGO를 운영하는데 필요한 자금이 어디서 왔냐고 물어봤다. 친구가 코카콜라(cocacola), 스타박스(starbucks), 미국어느주의 정부 등등 회사, 정치단체, 이름난 인물들의 이름을 나열하여 길 대답을 주었다. '그들이 왜 돈을 주냐?' 나는 계속 물었다. 친구가 생각없이 "이것은 그들의 책임이다. 회사들이 산품을 생산할 때 자연을 파괴시키고 쓰레기를 생산하게 돼서 당연히 사회책임을 져야지." 외국에서 사회운동을 통해서 전부터 이런 의식이 보급되었지만 중국에서는 막 시작하는 단계다 대답했다.

여기에서 3)은 '이어지는 단락[過渡段]'으로서 다음에 연결되는 4), 5), 6), 7)의 내용을 전체적으로 끌어내는 역할을 담당하며, 4)와 6) 역시 '이어지는 단락'으로서 각각 5)와 7)을 연결시킨다. 지적하고 싶은 것은 이 한국어 텍스트를 중국어 텍스트로 유추·해석할 경우, 중국어 텍스트 구조에 정확히 부합할 뿐만 아니라 의미 연속에 있어서도 전혀 문제가 되지 않는다는 점이다. 다시 말해서 위의 중국인 필자가 같은 내용을 중국어로 재구성할 경우, 이는 중국인이 보기에 매우 완성도가 높은 텍스트 즉, 좋은 글쓰기의 전형에 해당한다. 이 중국인 필자는 중국어 텍스트 구조에 익숙한 대신, 한국어 텍스트의 구성 능력은 그다지 뛰어나지 않다고 할 수 있다.[240]

240) 여기서 일반적인 한국어 텍스트 구성 원리와 다른 시각을 검토해볼 필요가 있다. 김봉군(2005: 430)에서는 단락의 길이가 완결성을 충족되는 한도에서 성립한다. 단락이 불필요하게 길 필요가 없기 때문이다. 예를 들어, 가장 짧은 단락 길이(the minimum limit)는 단어 하나일 수도 있으며, 긴 단락의 경우 군이 그 분량을 한정할 수 필요도 없는 것(no maximum)이다. '한 낱말 한 단락'의 경우는 기타 장르와 다르게 서사 문학 작품에서 많이 등장한다. 이와 함께 짧은 단락(short paragraph)의 경우는 크게 네 가지로 정리된다. 첫째, 소설 등에 등장하는 간단한 대화에서(in reporting dialogue) 한 문장이 단락이 되는 경우다. 둘째, 접속·연결을 위한(for transitions) 단락이다. 셋째, '첫째·둘째, 하나는·다른 하나는·끝으로'와 같이 요목화를 위해(for listing) 순서가 분명하게 드러나거나 그렇지 않은 경우의 단락이 있다. 넷째, 강조를 위해(for emphasis) 강조할 부분에서 분립시킨 단락이다. 즉 분량을 짧게 하여 두드러지게 함(to stand out)으로써 단일 주장(a single assertion)을 드러내는 기법이다.(김봉군, 2005: 431-432) 소설 같은 장르의 경우, 이러한 짧은 단락은 빈번하게 출현한다. 이처럼 김봉군은 '한 낱말 한 단락'이나 '짧은 단락', 특

2.1.2. 강조 단락

'이어지는 문장'이나 '이어지는 단락'의 사례와 같이 한국어와 중국어의 텍스트는 그 구성에 큰 차이를 보인다. 이외에도 '강조 문장[强調句]'으로 '강조 단락[强調段]'을 구성하는 경우가 있다. '강조 문장'은 대부분 결론 부분의 마지막 문장에 위치하며, 하나의 단락으로서 자신의 입장이나 생각을 최종적으로 강조하는 기능을 담당한다.

> 사례 4-35 천진외국어대학 3학년 황**
> 1)_지금은 뒤늦게나마 우리 어머니한테 용서를 받고 있는 원래 철없던 아들을 용서해 주길 그저 뿐이다. 그리고 내가 사는날까지 영원히 우리 어머니는 건강하기만을 하늘을 향해 빌어 본다.
> 2)_우리는 사회인이나 학생이나 어머니는 자식을 키우기까지 고생했던 마음에 헤아리게 되고 또한 그 높은 은혜를 알아야 된다는 동시에 어머니의 사랑을 갚을 수 있기 위하여 최선을 대해 열심히 노력해야 한다.
> 3)_물론 그렇게 하면 우리 사회인으로서 가장 기본적인 양심이 아니겠는가.

히 두 번째와 네 번째 경우는 중국어의 텍스트 구성 원리인 이어지는 단락 또는 강조 단락과 대단히 유사하다. 다시 말해서 이와 같은 주장이 비록 일반적인 한국어의 단락 구성 원리에 해당하지 않을지라도 중국어 단락 담론과 유사한 논의가 한국어 텍스트 담론 내부에 존재한다는 사실이 중요하다. 왜냐하면 그것은 한국어 단락, 특히 의미 단락이 갖는 형식적 불완전성에 기인하기 때문이다. 따라서 의미 단락의 형식을 굳이 3-4 · 4-5 또는 그 이상의 문장 분량으로 맞출 필요는 없다. 한두 문장을 통해서도 의미 전환이 일어날 수 있고, 앞서 김봉군의 언급처럼 그러한 예는 서사적 장르에서 쉽게 찾아볼 수 있다. 한편, 정달영(1997: 20-25)은 이러한 '한 문장 단락' 주장을 비판한다. '한 문장 단락'이란 한 문장을 하나의 단락으로 간주하려는 것으로 많은 문제점이 있기 때문이다. 첫째, 단락의 일반적인 뜻매김에 비추어 볼 때 한 문장만으로는 정상적인 단락이 되지 못한다. 둘째, 한 문장 단락은 소주제의 중요성에 비추어도 문제가 있다. 셋째, 이른바 강조 단락이라는 것도 한 문장 단락의 성립을 정당화할 수 없다. 넷째, 한 문장 단락의 허용은 글의 짜임새를 산만하게 만드는 역효과가 크다. 다섯째, 현실적으로 한 문장 단락이 존재한다는 사실 자체 때문에 그것이 정당화될 수는 없다.

위의 사례 4-35는 하나의 '강조 문장'으로 하나의 '강조 단락'을 구성한 경우다. 중국어 텍스트 구성의 특징을 잘 보여 주고 있는 사례라고 할 수 있다. '강조 단락'은 '이어지는 단락'과 마찬가지로 한두 문장으로 구성되거나 결론 부분 자체가 강조 단락의 연속으로 구성되기도 한다.

사례 4-45 광동외어외무대학 4학년 장**
1)_글을 쓰다가 기억을 떠올랐는데, 어렸을 때 나는 할머니 옆에 누워서 나중에 내가 돈을 많이 벌어서 할머니께 큰 집을 사드리겠다고 한 적이 있다. 하지만 대학교에 들어간 후에 전화를 걸어 할머니께 인사를 드린 적도 별로 없다.
2)_세상에서 누구보다도 나를 사랑해 주시는 할머니를 나는 죽은 후 다시 볼 면목이 없다. 할머니라고 부를 자격도 없다고 생각한다.
3)_할머니는 살아 계셨을 때 나는 한 번이라도 감사하다고 말씀 드렸으면 좋았었는데. 그러면 할머니는 최후까지 눈물을 주루룩 흘리며 내 이름을 부르지 않으셨을 텐데. 큰 소리를 질러도 괜찮고, 귓가에 속삭여도 좋고, 할머니께서 들으실 수 있을 만큼 감사하다고 말했어야 했는데.
4)_할머니 앞에서 나는 영원히 머리를 들 수가 없다. 그저 양심도 없는 사람일 뿐이다.

사례 4-39 북경대학 4학년 부**
1)_그래, 이 사회에서 약자가 강자에게 양심을 쓰기를 바라면 전근대적인 사유방식에서 벗어나지 못한다는 것을 표명하는 것밖에 아무 소용이 없다.
2)_약자가 자기의 권익과 자유를 독독히 인식하고 당당하게 강자에게 책임을 져라 소리내고 행동해야한다. 이것은 "양심"을 지키는 뿍쪽한 수다.
3)_양심이 태어날 때 개인이 가져온 것이 아니라 이 사회가 함께 노력해서 만드는 것이라서 공민사회에서 번영할 것이라고 믿는다.

사례 4-45의 4)는 두 개의 '강조 문장'이 하나의 '강조 단락'을 구성한 경우고, 사례 4-39는 결론 부분 자체를 '강조 단락'의 연속으로 처리한 경우다. 이러한 예시는 일반적으로 결론 부분을 하나의 단락으로 처리하는 한국어 텍스트의 구성 원리와 크게 구별된다.[241] 그러나 이것을 두 언어 간 텍스트 구조 원리의 이질적 측면으로 단순하게 파악하기 보다는 텍스트 생산자의 인지 구조에 대한 이해로 확대시킬 필요가 있다. 중국인 한국어 학습자는 중국어 텍스트 구조의 생산 방식에 익숙해져 있기 때문에, 이로 부터 한국어와는 다른 차원의 사유를 전개한다. 사례 4-39와 같이 세 개의 단락을 하나의 단락으로 결합한다고 해서 완성된 한국어 텍스트의 결론 부분으로 기능할 수 있는 것이 아니다. 따라서 보다 근본적인 글쓰기 방식과 연관된 인지 구조의 전환이 요구된다. 중국어 텍스트에서는 이러한 강조 단락을 처음(사례 4-69)이나 중간 부분(사례 4-1)에 배치하는 경우도 존재하기 때문이다.

사례 4-69 남경대학교 3학년 진**
1)_귀국한 후 첫번째 일은 바로 빈빈의 묘지에 가서 성묘하는 일이었다.
2)_멀쩡한 강아지가 죽었다는 것은 솔직히 나도 깜짝 놀랐지만 어쩔 수 없이 받아들였다. 강아지를 키워 본 적이 있는 사람이라면 누구나 다 안다— 가족의 일원으로 삼아 같이 생활하는 강아지가 얼마나 소중하고 사랑스러운 것임을.
3)_우리집의 빈빈도 나의 남동생으로 5년을 같이 지내 왔다. 그러나 어느 날에 어머니와 함께 산책할 때 옆집에서 뛰어나온 개한테 물려 죽었다. 우리집의 다른 강아지 샤오샤오는 너무나 놀란 나머지 한참 멍하고 있었다. 낮에도 같이 놀던 형제가 갑자기 사고를 당했으니 정말 뜻밖인 일이었다.

---

241) 정달영(1997: 22)에서는 한 문장 단락으로 강조 단락을 성립될 수 없는 이유를 다음과 같이 설명한다. "글을 읽을 때 무엇보다도 그 내용을 잘 파악하여 이해하고 납득하는 것이 가장 중요하다. 물론 시각적으로 얼른 눈에 띄는 것은 우리의 시선을 먼저 끌어 집중시키게 된다. 그러나 만약에 우리가 그 뜻을 충분히 이해하지 못한다면 시각과 주의력을 끈다 해도 마음속에 파고들지 못하고 있다. 곧 아무리 눈에 확 띄는 것이라도 그것이 마음에 거울에 비추어 허상으로 남는다면 강조 효과를 거둔다고 할 수가 없다. 그러므로 우리 국어의 글에서 시각적 강조 효과에만 치중하여 앞뒤 문맥과 단절시켜 고립시키는 문장을 양산하는 것은 분명히 그 강조 효과에 문제가 있다고 아니 할 수 없다."

사례 4-1 북경대학 3학년 동**

1)__부모에 대한 사랑과 아낌은 양심의 근본이요 핵심이다. 그래서 가장 양심이 있는 사람이란 부모부터 진심으로 아낌 없이 사랑하는 사람이다.

2)__가장 양심이 있는 사람 하자!

3)__매일 부모에게 사랑한다 말을 하자. 사람은 다 사이 가까울수록 표현을 못한다. 그런데 부모에게 한 고백은 이 세상에서 가장 듣기 좋은 말이 아닐까?

위의 사례들은 한국어와 중국어에 반영되어 있는 인지 구조의 근본적 차이에 근거한 텍스트 구조의 차이를 보여 준다. 따라서 중국어권 학습자가 생산한 한국어 텍스트의 유사비표준 현상은 단지 한국어 텍스트에서 요구하는 단락 나누기 또는 단락의 통일이라는 지식 충족만으로 해결되기 어려운 문제들이 존재한다. 예를 들어, 한국어 텍스트에서 중시하는 의미적 연관 또는 연속 관계라는 단락 개념을 위의 예시들에 적용한다면 중국어 텍스트에서는 잘 드러나지 않는 부분이 부각된다. 그것은 다름 아닌 단락 내부의 의미 관계를 결속하는 접속어 또는 연결어미와 같은 접속표지다. 또한 아래 예시와 같이 복잡한 양상을 띠는 텍스트의 경우에도 그러하다. 사례 4-58의 일부 단락은 앞서 살펴본 것처럼 모국어의 영향 관계가 구체적으로 드러나지만 다른 단락들에서는 그 영향 관계가 모호한 양상을 보이기도 한다.

사례 4-58 북경어언대학 3학년 간**
양심
......

1) 양심이 '나 양심이 있다.'라는 말을 하면서 느껴지는 것이 아니다. 이런 내실 없는 말보다, 양심이 일상 생활에서 보이는 행동을 통해 표출된다. [문단 붙이기]

2) 양심으로 굴다. 지금까지 살아온 인생을 돌아보면, 양심으로 한 일이 몇 가지 있을까? 아마 얼굴이 빨가질 사람이 대부분일 것 같다. 창피하지 말

고 이제부터 양심으로 굴자.

3) 길가에서 누어 있는 노인옆에 지나갈 때 무시하는 대신 양심으로 옆으로 보아 조금이라도 도와 주면 하루 종일 마음이 뿌듯할 것이다. [문단 붙이기]

4) 지하철 안에 발이 디딜 틈이 없을 정도로 붐비는 상황에서 도둑질하는 사람을 보면 모르는 척하지 말고 몰래 도둑질을 당하는 사람에게 제시를 해 주거나 도둑질하는 사람에게 경고를 해 주면 자기도 마음이 따뜻해질 것이다. [문단 붙이기]

5) 양심을 반드시 깊은 바다 밑에서나 높은 산의 정상에서 찾아보는 것이 아니라 작으면 작을수록의 일에서 더 뚜렷하게 본다.

6) 양심으로 말한다. 평소에 부모에게 심한 말을 하고 나서 마음이 어떨까? 수업 때 선생님에게 적절하지 않은 말을 하면 나머지 수업 시간에 강의를 제대로 들을 수 있을까? 모임 때 한 친구의 상처로 농담하면 분위기가 활발하게 변화해질까? 이 모든 경우에 양심이 있는 사람이면 자기 한 말을 후회할 것이다.

7) 양심으로 말하면, 꽃처럼 아름다운 말이 필요 없고 풀같은 성실한 말이 있으면 된다. 향수처럼 사람을 미혹하는 말대신 우물처럼 사람을 정화시키는 말이 충분하다.

8) 양심으로 생각한다. 생각은 모든 행동과 말씀의 기본이고 원인이다. 비록 언행 하지 않더라도 생각 있으면 그 사람의 양심이 유출된다. 더나아가, 생각이 사람들의 어떤 사건과 물건에 대한 최초의 인식과 이해로써 언행보다 개인의 성질을 더 잘 표출한다. 그러므로, 양심 있는 사람이 되고 싶으면 생각부터 주의해야 한다.

9) 양심이 자기의 마음 속에 있지만, 다른 사람의 눈에 있고 느낌에 있다.

10) 보다 더 의의 있는 삶을 살기 위해, [문단 붙이기]

11) 보다 더 후회 없는 추억을 만들기 우해, [문단 붙이기]

12) 부다 더 성실한 사회를 구축하기 위해, [문단 붙이기]

13) 우리 함께 양심으로 굴고 말하며 생각하자!

사례 4-58은 한 중국인 필자의 작문 후반부이다. 단락 9)는 한 문장 단락이고, 단락 10)에서 13)은 한 문장이 네 개 단락으로 구성되어 있다. 이 중국인 필자가 사용한 방법은 중국어 수사법인 배비구, 시가와 유사한 종결 방식, 그리고 마지막으로 권계(勸誡)식의 형태를 보인다. 이처럼 단락 9)에서 13)은 학습자의 모국어 단락 개념이 적용되고 있다.

반면, 단락 1)에서 5)는 모국어 영향 관계가 다소 모호한 형태로 단락 나누기가 적용되고 있다. 따라서 이 부분은 중국인 필자의 한국어 단락 개념의 이해 부족이 그 원인으로 추정된다.[242] 다시 말해서 단락 1)·2)와 단락 3)·4)·5)가 하나의 단락으로 결합될 수 있다. 수정된 하나의 단락 3)·4)·5)는 전체적으로 수정된 하나의 단락 1)·2)를 설명하는 구체적인 사례에 해당한다. 또한 그것은 내적으로 3)·4)를 통해 '양심은 작은 일로부터 드러날 수 있다'는 5)를 뒷받침한다. 이처럼 중국어권 학습자가 생산한 한국어 텍스트에서 한국어 단락 개념의 이해 부족 현상을 발견하는 것은 그리 어렵지 않다.

2.2. 단락 개념 부족에 의한 유사비표준 현상

2.2.1. 단락 나누기가 이루어지지 않은 경우

1) 글 전체가 한 단락인 경우

사례 4-23 중앙민족대학 2학년 추**
양심
1) 양심이란 사람마다 갖추어야 하는 것이다. 양심도 없는 사람은 사람이라고 말할 수가 없다고 생각한다. 하지만 어떤 행위는 양심이 있는 행위인지. 어떤 행위는 양심이 없는 행위인지 누구도 확실히 정의를 내릴 수 없다.

---

242) 만약 중국인 필자가 수필 장르로 글쓰기를 했다면, 일정 부분 용인될 수 있는 방식이다. 하지만 설득적 텍스트로 이해했을 경우, 위의 글은 단락 개념 자체의 몰이해에 기초한다고 볼 수 있다. 위의 글에서는 중국어 단락 개념을 필자가 명확히 이해하고 있다는 정황이 파악되지 않기 때문에 한국어 개념의 이해 부족으로 판단해 서술한다.

왜냐하면 각자가 처한 현실이 다르기 때문이다. 예를 들어, 쓰레기를 수집하는 아저씨가 부모도 없는 소년가장에게 10원을 주는 일이 양심이 있는 일이라고 생각하고 부자 아들이 한달동안 부모님에게 500원을 주는 일이 양심이 없는 일이라고 생각한다. 500원이 10원보다 훨씬 더 많지만 각자가 처한 현실에 따라서 결과가 다르다. 그래서 양심의 기존이 참 애매한 것이다. [문단 나누기] 2) 요즘 들어, 양심이 없는 일이 갈수록 많아지는 것 같다. 품질이 불량한 우유, 유치원 사인사건, 병을 걸리는 부모을 잃어버린 자식들, 등등 일이 날마다 우리 옆에서 발생하고 있다. 사실은 이러한 양심이 없는 일은 비단 중국뿐일까? 세계적으로도 사람이 살고 있는 곳이라면 이러한 일이 있을 것이다. 자기의 이익을 위해서 남에게 상처를 주든지 하는 일을 다 할 수 있는 사람이 있다. [문단 나누기] 3) 하지만 이러한 일이 대부분이 아니다. 사람이 살면서 아름답고 감동적인 일이 더 많다는 말이다. 왜냐하면 양심을 갖는 것은 사람으로서 가장 기본적인 요구이다. 엄지공주의 사랑이야기, 아내를 구하기 위해서 죽어 버렸던 남편, 죽은 후에 필요한 사람에게 자기의 눈을 주는 사람, 등등 양심이 있는 사람들이 이 세상을 더 아름답게 만들었다. [문단 나누기] 4) 사실은 양심이 있는 사람이 되기가 어렵지가 않다. 사랑하는 사람한테 잘해 주거나 가난한 사람을 도와 주거나 봉사활동을 하거나 하는 일이다. 양심의 기존이 없다고 말하지만 사실은 양심은 우리의 마음 속에 있는 것이다. 그래서 마음이 편하게 살 수 있는 것이 중요한 일이다. 자신의 양심을 어긋나면 마음이 편할 수 없기 때문이다.

사례 4-23은 전체적으로 단락 나누기가 한 번도 이루어지지 않은 텍스트다. 그러나 내용적으로 보면 네 개의 단락 구분이 필요하다. 단락 1)에서는 우선 본인의 주장을 제시했다. "사람마다 양심을 갖추어야 한다. 하지만 어떤 행위는 양심이 있는 행위인지 확실히 정의를 내릴 수 없다. 이어서 예를 든 후에 본인의 관점으로 문장을 종결했다. "그래서 양심의 기준이 참 애매한 것이다." 다시 말하면 주제문과 뒷받침하는 문장의 관계는 양괄식이라고 할 수 있다. 단락 2)와 단락 3)은 두괄식이고 첫 번째 문장이 주제문이다. 이 두 단락은 두 가지 측면으로 증거를 제시하고 있다. 우선, "요즘 들어, 양심이 없는 일이 갈수록 많아지는 것 같다"고 한 뒤

반대의 관점을 다시 제시했다. "사람이 살면서 아름답고 감동적인 일이 더 많다는 말이다"고 논증을 했다.

2) 본론 부분이 한 단락인 경우

> 사례 4-22 중앙민족대학 2학년 무**
> 양심
> ......
>
> 지난 방학에 친구들과 함께 봉황에 다녀왔습니다. 아주 고풍스러운 유원지이었습니다. 우리가 버스에서 내려 옛날에 이용했던 인력차가 눈앞에 나타났습니다. 그차를 운전하는 사람은 구질구질한 옷을 입고 나이가 40여인 아저씨였습니다. 제가 아저씨에게 차비가 얼마일까 물었는데 아저씨가 투박하게 "네 사람이라면 30원."라고 했습니다. 아저씨의 구질구질한 옷을발한 냄새가 저로 하여금 아저씨를 좀 미우게 했습니다. [문단 나누기] 차를 타고 아름다운 경치를 구경하다가 앞에서 어떤 여자가 무슨 병에 걸린 것 같아 얼굴이 질리고 무기력한 모습으로 서서히 다가왔습니다. 교통신호등이 빨간색으로 바뀌어서 우리가 타던 차가 멈추었습니다. 갑자기 그 여자가 우리가 타던 차의 옆에서 넘어졌습니다. 아마 바람이 너무 많아서 그 여자가 잘 서지 못해서 넘어졌습니다. 어떻하나 하고 생각했는데 그 여자를 도와줘 그녀를 데리고 병원까지 가면 우리의 시간이 빼앗기고 아마 책임이 져야 할 수도 있었습니다. 도와줄까 말까 망설이던 참에 아저씨가 확 차에서 내려 그 여자를 업고 차에서 앉기었습니다. 아저씨가 우리로 하여금 차에서 내려 그 여자를 병원에 데릴 것이라고 했습니다. [문단 나누기] 우리가 길가에서 멍하니 서었습니다. 아저씨가 차를 운전하던 뒷모습을 보고 말할 수 없는 감동이 부상했습니다. 상황이 너무 급해서 아저씨가 차비를 달라지도 않고 그냥 가 버렸습니다. 아저씨의 뒷모습이 갑자가 어마어마 큰 모습으로 바뀌었습니다. 그런 거룩한 모습을 보고 있었던 우리가 너무 보잘것없었습니다. 우리의 양심이 다 어디에 갑니까?
> ......

사례 4-22는 서론(도입)·본론(서사)·결론(평가)의 구조로, 모두 3개 단락으로 이루어져 있다. 여기에서는 서사적 스토리로 구성된 본론만을 제시한다. 중국인 필자는 서·본·결 구조의 단락만 유지하고, 본론 내부의 단락 구분이 없다는 점에서 단락의 기본 개념이 완전히 부재한 경우라고 할 수 있다. 이와 같은 단락 미구분 현상은 본론 전체내용 뿐만 아니라 텍스트의 중간 부분에도 자주 등장한다.

2.2.2. 단락 결합이 필요한 경우

1) 글 전체를 단락의 형태로 모두 나눈 경우

> 사례 4-28 북경어언대학 2학년 이**
> 인생의 거울을 갖다
> 1) 고등학교 2학년 때 어떤 기말고사중 내가 꼴찔이 됐다. [문단 붙이기]
> 2) 성적을 발표한 그날 자기가 보통반에 떨어질 것을 알았다. [문단 붙이기]
> 3) 집으로 간 길에 마음이 점점 무거워서 부질북가간에 길가에 앉아며 울었다. 부모님께 어떻게 말을 드릴는지 몰라서 내가 너무나 고통스러웠다. 그 황훈에 길가에 앉는 나는 지난 사람을 보고 눈물을 흐르고 황금색 햇빛을 봐었다.
> 4) 다음날 바로 같이 떨어진 동기와 보통반에 갈 날이다. [문단 붙이기]
> 5) 책과 물건을 정돈할 때 주위 친묵의 눈빛을 받았다. 그 눈빛이 너무 무거워서 내가 질식정도 뻔했다.
> 6) 지문방을 넘었을 때 선생님께서 "괜찮 아?" 말씀 하셨다. [문단 붙이기]
> 7) 뜻밖에도 내가 당당하게 "괜찮습니다! 다시 돌아올 거에요!" 씩씩하게 대답했다. [문단 붙이기]
> 8) 우울하게 떠난 것을 싫기 때문이다. 꼴찔이 되는 것을 지우개로 지울 수 있으면 좋겠다. 주위의 친묵의 눈빛을 지우개로 지울 수 있으면 좋겠다. 그황훈에 길가에서 흘렸던 눈물을 지우개로 지울 수 있으면 좋겠다.

사례 4-28은 단락 나누기가 빈번하게 사용된 경우다. 내용적으로 분류해보면, 두 개 단락이면 가능한 텍스트를 모두 여덟 개의 단락으로 구분하고 있다. 때문에 위 사례의 단락 1) · 2) · 3)과 단락 4) · 5) · 6) · 7) · 8)은 각각 하나의 단락으로 합쳐야 적절한 단락 구성에 해당한다.

2) 부분적으로 단락을 합쳐야 하는 경우

사례 1-18 청도농업대학 2학년 마**
소중한 인연

1) 대학 입학하기 전에 한국은 '아시아사용의 하나'라는 것을 이미 알고 있었습니다. 한국의 면적은 작지만 경제가 발달하고 인민 생활수준이 높은 나라입니다. 그래서 저는 한국에 대해서 대단한 동경심을 갖게 되었습니다.

2) 대학 입학시험을 본후 저는 신비로운 나라 한국을 더 알고자 망설임없이 이 한국어학과를 선택하게 되었습니다. 이거야말로 저와 한국의 인연이라도 과분하지 않습니다. 그리고 저는 이 인연을 너무 소중합니다.저는 요즘 더 깊이 공부하여 언은 감상들을 여러분과 함께 나누려고 합니다.

3) 우선 한국은 충, 효, 신, 용, 인을 중시하는 나라입니다. 이 정신은 우리 나라 유가사상과 공동점이 많습니다.

4) 그 다음, 대한민족은 민족정신이 무척 강한나라입니다. 단일한 민족구성은 한국사람들로 하여금 구심력과 단결정신을 소유하게 했습니다. 이 정신은 한국사람들은 국산품만 고집하고 일본상품을 배척하는 데서 뚜렷하게 구현되고 있었습니다.

5) 그리고 1998년 세계경제공황중에 한국사람들은 돈도 기부하고 물건도 기부하여 그 위기를 무사히 넘을 수 있었습니다. 그때 정부에서 모집한 황금만에도 2톤이나 되었습니다. 이 세례속에서 효력이 가장 컷던것이 그들의 민족정신이 아니였을까요?

6) 작년 7월 제가 행운스럽게 한국에 갈 수 있게 되었었습니다. 한국의 거리에 나서면 '현대''KIA'와 같은 국내산 자동차들이 쉽게 눈에 띄입니다. 국외자동차는 거의 찾아 볼 수 없을 지경이죠. 한국사람들은 자기나라에서 만든 물건이 가장 좋다고 생각하기때문입니다. 그들의'신토불이'정신은 다시 한번 감탄하게 되었습니다.

7) 여기까지 보고나서 여러분께서 한국은 너무 사랑스럽다고 생각하실

테죠?

　8) 세상 모든 사물이 서로 다른 두 개 면이 있듯이 중한교류에도 이익과 폐해가 동신에 존재합니다. 지금 어떤 한국사람들은 중국의 의식주조차 해결하지 못한 어지러운 나라라고 생각합니다. 사실 이런 생각은 소수 한국사람들은 소유하게 지나치 않지만 이런 오해마저도 중한교류의 깊어짐에 따라 해소되고 있는 경향입니다. 이런 오해를 없애려면 우리는 한국사람들의 우점을 흡수하여 우리나라를 무장해야 합니다. 동시에 우리 민족문화를 보호하고 세계사람에게 보여줘야 한다고 생각합니다.

　9) 저는 한국과 인연이 깊어짐에 따라서 한국의 이미지는 그저 드라마나 연예인을 좋아하는 단계에 머무르지 않게 되었습니다. 그리고 저는 한국어를 공부하는 학생으로서 한국과 한국인을 더 깊이 알고 싶으면 제가 각은 역할이나마 중한교류의 교량으로 감당할 수 있기를 기대합니다.

　10) 그래서 우리 위대한 목표 하나 세워볼까요?

　11) "한국어를 잘 배워서 훌륭한 중국인이 돼자"라는 목표를 말입니다.

　12) 아름다운 한국과의 인연을 제가 영원히 소중해 하겠습니다.

　13) 그리고 저는 계속 이 목표를 위해서 노력하겠습니다……243)

　사례 1-18은 모두 13개의 단락으로 이루어져 있다. 단락 1)・2)・3)・9)는 어느 정도 적절한 단락 구성을 보인다. 하지만 단락 10)에서 13)은 각각 한 문장 단락의 형태로 되어 있기 때문에 이를 하나의 단락으로 합치는 것이 타당하다. 또한 단락 4)에서 6)은 내용적으로 '대한민국은 민족정신이 무척 강한 나라"라는 의미와 연결되기 때문에 한 단락으로 처리해도 무방하다. 그리고 단락 7)은 한 문장 단락으로 되어 있는데, 주제문과 뒷받침 문장의 관계를 고려해 단락 8)과 하나의 단락으로 합치는 것이 적절하다. 또한 여기서 주의해야 할 점은 다음의 사례 4-31와 사례 4-15다. 이 사례들도 사례 1-18과 마찬가지로 한 문장 단락을 사용하고 있다.

---

243) 이 말줄임표는 중국인 필자가 사용한 것으로, 더 해야 할 말들이 있지만 여기서 줄인다는 의미로 사용한 표기다. 중국어에서는 이것을 '意猶未盡'이라고 한다.

사례 4-31 요녕대학 4학년 유**

또 어느 뉴스에서 자식이 부모님을 선양하지 않아 결국 어른신이 굶어 죽었다는 글을 보았다. [문단 붙이기]

제가 보기에는 세상에서 이런 자식보다 더 불쌍한 사람이 없을 것이다. 태어나서 어머니의 젖을 먹을 때부터 부모님의 사랑을 받아 자란 자식이 성인이 되었는데 오히려 부모님을 선양하지 않는 이기적인 사람이 누구에게도 호감을 얻을 수 없다.

사례 4-15 요동대학 4학년 마**

양심-"효"를 좌우하는 요인

먼저 중국 사회를 살펴보자. [문단 붙이기]

중국은 급속하게 발전하건만 옛날에 전해온 미풍양속은 고스란히 물려받아가고 있다. 특히 유대한 교육가인 공자가 제창한 "효" 사상은 이미 사람들의 마음속으로 깊이 들어갔다. 그러나 경제화의 소용돌이에 사람들이 ("효도")부모에게 효도를 하지 않는 사람이 점차적으로 늘어나고 있다. 왜 그렇을까?돈에만 몰두하다 보니까 양심이 점점 없어지게 된 것이라고 생각한다. 만약에 그 사람의 양심이 변질한다면 그 사람의 모든 것이 다 변질하기 십상이다.

앞서 언급한 것처럼 사례 4-31와 사례 4-15 모두 주제문과 뒷받침 문장의 관계로부터 하나의 단락으로 구성되어야 한다. 이 예시들을 중국어권 학습자의 한국어 단락 개념의 부족으로 판단할 수도 있지만 이와 함께 중국어 단락 구분의 영향 관계도 존재한다. 다시 말해서 사례 4-31와 사례 4-45는 앞서 살펴본 王志强(2008: 15)에서 제기된 '이어지는 문장'의 다섯 가지 기능 중 첫 번째에 해당하는 '1) 새로운 화제를 제기하는 경우'라 할 수 있다.

3. 단락 내부의 내용 조직

3.1. 단락 구성의 조직화 양상 연구

최근 한국어 학습자 작문 연구에서 단락 구성에 관심을 가지고 단락 구성의 조직화 양상을 분석하는 시도가 많아지고 있다. 예를 들면, 박기영(2008)에서는 중심문장과 뒷받침문장의 관계를 검토한 결과, 중심 문장의 논지를 흐리는 문장들로 인한 단락 내 통일성 저해 문제를 제기하였고, 장향실(2010)에서는 단락 구분이나 단락 간 연결의 문제보다 문장 간 논리적인 연결 문제가 더 크다고 보았다. 본고에서도 단락 구성의 조직화 양상을 밝혀내는 데 목적을 두고 중국어권 학습자 텍스트에서 나타난 중심문장과 뒷받침문장의 관계, 문장과 문장 간의 논리적인 연결 문제를 분석하겠다.

우선 필자가 중국어권 학습자의 한국어 논증문을 고찰한 결과, 전체적으로 한편의 글에 여러 가지 구조 유형이 혼재돼 있는 경우가 많았다. 그 중에서 두괄식 구조 유형과 미괄식 구조 유형이 압도적으로 많았고, 양괄식이나 중심문장 없는 경우도 어느 정도 있었으며, 중괄식 유형 구조는 거의 없는 편이었다. 중국인 한국어 학습자 텍스트에 나타난 이와 같은 양상은 중국인 영어 학습자가 생산한 영어 텍스트에서도 유사하게 나타난다.244)

---

244) 陳娟(2009: 104-105)에서 중국 대학 영어과 1학년 학생 40명과 3학년 학생 40명을 대상으로 그들이 영어로 쓰는 논술문을 검토한 결과, 전체적으로 중심문장이 단락의 처음에 오는 비율(比率)이 매우 낮게 나타나는 반면 중심문장이 단락의 마무리 부분에 나타나거나 아예 중심문장이 없는 비율은 높았다. 구체적으로 말하면 1학년 학생의 경우는 두괄식은 26%, 미괄식이나 중심문장 없는 비율은 54%를 차지하고 있으며 3학년 학생도 각각 20%와 73%이었다. 다시 말해서 3학년 학생들도 아직 영어 논술문의 두괄식 문단쓰기를 잘 못하고 있으며 중국어의 점진적 전개방식에 더 익숙하다고 할 수 있다."

한편 박기영(2008: 118)에 따르면 "단락의 문장들이 보여 주는 논리적인 연결과 관련된 응집성에 있어서도 외국인 학습자들은 문제점을 노출하고 있다. 그런데 이것은 외국인 학습자에게만 해당하는 것은 아니며 교포 학습자, 한국인 학습자 모두에게 보이는 문제인 듯하다."[245] 본고에서 조사한 중국인 학습자의 텍스트에서도 이와 같은 문제들이 보이는데 예를 들면, 주제가 불분명한 경우, 뒷받침 문장이 주제문을 뒷받침하기에 적절치 못한 경우, 주제문과 관련이 없는 뒷받침 문장이 있거나 주제에 대한 관심을 분산시키는 내용이 포함된 경우, 한 문단 속에 둘 이상의 주제가 들어 있는 경우, 주제문이 뒷받침 문장들과 일치하지 않는 경우 등이 그것이다. 구체적으로 다음 사례를 보자.

사례 4-15 요동대학 4학년 마**
양심-"효"를 좌우하는 요인
양심이 올바른 사람은 다른 일은 물론 특히 "효도"에 대해 유난히 잘한다. 우리 아버지는 바로 그런 사람이다. 아버지는 평범한 노동자이지만 양심이 아주 올바르기 때문에 할아버지와 할머니에게 효도를 극진히 잘하는 소위 말한 "효자중의 효자이다". 할아버지와 할머니에게 밥하는 것이요, 발을 씻어주는 것이요, 마사지를 하는 것이요, 빨래를 하는 것이요…효도뿐만 아니라 사람 됨됨도 올바르다.
한편, 양심이 그릇된 사람이 효도는 커녕 부모를 괴롭히지 않기만 해도 다행인 셈이다. 텔레비전에서 봤는데 어떤 남자가 컴퓨터 게임에 빠져서 일도 안하고 집도 가지 않는다고 했다. 그랬더니 어느 날 가진 돈이 게임때문에 다 없어지자 짐승처럼 부모에게 돈을 달라고 협박했다. 부모는 주지 않고 그 남자가 이성을 잃듯이 과일칼을 들고 차가없이 부모에게 꽂혀버렸다. 이

---

245) 예를 들면 김옥화(2005: 21)에서 한국 대학생의 논증문 94편을 분석한 결과, "이들 논증문을 내용 면에서 살펴보면 정보의 정확성과 다양성, 추론의 타당성 면에서는 대체로 적절하다고 생각된다. 그러나 문단 하나하나를 살펴보면 문단 의식이 결여되어 있는 경우를 자주 보게 된다. 문단의 화제가 불분명한 것으로부터, 문단의 중심 생각과 관련이 없는 문장이 들어 있는 경우, 문장과 문장의 연결이 어색한 경우에 이르기까지 다양한 문제들이 나타나고 있다."

런 비인간적인 행위는 사회에서 허용할 수 없는 것이다. <u>그래서 중국에는 이런 말이있다. "효도를 하지 않다가 벼락을 당하기 십중팔구이다"고 한다. 미신이 든말든 그 남자가 도망치다가 어느 날에 벼락을 맞아 죽었다고 한다.</u>
      ……

한국은 유고사상의 "효"를 받고 발전하여 "집단문화"도 이뤄졌다. 이 집단문화의 중심은 바로 "가족"이다. 가족에는 자식은 꼭 부모에게 "효도"를 해야 한다. 특히 윗어른께 "효도"를 하지 않는다면 벌을 받는다는 말이 들어본 적이 있다.// 다시 한번 말하자면 양심이 없는 사람은 효도를 못한다. 한국어 원어 선생님과 지내다 보니까 그럼 점을 발견했다 물론, 한국 드라마에서나 영화에서도 그런 것을 볼 수 있다.

사례 4-15의 첫 번째 단락은 뒷받침문장이 주제문을 뒷받침하기에 적절치 못한 경우를 보이고 있다. 이 문단의 주제는 "양심이 올바른 사람은 특히 '효도'를 잘한다"인데 주제를 뒷받침하기 위해 "아버지는 양심이 아주 올바르기 때문에 효도를 잘하신다"는 사례를 들고 있다. 위에 밑줄 친 부분인 "(아버지가) 효도뿐만 아니라 사람 됨됨도 올바르다."라는 내용은 주제와 어느 정도 관련이 있긴 하지만 그것이 주제를 설득력 있게 뒷받침한다고 보기가 어렵다. 때문에 "아버지는 사람이 됨됨이가 올바르기 때문에 효도도 잘하신다는 것이다."로 수정하여 아버지 관련 사례를 총괄하는 것은 주제문을 뒷받침하기에 더 적절할 것이다.

사례 4-15의 두 번째 단락은 주제문과 관련이 없는 뒷받침문장이 있는 경우인데 밑줄 친 '그래서 ……한다' 부분은 '양심이 없는 사람은 효도는 커녕 부모를 괴롭히지 않기만 해도 다행이다'는 이 문단의 주제와 관련이 없다. 이러한 주제와 관련이 없는 문장들은 주제에 대한 관심을 분산시키고 있다. 그리고 사례 4-15의 마지막 단락은 한 문단 속에 둘 이상의 주제가 들어 있는 경우이다. 문단 전반부는 한국의 집단 문화와 효 사상의 관계를 언급하고 있으나 '//'를 표기한 문장에서 갑자기 "양심이 없는 사람은 효도를 못한다."라는 주제로 옮겨져서 통일성이 지켜지지 않고 있다.

이상으로 중국어권 학습자 텍스트에서 나타난 단락 내부에서 중심문장과 뒷받침문장의 관계, 문장과 문장 간의 논리적인 연결 문제를 살펴보았다. 한편 정다운(2007: 241)에서는 중국인과 일본인의 한국어 작문 텍스트를 대조·분석한 결과, "일본인 학생의 경우 단락 간의 연결이나 거시적 전체 구조를 선택하는데 보다 어려움을 갖는 반면 중국인 학생들은 거시적인 텍스트 구조보다는 미시적으로 논리적인 근거를 쓰는 것에 더 어려움을 느끼는 것 같다."고 했다. 실제로 본고의 앞부분에 밝혔듯이 중국인 학습자들은 거시적 전체 구조를 선택하는데도 특징적인 면이 많고 단락 조직에 있어서도 많은 어려움을 갖는다.

그리고 정다운(2007)에서는 "중국인 학생의 경우에는 단락 내에서 자신의 논의를 논리적이고 구체적으로 표현하고 전개해 나가는 연습이 더 필요할 것 같다."고 주장한다. 이러한 맥락에서 중국어권 학습자 텍스트의 주제부 전개 유형 분석을 진행하고자 한다. 피상적인 피드백보다는 문제 발생 원인을 명시적으로 설명함으로써 텍스트의 응집성에 대한 학습자의 의식을 고양시킬 수 있는 지도법이 필요하다고 보기 때문이다.

3.2. 주제부 전개 유형 분석

앞에서 언급했듯이 학습자가 생산한 텍스트에 대해 모호한 평가와 피상적인 피드백이 주어지는 문제를 해결하기 위해 박민신(2013)에서는 주제부 전개 유형 분석이라는 방법을 제시했다. 구체적으로 이 연구에서는 Danes´(1970)에서 제시한 다섯 가지 주제부 전개 유형과 이희자(2001), 오현아(2010)를 참조해 일곱 가지 주제부 전개 유형을 제시했다. 이는 단순 선형식 전개 유형, 주제 일관식 전개 유형, 상위 주제 파생식 전개 유형, 설명부 분열식 전개 유형, 주제 비약식 전개 유형, 주제부 통합식 전개 유형,

그리고 주제부 분할식 전개 유형이다. "이를 활용하면 주제부와 설명부를 중심으로 내용 전개의 연쇄성을 도식화함으로써 텍스트 전개에 대한 명시적 피드백을 줄 수 있을 것으로 기대된다."(박민신, 2013: 1) 이어서 박민신(2013)을 참조해 학습자에게 명확한 피드백을 줄 수 있도록 중국인 학습자가 생산한 텍스트에 사용된 주제부 전개 유형을 분석하여 도식화함으로써 단락 내부의 정보 조직성과 부적절한 부분이 있는지를 살펴보겠다.

> 사례 4-8 장춘대학광화학원 3학년 양**
> 양심
> -효도심
> 우리들은 다 자기가 양심이 있다고 한다. 하지만 주변에 계신 노인분들을 볼 때 우리는 자기가 지닌 양심이 진정한 양심인가 한번 되물어야 한다. 자기가 일상생활에서 노인을 존중했는가를 깊이 생각해야 한다. 노인께 무서운 감정이 있어야 존중할 수있고 우러러 볼 수 있다.
> ……
> 많은 젊은이들이 나와 똑같은 생각을 했었을 것이다. 집에 노인한분이 계시면 뭐든지 불편하다. 그런데 이것은 우리들의 편견이고 양심없는 행동일 뿐이다. 우리도 언젠가는 늙어가고 눈도 어두워지고 귀도 어두워 질수 있다.

사례 4-8의 두 개 단락은 각각 다른 주제부 전개 유형을 보이고 있는데 우선 첫 번째 단락의 주제부 전개 유형은 '주제 일관식 전개 유형'에 속한다. 주제 일관식 전개 유형은 하나의 주제에 대해 새로이 전달하고자 하는 정보가 많을 경우 유용하게 사용될 수 있는데 다음 도식에서 보이듯이 주제부는 변하지 않고 설명부만 계속해서 부가되는 형식이다.(박민신, 2013: 4 참조)

> S01 [(T1)우리들은] [(R1)다 자기가 양심이 있다고 한다.]
> S02 [(T2=T1)하지만 주변에 계신 노인분들을 볼 때 우리는] [(R2)자기가 지닌 양심이 진정한 양심인가 한번 되물어야 한다.]

S03 [(Ø T3=T1)] [(R3)자기가 일상생활에서 노인을 존중했는가를 깊이 생각해야 한다.]

S04 [(Ø T4=T1)] [(R4)노인께 무서운 감정이 있어야 존중할 수있고 우러러 볼 수 있다.]

주제부 전개 도식: 주제 일관식 전개 유형

T1 → R1

T2=T1 → R2

(T3=T1) → R3

(T4=T1) → R4

위의 도식에서 보이듯이 세 번째와 네 번째 주제부인 '우리는'은 생략되어 있다. 여기서 생략되는 주제부는 해당 문장의 주어이기도 한다. 한국어의 경우는 주제부가 주어와 동일한 경우가 많은 데 이런 경우에 {은/는}와 {이/가}의 혼용 오용이 발생할 수 있다. 본고의 3장 2.3. 영조응 부분에서 언급되듯이 영어와 다르게 한국어 텍스트에서는 주어 생략에 의한 영조응 현상이 뚜렷하다. 그 중에서의 일부는 주제부 전개 유형으로 볼 때는 주제 일관식 전개 유형에서의 주제부 생략이다.

S01 [(T1)많은 젊은이들이] [(R1)나와 똑같은 생각을 했었을 것이다.]

S02 [(Ø T2)] [(R2)집에 노인한분이 계시면 뭐든지 불편하다.]

S03 [(T3)그런데 이것은] [(R3)우리들의 편견이고 양심없는 행동일 뿐이다.]

S04 우리도 언젠가는 늙어가고 눈도 어두워지고 귀도 어두워 질수 있다.

주제부 전개 도식: 여러 유형 혼재

T1 → R1

(T2=T1) → R2

⌐   ⌐

↓

T3(R1+R2) → R3

T4 /R4(불분명)

-수정본: "[(T4)우리도 언젠가 눈도 어두워지고 귀도 어두워 지면서 늙어 가기 때문에] [(R4=R3)그런 양심없는 행동을 하면 안 된다.]"

그리고 위의 도식에서 보이듯이 사례 4-8의 두 번째 단락의 경우, 첫 번째 문장과 두 번째 문장은 주제부에 변동이 없고 설명부만 추가되는 주제 일관식 전개 유형이고, 세 번째 문장의 주제부는 첫 번째 문장과 두 번째 문장의 설명부를 통합한 것이다. 하지만 여기서 주목해야 할 것은 네 번째 문장 "우리도 언젠가는 늙어가고 눈도 어두워지고 귀도 어두워 질수 있다."의 주제부와 설명부는 분명하지도 않고 선행 문장의 내용과 단절되어 있다는 점이다. 따라서 그것을 "[(T4)우리도 언젠가 눈도 어두워지고 귀도 어두워 지면서 늙어 가기 때문에] [(R4=R3)그런 양심없는 행동을 하면 안 된다.]"로 수정하면 네 번째 문장의 설명부와 세 번째 문장의 설명부 간의 연결성이 강화된다.

사례 4-15는 설명부 분열식 전개 유형인데 첫 문장의 설명부가 두 개로 갈라져 두 번째, 세 번째 문장의 주제부가 되는 경우이다. 여기서 흥미로운 점은 한국인 수정자가 이 세 개의 문장을 다음과 같이 한 문장으로 줄였다는 것이다. 먼저 한국 사람 입장에서 볼 때 첫 문장에서 "양심이 있는 사람, 양심이 없는 사람, 양심이 올바른 사람, 양심이 그릇된 사람" 네 가지가 나열식으로 표현되는 데 실제로는 양심이 그릇된 사람은 양심이 있는 사람인지, 없는 사람인지 애매하다는 면도 있고 네 가지는 전체적으로 병렬 관계가 아니라는 문제도 있다. 때문에 수정본처럼 "이 세상 각양각색의 사람들 중에서는 양심이 있는 사람과 없는 사람이 있다."으로 수정한 것이었다. 다시 말해서 첫 문장의 후반부와 두 번째, 세 번째 문장이 필요 없는 정보라는 것은 한국인 수정자의 판단이다.

사례 4-15 요동대학 4학년 마**
양심-"효"를 좌우하는 요인

이 세상의 가지각색 사람들 중에서 양심이 있는 사람, 양심이 없는 사람, 양심이 올바른 사람, 양심이 그릇된 사람이 있다. 대체로 양심이 있는 사람과 양심이 올바른 사람이 한 축에 속한다. 양심이 없는 사람과 양심이 그릇된 사람이 한 축에 속한다. 이 두 축을 구별하는 현저한 분계선은 "효"가 아닌가 싶다.

......

수정본:

이 세상 각양각색의 사람들 중에서는 양심이 있는 사람과 없는 사람이 있다. 일반적으로 이 둘을 구별하는 경계선이 '효'가 아닐가 싶다.

S01 [(T1)이 세상의 가지각색 사람들 중에서(는)] [R1(R1'+R1'')양심이 있는 사람, 양심이 없는 사람, R1(R1'+R1'')양심이 올바른 사람, 양심이 그릇된 사람이 있다.]

S02 [(T2'=R1')대체로 양심이 있는 사람과 양심이 올바른 사람이(√은)] 한 축에 속한다.

S03 [(T2''=R1'')양심이 없는 사람과 양심이 그릇된 사람이(√은)] 한 축에 속한다.

S04 [(T3=R1)이 두 축을 구별하는 현저한 분계선은] [(R3)"효"가 아닌가 싶다.]

주제부 전개 도식: 설명부 분열식 전개 유형

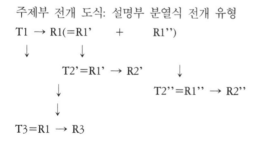

그러나 이 한국어 텍스트를 중국어 텍스트로 유추·해석할 경우, '양심이 올바른 사람과 양심이 그릇된 사람'은 바로 '양심이 있는 사람과 양심이 없는 사람'의 반복적인 표현으로 의미의 연속에 있어서 전혀 문제가

되지 않으면서 오히려 강조라는 수사적 효과가 있다. 다시 말해서 사례 4-15는 중국어 텍스트로 유추·해석할 때 설명부 분열식 전개 유형으로 내용 전개의 연쇄성에 문제가 없지만 실제로 한국어 텍스트는 내용적으로 어색한 부분이 있다. 여기서 명시적인 피드백 수단으로의 주제부 전개 유형의 한계점이 보이고 있다.

박민신(2013: 7)에서 이러한 한계점을 보완하기 위해 Levinson(1987)에서 제시한 대화 함축 원리를 활용하였다. 구체적으로 수용자가 텍스트를 이해하는 데 필요한 만큼의 충분한 정보를 제공해야 한다는 Q[uantity]-원리와 텍스트의 주제와 관련이 없는 내용을 필요 이상으로 덧붙이지 말라는 I[nformativeness]-원리를 활용하여 텍스트 내용의 일관성과 적절성을 살펴보았다. 사례 4-15의 문제도 대화 함축 원리로 설명이 가능하다. 다시 말해 사례 4-15의 한국어 텍스트는 불필요한 정보로 인해 Q원리를 위반하지만 중국어 텍스트로 유추·해석할 때 중국어의 대화 함축 원리에 부합한다는 것이다. 여기서 대화 함축 원리에 관한 한국어와 중국어의 차이는 앞에서 언급했던 한·중 담화공동체의 글쓰기 관습 차이와도 연관된다고 생각한다.

이상으로 중국어권 학습자 텍스트에서 나타난 여러 가지 주제부 전개 유형을 살펴보았는데 여기서 주목해야 할 지점은 주제부 전개 유형과 관련돼서 한국어와 중국어의 공통점과 차이점이다. 徐赳赳(2010: 443-444)에 의하면 陳平(1987/1991: 188-189)에서 현대 중국어의 영조응 현상을 연구하면서 다음 두 가지 중국어의 화제-평언 구조(Topic-Comment Structure)를 제기했다.

　　가. 중국어 화제-평언 구조 유형(1) :
　　　　T1+(C1→C2→C3→C4)

나. 중국어 화제-평언 구조 유형(2) :

T1+C1

↓

T2+C2

↓

T3+C3

그 중에서 전개 유형(1)은 사례 "그는 자전거를 닦고, 타이어에 공기를 넣고, 방수포를 햇볕에 말리고, 기름칠을 했다.(他擦車, Ø打氣, Ø曬雨布, Ø抹油.)"처럼 하나의 주제부를 이어서 여러 개의 평언 즉, 설명부가 부가되는 경우이다. 王靜(2000: 45)에 의하면 이런 구조는 사람의 연속적인 동작을 표현할 때 제일 많이 사용된다. 영조응이 연속적으로 사용 가능한 경우이기도 한다. 이러한 중국어의 전개 유형은 사례 4-8의 첫 번째 단락에서 보여준 한국어의 주제 일관식 유형과 유사하다. 특히 한국어 텍스트에서 두 번째 이후의 주제부가 생략되는 경우가 그렇다. 영어에서 일반적으로 주어를 생략하지 않는다는 점과 다르게 중국어와 한국어는 주어가 생략 가능하다는 공통점을 갖고 있기 때문이다.

한편, 유형론적으로 볼 때 중국어는 화제를 중요시하는 언어(topic-prominent)이며 영어는 주어를 중요시하는 언어(subject-prominent)인 반면, 한국어는 주제와 주어를 둘 다 중요시하는 언어라고 한다. 이러한 유형론적 특징은 한국어와 중국어의 차이를 의미하기도 한다. 예를 들면 위에 언급된 중국어 화제-평언 구조 유형(2)는 도식적으로 볼 때 한국어의 단순 선형식 전개 유형과 완전히 일치한다. 그러나 徐越越(2010 : 444)에서 나온 예시인 "그는 분명 겨울철 찬바람을 전혀 막을 수 없는 얇은 누더기 옷을 입고 있는 허약한 인력거꾼들을 보았다.(他必定也看到了那些老弱的車夫, Ø穿著薄薄的破衣, Ø根本抵禦不住冬日的風寒.)"에서 보이듯이 중국어에서는 주제 일관식 전개 유형처럼 단순 선형식 전개 유형도 두 번째 이후의 주제부가 생략되는 경우가 많다.

安純一(1993: 3)에 의하면 "중국어 텍스트는 하나의 단락[自然段]에 내용상 잠재적인 주제만 있고 형식상 주제문이 결핍되거나 주제문과 호응되는 맺음 문장이 없는 경우가 있다. 영어와 비교하면 중국어의 글자, 단어, 문장, 단락 모두는 명확한 구조적 표지가 없는 경우가 많고, 전체적으로 형태적으로는 연결되어 있지 않지만 의미적으로 응집돼 있는(形散而意合) 하나의 체계이다. 다시 말해서 중국어 문장은 구절들이 자연스러운 순서에 따라 배치되는 식으로 구성된다. 구절들 간에는 접속어를 적게 사용하거나 사용하지 않는다. 따라서 형태상으로 하나의 주어-술어 구성이 존재하지 않기 때문에 어떤 사람들은 '유수구식(流水句式)' 혹은 '죽간구식(竹竿句式)'이라고 칭하기도 한다. 마찬가지로 텍스트 또는 단락 구조가 느슨하며 문장과 문장의 연결은 접속사에 아주 적게 의존한다. 그러나 일종의 내재한 시간 순서와 논리 순서는 문장과 문장을 같이 연결하여 형태적으로 분산된 것처럼 보이지만 의미적으로 응결된다." 그리고 廖開宏(1999: 30)에서 말뭉치를 이용해 단락 첫머리 표기어(段落標記語)를 통계한 결과, 영어 단락 첫머리의 표기 사용은 24%, 중국어는 단 3%였다.246)

이상으로 단락 내부의 내용 조직 부분에서 1) 단락 구성의 조직화 양상, 2) 주제부 전개 유형 분석 두 부분을 나누어 살펴보았다. 먼저 단락 구성의 조직화 양상 부분에서는 논증문 문단을 중심으로 중국인 학습자의 주

---

246) 이것은 본고 연접 부분에서 밝혀 낸 중국인 학습자 텍스트 단락 첫머리에서 접속어를 누락하는 현상과 연관된다고 할 수 있다. 한편 馬廣惠(2010: 5)에서 98편 중국·미국 대학생의 영어 작문을 살펴본 결과, 미국 학생의 작문에서 주로 복합문이 사용되는 반면, 중국 학생의 작문에서는 짧은 문장(단문)이 많이 사용되고 있다. 이 연구 결과 또한 중국인 학습자 한국어 텍스트에서 나타난 양상인 접속표지를 누락시키면서 짧은 문장이 연속적으로 나타난다는 본고의 주장과 맥이 통하고 있다. 馬廣惠는 조사 결과에 대해 다음과 같이 설명하고 있다. 첫째, 중국어에서 짧은 문장의 사용을 권장하기 때문에 여기서 학습자들이 모국어 수사적 문화의 영향을 받았을 가능성 크다. 그리고 학습자들이 회피 전략을 이용해 어려운 문장을 의도적으로 피하는 가능성도 있다.

제문과 뒷받침하는 문장의 관계와 문장과 문장 간의 연결 문제를 고찰해 보았다. 특히 문장 간 연결 문제는 단순히 외국인 학습자들에게만 보이는 문제가 아니고 한국인 모어 화자의 작문에서도 적지 않게 문제가 발생한다. 오히려 응결장치의 사용에 미숙한 외국인 학습자라 할지라도 단락의 논리성을 충분히 보여 주는 경우가 있다.(박기영, 2008: 120) 이는 고차원의 쓰기 능력이기 때문에 학생들이 일정한 시간을 거쳐야 이러한 능력을 갖출 수 있다고 본다. 따라서 이와 같은 능력의 향상은 제1언어 쓰기든 제2 언어 쓰기든 중요하지만 언어권별 한국어 교육의 핵심 내용이 아니다.

그 다음으로 주제부와 설명부를 중심으로 단락 내용 전개의 연쇄성을 도식화하여 분석한 결과, 박민신(2013)에서 제시된 한국어 텍스트 주제부 전개 유형들은 중국어권 학습자의 한국어 텍스트에서 확인되었다. 그리고 주제부-설명부 전개 양상 분석이 학생에게 더 명시적인 피드백을 줄 수 있다는 점과 동시에 이 방법의 한계도 보여 주었다. 특히 주제부 전개 유형과 관련돼서 한국어와 중국어의 공통점과 차이점을 살피면서 중국어권 학습자 텍스트에서 나타난 모국어 영향 관계를 밝혀보았다. 예를 들면 중국어권 학습자 텍스트에서 나타난 '짧은 문장의 연속'과 '주어-동사 불일치' 문제는 중국어 글의 특징인 '짧은 문장을 권장함'과 '주어-술어 구성이 아닌 화제-평언 구조'와 관련이 있다고 본다.

제6장

중국어권 학습자 텍스트의 조직과 표현: 관습적인 표현 기법

1. 전형적 마무리 방식

한국어 논술문의 결론으로 가장 일반적인 방법은 본론의 내용을 요약하거나 그 내용을 바탕으로 확장·보충하는 것이다. 그러나 정다운(2007: 239-240)에서 중국인 학습자의 결론 구성 방법을 조사한 결과, 본론의 내용을 요약한 경우는 14%, 본론의 내용을 확장·보충한 경우는 오직 5%이었다. 앞서도 밝혔지만 중국인 한국어 학습자의 이러한 텍스트 구성은 한국어 담화공동체의 구성 원리에 따르지 않았을 뿐, 중국어 글쓰기 자체에서는 문제가 되지 않는다는 점을 상기할 필요가 있다. 이처럼 중국어 글쓰기 방식이 적용된 한국어 텍스트는 한국어 담화공동체의 한국인 독자에게 생소함을 느끼게 한다. 중국인 한국어 학습자들이 글을 마무리하는 방식의 전형적인 특징 몇 가지를 살펴보면 다음과 같다. 첫째, 앞서 검토한 사례 4-15의 결론 부분, "우리는 부모를 위해서라도 양심이 올바른 사람이 되자!"와 같이 권계(勸誡)식으로 마무리하는 경우 둘째, 독자와 상호작용 또는 독자에 대한 배려가 없이 필자 개인의 결심(또는 다짐)이나 희망으로 마무리하는 경우 셋째, 결론을 한 문장 또는 배비구로 표현하는 경우 넷째, 결론의 마지막을 의문문의 형태로 마무리 하는 경우 등이 있다.

1.1. 권계식 표현

진대연 외(2006: 351)에서는 여러 언어권별 학습자의 한국어 텍스트를 조사한 결과, "특징적인 것은 이 연구의 분석 대상이 설명적인 글이었음에도 불구하고 일본이나 중국에서 자기 반성형의 주제가 나타났다는 점인데, 이는 글로써 도덕적인 성찰을 추구하는 동양의 전통적인 사고방식의 영향이 아닐까 추측된다."고 한다. 이것을 陳娟(2009: 105)에서는 중국 학생이 생산한 영어 텍스트 분석을 마무리 부분에서 권계(勸誡)식으로 글 전체를 마무리하려는 인위적 경향이 보인다고 보다 구체적으로 결과를 도출했다. 이러한 구성 원리가 중국어 텍스트에서 허용되는 이유는 "텍스트가 전달하려는 도덕적 정보 즉, '글은 도를 담아야 한다[文以載道]'의 중시(方麗青, 2005: 51)"와 관련된다. 왜냐하면 이러한 권계식 마무리는 대개 도덕적 표현들이 대부분을 차지하기 때문이다.

方麗青·姜渭清(2008: 109-110)에서는 Lee(2003)의 연구 결과를 인용하면서, 오락적·정보적 기능을 강조하는 영어권 텍스트와 다르게 중국어 텍스트에서는 마치 이솝우화와 같은 수사학적 기법을 선호한다고 평가한다. 즉, 어떤 깨달음이나 교훈을 전달하려는 설교(說敎) 방식이 강조되는 것이다. 여기서 주목할 것은 중국어 글쓰기의 '권계식 마무리'가 독자에게 이러한 도덕적 성찰을 가르치거나 가르칠 수 있다는 전제를 포함한다는 점이다. 바로 이것이 중국어 텍스트 구성 원리의 특징 가운데 하나를 차지한다. 전형적인 '권계식 마무리'는 전체 글의 마지막 문장에 '하자'·'-합시다'·'해라' 등 권유형 종결 어미가 사용되는 경우를 가리킨다.

사례 2-9 청도이공대학 4학년 마**
어마 사랑해요 나눔
…… 우리 어마는 너무 위대한 여인이라고 할 수 있지 않을까? 우리 사이에 이런 눈물겨운 사랑을 여러분하고 같이 나누고 싶다. 그리고 여러분 이

세상에서 제일 우리를 사랑하는 사람이 바로 우리 부모님이다. <u>지금부터 우리는 행동적으로 우리 존경스러운 부모님께 효성을 드리기 시작하자.</u>

사례 2-9는 '해라'체의 '하자'로 '권계'를 나타내는 것이다. 또한 다음 사례 1-4는 '하십시오'체의 '합시다'로 '권계'를 표현한다.

사례 1-4 남경효장대IT학원2학년 양**
저및중국과한국의 소중한 인연
…… 한편, 한국과 중국인연도 마찬가지로 지속적으로 한걸음 더 발전해 나갈 것이라고 확신합니다. <u>이런 소중한 인연을 간직하고 공동적인 번영을 도모하기 위해 같이 노력합시다.</u>

다음 사례 3-34의 '권계'는 강한 감정을 동반하면서 느낌표가 사용되고 있다. 중국인 학습자의 이러한 경향은 모국어의 수사법과 관련된다. 중국어에서 어기(語氣) 조사인 '파(吧)'와 느낌표가 같이 사용되는 경우가 있기 때문이다.

사례 3-34 중앙민족대학 3학년 나**
평범한 하루는 불평범이다.
…… 나는 고치속에 살고 있는 작은 번데기이다. 하지만 나는 꿈을 가지고 있다. 꿈을 이루기 위해 매일매일 열심히 움지기고 있고 평범한 하루하루를 보내고 있다. 하지만 어느순간 나는 날개가 생길 수 있고 고치에 벗어날 수 있다고 믿는다. <u>꽃의 향기를 마음껏 맡도록, 하늘 아래에 자유롭게 날 수 있도록 노력하자!</u>

여기에서 사례 3-34의 밑줄 친 부분을 보면, '하자'를 사용하지만 내용은 독자에게 권유하는 것이 아니라 필자 자신의 결심을 나타내고 있다. 따라서 내용적으로 "…… 날 수 있도록 노력하자!"를 "…… 날 수 있도록 노력할 것이다"로 수정하는 것이 적절하다. 필자의 이러한 유사비표준 현상은 모국어인 중국어의 직접적 영향으로부터 발생한 것이다. 권유를 나타내는 한국어 종결 어미에 대응되는 중국어 어기 조사 '파(吧)'는 자기 스스로의 다짐을 표현할 수 있기 때문이다. 다시 말해서 중국어 '파(吧)'는 권유·스스로의 다짐뿐만 아니라 상대방에게 명령하는 기능도 갖추고 있다. 따라서 어기 조사 '파(吧)'는 '해라' 같은 명령형 종결 어미에도 대응된다. 바로 이러한 '파(吧)'의 기능 때문에 중국인 학습자의 한국어 텍스트에는 사례 5-6과 같은 권유형 종결 어미와 명령형 종결 어미의 혼용 현상이 나타난다.

> 사례 5-6 북경공업대학 2학년 장**
> 거울
> ······ 나는 우리의 모습을 비친 거울보다 마음을 비친 거울은 더 중요시하고 아껴야 된다고 여긴다. 왜냐하면 사람들이 창문을 통해 들 수 없는데 문으로만 들어갈 수 있기 때문이다. 거울을 보면서 그 문을 더 크게 만들어라!
> [√만들어보자!]

이와 같은 현상은 중국어 어기 조사 '파(吧)'가 한국어에서 권유형 종결 어미뿐만 아니라 명령형 종결 어미와 스스로의 다짐 등 언어 형태를 지니기 때문에 발생하는 것이다. 즉 그것은 한국어 종결 어미와 '一對多'의 관계를 맺고 있다. 다음 사례 3-24에서 드러나는 권유형과 '스스로의 다짐'의 혼용, 그리고 명령형과 '스스로의 다짐'의 혼용 현상은 모두 여기에서 기인한다.

> 사례 3-24 제남대학 4학년 진**
> 어느 하루
> ······(^)등에 지는 짐을 놓고 자연을 사랑하고 노래하는 마음으로 평범하게 삽시다. (^)어느 하루에 내 인생의 눈부시는 광책이 꼭 나올 것이라고 의심_없이 꾹꾹_믿고 밝은 미래를 향하라!

사례 3-24를 고쳐 서술하면 다음과 같이 수정될 수 있다.

사례 3-24 수정본:
(^)등에 지는 짐을 내려놓고 자연을 사랑하고 노래하는 마음으로 평범하게 <u>살아가야 한다.</u> (^)어느 하루에 내 인생의 눈부신 광채가 꼭 나올 것이라고 의심_않고 반드시_믿으며 밝은 미래를 <u>향해야 한다.</u>

바로 이러한 혼용 현상이 한국인 독자에게 중국인 학습자의 텍스트를 이해하기 어렵게 만든다. 다음 사례 1-47는 필자 자신의 주장을 펼치다가 뜬금없이 독자에게 당부하는 문장으로 끝내는 경우다.

사례 1-47 치치하얼대학 4학년 강**
소중한 인연
…… 어머님이랑 거리에서 걸었다가 항상 이런 소리를 들었다."와! 너랑 어머님니 닮았네!""엄마처럼 예쁘게 생겼구나"……그때 갑자기 어머님과 나의 인연을 느꼈다. 수많은 사람들이 있는데 나는 왜 다른 사람이랑 닮지 않을까? 왜냐하면 머리부터 발끝까지 다 어머님은 주시는 것이 때문이다. 이생에 모녀가 될 수 있다는 게 보통 인연이 아니다. <u>나는 영원히 이인연이 보물로 보이고 가져가겠다.</u>
<u>언제나 쉽게 찾아온 인연은 또 우리를 쉽게 떠나가버린 것이기에 인연은 오기 전에 당당하게 어깨를 펴고 활기차게 너만의 인연을 마중해라!</u>

위의 내용은 필자의 개인적 경험과 다짐을 표현하다가 단락을 바꾸면서 당부하는 표현으로 마무리한다. 문제는 이 어색한 내용과 전개 방식을 중국어 텍스트로 해석할 경우, 전혀 어색하지 않다는 데 있다. 왜냐하면 마지막 문장의 "너만의 인연을 마중해라!"는 필자가 자기 자신에게 던지는 말이기 때문이다. 다시 말해서 위 예시의 마지막 문장에서 필자는 자기 자신을 대화 상대방으로 간주하고 있다. 이러한 표현 방식은 중국어 글쓰기에서 흔히 사용된다.

다음 사례 3-45의 경우는 글의 마지막이 문장 형태로 끝나지 않는다. 따라서 마무리 문장은 "우리 함께 손을 잡고 아름다운 세상을 만들자."가 되며, 전형적인 권계식 마무리라고 할 수 있다. 그리고 "어제보다 오늘 더…(…)"에는 세 점의 줄임표가 사용되고 있다.[247]

사례 3-45 중앙민족대학 3학년 서**
어제 보다 오늘 더
…… 이 말이 듯이 우리 모두 옆에 있는 사람, 특히 도움이 필요한 장애인에게 더 많이 관심과 사랑을 가지면 더 아름다운 세상을 만들 수 있고 믿는다. <u>우리 함께 손을 잡고 아름다운 세상을 만들자. 어제보다 오늘 더…</u>

다음 사례 4-34의 경우는 하나의 어절로 한 단락을 구성해 글을 마무리하는 방식이다.

사례 4-34 산동과기직업학원 2학년 서**
…… 유명 설교가 토머스 풀레 '모두 위험이 사라질 때까지 항해를 못 나가는 사람들은 바다를 나갈 수 없다'는 명언을 남겼습니다. 마찬가지로 그 시작은 당신이 내딛은 오늘의 한 걸음입니다.
겸손하고 자신감이 있는 마음을 가지고 아낌없이, 남김없이 우리 이루어 내고 싶은 일에 몰입하면 좋겠지요.
나중에 후회 없도록!

사례 4-34의 마지막 구절인 "나중에 후회 없도록!"은 중국어에서 독립적인 단락 구성이 가능하다. 그러나 한국어에서는 다음의 수정본처럼 앞 문단에 붙이는 것이 더 적절하다고 판단된다.

---

247) 중국어에서 줄임표는 '……'의 여섯 점을 사용하지만 최근 세 점 '…'과 혼용되는 추세다. 이러한 현상은 한국의 그것과 대단히 유사하다.

사례 4-34 수정본:

영국의 유명한 역사가인 토머스 풀러는 '모두 위험이 사라질 때까지 항해를 떠나지 못하는 사람은 결코 바다로 나갈 수 없다'고 했습니다. 마찬가지로 모든 일의 시작은 당신이 내딛는 오늘의 한 걸음입니다. <u>겸손하고 자신감이 있는 마음을 가지고 온 힘을 다해 우리가 이루고자 하는 일에 매진합시다. 나중에 후회 없도록!</u>

수정본의 밑줄 친 부분을 통해 알 수 있듯이 "우리가 이루고자 하는 일에 매진합시다."라는 권계식의 마무리에 해당한다. 이것은 사례 3-45의 "우리 함께 손을 잡고 아름다운 세상을 만들자."와 마찬가지로 독자와 상호작용을 염두에 둔 권유형 표현이라고 할 수 있다. 다시 말해서 권유형 표현을 적절히 사용할 경우, 위의 예시에 언급된 '우리'라는 표현과 무관하게 그것은 독자를 대화 상대방으로 만드는 효과를 발생시킨다. 그러나 중국인 학습자 텍스트에 등장하는 권계식 마무리의 권유형과 '스스로의 다짐'의 혼용, 명령형과 '스스로의 다짐'의 혼용, 권유형 종결어미와 명령형 종결어미의 혼용과 같은 표현 방식, 나아가 구호(口號)식 마무리 등은 한국인 독자에게 그야말로 '뜬금없는' 생소함과 이질감만을 안겨 준다.

이것을 해결하기 위해서는 단순히 한국어 텍스트 구성 원리의 교수 또는 학습이라는 일방향적 접근만으로 이루어지기 어렵다. 다시 말해서, 그간 중국인 한국어 학습자가 한국어 텍스트 구성 원리의 학습을 거쳐 한국어 담화공동체에서 통용되는 글쓰기가 가능해졌다는 평가는 초급-중급-고급이라는 단선적 접근 방식에 해당한다. 그러나 이러한 인식 형태를 다른 시각에서 다음과 같이 새롭게 재구성할 수 있다. 즉 학습자가 한국어 텍스트 구성 원리의 학습 과정에서 개별적으로 한국어와 중국어의 텍스트 구성 원리에 대한 상관관계를 스스로 이해했을 뿐만 아니라 그것을 활용 가능한 수준까지 체득했다는 것이다. 전자가 제2언어 즉, 한국어 글쓰기의 표면적 해석에 불과하다면 후자는 두 언어를 둘러싼 심층적 해석이라고 할 수 있다.

한편, 김철규(2009: 85)에서는 숙련된 필자일수록 독자와의 상호작용을 텍스트에 명시적으로 나타내는 방식으로 글을 쓴다고 설명한다. 따라서 필자-독자 간 상호작용(writer-reader interaction)을 텍스트로 구성하는 능력도 텍스트적 언어 능력을 이루는 하나의 중요한 요소로 간주된다. 다음 사례 3-16는 '해라'·'하자' 등 청유형 종결 어미가 사용되고 있지만 필자와 독자의 상호작용이 아니라 '친구'라고 언급된 필자의 개인적 관계를 대상으로 한다.

> 사례 3-16 북경연합대학 2학년 상**
> 어느 하루
> …… 예전에 나랑 한국어는 아름다운 추억이 많이 있다. 이기 때문에 나는 나의 소중한 친구인 한국어한테 할 말이 있다. 전도가 아득했을 때 희망을 주는 것이 고맙다. 매일매일 나랑 함께 있고 용기를 주고 나로 하여금 아름다운 미래를 해준것도 고맙다. 마지막 하느님께 우리가 예전에 어느하루에 만나서 이우정을 맺게 된 것에 대한 감사드립니다. <u>또, 나는 우리의 꽃보다 아름다운 미래를 바라고 있다. 미래의 어느 하루 나는 한국어 선생님이 되고 싶다. 내가 꼭 열심히 공부하겠다. 친구야, 안심해라. 우리 꼭 계속 우리의 우정의꽃을 피워나가자.</u>

또한 여기에서도 "나는 한국어 선생님이 되고 싶다. 내가 꼭 열심히 공부하겠다."와 같이 필자 개인의 결심(또는 다짐)이나 희망으로 전체 글을 마무리하고 있다.

1.2. 개인의 결심이나 희망의 표현

Celce-Murcia & Olshtain(2006: 147)에 의하면, 앞서 언급한 "상호작용적

관점은 Bakhtin의 연구(1973)로부터 나왔다. Bakhtin는 상호텍스트성 (intertextuality) 즉, 다른 텍스트들과의 관계에 초점을 두었다. 독자와 필자 모두 다양한 텍스트를 가지고 공유된 경험을 통해 과정을 더욱 깊이 이해 하는 방향으로 발전했다. 이 접근법의 가장 중요한 측면은 의사소통적 텍 스트가 상호작용적 시각을 염두에 두고 구성되어야 한다는 것인데, 이는 쓰기에 대한 사회문화적 관점이라 할 수 있다. 최연희(2010: 48)에서 독자 중심 접근법은 독자가 텍스트의 사회적 목적(social purpose)을 파악하지 못하 면 의사소통은 성공할 수 없다는 가정에 근거하며, 필자-텍스트와 독자 사이의 상호작용을 중시한다고 설명한다.

이 책의 연구 대상의 텍스트들에서는 사례 3-16와 마찬가지로 독자와 상 호작용을 고려하지 않은 채, 필자 개인의 결심(또는 다짐)이나 희망으로 마무 리하는 경우가 많았다. 이것은 필자의 결심을 표현하는 '하겠다' · '-기로 하 다' · '다짐하다' 등을 사용하는 경우, 그리고 '-기를 바라다', '-했으면 좋겠 다' 등 필자의 희망이나 소원을 밝히는 경우 두 가지로 크게 나뉜다.

1.2.1. 결심 또는 다짐의 표현

사례 3-40 북경어언대학 3학년 주**
어느 하루
…… 14살 그날 나는 가출을 포기하고 집으로 돌아갔다. 14살 그날 나는 하루안에 컸다. 그날 할머니께서는 나에게 그 무엇과도 바꿀 수 없는 보물을 주셨다. 그것은 바로 웃음이 가득한 얼굴이었다. 그날부터 나는 행복과 희망 을 남에게 전할 수 있는 얼굴로 살겠다고 다짐했다.

사례 3-56 대외경제무역대학 3학년 주**
어느 하루
…… 인생은 3만여의 날에 불과해도 이런 하루가 있어서 정말 다행스럽게

생각하다. 마음속의 허전함을 이미 감동과따뜻함으로 채웠다. 이제 나도 남에게 어느 하루에 따뜻함과감동을 줄 수 있는 사람이 되기를 바라면서 ~~열심~~
~~히 살아가기로 결정했다.~~

사례 3-40와 사례 3-56의 "그날부터 나는 행복과 희망을 남에게 전할 수 있는 얼굴로 살겠다고 다짐했다."와 "열심히 살아가기로 결정했다."는 각각 필자 개인의 결심 또는 다짐으로 글 전체를 마무리한다. 이와 같은 개인적인 다짐을 담은 결론은 독자와 상호작용 또는 독자에 대한 배려가 부족하다는 느낌을 준다. 오히려 사례 3-40에서 마지막 문장인 "그날부터 나는 행복과 희망을 남에게 전할 수 있는 얼굴로 살겠다고 다짐했다."를 삭제한다면 독자가 공감할 수 있는 여지를 더 남겨줄 수 있다. 그리고 사례 3-56의 마지막 문장을 "우리[←나] 모두 남에게 어느 하루 따뜻함과 감동을 줄 수 있는 사람이 되기를 바란다."로 수정하는 것이 적절하다. "열심히 살아가기로 결정했다"같은 필자 개인의 결심 표현을 삭제하고 '나'와 같은 자기표현을 '우리'와 같은 독자 참여 유도의 표현으로 바꾸는 것이 필요하다.

여기에서 '나' 또는 '우리'와 같은 표현은 상위 담화에 해당한다. 정혜승(2012: 465-466)에서는 Hyland의 상위 담화(metadiscourse)의 개념적 정의를 "특정 공동체 구성원으로 자신을 관점을 표현하고 독자를 참여시키는 것을 지원하고, 한 텍스트 내의 상호작용적 의미 현상을 위하여 사용된 필자의 자기 성찰적 표현을 아우르는 용어"(Hyland, 2005a: 37)로 지칭한다. 나아가 정혜승(2012: 470-471)에서는 Crismore 외(1993)와 Hyland(2005b)의 연구 결과에 기초해 상위 담화의 범주와 기능을 텍스트적 상위 담화와 대인적 상위 담화로 나눠서 제시한다.

'텍스트적 상위 담화'는 독자의 텍스트 이해와 해석을 안내하는 기능을 담당한다. 이것은 기존의 텍스트 언어학의 텍스트 표지나 텍스트 구조 표지와 유사한 개념이라고 할 수 있다. 그리고 '대인적 상위 담화'는 필자의 태도·가치·자세를 밝히는 것, 텍스트로 인입시키기 위해 독자의 관심을 촉발·유지하는 것248), 그리고 필자와 독자의 상호작용을 지원하는 것을 가리킨다. 대인적 상위 담화에서 필자의 자세를 보여 주는 '자기 언급'으로는 '나·우리·본인·필자·연구자' 등이 있다(정혜승, 2012: 465-471). 하지만 위의 사례 3-56에서도 알 수 있듯이, 중국인 학습자가 운용하는 자기 언급의 예는 중국어와 한국어 텍스트 구성 원리의 차이를 보인다. 다시 말해서 필자-독자 상호작용을 촉진시키는 전략으로서 자기 언급은 각각의 텍스트 구성 원리를 충족시키는 방식의 차이를 드러낸다.

> 사례 5-4 대련외국어대학 4학년 진**
> 거울
> …… 아버지가 주신 거울을 볼 때마다 나는 미안한 얼굴이다. 이 거울은 바로 아버지가 나에 대한 사랑의 표지가 아닌가. ~~백일장 대회가 끝나자마자 아버지에게 전화하기로 결정했다.~~
> ~~"아빠가 주신 거울이 너무 예뻐요. 나는 앞으로 아빠에 부응하는 딸이 되겠습니다. 사랑합니다…"~~

사례 5-4의 마무리 부분은 필자 개인의 각오를 표현한다. 만약 "이 거울은 바로 아버지가 나에 대한 사랑의 표지가 아닌가."라는 문장에서 자기 언급 표지인 '나'를 삭제한다면, 다시 말해서 "이 거울은 바로 아버지의 사랑 표지가 아닌가."로 수정해 마무리한다면 독자와 공감을 강화시키는 효과가 배가된다. 또한 위 예시의 줄 친 부분은 '나'라는 개인적 경험의 표현이기 때문에 삭제하는 편이 타당해 보인다.

한편, 독자를 지칭하는 '너·당신·여러분·우리'와 같은 독자 참여 표지를 사용하는 것도 상호작용의 강화 효과를 기대해볼 수 있다. 다음의

---

248) Hyland(2005a: 222)에서는 '참여 표지(engagement markers)'라고 부른다.

사례 3-38에서 '나'를 '우리'로 바꾸면 독자에 대한 배려가 두드러진다.

> 사례 3-38 북경공업대학 2학년 주**
> 어느 하루
> …… 오늘이든 내일이든 어느하루든지 <u>내 인생</u>에 속한다. <u>내가</u> 그 하루하
> 루들의 책임자란다. 그러므로 열심히 살아갈 뿐만이 아니라 빛나게 즐겁게
> <u>내 하루를</u> 보내고 말겠다.

다음은 사례 3-38의 '나'를 '우리'로 바꾼 수정본이다.

> 사례 3-38 수정본:
> 오늘이든 내일이든 어느 하루든지 <u>우리 인생</u>에 속한다. <u>우리가</u> 그 하루하
> 루의 책임자이다. 그러므로 열심히 살아가야 할 뿐만이 아니라, 빛나고 즐거
> 운 <u>우리의</u> 하루를 보내야 한다.

물론 필자-독자 상호작용은 장르적 특성을 고려해야만 한다. 예를 들어 일기, 수필은 독자의 참여 유도를 전제하지 않는 문체라고 할 수 있다. 다음의 3-68 사례가 장르적으로 일기나 수필이었다면 독자와 상호작용의 측면에서 큰 무리가 따르지 않는다. 하지만 이 글은 한국인 독자를 대상으로 한 백일장 글쓰기에 해당하기 때문에 독자에 대한 공감을 반드시 전제해야만 하는 텍스트에 해당한다. 따라서 신변잡기적 스토리의 구성은 글의 수준을 떨어뜨리는 효과만을 불러일으킬 뿐이다.

> 사례 3-68 무석남양학원 2학년 이**
> 어느 하루
> …… "마음을 먹으면 세상에서 못하낼 일이 없다"는 말이 있습니다. <u>다음
> 에 꼭 어머니한테서 물만두를 빚은 방법을 배워 다음 해 형부한테 제 본때
> 를 보여줘야지.</u>

다음 사례 3-15는 필자-독자 상호작용이 적절히 이루어진 사례에 해당한다. 글은 전체적으로 필자의 개인적인 경험을 주로 서술하다가 마지막 단락(다음의 예시)에서 독자 참여 표지 '우리'를 통해 독자의 참여를 유도한다. 그리고 마지막 단락에서도 필자는 자신의 개인적 경험을 다시 드러내기는 하지만, '부모님의 소중한 사랑'이라는 표현('나'라는 자기 언급 표지 대신)을 사용함으로써 독자의 공감을 이끌어내고 있다.

> 사례 3-15 북경대학 3학년 제**
> 비가 오는 날
> …… 우리는 태어날때부터 무덤에 들어갈때까지 각양각색의 사랑을 만나게 될 것이다. 국가에 대한 사랑, 민족에 대한 사랑, 가족에 대한 사랑 그리고 참사랑 짝사랑…… 그러나 그렇게 많은 사람 중에 제일 소중한 사랑은 바로 내리사랑이다. 옛날부터 자식을 위해 모든 것을 다 할 수 있는 부모는 많지만 그 10%를 할 수 있는 자식은 별로 많지 않다. 매일 부와 관위를 얻기 위해서 바쁘게 살다가 부모님의 사랑은 잘 생각하는 시간도 없어졌다. 어느 하루에 이 세상에 유일한 진심으로 자신을 사랑하는 사람이 세상을 떠날 때 얼마나 후회할까? <u>그 비를 고마워해야한다. 귀찮은 비었지만 사소한 일이지만 그 사소한 일을 통해서 부모님의 소중한 사랑을 깨닫게 되었기 때문이다.</u>

'우리'라는 독자 참여 표지는 중국어 텍스트에서도 독자와 대화 수단으로 빈번하게 사용된다. 그럼에도 불구하고 필자 개인의 결심이나 희망이라는 마무리 방식은 한국어 텍스트와 명확하게 구분된 중국어 텍스트의 특징에 속한다. 이러한 글쓰기 관습의 사회적 허용과 일상화는 분명 중국의 사회문화적 맥락과 깊은 상관관계를 맺고 있다. 그것은 정치 학습과 실천적 자기 결심 또는 다짐의 표명이라는 일상적 풍토와 관련된다.

중국에서는 초·중·고교뿐만 아니라 대학에서도 교사·교수·직원을 대상으로 1년에 한 번씩 '술직(述職)'이라는 평가가 이루어진다. 이러한 평가 항목의 첫 번째가 바로 '정치사상'이고, 평가의 마지막은 '앞으로 더 열심히 하겠다'는 식의 자기 결심이나 희망으로 마무리된다. 이러한 평가 시스템은 단지 교육 기관에만 해당되지 않는다. 국가 기관 전반에 걸쳐 구축된 하나의 사회 제도적 성격을 갖는다. 따라서 '자기 결심'식의 마무리 글쓰기 방식은 이미 고착화된 사회문화의 한 형태로 이해된다.

이러한 사회 제도적 성격 때문에 '자기 결심'의 마무리 방식은 개인적인 차원이 아니라 사회적 차원의 글쓰기가 되며, 그것은 지속적으로 재생산된다. 물론 이와 같은 진단이 중국 사회 전체에 해당하는 것은 아니다. 기업 부문을 중심으로 정치사상보다는 실적 중시의 분위기가 확대되고 있다. 그러나 오랜 기간 교육 기관을 중심으로 형성된 이러한 사회적 글쓰기는 최소한 '좋은 글'의 지배적 기준이 되었다는 점은 분명해 보인다.

1.2.2. 희망적 표현

개인적 결심 또는 다짐만큼이나 중국어권 학습자의 한국어 텍스트에서 희망적인 표현으로 마무리하는 경우도 많이 나타난다. 그 가운데 가장 전형적인 형태가 다음 사례 1-10의 '-기 바라다'라는 표현이다.

> 사례 1-10 산동대학 2학년 우**
> 소중한 인연
> …… 한국어학과의 학생으로서 한국은 우리[√/나](?)에게 유달리 큰 영향을 끼쳤다. 우리[√/나](?)는 선생님을 만날 때 저절로 허리를 굽혀 정중하게 인사를 하는 것이 좋은 보기라고 할 수 있는가 싶다. 우리 한국어과 학생이 예외가 제일 바르다는 칭찬을 들니 마음이 든든해지고 그것이 한국어를 공부하는 덕분인지라고 본다. 한국 사람처럼 꼭 예의를 똑바로 지키면서 서로 존중하는 태도로 사는 공동체정신이 지금 이 어둠과 속임을 넘치는 세상에 얼마나 필요할까? [√/반드시 필요하다.]
> 한국 역사를 배우면서 한국과 중국과 오래전부터 우호상통으로 지내 온 사실을 알게 되었다. 지금도 마찬가지로 친한 사이로 서로 지내면서 공동의 발전을 위해 협력하고 있다. 나와 한국과의 인연이 한국과 중국의 역사적인

소중한 인연의 <u>이부분이 아닐까?</u> [✓ 한 부분은 아닐까 싶다.] 이런 뜻으로 진심을 가지고 <u>내 약박한 힘을 바가지담으로써</u> 이 소중한 인연을 유지해 아름다운 꽃을 피우도록 <u>되기를 바라고 있다.</u>

사례 1-10의 마지막 문장은 '-기 바라고 있다'로 마쳤지만 그것은 내용적으로 '온 힘을 다해 노력하겠다'는 필자의 결심 또는 다짐을 표현한다. 문장 가운데 '약박한 힘을 바가지담으로써'라는 표현은 중국어 '貢獻微薄之力'을 직역한 것이다. 다시 말해서, '약박한 힘'은 '微薄之力'에 대응되고, '바가지다'는 '이바지하다'의 혼동으로 보인다. 이것을 한국인 독자가 이해하기에는 많은 무리가 따른다.249)

또한 "한국어학과의 학생으로서 한국은 우리에게 유달리 큰 영향을 끼쳤다. 우리는 선생님을 만날 때 ……"에서 '우리'의 문제가 제기된다. 이 문장의 앞부분에서 '우리'의 대상이 언급되지 않았기 때문에 문맥상 주어를 '나로' 수정하는 것이 타당해 보인다. 그러나 이 문장을 중국어 텍스트로 이해하면 중국인 독자에게는 전혀 어색하지 않은 표현에 해당한다. 여기서 '우리'는 한국어학과 학생들을 가리킨다. 만약 위의 예시를 "한국어학과의 학생들로서 한국은 우리에게"로 고친다면, 한국인 독자에게도 납득할 수 있는 표현이 된다. 여기에는 바로 '-들'과 관련된 단수형 또는 복

---

249) 여기에서 "한국 사람처럼 꼭 예의를 똑바로 지키면서 서로 존중하는 태도로 사는 공동체정신이 지금 이 어둠과 속임을 넘치는 세상에 얼마나 필요할까?"와 "나와 한국과의 인연이 한국과 중국의 역사적인 소중한 인연의 이부분이 아닐까?"라는 문장이 보인다. 여기에서 "…… 얼마나 필요할까?"와 "…… 이부분이 아닐까?"는 각각 "…… 반드시 필요하다."와 "…… 한 부분은 아닐까 싶다."로 수정해야 한다. '얼마나 필요할까?'는 중국어의 감탄문 '多麼需要啊！'를 그대로 직역한 것이다. 물론 중국어 '多麼好啊！'에 상당하는 한국어 표현은 '얼마나 좋을까?'다. 하지만 한국어 '얼마나 필요할까?'는 주로 감탄보다 의문을 나타낸다. 따라서 '반드시 필요하다'로 고쳐 서술해야 한다. 그리고 "나와 한국과의 인연은 한국과 중국의 역사적인 소중한 인연의 한 부분이 아닐까?"에서는 반어법이라는 수사법이 사용되고 있다. 이 반어법은 위의 경우 앞뒤 문맥을 해치는 효과를 발생시킨다. 그러나 중국어 텍스트에서 이러한 반어법의 사용은 적절한 것으로 평가될 수 있다.

수형의 문제가 개입되어 있다.

이처럼 중국인 한국어 학습자가 한국어 담화공동체의 이해 방식과 다른 한국어 텍스트 양상을 드러낸다는 사실은, 중국인 영어 학습자가 생산한 영어 텍스트에서도 동일하게 나타난다. 張延君(2005: 148)에서는 영어 글쓰기 과정에서 중국인 학습자가 이해하는 '我[나]' 또는 '我自己[나 자신]'은 영어 담화공동체의 이해 방식과 다르다고 지적한다. 구체적으로 살펴보면, 영어 글쓰기 과정에서 중국인 학습자는 단수 인칭대명사 '我[나]'보다 복수 인칭대명사인 '我們[우리]'을 지나치게 많이 사용한다. 중국인 학습자의 이러한 특징은 중국어 글쓰기에 사용되는 '我'·'我們', 한국어의 '나'·'우리', 그리고 영어의 'I'·'We'가 인지적 차원의 일대일 대응관계가 아니기 때문에 발생한다.

> 사례 3-70 양주대학 3학년 범**
> 어느 하루
> …… 오늘은 또 신의 손가락이 아니면 그릴 수 없는 아름다운 사월날이다. 눈이 부신 밝은 햇볕, 잔디의 향기를 끼어 불어오는 따뜻한 바람, 금테를 두른 듯이 생기발랄한 나뭇잎들을 당신이 볼 수 있는 상쾌한 마음이 있<u>기를 바란다.</u> 나처럼.

사례 3-70의 '-기 바라다'는 독자에 대한 희망을 표현한다. 그리고 독자를 지칭하는 '당신'과 같은 대인적 상위담화 표지는 필자-독자 상호작용을 강화시키는 기능을 담당한다. 하지만 마지막에 사용된 '나처럼'이라는 표현은 독자를 인입하는 데 방해가 되므로 삭제하는 것이 적절하다. 반면, 앞서 언급한 것처럼 중국어 텍스트에서는 이와 같은 서술 방식이 용인되고 있다.

그렇다면 여기서 중국어권 한국어 학습자에 대한 교육 내용을 어떻게 구성해야 하는가라는 점이 하나의 중요한 문제로 부각된다. 단순히 중국인 학습자가 한국어 담화공동체에서 통용되는 한국어 텍스트 구성 원리에 대한 지식이 부족하다는 평가는 내용적으로 큰 도움을 주지 못한다. 오히려 텍스트 구성 원리의 차원에서 한국어와 중국어의 차이가 발생하는 지점, 즉 무엇이 어떻게 다른가가 교육 내용의 근간을 형성한다. 다시 말해서 그것은 중국어 텍스트 구성 원리로부터 규정되는 한국어 교육 내용이라는 의미를 갖는다. 그것을 일반화시키자면 'L2의 교육 내용은 L1으로부터 규정된다.'는 시각이다. L1과 L2의 상호작용을 통해 형성된 두 언어 간 '차이'가 교육 내용의 실질을 구성한다. 왜냐하면 중국어가 규정하는 한국어의 '차이'와 영어가 규정하는 한국어의 '차이'는 그것 자체로 구분되어야 하기 때문이다.

다음의 사례 3-4는 '-면 좋겠다'는 표현을 통해 필자의 희망을 드러낸다.

> 사례 3-4 북경공업대학 2학년 유**
> 어느 하루
> …… 영토때문에 나라간에 싸움이 없고, 핵문제때문에 서계평화를 파괴하는 일이 없고, 사람들이 서로를 사랑하고, 나라마다 서로를 이해하는 그런 사랑이 넘치게 될 날이 빨리 왔으면 좋겠다.

'-면 좋겠다'는 일상 대화에서 많이 사용되는 표현이다. 그러나 이 사례는 글 전체적으로 '영토'·'핵문제'·'세계 평화'·'파괴' 등과 같은 어휘가 사용되면서 내용적 무게감이 큰 글이라고 할 수 있다. 따라서 여기서는 '-면 좋겠다'보다는 '-기 바란다'라는 표현으로 바꿔 마무리하는 것이 적절하다. 마찬가지로 사례 1-7의 마무리 부분에서도 일상 대화에서 많이 쓰이는 '-고 싶다'로 필자 개인의 희망을 표현한다.

> 사례 1-7 북경어언대학 3학년 초**
> 무지개처럼 소중한 인연
> …… 혁우와 헤어진 지 벌써 일 년이 되었다. 잘 생활하고 있는지 궁금한

다. 매일 아침마다 혁우가 그린 무지개를 보면 그의 귀엽게 웃는 얼굴이 떠오른다. 그 무지개야말로 진정한 내 마음의 아름다운 추억을 생각하게 된 우정의 무지개이다. ~~나는~~ 이 무지개처럼 소중한 인연을 마음속에 영원히 간직하고 싶다.

만약 사례 1-7의 마지막 문장에서 자기 언급 표지인 '나'를 삭제하고, "…… 간직하고 싶다."를 "…… 간직할 것이다."로 바꾼다면 독자 인입의 효과를 더욱 높일 수 있을 것이다. 이밖에도 다음의 사례 5-10처럼 '기원하다'로 희망을 표현하는 경우가 있다.

사례 5-10 북경어언대학 3학년 유**
내친구 - 거울
…… 아무리 어떤 '거울'인지 사람에게 엄격한 스승인 동시에 좋은 친구가 될 수 있는 것 같은 것은 바로 나는 거울에 대한 실감이다. ~~나는~~ 세상에 모든 사람들이 다 자기에 어울리는 '거울'을 찾을 수 있다고 기원한다.

여기서 주목해야 할 것은 중국인 학습자가 '-ㄴ/는다고 기원하다'라는 표현을 사용했다는 점이다. 한국어에서 '-를/을 기원하다' 또는 '-기를 기원하다'라는 표현은 많이 사용되지만 '-ㄴ/는다고 기원하다'라는 표현은 사용되지 않는다. 대신 사례 3-67와 같이 '-ㄴ/는다고 믿다'라는 표현은 가능하다. 이 사례를 통해 중국인 학습자는 '-기를 기원하다'와 '-ㄴ/는다고 기원하다'의 차이를 구분하기 어려워한다는 것을 알 수 있다. 중국어 '祈禱[기도; 기원하다]'·'相信[상신; 믿다]'은 모두 '-다고'의 간접인용문 형태와 연결이 가능한 동사이기 때문이다. 만약 필자가 자신이 주장하는 내용을 간접인용문 형태로 '-다고'가 아니라 '-이라고'를 선택했다면 무리 없이 '기원하다'와 '믿다' 모두 연결이 가능해진다.

사례 3-67 길림사범대학 2학년 장**

어느 하루

…… 바다처럼 깊고 고요한 부모의 사랑을 느끼며 항상 꿈을 향해 나아가
는 용기가 넘치게 되었습니다. 먼 혹은 가까운 미래에 저의 꿈을 이룰 수 있
는 날이 머지않고 반드시 <u>온다고 굳게 믿습니다!</u>

또한 다음 사례 1-25는 '우리'를 사용해 독자 참여를 유도하다가 다시
금 자기 언급 표지인 '나'를 사용하면서 개인적 결론으로 글을 마무리하
는 경우다.

사례 1-25 북경 제2외국어대학 3학년 장**

영원한 인연

…… 전생에 우리가 수천수만번 만나며 맺은 인연은 금생에 아름답고 잊
을 수 없는 보물이 되리. <u>나는</u> 하늘에서 정해준 나와 한국의 소중한 인연을
<u>믿고, 이런 인연이 영원할 것이길 바란다!</u>

여기서 '나는'의 과잉 사용과 위 사례 5-10의 '기원하다'의 주어로 '나
는'이 과잉 사용된 것 사이에는 밀접한 관계가 있다. 중국어에서 '我相信
[나는 …… 믿는다]'·'我祈禱[나는 …… 기원한다]'이 관습적으로 함께
사용하는 표현이기 때문이다. '지시와 조응' 부분에서도 언급한 바와 같이
이것은 영조응 사용을 둘러싼 중국어와 한국어의 차이로도 해석이 가능
하다.

1.3. 결론의 특징적 마무리 방식

1.3.1. 마지막 문장을 의문문으로 표현

다음의 사례 5-3과 사례 2-27의 공통적 특징은 마지막 단락이 한 문장

으로 이루어지며 반어법으로 마무리된다.250) 여기서는 앞서 사례 1-10에서도 언급한 중국인 학습자의 텍스트의 특징으로서 반어법을 사용한 마무리 방식을 다룬다.

사례 5-3 대련외국어대학 3학년 장**
거울 이야기
…… 우리 현대에 와서도 가끔 자기가 길을 잘 걷고 있나고 제시하는 "거울 친구"는 <u>필요로 하지 않을까.</u>

사례 2-27 연대대학 3학년 진**
나눔
…… 전세의 연인과 근생의 아내에게 다 사랑을 주셔야 되는 아버지께서 좀 힘드시겠다. 그런데 이런 것도 달콤한 부담이다. 아버지들, 힘 내세요!
아버지의 사랑을 받을 수 있는 행복한 어머니와 딸에게는 이런 사랑의 나눔이 <u>참 아름답지 않습니까?[않을까 싶다.]</u>

중국어 텍스트에서 반어법은 글을 마무리할 때 흔하게 사용되는 수사법이다. 주로 어투의 강화·강한 감정의 토로·글의 설득력과 호소력을 높이는 수사적 효과를 발생시킨다. 따라서 중국어 텍스트에서 반어법으로 글을 마무리 하는 방식은 좋은 평가를 받는다. 그러나 한국어 텍스트에서 반어법을 통한 마무리는 다양한 마무리 방식 가운데 하나일 뿐 특별히 그것을 좋은 표현으로 평가하지는 않는다.

이처럼 사례 5-3과 2-27은 모두 반어법으로 글을 마무리하고 있지만 전자의 "…… 필요로 하지 않을까."는 필자 개인의 생각을 표현하고, 후자의 "…… 참 아름답지 않습니까?"는 독자에게 호소하는 표현이다. 일반적으로 설득적 텍스트의 마무리 문장에서는 독자에 대한 호소보다 자신의 주장을 마무리하는 표현이 요구된다. 따라서 사례 2-27의 "…… 참 아름

---

250) 한 문장 단락의 마무리 방식은 다음에서 구체적으로 다루도록 하겠다.

답지 않습니까?"를 "…… 참 아름답지 않을까 싶다"로 바꾸는 것이 더 적절하다.[251]

위의 표현 방식은 문체 또는 장르와 밀접한 관계를 맺는다. 다음의 사례 1-17은 서간체에 해당하기 때문에 구어체 표현도 허용된다. 따라서 "…… 당신도 들었습니까?"의 마무리 방식은 전혀 어색하지 않다.

> 사례 1-17 천진외국어대학 3학년 유**
> 잠 안 오는 밤
> -당신한테 드리는 편지
> …… 먼 하늘에 반짝반짝하는 별들은 그렇게 말하고 있는 것 같습니다. 당신과 저의 인연은 끊지 않게 마음속에서 소중하게 간직하는 당신과 다시 만날 수 있다고요. 당신도 들었습니까?

다음 사례 1-8은 의문형의 마무리를 보인다. 이 사례도 수필체로 마무리 방식이 문제로 크게 부각되지 않는다.

> 사례 1-8 북경외국어대학 3학년 홍**
> 여름향기
> …… 6월의 수능시험은 임박했다. 공부에만 몰두하는 우리는 공책에서 문자 주고받는 시간조차 없었다. 날마다는 모의 시험, 제1차, 제2차, …제18차까지 다 있었다. 수능시험전에 북경외대에 지향하는 직승 시험이 있었다. 같이 지원했다. ……
> …… 중1부터 고3까지 6년동안의 인연은 이미 마음속에 감직하고 있고 인생의 일부가 됐다. 여름마다 너를 생각나고 메이데이의 노래를 들을 때마다도 너를 생각난다. ……
> 또 여름이 됐다. 지금 하문에 풍황나무의 꽃이 피겠지? 너는? 잘 지내지?

---

251) 또한 사례 2-27에서 보이는 "전세(前世)"·"근생(今生)"등은 중국어 표현을 직역한 것이고, "아버지들, 힘 내세요!"는 구어적 표현을 그대로 서술한 것이다. 이러한 표현들은 중국어 글쓰기의 직접적 영향을 받고 있다.

사례 1-8은 문화적 키워드에 관한 내용을 서술했다는 점에서 주목할 만하다. 위의 '직승 시험'은 문화적 배경을 갖는 어휘로서 한국어에 상당하는 그것이 존재하지 않는다. 이러한 경우 충분한 배경 설명을 요구하는데, 필자는 중국과 한국의 문화적 차이를 인지하지 못해 그대로 서술했다. 이 문제는 당연하게도 두 언어 간 차이의 이해가 두 문화 간 차이의 이해로 확장되어야 한다는 사실을 알려준다.

1.3.2. 결론 부분을 한 문장이나 배비구로 표현

앞서 제시된 사례 1-8, 사례 2-27, 사례 5-3은 의문문 형태이면서도 한 문장 단락으로 글을 마무리한다. '단락 조직'에서도 다루고 있지만 이것은 "'강조 문장[強調句]'으로 '강조 단락[強調段]'을 구성하는 경우이다. 이미 언급한 것처럼 '강조 문장'은 대부분 결론 부분에서 마지막 문장에 위치하며, 하나의 단락으로 처리해 자신의 입장이나 생각을 최종적으로 강조하는 기능을 담당한다."(제효봉, 2011ㄱ: 244) 다음의 사례 1-40의 마무리 방식도 한 문장 단락인데, 이것은 '인연'이라는 글제를 최종적으로 강조하려는 필자의 의도가 보인다. 여기서는 인연을 '너'라고 지칭하며, '만나서 반가워. 인연아'와 같은 의인법을 사용한다.

> 사례 1-40 중앙민족대학 3학년 왕**
> 바람이 지나간다면
> …… 옆에 또 바람이 부는 느낌을 든다. 둘려보니 진실한 미소를 띠고 있는 모습. 이 세상에서의 모든 것들의 미소
> <u>너도 여기 있는구나. 만나서 반가워. 인연아.</u>

마찬가지로 다음 사례 1-42에서도 한 문장 단락이 사용된다. 여기서는 "인연이여, 고맙다! 나한테 소중한 인연을 가져다 준 한국어여, 고맙다!"

와 같이 '인연'과 '한국어'에 의인화(擬人化)가 적용되고 있다.

> 사례 1-42 대련외국어대학 3학년 로**
> 소중한 인연
> ⋯⋯ 한국어란 친구덕분에 나한테 이런 꽃보다 아름다고 하늘보다 높으
> 며 바다보다도 더 깊은 인연이 생겼다. 아마 아프로도 많이 생길 것 같다.
> 한국어하고 나의 인연은 평생동안 간직할 만한 보물이다. 가장 소중한 보물
> 이다. 이런 인연 덕분에 나는 즐겁게 산다. 이런 인연 덕분에 고맙다는 마음
> 으로 산다. 이런 인연 덕분에 나는 두려움과 외로움, 그리고 슬픔이 도대체
> 무엇인지 모른다.
> <u>인연이여, 고맙다!</u>
> <u>나한테 소중한 인연을 가져다 준 한국어여, 고맙다!</u>

　이처럼 사례 1-40과 1-42에는 의인화를 통해 대화 형식이 마무리에 적
용되고 있다. 하지만 이것은 필자와 독자 간 대화라기보다는 필자의 강한
감정을 표출하기 위해 사용된 구어체로 보인다. '단락 조직'에서도 다루고
있지만 인지도식의 관점에서 이와 같이 구어체로 한 문장 단락을 구성하
는 마무리 방식은 중국인 학습자의 개인차를 나타내는 주변적 도식이 아
니라 중국인 담화공동체의 원형적 도식에 가깝다는 점이다. 따라서 이것
은 한국어 담화공동체의 원형적 도식과 중요한 '차이'를 형성한다.
　또한 중국인 학습자의 텍스트의 마무리 특징 가운데 '배비구'의 방식을
들 수 있다. 제효봉(2011ㄱ: 252)에서 그것은 수사법의 하나로, 의미가 연관
되어 있으면서 구조도 유사한 문장이 세 개 또는 세 개 이상 나열식 표현
을 이루는 방식을 가리킨다고 정리했다. 다음의 사례 3-7은 배비구의 마
무리 방식으로 강한 감정을 표현한다.

> 사례 3-7 장춘대학광화학원 3학년 유**
> 어느 하루, 어머님을 위하여

······ 고향에 있는 어머님 난 그립다. 당신한테 말을 할까 하니 그리워······
어머님, 어느 하루, 나는 성공한 모습이 보여드릴게요!
어머님, 어느 하루, 나를 위해 박수를 해주세요!
어머님, 어느 하루, 나를 기다려 주세요!

그리고 다음 사례 4-58은 하나의 문장이 네 개 단락으로 구성된 배비구의 마무리 예시다.

> 사례 4-58 북경어언대학 3학년 간**
> 양심
> ······ 양심이 자기의 마음 속에 있지만, 다른 사람의 눈에 있고 느낌에 있다.
> 보다 더 의의 있는 삶을 살기 위해, [문단 붙이기]
> 보다 더 후회 없는 추억을 만들기 우해, [문단 붙이기]
> 부다 더 성실한 사회를 구축하기 위해, [문단 붙이기]
> 우리 함께 양심으로 굴고 말하며 생각하자!

위의 배비구는 시가(詩歌)의 종결 형식과 유사한 방식을 갖추고 있다. 또한 마지막 부분에서는 권계식으로 마무리를 취한다. 이러한 단락 구성 및 마무리는 한국어 글쓰기에서는 낯선 방식이지만 중국어 글쓰기에서는 용인되는 방식이다. 이것은 중국어 텍스트에서 상당히 강한 수사적 효과를 지니지만 반대로 한국어 담화공동체의 텍스트 구성 원리에 적합하지 않기 때문에 한국인 독자들을 위해서는 반드시 수정해야 한다.

다음 사례 3-22도 배비구로 글을 마무리하는 방식을 취한다. 하지만 이것은 위의 사례 4-58과 다르게 한 문장에 여러 개의 단락을 구분 적용하는 것이 아니라 세 개의 문장을 하나의 배비구로 구성되어 있다.

> 사례 3-22 북경공업대학 2학년 곽**
> 어느 하루
> ······ 나는 살금살금 남편의 얼굴을 보고 키스를 했다. 남편은 나를 보며

사랑으로 가득 찬 눈빛을 주었다. 그 순간 나는 사랑하는 힘을 문득 받았다. 나는 무슨 일이 있어도 절대로 남편과 헤어지지 않을 마음을 먹었다. 그냥 함께 편하게 살아갈 것이다. 그날은 내가 잊을 수 없는 날이다.

인생은 끝까지도 당신을 끌어안고 아름다운 것을 느낀다.

인생은 끝까지도 두 사람은 함께 해야 한다.

인생은 끝까지도 사랑한다는 말밖에 없다.

사례 4-58과 3-22의 경우처럼, 배비구를 배치·구성하는 방식에도 중국어 담화공동체 내부의 개인차가 존재한다. 하지만 마무리 부분에서 한 문장 단락을 연속적으로 구성하는 3-22의 방식이 중국어 담화공동체의 원형적 인지에 보다 더 근접한 표현이라고 할 수 있다. 한국인 독자에게 생소한 이러한 구성 방식을 한국어 담화공동체의 텍스트 구성 원리에 맞춰 재구성해보면 다음과 같다. 마지막 세 개의 한 문장 단락을 하나의 문장으로 처리한 후, 앞 단락에 붙여 사용하는 것이다. 즉 '인생 끝까지 당신을 끌어안고 아름다운 것을 느끼며, 인생 끝까지 두 사람은 함께 해야 하고, 인생 끝까지 사랑한다는 말밖에 할 수 없다.' 여기에 작은따옴표를 사용해 드러냄 기능을 부가한다면 한국인 담화공동체의 원형적 인지에 더 적합한 표현에 해당한다. 다음은 사례 3-22의 수정본이다.

사례 3-22 수정본:

······ 나는 살금살금 남편의 얼굴을 보고 키스를 했다. 남편은 나를 보며 사랑으로 가득 찬 눈빛을 주었다. 그 순간 나는 사랑하는 힘을 문득 받았다. 나는 무슨 일이 있어도 절대로 남편과 헤어지지 않을 마음을 먹었다. 그냥 함께 편하게 살아갈 것이다. 그날은 내가 잊을 수 없는 날이다. '인생 끝까지 당신을 끌어안고 아름다운 것을 느끼며, 인생 끝까지 두 사람은 함께 해야 하고, 인생 끝까지 사랑한다는 말밖에 할 수 없다.'

2. 다양한 수사적 기법

2.1. 경전 어구나 고사의 인용

Kaplan(2001)은 미국의 글쓰기 교육과 대조수사학의 형성·발전을 위해 제2언어 쓰기 전략을 강조하면서 다음과 같이 문제를 제기한다. 첫째, '어떤 문제를 다룰 것인가?' 이 문제는 주제를 결정할 때 글쓰기 교사가 자주 봉착하는 부분이다. 예를 들어 중국 사람들은 죽음이라는 화제를 좋아하지 않거나 금기시하지만 서구 문화에서는 이러한 주제를 그다지 특별히 여기지 않는다. 둘째, '누가 말하기와 글쓰기의 권위를 갖추고 있는가?' 미국 문화에서는 학생을 포함한 모든 사람들이 글쓰기와 표현에 대해 본인이 권한을 갖는다. 그러나 전통 문화가 강한 사회에서, 특히 그러한 사회의 젊은 세대는 그와 같은 권위를 갖지 못한다. 따라서 이런 사회의 학생들은 사회가 인정하는 권위적 인물의 관점 또는 언술을 인용하거나, 경우에 따라서는 맹목적으로 모방하려 한다. 셋째, '무엇을 통해 자신의 주장을 증명하는가?' 증명 방식은 크게 사실에 의한 증명, 이론적 관점에 의한 증명, 일반적으로 검증 가능한 근거에 의한 증명, 권위적 관점에 의한 증명으로 구분된다. 이러한 증명 방식은 서로 상이한 문화에서 각기 다른 경향을 드러내곤 한다. 예를 들어 서구의 문화적 전통에 익숙한 학생들은 일반적 검증이 가능한 증명에 노력하지만, 아시아와 같은 전통 문화가 강한 일부 지역의 학생들은 유명 인사의 어록 또는 권위 있는 저작을 인용하려는 경향이 나타난다.[252](雲紅·原雪, 2008: 26-27)

---

252) 물론 Kaplan이 언급한 '아시아'는 아시아적 문화권, 즉 유학과 같은 전통적 요소를 문화적으로 공유하는 권역을 지시한다. 하지만 이러한 이해 방식에 많은 이견이 존재한다. 예를 들어, 한국 사회의 경우 서구 종교로서 기독교 등의 영향으로 문화적 혼종화 현상이 두드러진다. 조상을 기리는 제사 대신 행하는 추도 예배가 대표적인 사례에 속한다. 원래 예배는 유일신 하나님을 위한 것이지만 한국 사회에서

그러나 이러한 평가는 보다 세밀한 주의가 필요하다. 한국과 중국은 모두 아시아권에 속하지만 유명 인사의 어록 또는 권위적 저작의 인용에 대해 상이한 이해를 보인다. 중국인 학습자의 경우, 方麗青(2005: 51)에서는 옛 것을 숭상하는 중국 문화의 심리 구조가 권위적인 형태의 수사학을 거쳐 그 모습을 달리하며 드러난다고 주장한다. 몇 천 년 전에 제기된 관점이 여전히 지금의 문제를 설명하는 데 사용되는데, 공자와 맹자의 권위는 시간이 지날수록 사라지는 것이 아니라 지금도 강한 설득력을 갖고 있다. 그 권위를 통해 오늘날의 생각과 행동들이 설명되고 긍정되는 것이다. 어문(語文) 교육 과정에서 고대 중국어(한국 사회에서 '한문[漢文]'으로 통용되는)를 교과 텍스트로 사용하는 것은 일상화되어 있다. 글쓰기에서 논증을 위해 습관적으로 선현(先賢)의 언술이나 역사적 전고(典故)를 광범위하게 사용하는 것은 충분히 가능하다.

반면, 한국인 담화공동체의 일반적 글쓰기는 이와 다르다. 한국어 텍스트에서 선현의 어록이나 전고를 사용하기도 하지만, 그것 자체에 특별한 권위가 부여되지는 않는다. 다시 말해서 그것은 유명 학자의 주장 또는 일반적으로 타당성을 갖춘 사례 등과 동등한 근거로 활용될 수 있다. 선현의 어록도 필자 자신이 그 의미에 동의할 뿐만 아니라 논거로서 적절성을 갖추었을 때만 인용된다. 이러한 한국어 텍스트의 구성 원리는 위에서 Kaplan이 주장한 두 번째 내용, 모든 사람들이 글쓰기와 표현에 대해 본인이 권한을 갖는다는 점과 연관된다. 따라서 중국인 학습자가 한국어 글쓰기 과정에서 선현의 어록이나 전고를 사용할 경우, 그것의 권위로부터 주장의 타당성을 이끌어내는 것이 아니라 그것을 주장의 보편타당한 논거라는 차원에서 활용하는 것이다.[253]

는 추도 예배라는 가족 단위와 결합된 변형 형태가 존재한다. 따라서 특정 문화 요소를 중심으로 특정 지역의 문화적 동질성을 끌어내려는 시도는 보다 많은 논증 작업이 요구된다.

253) 현재의 한국어 텍스트 구성원리가 단지 서구화의 결과물인지, 아니면 세계사(世界

중국어권 학습자 텍스트에서 등장하는 '선현'은 공자와 맹자다. 다음의 사례 3-39와 사례 3-67이 대표적이다.

> 사례 3-39 북경공업대학 2학년 필**
> 어느 하루
> 공자선생님은[√ 맹자는]"사람이 처음 태어난 품성은 원래 착하다"는 말씀을 하신 적이 있다. 우리가 그런 착한 마음으로 인생 항로를 그리기 시작한다. 그런 착함이 가장 많이 일으킬 수 있는 것은 바로 도움이라는 보석이다.
> ……

위의 예시에서 필자는 맹자의 언술을 권위의 근거로 삼아 다음 화제 "우리가 그런 착한 마음으로 ……"라는 순서의 논리적 전개를 보인다.

> 사례 3-67 길림사범대학 2학년 장**
> 어느 하루
> …… 그 날에 제가 돈과 얽매이는 현실의 쓴 맛을 보았지만 돈으로 살 수 없는 부모의 사랑도 느껴 보았습니다. 결국 저의 한국유학꿈을 미루었습니다. 하지만 꿈을 잃어 버리지 않았습니다. 더 좋은 기회를 기다리면서 계속 날마다 도서관에서 열심히 공부하고 있습니다. <u>성인 공자(孔子)의 말씀처럼 "배우고 때로 익히면 또한 기쁘지 아니 한가"</u> (學而時習之不亦說乎) 공부의 흥미를 느끼며 학교생활을 즐겁게 지내고 있습니다. ……

또한 다음의 사례 5-3는 필자의 주장을 뒷받침하기 위해 '역사적 전고'를 논거로 사용한다.

史)적 보편화 과정의 결과인지는 더 많은 논의가 요구된다. 여기에서는 중국어와 한국어 텍스트의 차이를 중심으로 그 자체를 상대화시켜 다룬다. 다시 말해서 중국인 학습자가 한국어 텍스트 구성 원리를 이해하고 학습하는 과정은 한국어 텍스트가 요구하는 다양한 내용을 중국어의 그것과 상대적으로 이해하고 충족시키는 과정에 해당한다.

사례 5-3 대련외국어대학 3학년 장**

거울 이야기

…… 이렇게 자기의 생각으로 하는 거울에 관한 꿈들이 꼬리에 꼬리를 이었다. 거울을 통해 많은 교훈을 받고 자기의 마음을 엿볼 수 있다. <u>우리 나라 당나라 때</u> 위징(魏征)이라는 관리가 있었다. 당시의 부정한 정치 분위기에도 자기의 주장을 견지했다. 그 사람이 있기에 황제는 마음대로 정책을 세우지 못하게 되었고 현명한 왕이 되었다. 위징이 죽은 후 당태종이 "나에게 또 어디서 이런 거울이 찾을 수 있냐"라는 말을 하고 많이 슬펐다. ……

위의 예시에서 '우리나라 당나라 때'라는 표현은 중국어를 직역한 것으로, '중국의 당나라 때'로 바꾸는 것이 적절하다. 그리고 사례 5-8는 한국인 독자에게도 익숙한 『논어(論語)』「술이(述而)」의 언술, 그리고 『삼국지(三國志)』의 주유(周瑜)와 제갈량(諸葛亮)의 일화를 논거로 활용한다.

사례 5-8 북경공업대학 4학년 곽**

거울

…… '서로 거울로 삼아 공부한다'라는 말을 자주 든다. 이것에 담겨 있는 의미를 더 보면 다음과 같다. 거울 안에 자기의 모습만을 쳐다보지 말고 다른 사람을 거울로 삼는 것이다. 남을 거울로 삼아 남의 장점을 보고 배워야 한다. <u>세 사람이 같이 있으면 그 중에서 선생이 꼭 있다는 말</u>도 상호 거울로 삼아 공부한다는 뜻을 보여 주었다.

남의 장점을 불인정하면 자신도 제고할 수 없을 것이다. 예하면 중국 삼국시기의 유명한 사람은 周瑜와 諸葛亮는 서로 적수이며 친구이다. 周瑜는 오국의 대장군으로서 문과 오를 통시에 숙한 강남 재자이다. 하지만 諸葛亮의 재능이 周瑜의 재능보다 훨씬 더 높이다. 따라서 周瑜는 諸葛亮의 재능을 질투하고 諸葛亮을 죽이고 싶은 생각이 있다. 바로 이런 질투심 때문에 周瑜는 諸葛亮를 죽이지 못할 뿐더러 諸葛亮의 긴밀한 계획으로 인해 죽어 말았다. 반대로 諸葛亮은 周瑜의 질투심을 무시하고 周瑜의 장점을 배우고 약점도 찾아냈다. 약점을 찾았으로 周瑜를 이겨낸 방법도 찾아 드디어 성공했다. 이 예를 보면 상대방의 실력을 제대로 보지 못하고 상대방을 거울로 삼지 않기 때문에 실패할 수 밖에 없다. 그러니까 남의 장점을 찾아 남을 거울로

삼아야 자신에 좋다는 것이다. ······

위의 예시에서 '세 사람이 같이 있으면 그 중에 선생이 꼭 있다.'는 표현은 "三人行, 必有我師焉."을 직역해 사용한 것이다. 이와 다르게 중국어 속담을 한국어 표현으로 바꿔 사용한 경우도 보인다. 다음의 사례 3-68가 그것이다.

> 사례 3-68 무석남양학원 2학년 이**
> 어느 하루
> ······ "마음을 먹으면 세상에서 못하낼 일이 없다"는 말이 있습니다. 다음에 꼭 어머니한테서 물만두를 빚은 방법을 배워 다음 해 형부한테 제 본때를 보여줘야지.

여기에서 "마음을 먹으면 세상에서 못해낼 일이 없다."는 중국어 속담인 "天下無難事, 只怕有心人"[254]을 한국어 표현으로 바꿔 사용한 것이다. 다시 말해서 그것의 정확한 번역은 '세상에 어려운 일은 없다. [만약 어려운 일이 있다면] 그것이 두려워하는 것은 뜻을 가진 사람일 뿐이다.'라고 할 수 있다. 그것을 한국어 표현인 '마음을 먹다'를 활용해 인용한 것이다.

이와 같은 현상은 비단 한국어 텍스트에만 국한되지 않는다. 중국인 영어 학습자가 생산한 영어 텍스트에서도 유사한 양상이 나타난다. 王馳·房明遠(2008: 205)에서는 언어 스타일의 측면에서 영어 텍스트가 중국어보다 상대적으로 간단명료하며, 중국 학생들은 영어 학습 과정에서 문학적 전고와 비유적 언어 표현을 많이 사용한다고 평가한다. 그 표현들에는 중국어를 영어로 번역한 관용적 상투어가 대부분이다. 그 원인은 중국어, 즉 모국어의 부정적 전이에서 기인한다. 이로부터 중국인 영어 학습자는 단

---

254) 출처를 밝히자면, 이 표현은 명나라의 王驥德이 지은 <韓夫人題紅記 · 花陰私祝>에서 유래한다. 이후 소설 <紅樓夢>에 쓰이면서 널리 사용된다.

순한 의미를 표현하는데도 화려한 문체를 사용할 뿐만 아니라 논점을 에 두르고 과장이 들어간 내용을 제시한다. 결국 '빙빙 돌고' '겉만 번지르르' 한 글쓰기 스타일이 만들어지는 것이다.[255]

'선현'과 '전고'의 권위에 기댄 중국인 학습자의 수사법은 중국 사회의 전통문화를 중시하는 풍조와 밀접한 관계를 맺고 있다. 현재의 중국인 학 습자는 어려서부터 이러한 교육적 환경에서 성장한 이들이라고 할 수 있 다. 사회적으로 전통이 강조될수록 선현의 말과 전고는 더더욱 중시된다. 따라서 이러한 현상이 중국어 글쓰기에 직접적으로 반영되었다는 점은 의심의 여지가 없다. 중국어 글쓰기 교육에서 선현의 말과 전고를 활용한 텍스트 구성 방식이 적극 권장된다는 사실이 이를 잘 보여 준다. 나아가 이러한 글쓰기 교육은 다시금 전통에 대한 중국인 학습자의 태도를 결정 짓는 일종의 순환 구조를 형성한다.

중국어 텍스트에서 선현의 어록 또는 전고를 사용하는 것은 또 다른 문

---

255) 중국인 영어 학습자의 영어 텍스트에 대한 王馳·房明遠의 이러한 부정적 평가는 원어민의 목표어(영어)를 중심으로 학습자의 습득 과정에서 개입된 모국어(중국어) 를 긍·부정적으로 평가하던 전통적 시각에 기초한다. 여기서 David Crystal(2010) 의 '영어의 다양성' 개념은 새로운 시사점을 제시한다. 그는 "한때 영국 영어, 미 국 영어만 인정받던 시절이 있었다. 지금은 호주, 뉴질랜드, 인도, 싱가포르 영어 등 다양한 세계 영어들이 존중받는 시대다."라고 설명한다. 나아가 "영어는 이제 글로벌 언어다. 세계적으로 20억 명의 사람들이 영어를 사용하고 있는데, 이는 전 세계 인구의 3분의 1에 달하는 숫자다. 이런 식으로 영어가 글로벌하게 퍼지면서 영어는 이전보다 훨씬 다양한 성격을 갖게 됐다. 예전에는 영어를 단순하게 영국 영어와 미국 영어로 구분했지만 현재는 다양한 영어들이 통용되고 있다. 호주 영 어, 뉴질랜드 영어, 싱가포르 영어, 인도 영어, 파푸아뉴기니의 피진 영어 등 새로 운 다양성이 영어에 나타나고 있는 것이다. 각국의 영어는 자국의 문화, 정체성을 나타내면서 진화하고 있다."며 모국어와 결합된 다양한 영어를 인정한다. 이러한 시각은 궁극적으로 영어의 외연을 확장시키는 데 도움을 준다. 데이비드 크리스털, 문화·정체성 지닌 '세계 영어'와 통하라, 포커스, 2010.7.6., http://www.focus.co.kr/content.asp?aid=c632a886da 6f4780a7a30d1448f9873a 참조. 물론 David Crystal의 '영어의 다양성' 개념이 모든 '유사비표준' 현상을 그 자체로 옹호한다고 보기는 어렵다. 오히려 그것은 목표어와 유사비표준 현상이 '포용과 배제'의 시각에서 다뤄질 수 있다는 점을 알려준다.

제와 연결되어 있다. 그것은 중국인 학습자가 텍스트에서 인용문의 출처를 밝히는 문제에 대한 인식 태도다. Celce-Murcia & Olshtain(2006: 148)에서는 Pennycook (1996)의 연구 결과를 인용하면서, 서구와 중국의 저작권 관념에 문화 간 차이가 있다고 설명한다. 예를 들어 중국의 홍콩 학생들은 서구적 의미의 '표절'을 매우 다르게 인식하는데, 그들에게는 인용문 출처를 제대로 밝히지 않은 것을 표절로 생각하지 않는 경향이 존재한다는 것이다. 따라서 비록 그것이 서구 기준에서 적합하지 않을지라도 상이한 문화에 대한 '열린 마음'이 요구된다. 제2언어 글쓰기 교사들도 이 학생들에게 감점을 주기 전에 문화 간 차이를 신중히 고려해야만 한다. 왜냐하면 그와 같은 행위가 중국인 학습자들의 문화에서는 통용되는 것일 수 있기 때문이다.

여기서 주의해야 할 점은 Celce-Murcia & Olshtain의 이같은 주장이 문화 간 차이로부터 비서구권의 '표절' 행위를 용인한다는 의미가 아니라는 것이다. 엄밀하게 말해서, 그것은 문화 간 차이를 인정하면서 '표절'의 문제를 어떻게 해결할 것인지에 대한 접근 또는 절차상의 고민을 보여 준다. 서구 사회에서 '표절'이 타인의 창작성과를 무단으로 인용 또는 도용한다는 의미라면, 중국 사회 내부에서는 앞서 살펴본 선현의 말과 역사적 전고의 예처럼 굳이 그 출처를 밝히지 않고 인용하더라도 교훈 전달의 목적을 달성할 수 있다는 문화적 공감대가 자리한다. 다시 말해서 선현의 말과 역사적 전고의 인용을 무단 도용으로 인식하지 못한다는 점이다.

이런 인식 태도는 꽤 일반적인 것으로 보인다. 張延君(2005: 148)에서는 중국인 영어 학습자들이 생산한 영어 학술적 텍스트를 조사·분석했는데, 여기에서는 "중국 학생들은 회피적이거나 완화적 언어 수단으로 개인의 관점을 표현한다. 예를 들어, '어떤 사람들이 말하기를 ……', '어떤 사람들이 표명하길 ……', '다른 사람의 말에 의하면 …… 라고 한다.' 등의 표현이 자주 사용된다."고 평가한다. 다시 말하면, 중국인 학습자들은 타인의 주장을 인용하면서 명확한 출처를 제시하지 않는 것이다.

한편, 중국 학계의 경우 예전에 비해 엄격한 표절 관리가 이루어지고 있다. 그러나 출판된 학술 논문을 보면 여전히 인용문의 출처를 내주나 주석으로 처리하지 않고 참고 문헌으로 제시하는 경우가 많다. 물론 이것은 기성 연구자의 학술적 글쓰기라는 대상에 국한된다. 중국 학생들의 일반적 글쓰기에서 표절, 즉 무단 인용에 대한 인식은 지금도 명확히 정립되지 못한 채 혼재된 양상을 보인다. 따라서 제2언어 글쓰기 교육에서 '인용 또는 표절'에 대한 인식 태도는 하나의 중요한 문화적 내용으로 구성된다.

'인용'에 대한 중국인 학습자의 인식 태도는 이처럼 중국 사회의 전통적 글쓰기 관습과 관련되어 있다. 그것을 하나의 문화 교육의 내용으로 설정할 수 있는 주장은 Atkinson(2004: 285-287)에서 제기된 '소문화(small culture)' 개념에 의해서도 이론적으로 뒷받침된다. 그는 대조수사학 연구를 위해 국가·민족·언어라는 범주의 대문화가 아니라 다양한 요소들로 정의되는 소문화 개념을 제기한다. 예를 들어, 문화는 민족 문화·교실 문화·청소년 문화·학생 문화·학술(또는 전문) 문화 등으로 구분되며 각각 상호작용한다. 이것은 특정 교육 현장의 교육과 학습을 대상으로 한다는 점에서 의의를 갖는다. 박성희(최연희 편저, 2010: 219)에서는 Atkinson(2004)의 '소문화' 개념이 Holliday(1999)의 '소문화'를 수용·발전시킨 것이라고 언급한다. 그는 '소문화'를 통해 대조수사학의 문화 개념을 보다 포괄적·역동적으로 재정의하고, 대조수사학의 적용 범위를 확대시키려는 의도를 갖는다고 평가한다.

2.2. 기타 표현

앞서 언급한 '배비구'는 글 전체의 마무리에 사용될 뿐만 아니라 그 이외의 부분에도 사용 가능하다. 다음 사례 1-33은 배비구 형식을 많이 사용한 텍스트로서 한국어 담화공동체의 글쓰기 형태와 큰 차이를 보인다.

사례 1-33 노동대학 3학년 우**
초여름의 인연
초여름에는 꽃이 예쁘게 핀다.
초여름에는 풀이 무성하게 자란다.
초여름에는 폭풍우가 무정하게 몰려온다.
초여름에는 태풍이 거세게 휘몰아친다.
초여름과 인연이 있는 것 같다.
21년 전 그 해 초여름. 비가 많이 온 그 초여름. 외할아버지께서 돌아가셨다. 어머니께서 너무 슬퍼서 많이 우셨다. 내가 좀 불안 해서 그랬는지 곧 태어나려고 그랬는지 계속 어머니 뱃속에 버둥거렸다. 나의 출생은 가족들에게 처음에는 큰 부담이 됐지만 곧 그들이 희망이 되었다. 나는 가족들과 인연이 있다. 나는 이 세상과 인연도 있다.
6살 그 해 초여름. 친한 친구네가 다른 마을로 이사를 하기로 했다. 그 아이와 나는 자주 놀러 갔던 언덕에 가서 울었다.
반짝반짝 빛나는 별들
귀두르르 노래하는 귀뚜라미
솜털 달린 입에서 나오는 멋진 휘파람
강가에 발가벗은 소년들
7살 그 해 초여름. 방학 후 친구들이랑 집 근처에 있는 작은 숲에 놀러 갔다가 길을 잃어버렸다. 너무 두려워서 벌레 소리에도 덜덜 떨었다. 내 이름을 부르는 부모님의 목소리를 듣고 얼마나 기뻤는지 말로 표현할 수 없었다. 하지만 송글송글 땀을 흘리시는 부모님을 보고 막 울었다.
희미한 달빛에, 부엉이의 파란 눈동자
여기저기 비추는 불빛
멀리 들리는 어머니의 목소리
두근두근 뛰시는 아버지의 마음
12살 그 해 초여름. 누나가 전문대 입학 시험을 준비하느라 바빴다. 그의 모습을 보고 나도 분발하겠다고 마음을 먹었다.
가물가물한 불빛

여기저기 날아다니는 모기
책상 한 쪽에 공부에 몰두하는 누나
다른 쪽에 골똘히 생각하는 남동생
13살 그 해 초여름. 부는 바람 때문에 아직도 익지 않은 밀들 다 쓰러졌
다. 먹고 살기 위해서 구부린 채 밀을 벴던 삼촌을 보고 나도 끝까지 버텼다.
뜨거운 햇살
베어도 끝이 없는 이삭들
허리를 구부리는 삼촌
송글송글 맺어진 땀
18살 그 해 초여름. 대학교 입학 시험을 열심히 준비했는데 잘 못 봤다.
선생님께서 나보고 "모든 일이 다 마음대로 되는 데 아니다."라는 말씀을 하
셨다. 나는 분발해야지!
새벽을 알려주는 수탉
깊은 밤에 고요함을 깨뜨리는 이웃집의 개
책상 위에 겹겹이 쌓아놓은 책들
연습문제를 풀어놓은 한 장 한 장 중이
2007년 초여름. 중한 수교 15주년 기념 행사의 하나인 전 중국 한국어 백
일장에 참가하러 베이징에 왔다. 우연히 성균관대학교에서 온 김교수님을
알게 되었다. 취직, 대학관 진학에 관한 이야기를 하다 보니 떨린 마음이 점
점 편해졌다. 그 분의 자상한 얼굴, 멋있는 목소리, 친절한 태도가 나에게 깊
은 인상을 남겨줬다.
황해 동쪽에 계시는 김교수님
서쪽에 있는 나
측정할 수 없는 먼 거리
가깝고 통하는 마음
외할아버지, 친한 친구, 부모님, 누나, 삼촌, 선생님, 김교수님······그들과
소중한 인연이 있는 것 같다. 그리고 초여름에는 많은 따뜻한 추억을 남겨줬
더니 초여름과 인연도 있는 것 같다.
5년 후에 그 초여름······
25년 후에 그 초여름······
50년 후에 그 초여름······
꽃이 예쁘게 필 것이다······
풀이 무성하게 자랄 것이다······

폭풍우가 무정하게 몰려올 것이다……
태풍이 거세게 휘몰아칠 것이다……
그 때 누구를 만날 수 있을까?

위의 예시는 한국인 독자가 판단하기에 시도 수필도 아닌 다소 생소한 구성 방식을 띤다. 여기서 흥미로운 점은 이 글이 중국어 글쓰기 관례에 부합하는 특징들을 갖추고 있기 때문에 대단히 좋은 중국어 텍스트라는 것이다. 전체적인 병렬식 구성, 배비구의 강한 수사적 효과, 마무리 부분에 의문문을 한 문장 단락으로 배치, 짧은 문장의 연속적 배치 등이 중국어 텍스트 구성 원리의 특징을 잘 보여 준다. 중국인 학습자가 텍스트 내부에서 반어법 등을 포함한 의문문의 형식을 사용하는 것은 비단 마무리 부분에 국한되지 않는다. 다음의 사례 3-24, 사례 1-11, 사례 3-23은 각기 그 배치를 달리할 뿐 의문문이 연속적으로 사용된 경우에 해당한다. 여기서 주목해야 할 것은 사례 3-24, 사례 1-11, 사례 3-23의 필자가 중국 대학의 4학년·2학년·3학년 학생이라는 점이다. 다시 말해서 텍스트 전반에 걸쳐 사용되는 의문문 형식은 중국어 글쓰기의 주요 특징에 해당한다고 할 수 있다.

사례 3-24 제남대학 4학년 진**
어느 하루
…… 5월에는 어린어날, 어버이 날, 스승의 날, 성인으 날 등 여럿이 있다. <u>그러나 5월이 왜 우리들의 가정과 가족을 생각하게 하는 날들이 있을까? 5월이라함은 울창한 숲이 그 푸드름을 담아내지 못해 마음껏 밖으로 뿜어내는 즉 우리가 우리의 생명력을 최대로 발휘할 수 있는 시기이기때문이지 않을까?</u> 어렸을 때 즐거운 어린어 날, 평소에는 생각하지도 않던 부모님에 대한 감사를 한 번 더 느끼게 되는 어버이날, ……

사례 3-24는 두 개의 의문문을 연속적으로 사용한 경우다. 모두 의문문의 형식을 취하기는 했지만 전자는 독자를 대상으로 질문의 성격이 강하고, 후자는 스스로 대답하는 이른바 '자문자답'의 구성을 보인다. 하지만 이 글이 설득적 텍스트라면, 후자는 '…… 때문이지 않을까?' 대신 '…… 때문이다 또는 때문이라고 생각한다.'로 바꿔 서술하는 것이 적절한 표현이라고 할 수 있다. 왜냐하면 의문문 형식의 연속적 사용은 그 구어체적 성격으로부터 필자의 주장이 오히려 약화되는 효과가 발생하기 때문이다. 이처럼 중국어 텍스트 구성 원리인 의문문 형식의 마무리 또는 연속적 사용은 중국어에서는 전형적인 글쓰기 방식에 해당할지라도 한국어 텍스트 구성 원리와 큰 차이를 보인다. 다시 말해서 중국어와 한국어 텍스트 구성 원리의 차이로 인해 중국인 학습자가 글쓰기 과정에서 예상했던 기대효과가 한국인 독자에게는 나타나지 않는다.

> 사례 1-11 대외경제무역대학 2학년 왕**
> <수필>
> 소중한 인연
> …… 처음에 발음을 배울때 선생님께서 항상 내게 잘했다고 칭찬해 주셨다. <u>나는 대학교에 와서야 한국어와 접하는 학생인데 왜 한국어발음을 쉽게 배울 수 있는가?</u> 정말 <u>이상하고 신기한</u> 이유는 바로 한국어와 우리 고향의 사투리는 발음의 비슷한 것들이 많다는 것이다. 나는 중국 남방의 북건성에서 오는 학생이다. <u>북건성과 한국은 그다지 가깝지도 않는데 왜 언어가 저렇게 비슷하게 될 수 있을까?</u> 에컨데, "잡지", "사자", "차", "마루" 등등 특히 명사들의 발음이 같은 경우가 정말 많다. 그래서 그런지 나는 처음으로 한국어를 좋아하기 시작했다. ……

그리고 사례 1-11은 대학 2학년 학생의 글로서 중국어 표현의 영향이 두드러진다. 예를 들어 '대학교에 와서', '한국어와 접하다', '저렇게'는 모두 중국어 표현을 직역한 것이다. 또한 '시제 연속성' 부분에서도 언급했지만, 위의 '배울 수 있는가?'와 '신기하다'는 중국어의 형용사와 조동사에서 보이는 시제·상적 개념의 부족(한국어에 비해 부족하지만 중국어 자체로는 완결적인)으로 인해 과거시제 어미가 누락된 경우다. 사례 1-11의 밑줄 친 문장을 고쳐 서술하면 다음과 같다.

사례 1-11 수정본:
나는 대학교에 와서야 비로소 한국어를 접한 학생인데 한국어 발음을 그렇게 쉽게 배울 수 있었는지 정말 이상하고 신기했다.
복건성과 한국은 그다지 가깝지도 않은데 왜 발음은 이렇게까지 비슷할 수 있을지 놀라울 뿐이었다.

사례 3-23은 전체 텍스트 가운데 처음과 마지막 부분으로 제시되어 있다. 그 중간 중간에 의문문이 연속 배치된다.

사례 3-23 산동과기직업학원 3학년 조**
어느 하루가 지나가면서…(…)
어느 하루 일어나서 나무가 새로운 싹이 나왔다. 그거 하루가 된 것이 아니지만 눈보기에 하루에 변해질 수 있는 것 같다. 세계는 이렇게 신기하다. 어느 하루가 일어나서 한국말을 조금 말할 수 있다. 왜? 며칠전에 얼마나 노력해도 못했는데? 어느 하루가 이런 매력을 가지고 있다. 어느 하루가 보기에 짧은 시간이지만 번데기부터 나비가 된 과정이있다. 이 신비한 어느 하루부터 시각해 내 한국어를 배우는 것을 맛보세요. ……
어느 하루가 지나가면서 어떤 생각이 있을까? 의외라고 생각한다? 어느 하루가 지나면 우리 학생들이 예쁜 나비가 되어 자유자재 날릴수 있다. 생활 중에 있는 일을 통해 특인한 하루를 찾아 보세요 왜냐하면 어느 하루가 지나면 너의 지식이 많아졌다. 어느 하루가 지나면 너는 직원답게 행동해졌다. 어느 하루가 지나면 너는 높은 자리에 서 있다. 어느 하루가 인생 중에 올라갈 수 있는 계단처럼 보고 한 걸음 한 걸음 걸으면 자기도 모르게 높은 위치에 있을 것이다.
다음 어느 하루가 오기 위해 지금부터 노력하겠다. 혹시 내일 일어나서 좋은 일이 생길 수 있을텐데? 이 기회를 놓치지 않기 위해 이 예쁜 하루가 잘 지내기 위해... 이 우연히 말하기도 하고 팔자라고 하기도 하는 어느 하루가 새롭고 계속 행동해 가는 마음으로 기다릴 것이다.

　중국인 학습자가 사용한 의문문은 일반적 글쓰기 양상 중 하나로 이해될 필요가 있다. 왜냐하면 중국인 학습자의 글쓰기에서 보이는 의문문 형식은 개인별 수준 차이로 나타나는 현상도 아니고 문어적 표현의 미숙으로 사용된 구어체도 아니기 때문이다. 여기서 보다 실제적인 문제는 중국인 학습자가 한국어로 자신의 텍스트를 구성하면서도, 인지적 측면에서 중국어 텍스트 구성 원리에 크게 의존한다는 점이다. 이러한 방식의 텍스트 조직 방식은 한국인 독자의 호응을 불러일으키는데 많은 한계를 갖는다.

　사례 3-23에서 사용된 의문문 표현들은 '설문법(設問法)'이라는 중국어 수사법에 해당한다. 여기서 설문법에 대해 보다 자세히 살펴볼 필요가 있다. 설문법은 중국어의 일반적 수사 기법 가운데 하나로서 주로 강조 기능을 담당한다. 어떤 내용을 강조하기 위해 의도적으로 문제를 제기하는 방식을 취한다. 다시 말해서 당연한 것을 묻거나 자문자답하는 것이다. 설문법은 독자의 관심을 끄는 데 효과적이며, 주로 다음과 같은 상황에서 선택된다. 첫째, 글의 앞뒤 순서를 분명히 하고자 할 때 사용한다. 둘째, 구조를 치밀하게 만들기 위해 사용한다. 셋째, 필자의 주장을 효과적으로 묘사하고자 할 때 사용한다. 넷째, 특정 내용을 돋보이게 하기 위해 변화를 주고자 할 때 사용한다.[256]

　설문법이 적용되는 지점은 크게 세 가지로 나눠 볼 수 있다. 첫째, 글의 제목이다. 제목에 사용된 설문법은 독자의 관심 유도 또는 글의 핵심 요지를 전달하는 데 용이하다. 둘째, 설문법은 한 단락 또는 몇 개의 단락의 앞부분이나 마지막 부분에 사용된다. 전체적으로 앞뒤 단락을 연결하는 기능을 담당한다. 셋째, 논리적 글쓰기에서 핵심적 내용을 드러내는 데 설

---

256) http://baike.baidu.com/

문법을 사용된다. 이것은 논증을 심화시키는 역할을 한다. 또한 설문법의 구체적 형식으로는 첫째, '한 질문 한 대답(一問一答)'이 있다. 이것은 하나의 설문 문장을 제기하고, 바로 하나의 대답 문장이 뒤따르는 방식이다. 둘째, '몇 개의 질문과 하나의 대답(幾問一答)'이다. 먼저 일련의 설문 문장을 한꺼번에 제기하고, 대답도 한꺼번에 진행하는 방식이다. 셋째, '연속적 문답(連續問答)'이다. 이것은 '한 질문 한 대답'을 연속시키는 방식으로, 내용적 압박과 주장의 강도를 단계적으로 높일 수 있어 강한 논증력을 갖는다.257)

위의 언급에서 알 수 있듯이 설문법은 이처럼 다양한 기능과 형식을 갖추고 있다. 이것은 중국인 학습자에게 하나의 배경 지식으로 기능한다. 다시 말해서 다양한 설문법을 사용한 텍스트가 하나의 좋은 글쓰기의 규범이 된다는 사실이 오랜 시간을 거쳐 중국인 학습자 개개인에 체화되어 있는 것이다. 따라서 이와 같은 설문법은 중국인 학습자가 자신의 주장을 강조 또는 전개하기 위해 의식적 또는 무의식적으로 사용할 수밖에 없는 여건이 된다. 한국인 독자가 설문법이 적용된 중국인 학습자의 텍스트를 보면서 의문문의 형식이 너무 자주 사용되었다고 판단하는 것은 무리가 아니다.

한국어 텍스트 구성 원리에 중국어의 설문법과 유사한 수사법이 존재한다. 그것은 독자에게 해답을 생각하게 만드는 설의법(設疑法)과 자문자답의 형식을 취하는 문답법이 그것이다. 중국어의 설문법은 이러한 한국어의 설의법과 문답법 두 가지가 합쳐진 수사법이라고 할 수 있다. 설문법은 중국어 텍스트 가운데 논리적 또는 설득적 텍스트라는 특정 장르에 빈번하게 사용되는 경향을 보이지만 기타의 장르에서도 자주 등장한다는 특징을 보인다. 중국인 학습자가 생산하는 한국어 논리적 또는 설득적 텍스트에 설문법이 자주 그리고 많이 발견되는 이유는 바로 여기에 있다.

257) http://baike.baidu.com/

위의 중국어 설문법의 정의에 입각해보면, 앞서 다룬 중국어권 학습자들의 의문문 사용은 그 자체로 큰 무리가 없어 보인다. 물론 이와 같은 평가는 그것이 한국어 텍스트가 아니라 중국어 텍스트를 전제로 한다는 점에서 그러하다. 예를 들어 사례 3-23에서 단락 첫 문장으로 사용된 '어느 하루가 지나가면서 어떤 생각이 있을까? 의외라고 생각한다?'는 위에서 언급된 설문법에 내용적으로 정확히 부합하고 있을 뿐만 아니라 형식적으로도 '몇 개의 질문과 한 대답(幾問一答)'을 취하고 있다. 다음의 사례 3-60도 설문법이 적용된 텍스트에 해당한다.

> 사례 3-60 산동성청년관리간부대학 3학년 은**
> 남다른 독지가
> ······ 이것은 내 꿈이다. <u>무슨꿈?바로 어려움을 겪고 있는 사람이나 살 맛이 없다고 여긴다고 하는 사람에게 햇빛을 주는 남다른 독지가 되는 것이다.</u>
> 비록 내가 돈이없지만 일반적인 의미상의 독지가 될 수 없다. ······

사례 3-60의 '무슨 꿈?'은 '그 꿈은 바로 ······'로 고쳐 서술하는 것이 적절한 표현이다. 여기에 적용된 설문법의 형식은 '하나의 질문 하나의 대답(一問一答)'으로서 내용적으로 독자의 관심을 유도하는 기능을 맡고 있다. 앞서도 언급했지만 설문법이라는 수사법이 적용된 중국어 글쓰기는 텍스트의 완성도를 크게 향상시키는 효과를 발생시킨다. 그렇다면 문제는 중국어권 학습자가 한국어 텍스트 구성 원리를 이해하고 있느냐 없느냐에 국한되지 않는다. 더 중요한 것은 그러한 한국어 텍스트의 구성 원리를 이해하는 과정에서 중국어의 그것과 어떤 내용적·조직적 연결을 만들어지는가 하는 점이다.

이런 측면에서 중국어권 학습자들이 한국어 텍스트를 생산할 때, 자연스럽게 설문법을 대체할 수 있는 한국어의 수사 기법을 찾는 것은 지극히 당연한 일일 것이다. 따라서 교육적 차원에서 단순히 한국어 텍스트 구성 원리는 중국어의 그것과 다르다는 식의 당위적 선언만으로는 이 문제를 해결하기 어렵다. 오히려 설문법의 텍스트 조직 기능을 대체할 수 있는 한국어의 그것이 무엇이며, 한국어 텍스트에서 강조를 위한 수사 기법으로 무엇이 있는지 그리고 어떻게 대체할 수 있는지, 나아가 설문법을 사용하지 않고도 그와 유사한 기능을 한국어 텍스트에서 어떻게 마련할 수 있는지에 대한 교육 내용이 필요하다.

제7장
모국어 영향 관계를 고려한 쓰기 교육 내용 구성

한국어 지식의 습득 정도로 구분되는 기존의 '초급-중급-고급'이라는 시각이 갖는 문제점은 이른바 '화석화', 또는 초·중·고급의 단계 구분과 무관하게 남아 있는 학습자의 오용 문제 등을 해결하는 데 한계가 있다는 점이다. 제2언어 학습자 내부에 모국어와 제2언어가 공존하면서 서로 끊임없이 경쟁 또는 교체되기 때문에, 학습자 수준의 구분에는 그러한 상호작용의 주요 특징 즉, 언어 간 시스템이나 개념의 교류·삼투·혼성 등에 의해 형성된 연결망의 구축 정도가 반드시 포함되어야 한다.[258] 학습자들이 목표어 지식을 알고 있으면서도 적절하게 운용하지 못하는 점 즉, 명제적 지식을 절차적 지식으로 전환하는 과정에서 발생하는 문제 지점들은, 바로 이와 같은 모국어와 목표어의 심층적 상관관계에 기인한다. 따라서 학습자 내부의 모국어와 목표어의 상호 역동적 관계를 교육 내용으로 전환시킨다는 것은 언어권별 교육의 질적 향상에 도움이 될 것이다. 다시 말해서 모국어 영향 관계에 대한 인지·개념적 원인 분석을 통해 궁극적으로

---

[258] 여기서 언어 간 영향은 정방향 전이와 역방향 전이라는 양방향, 또는 옆방향 전이까지 포함한 다방향적으로 드러난다. 개념적 재구성은 모국어가 제2언어에 끼치는 영향만으로 표현되지 않는다. 제2언어의 개념 성분이 점차 확대되면서 제2언어는 모국어에 역방향적 영향 관계를 형성할 뿐만 아니라 그것은 더욱 심화되는 양상을 보인다.

학습자가 모국어 영향 관계를 통제할 수 있는 방법적 의의를 제공한다는 점에서 교수·학습의 측면에서 큰 의의를 지닌다.

이런 맥락에서 이 책에서는 중국어권 학습자가 생산한 한국어 텍스트의 특징적 양상 고찰을 통해 그러한 양상이 야기된 원인들 가운데, 모국어 즉, 중국어의 영향 관계에 주목해 그것의 체계적 규명을 시도하였다. 이를 위해 2장에서는 언어권별 쓰기 교육의 이론적 토대인 대조수사학과 개념적 전이를 결합시킨 시각에서 학습자 텍스트 분석에 필요한 범주와 기준을 제기하였다. 3,4장과 5,6장에서는 중국어권 학습자 텍스트의 특징적 양상을 유형화하고 유형별 양상의 원인을 형식적, 그리고 인지·개념적 측면에서 조망하였다. 여기서는 이러한 연구 결과를 실제 교육 현장에 어떻게 적용할 것인가에 대해 논의하고자 한다. 이것은 중국어권 학습자를 위한 쓰기 교육의 목표 설정과 모국어 영향 관계를 고려한 교육 내용의 구성을 망라한 것이며, 마지막으로 중국어권 학습자의 한국어 텍스트 생산에 필요한 실질적 교육 내용을 마련하는 실례를 제시하고자 한다.

1. 쓰기 교육의 목표 및 현황

모국어 쓰기와 외국어 쓰기에 차이가 있다는 점은 주지의 사실이다. 성인 제2언어학습자의 경우, 외국어로의 쓰기 학습은 대부분의 경우 모국어 쓰기 학습이 이루어진 후에 시작되므로 쓰기 활동 그 자체가 학생들에게 새로운 것이 아니다. 외국어 쓰기 학습에 영향을 끼치는 중요한 요소 가운데 하나는 바로 학습자들의 인지적 성숙도에 비해 글로 표현할 수 있는 외국어 언어 능력이 제한적이라는 점이다. "이 때문에 모든 쓰기의 단계들이 훨씬 더디게 이루어질 뿐 아니라, 외국어로 쓰기를 하다가 종종 모국어의 단어나 어법을 생각하는 등 자유로운 글쓰기의 흐름이 끊어진다.

그리고 이런 외국어 언어 능력에 신경을 곤두세우다 보니 글의 전반적인 맥락을 살피기보다는 문장 수준의 실수를 찾는 데 집중하게 된다(Williams, 2005)."(최연희 편저, 2010: 20 재인용)

쓰기는 상대적으로 비교적 높은 사고 능력을 요구하는 기능이기 때문에 모어 화자 자신도 어려워하는 영역에 속한다. 또한 제2언어 학습자의 경우에는 언어 표현의 문제도 중첩되어 있다. 게다가 모국어 쓰기와 목표어 쓰기의 차이를 구성하는 부분, 예를 들어 텍스트 응결장치의 사용상 차이 또는 글의 내용을 구성·조직하는 방식상의 차이와 같은 "'대조수사학적인 어려움'까지 더하면 그야말로 쓰기는 삼중고(三重苦)를 해결해야 하는 기능"(진대연, 2006: 31)일 수밖에 없다.

외국인을 대상으로 하는 한국어 쓰기 교육의 목표[259]를 살펴보면 현재 한국 국내와 해외에서 진행되는 한국어 교육은 대부분 개별 기관 중심으로 이루어지고 있으며, 교육 목표도 개별 기관의 특성에 따라 달리 제시되고 있다. 이수미(2010: 155)에서는 "한국어 교육을 담당하고 있는 각 대학의 한국어 교육 기관에서 제시한 교육과정에서 쓰기 교육과 관련된 부분은 쓰기 교육의 목표 설정과 관련이 있는데, 지금까지 한국어 교육은 말하기, 듣기, 읽기, 쓰기의 언어 기능의 고른 발달에 목표를 두고 있기 때문에 쓰기 교육을 위한 목표 설정이 명확하지 않을 뿐만 아니라[260] 각 언어교육 기관별로 설정한 교육과정 상의 목표도 내용과 방법이 혼재되어 있거나 위계를 설정한 기준을 상정하기 어렵다."라는 문제점을 거론한다.

반면, 한국어능력시험 쓰기 영역의 주관식(작문) 평가 범주와 내용의 경

---

259) "교육 목표란 교육을 통해서 학습자가 성취하기를 기대하는 결과를 말하는데 어느 수준에서 쓰이는가에 따라 일반적인 수준에서부터 구체적인 수준으로까지 개념화될 수 있다."(진대연, 2006: 32)

260) 진대연(2006: 34)에서도 한국 국내 각 교육 기관에서 제시한 교육 목표의 공통점은 쓰기를 '독자적인' 체계를 가진 대상으로 접근하지 않고 일반적인 언어 사용 기능의 향상을 '보조하는' 것으로 여긴다는 문제를 지적한다.

우, 작문에서 평가해야 할 사항들이 비교적 고르게 들어있어 쓰기 교육의 목표 설정하는 데 참고할 만하다. 구체적인 평가 범주는 내용 및 과제 수행, 글의 전개 구조, 언어 사용(어휘·문법·맞춤법), 그리고 사회언어학적 격식 네 가지로 구성된다.261) 다시 말해서 개별 교육기관의 특성상 교육목표가 달리 제시되고 있다하더라도 학습자 쓰기 능력의 향상이라는 공통의 목표는 교육자나 연구자 모두 공유하는 부분이라고 할 수 있다. 여기서 이른바 '화석화' 즉, 유사비표준 현상의 고착화 문제는 관건이라고 할 수 있다. 이 책에서 지향하는 쓰기 교육의 목표는 바로 텍스트 구성 원리의 차이 규명을 통한 유사비표준 현상의 근본적 해소에 있다.

한국에서는 주로 언어교육원 등 대학 부설 기관이 외국인을 대상으로 한 한국어 교육을 담당한다면, 중국의 경우 다양한 기관에서 중국인 학습자를 대상으로 한 한국어 교육이 진행되고 있다. 이 가운데 대학에서 한국어를 자신의 전공으로 이수하는 학습자들, 즉 중국 대학의 한국어학과 학생들만이 체계적인 한국어 교육과정을 밟고 있다고 할 수 있다. 우선 중국 대학의 한국어학과에 개설된 한국어 교육과정을 살펴보면, '통합한국어', '한국어회화', '한국어듣기', '한국어쓰기','한국어문법' 등 전공과목의 형태로 다양하게 존재한다. 일반적으로 쓰기 과목은 3, 4학년 학생을 대상으로 주당 2시간 정도 개설되지만, 1, 2학년 학생을 대상으로 개설하는 경우도 있다.262). 북경 지역의 한국어학과에 개설된 쓰기 과목은 다음

---

261) 구체적으로 살펴보면 다음과 같다. 첫째, 내용 및 과제 수행은 요구된 내용을 적절하게 포괄하며, 과제를 적절히 수행했는가에 있다. 둘째, 글의 전개 구조의 경우 적절한 문단 구조를 이용하고 담화 장치를 적절하게 사용하여 응집성 있게 구성했는가가 관건이다. 셋째, 언어 사용은 어휘·문법을 적절하고 정확하며 유창하게 사용했는가, 그리고 맞춤법에 맞게 표기했는가에 있다. 넷째, 사회언어학적 격식은 작문의 장르적 특성 등에 맞춰 격식(register)의 사용이 적절한가다. 한편, 이수미(2010)에서는 자기표현적 쓰기 교육의 목표를 '과제'와 '장르 지식'으로 구분한 다음, '장르 지식'을 격식·문법·어휘·내용·조직으로 세분화한다. 이수미(2010)의 세분화된 '장르 지식'은 한국어능력시험 쓰기 영역의 작문 평가 내용과 기본적으로 일치한다.

<표 7-1>과 같다.

<표 7-1> 북경 지역 각 대학의 한국어 쓰기 과목 개설 현황

	학교 명칭		개설 학기	과목 명칭	시수	교재
1	북경대학		3학년2학기	应用文写作	2/주	별도 자료
2	북경외국어대학		2학년2학기~ 3학년2학기	韩国语写作	2/주	<외국인을 위한 글쓰기>(한양대)
3	북경어언대학	일반 과정	3학년2학기	高级写作	4/주	<大学韩国语读写教程>(이화여대)
		2+2 과정	1학년2학기	韩国语写作	2/주	별도 자료
4	대외경제무역대학		4학년1학기	韩国语写作	2/주	별도 자료
5	북경제2외국어대학		1학년2학기	韩国语基础写作	2/주	별도 자료
			3학년2학기	韩国语高级写作	2/주	별도 자료
6	중앙민족대학		2학년1,2학기	韩国语写作	2/주	별도 자료
			3학년1,2학기	论文写作	2/주	별도 자료
7	중앙전매대학		4학년1학기	朝鲜语写作	2/주	별도 자료
8	북경공업대학		2학년1,2학기	韩国语写作	2/주	별도 자료

현장 교사의 교육적 관점은 크게 언어 구조적 관점(focus on language strucures)과 글의 기능적 관점(focus on text function)으로 나뉜다. 전자는 구조주의와 행동주의를 바탕으로 쓰기가 문법의 연장선상에 있다고 보고 쓰기 텍스트라는 결과물에 초점을 둔다. 주로 어휘·문법 등 언어 형식에 일차적인 관심을 갖는다. 구체적인 지도법으로는 통제 작문(내용과 언어 측면에서 모두 통제), 유도 작문(내용만 통제), 그리고 자유 작문(둘 다 통제 않음) 등이 사용된다. 이것은 어휘, 문법, 철자법 등 문장 차원을 강조하는 정확성 중심의 지도법으로 '너무 기계적이다' 또는 '내용을 전개하고 일관성 있게 글을 구성하는 능력을 키우지 못한다.' 등의 비판을 받고 있다. 하지만 쓰기를 통한 학생들의 언어 능력 향상을 중시하기 때문에, 초급 학습자를 대상으로 한 쓰기 수업에서 많이 사용된다.

---

262) 북경어언대학이 이 경우에 속한다.

글의 기능적 관점은 의미를 강조하면서 쓰기의 의사소통적인 기능에 주목한다.263) 이로부터 단락 문형 중심 접근법과 문법·구문·구성 중심 접근법 등을 제시한다. 단락 문형 중심 접근법은 언어적 표현보다 글의 구성에 초점을 두고 문장 단위보다 단락 단위로 쓰기지도를 진행한다.264) 구체적으로 "모범적인 텍스트를 모방하거나 활용하여 글의 구성을 익히기 또는 분석하기, 문장을 올바르게 배열하기(unscramble sentences), 주제에서 벗어난(irrelevant) 문장 찾기, 주제문 선택하기 등을 통한 쓰기 연습이 주로 이루어진다." "통제·자유 작문 접근법은 문법적 요소를, 자유 작문 접근법은 글의 내용을, 단락 문형 중심 접근법은 글의 구성을 각각 강조하고 있는데, 쓰기 구성 요인 중 한 가지 능력만이 우수하다고 해서 전반적인 쓰기 능력이 향상되는 것이 아니라고 보면서 문법, 구문, 구성 모두를 고려해야 한다는 쓰기 지도 방법이 나왔다. 이를 문법·구문·구성 중심 접근법이라고 한다. 이 방법은 글의 구성에 주의를 기울이면서 동시에 적절한 문법과 구문을 선택하여 작문하도록 지도하는 방법이다. 학습자들이 쓰고자 하는 내용, 목적과 작문에 필요한 형식을 연결시키는 활동을 통해 쓰기 능력을 향상시키고자 하는 지도법이다(Taylor, 1976)."(최연희 편저, 2010: 35) 이러한 기능 중심 방법은 현재 중국 교육 현장에서 점차 확대되는 추세이다. 이 것은 또한 한국에서 출판된 기능 중심 쓰기 교재가 중국 교육 시장에 진출한 것과 무관치 않다.

중국어권 한국어 학습자가 사용할 수 있는 쓰기 교재는 크게 한국과 중국에서 각각 편찬된 교재로 구분할 수 있다. 한국에서 편찬된 교재 가운

---

263) 예를 들어, 학습자들이 다양한 필자들의 쓰기 양식을 보게 되면 어떤 글이 응집성이 있고, 목적이 뚜렷한지 깨닫게 된다(Hyland, 2003). Connor(1987)는 이처럼 학습자들이 글 안에서 정보가 어떻게 구성되는지 깨닫게 되고 주제나 부차적인 논제를 골라내는 연습을 하게 되면, 쓰기의 초점이 분명해지고 주제의 구성도 효과적으로 바뀌게 된다고 한다.(최연희 편저, 2010: 31)
264) 이러한 단락 중심 접근법은 앞서 언급한 Kaplan(1966)의 언어별 작문 구성 형태에 관한 연구와 관련된다.

데 일부 교재는 중국어로 번역돼 중국어판의 형식으로 한국과 중국에서 각각 출판된 경우도 있다. 예를 들어, 국립국어원에서 편찬한 <초급한국어쓰기>의 경우, 영어판과 중국어판은 한국에서 2006년과 2008년에 각각 출판된다. 그리고 이정희 외(2007a)와 이정희 외(2007b)를 한권으로 묶은 <韓國語寫作教程>은 2009년 중국 외연사[外語教學與硏究出版社]에서 발간되었다. 또한 이화여자대학교 언어교육원에서 2008년에 편찬한 <대학한국어(1·2 읽기·쓰기)>도 2010년 중국 외연사에서 출판되었다.

한국에서 편찬한 교재의 공통적인 특징은 한국 대학(원) 과정을 준비하거나 이미 재학 중인 외국 유학생 또는 재외국민 학생들을 대상으로 한다는 점이다. 따라서 내용상 기본적으로 대학(원)생의 학문 활동과 일상생활에 요구되는 글쓰기에 초점을 맞춘다. 따라서 대부분 내용중심·장르중심·과정중심적인 글쓰기 교수법에 기초한 교재라고 할 수 있다. 구체적인 내용을 살펴보면, 대개 한국어 쓰기의 기본 지식과 대학 글쓰기에서 많이 접하는 글의 장르, 그리고 이를 구현하는 과정 및 기법 등으로 구성된다.

기본 지식 부분은 한양대학교 국어교육위원회 편(2009), 김성수 외(2013) 등 교재에서 보이듯 주로 맞춤법·표준어규정·어휘·문법·문장성분의 호응 등 문장 차원의 내용과 단락쓰기·글의 전개 방식 등 텍스트 차원의 내용으로 구성되어 있다. 특히 이정희 외(2007a), 김성수 외(2013) 등 교재에서는 지시어·접속어 등 텍스트 응결장치의 사용에 관한 지식과 과제를, 양적으로는 부족한 편이지만 다루고 있다는 점이 특징적이다. 왜냐하면 이러한 텍스트문법 지식은 제2언어 학습자가 응집성이 있는 텍스트를 생산하는데 가장 기본적이고 필수적인 지식에 해당하기 때문이다.

그리고 장르별로 살펴보면 일반적인 장르로는 설명문 쓰기, 논설문 쓰기 등이 포함되는데, 학문 활동에 초점을 맞춘 학술적인 글쓰기가 대부분 교재에서 공통적 내용으로 제시된다. 예를 들어 한국외국어대학교 한국어

교육과(2007)[265])에서 개발한 교재의 경우, 전체 교재 분량에서 논문작성법이 절반을 차지하고 있다. 또한 경희대학교 후마니타스 칼리지 외국인을 위한 글쓰기 교재편찬 위원회(2013)의 교재에서는 학문목적 글쓰기에 필요한 비판적이고 창조적인 사고 능력을 키우기 위해 "요약하기, 비평하기, 분석하기, 종합하기"라는 4가지 유형의 글쓰기 활동을 중점적으로 다룬다.

이와 함께 중국에서 편찬된 교재들을 살펴보면, 쓰기 기본 지식 및 장르별 쓰기 등으로 구성된 일반적 글쓰기 교재들도 있지만 비즈니스 글쓰기를 강조한 교재들이 눈에 띈다. 이것은 중국 대학의 많은 한국어학과 학생들이 졸업 후 중국 내 한국 회사에 취업하거나 중국 회사(또는 기관)에서 한국 관련 업무에 종사하기 때문으로 추정된다. 예를 들어 <韓國語應用文寫作>(金玉子, 2004), <實用韓國語寫作教程>(張光軍 외, 2011) 등도 대부분 업무 편지·이력서·추천서·계약서·업무 서류 등 비즈니스 글쓰기 내용을 중점적으로 다룬다.[266])

중국어권 학습자에게 사용 가능한 한국어 쓰기 교재에 관해서는 크게 3가지 문제점을 지적할 수 있다. 첫째, 이정희 외(2007) 등의 한국 교재에서는 텍스트의 응집성에 기여하는 지시어·접속어 등 응결장치 관련 내용을 다루고 있지만, 텍스트 문법 지식을 전반적이고 체계적으로 제시하지 못한 채 개별적 항목만을 언급할 뿐이다. 둘째, 김성수 외(2013)에서는 '서술문 쓰기의 실제'라는 부분에서 시제 문제를 다루고 있지만 문장 차원에 국한된 문법 항목만을 제시하고 있다. 물론 이것은 기존의 쓰기 교재들이 시제 문제 자체를 언급하지 않았던 것과 비교하면 크게 나아진 것이지만,

---

265) 이 교재는 교양 글쓰기 과목의 교재지만 사이버 강의에 맞춘 교재로 개발되었다는 점이 다른 교재와 차별화되는 부분이다.

266) 앞에서 언급했듯이 중국 대학의 한국어학과에서는 대부분 3,4학년 학생들의 교과과정에 쓰기 과목을 개설하고 있다. 반면, 일부 대학에서는 '초급한국어쓰기'라는 과목이 1,2학년 과정에서 개설되어 있는데, 이를 위한 '初級韓國語寫作教程(齊曉峰 외, 2008)', '初級韓國語寫作教程(金東勳 외, 2012)', '韓國語寫作教程(初級)(金菊花 외, 2012)' 등의 초급 쓰기 교재도 개발되어 있다.

여전히 과거 사건의 서술 과정에서 제기되는 시제 연속성, 서술관점에 따른 시제의 전환 등 텍스트 차원의 시제 문제들은 다루지 못하고 있다. 셋째, 한국에서 편찬된 교재 대부분이 다(多)언어권 학습자를 대상으로 하고 있다. 이 교재들은 해외에서 출판되거나 한국 국내에서 여러 언어로 번역·출판되기도 한다. 그럼에도 불구하고 그것은 다언어권 학습자를 위한 교재의 번역본에 불과하며, 특정 언어권 학습자에게서 제기되는 문제들을 해결하기 위한 교재는 분명 아닌 것이다.

중국에서 편찬한 교재, 예를 들어 <韓國語寫作基礎與實踐>(金龍 외, 2011)의 경우를 살펴보면 중국어권 학습자의 학습상의 문제점을 제시하고 그것의 극복 방안을 모색한다는 점에서 주목할 만하다. 그러나 이것도 어휘, 문법, 문장 성분의 조응 등 문장 내부의 차원에 국한된 논의를 진행할 뿐이다.[267] 따라서 중국어권 학습자의 텍스트 생산 과정에서 발생하는 문제들에 초점을 맞춰, 그 원인을 규명하고 해결 방안을 제시하는 이른바 '학습자의 모국어 영향 관계를 고려한 교육 내용'은 여전히 부재하다고 할수 있다.

2. 쓰기 교육 내용의 구성

한국어 교육에서 외국인 한국어 학습자를 언어권별로 구분해야 하는 이유는, 다국적 학습자 집단을 전제로 한 '한국어 교육 일반'이 아니라 학습자의 언어적·문화적 배경을 고려하는 언어권별 교육과 직접적으로 관련된다. 이것은 곧 기존의 교육 내용 이외에, 언어권별 학습자를 위한 차

---

[267] 金龍 외(2011)에서 단락 조직 등 텍스트 차원의 내용도 언급되고 있지만 그것은 양적으로 10쪽(과제를 포함된) 정도에 불과하다. 그나마 중국 학생에게 나타나는 단락 조직의 문제보다도 어휘, 문법, 문장 성분의 호응만을 다루고 있다.

별화된 교육 내용이 추가되어야 한다는 사실을 알려준다. 어쩌면 제2언어 학습자의 쓰기에서 관건 중 하나는 목표어 지식 부족이나 표면적인 실수가 아니라 학습자가 지닌 '좋은 글쓰기(good writing)'에 대한 개념이 다를 수 있다는 점이다. 즉 제2언어 학습자들은 근본적으로 다른 시각에서 한국어 텍스트를 생산하고 있다는 점이 간과되어서는 안 된다. 이러한 개념적 차이가 분명히 존재한다면 그것은 불가피하게 학습자의 모국어와 관련될 수밖에 없다.

3,4장과 5,6장에서 논의된 학습자 텍스트의 특징적 양상과 모국어 영향 관계는 이러한 문제의식의 배경을 이룬다. 그렇기 때문에 바로 그 지점에서 언어권별 한국어 교육의 핵심인 중국어권 학습자를 위한 차별화된 교육 내용이 마련된다는 역설이 가능하다. 그것은 문제가 발생한 지점에서 그 문제의 해답을 찾고자 하는 시도다. 여기서는 3,4장과 5,6장의 논의를 바탕으로 중국어권 학습자를 위한 쓰기 교육의 실질적 내용을 구성해보고자 한다.

2.1. 모국어 영향 관계의 유형

쓰기 능력 평가에서는 '내용, 조직, 문법, 어휘, 표기'라는 범주가 필요한데 이는 Jacobs(1981)에 의해서 처음 도입되었다.(진대연, 2006: 79) 내용 범주에 포함되는 박식성(knowledgeable), 실재성(substantive), 화제 관련성 등은 인간의 인지와 관련되기 때문에 그것은 모국어와 목표어 쓰기의 지식과 능력이라는 측면에서 공통된다. 본문의 3,4장에서 어휘와 문법, 그리고 5,6장에서 조직과 표현을 중점적으로 다룬 이유는 Jacobs(1981)에서 제시된 쓰기 능력 평가 범주 가운데 '내용' 범주는 언어권별 쓰기 교육 내용의 핵심에 속하지 않는다고 보기 때문이다. 우선 3,4장에서 언급한 중국어권 학습자 텍스트의 응결장치 사용 양상은 다음의 <표 7-2>와 같다.

<표 7-2> 중국어권 학습자 텍스트의 특징적인 양상: 텍스트 응결장치

중고급 중국어권 학습자 텍스트의 특징적 양상			
텍스트 응결 장치	지시사	이〔/그〕식 혼용의 고빈도 출현(단락 간/단락 내)	①
		문장 내 '그〔/이〕렇게'식 혼용	②
		'그렇게'의 연속 사용	③
		지시사의 위치: 지시사, 수식어 위치 전도	④
		수식어 앞에 지시사 추가 사용	⑤
		수사적 효과를 지닌 지시사의 누락	⑥
	대용	사물 지칭 사물의 대용어로서 '그'의 오용(→ '그+명사'/'그것')	⑦
		장소 지칭 추상적 개념의 대용어로서 장소 대용어의 오용	⑧
		장소표시 대명사와 '지시사+곳'형식의 혼용	⑨
		인물 지칭 웃어른의 대용어로 '그'의 오용(→ 지칭어)	⑩
	어휘 반복	인물 지칭 웃어른의 조응어로서 '지칭어'와 '지시사+지칭어'의 혼용	⑪
		사물 지칭 외적 서술모형에서 '그+어휘반복'을 사용해야 할 곳에 '그'를 누락	⑫
	재귀 조응	'자기'의 과잉 사용 1·2인칭 대명사, 존칭/겸칭, '자신', '자기자신'의 의무 맥락에서 '자기' 사용	⑬
		복수접미사 '들'의 미사용	⑭
	생략	주어 생략의 오용	⑮
		소속 관계 대명사 생략의 오용	⑯
		행동 대상 생략의 오용	⑰
	논리적 연접	접속어 혼용	⑱
		접속어의 부재(논리적 순서의 배열)	⑲
	시간접 연접	연접표현의 혼용	⑳
		어순 등 기타 문제	㉑
	시제 연속성	'-었-'의 누락: -'이다/아니다', 중국어 형용사·조동사·심리인지 동사에 상당하는 표현 -과거 사건의 서사에서 ①자주 반복되는 상황, ②진행 중인 행위, ③실현되지 않은 동작이나 존재하지 않음	㉒
		서술관점 전환에 따른 시제 문제	㉓

그리고 중국어권 학습자 텍스트에 나타난 조직 및 표현 관련 양상은 다음 <표 7-3>과 같다.

<표 7-3> 중국어권 학습자 텍스트의 특징적인 양상: 조직과 표현

조직	주제 전개	병렬식 구성	㉔
	단락 조직	한 문장단락: 이어지는 문장(단락)·강조 문장(단락)	㉕
		단락 개념 부족에 의한 유사비표준 현상	㉖
	단락 내부의 구성	짧은 문장의 연속 배열	㉗
		복합문의 주어·동사 불일치절	㉘
표현	마무리 방식	권계(劝诫)식 마무리	㉙
		개인의 결심(다짐)·희망	㉚
		한 문장/배비구	㉛
		의문문식 마무리	㉜
	수사적 표현	경전 어구·고사 인용	㉝
		은유법, 설문법, 배비구 등	㉞

<표 7-3>은 한국어와 중국어에 반영되어 있는 인지 구조의 차이에 근거한 텍스트 구조의 차이를 보여 준다. 따라서 이것을 두 언어 간 텍스트 구조 원리의 이질적 측면으로 단순하게 파악하기 보다는, 텍스트 생산자의 인지 구조에 대한 이해로 확대시킬 필요가 있다. 여기서 제2언어 학습자가 모국어에서 획득한 개념과 개념화 모형과, 새로운 개념과 개념화 모형이 기존의 개념과 맺게 되는 다양한 영향 관계로 인해, 제2언어를 이해하고 산출하는 데 영향을 받는다는 개념적 전이 접근의 필요성이 제기된다.

앞서 언급되었듯이 개념적 전이는 주로 언어 간 개념 저장 모형의 차이 또는 개념 조직 모형의 차이에서 발생한다. 전자는 순수 개념적 전이라고도 하는데 주로 학습자의 장기 기억과 관련되며, 후자는 개념화 전이라고도 하고 실시간 언어 처리 과정에서 개념을 선택·조직하는 작업 기억과 연관되어 있다. 순수 개념적 전이는 모국어와 목표어의 개념 내용상 범주 구분과 내부 요소 관계의 불일치로 인해 발생한 것으로 대부분 어휘적 혼

동은 여기에 기인한다. 한편, 개념 조직 모형의 차이는 실시간 언어 처리 과정에서 사건을 상이하게 관찰하는 경향이 개념 선택과 조직 형식을 각기 다르게 구성한다는 것이다. 중국어권 학습자들이 '정보 전달'이 아니라 '화제 연속'이라는 근거로 지시사를 선택한다는 것은 바로 모국어 사용자와 상이한 언어 선택 경향의 전형적인 사례이다. 이처럼 ①-㉞ 양상을 언어 간 영향의 유형에 따라 다음 <표 7-4>와 같이 분류할 수 있다.

<표 7-4> 특징적인 양상의 언어 간 영향 유형

원인	특징적인 양상	언어 간 영향의 원리	기억 유형
순수 개념적 전이	대용⑦⑧⑨⑩	개념적 내용에 있어 범주 구분과 내부 구성원 관계의 불일치	장기 기억
	재귀조응⑬⑭		
	논리적 접속어의 혼용⑱		
	시간적 연접표현의 혼용⑳		
개념화 전이	지시사①②③④⑤⑥	실시간 언어 처리 과정에서 사건에 대한 다른 관찰 경향이 개념 선택과 조직 형식의 차이를 초래함	작업 기억
	어휘반복⑪⑫		
	논리적 접속어의 부재⑲		
	시간적 연접표현의 어순 등 문제㉑		
	시제㉒㉓		
	병렬식 구성㉔		
	단락 조직㉕㉖		
	단락 내부의 구성㉗㉘		
	마무리 방식㉙㉚㉛㉜		
	수사적 표현㉝㉞		

2.2. 순수 개념적 전이 관련 교육 내용

이 책의 연구에서 필자가 중국어권 학습자에게서 나타나는 대용적 조응어 사용을 조사한 결과에 따르면, 장소 지시인 경우 추상적 개념의 대용어로서 장소 대용어를 잘못 사용하는 문제와 '여기', '거기'와 같은 장소표시 대명사와 '지시사+곳' 형식의 혼용 문제가 있다. 이것은 한·중 두 언어(개념) 간의 복잡한 대응 관계에서 원인을 찾을 수 있다. 그리고 사물의 대용어로서 '그+명사'/'그것'를 사용해야 하는 경우에 인물 지칭에만 사용되는 '그'를 사용했다는 현상이 흔하다. 이것은 한·중 3인칭 대명사 체계에서 인칭 지시와 사물 지시를 담당하는 각 구성원 간의 형태·개념적 비대칭 관계에 기인한다.

또한 인칭 지칭인 경우, 한국어에서 친족 관계의 손윗 사람을 지칭할 때는 3인칭 대명사가 아닌 그 명칭이 직접 사용된다. 즉, 한국어에서는 일반적으로 높여야 할 친족 관계의 어른에게는 일반적으로 대명사를 사용하지 않고 지칭어로 조응시킨다. 여기에서는 '사장님'·'선생님' 등 사회적 관계로서 손윗사람의 경우도 포함된다. 하지만 높여야 할 웃어른에게 의도적으로 대명사를 조응시키는 경우가 있다. 예를 들어 글쓴이(서술자)가 아버지의 행위에 동의하지 않거나 아버지와 비교적 먼 심리 거리를 표현하고자 할 때, 글쓴이는 3인칭 대명사 '그분'을 의도적으로 선택한다. 다시 말해서 조응어로서 지칭어의 선택 여부는 지칭 대상이 글쓴이의 웃어른인지에 따라 결정되는 것이 아니라, 주로 글쓴이와 지칭 대상의 심리 거리에 의해 결정된다. 중국어권 학습자의 한국어 텍스트에서는 이 부분에서도 종종 문제가 생긴다. 웃어른의 대용어로 지칭어 또는 3인칭 대명사 '그분'을 사용해야 되는 곳에 '그'로 오용했다는 문제가 생기기도 하는 것이다.

이처럼 글쓴이와 지칭 대상의 심리 거리에 의해 '지칭어' 또는 3인칭 대명사 '그분'을 선택하는 것은 개념 조직 문제이다. 하지만 중국어권 학습자들이 웃어른의 대용어로 지칭어 또는 3인칭 대명사 '그분'을 사용해야 되는 곳에 '그'로 오용하는 것은 중국어 3인칭 대명사 '他(성별 구분 없음)'와 她(여성)를 '그'로 대응시키기 때문이다. 이것은 사물의 대용어로서 '그+명사'/'그것'를 사용해야 하는 경우에 '그'를 사용했다는 현상과 같은 맥락이라고 할 수 있다. 이처럼 중국어권 학습자에게 빈번하게 발생하는

'그'의 과잉 사용은 기존 교육 내용의 문제점을 드러낸다. 다시 말해서, 한국어 지식에 대한 교사의 잘못된 중국어 지식의 선택, 그것에 대한 한국어 교재의 불명료 또는 불충분한 설명이 그 원인에 해당한다. 앞서 언급되던 북경 지역 대학교 한국어학과에서 주교재로 가장 널리 사용하고 있는 <한국어>(북경대)가 대표적인 사례에 속한다. 1권 14과의 어휘 목록을 보면, '그(대명사)'에 '他 ; 她 ; 它'로 번역 · 대응시키고 있다. 이러한 상황은 한국어 초급 과정에서부터 학습자들에게 '그'를 '他 ; 她 ; 它'로 대응시키게 한다. 따라서 한 · 중 대명사 체계에서 인칭 지시, 사물 지시, 그리고 장소지시를 담당하는 각 구성원 간의 형태 · 개념적 비대칭 관계를 기초한 새로운 교육 내용의 구축이 필요하다.

또한 중국어권 학습자 텍스트의 재귀적 조응어를 살펴보면 '자기'의 사용빈도가 '자신'의 그것보다 3배 가까이 높았다. 이것은 한국어 모어 화자가 '자기'와 '자신' 두 가지를 비슷한 빈도로 사용하거나 '자신'을 '자기'보다 더 많이 사용한다는 말뭉치 통계 결과와 크게 다른 결과다. 여기에서 한국어 텍스트와 구분되는 중국어권 학습자의 '자기'의 과잉 사용 문제가 대두된다. 다음 사례 4-48에서는 선행사가 1인칭 대명사의 복수형 '우리'이기 때문에 '자기'를 사용하면 안 된다.

사례 4-48 산동대학위해분교 4학년 우**
…… 우리는 이 세상에서 살고 있는 한 사람이다. 우리는 작은 일부터, *자기의[√Ø/자신의] 책임부터 양심 갖고 진지하게 대하거나 처리했으면 좋다. 이걸로만 우리는 행복한 사람이 될 수 있길 믿기 때문이다. ……

여기에서 '자신'이 '자기'를 대체할 수 있는 이유는 '자기'가 1 · 2인칭 선행사를 되받아 가리킬 수 없다는 특징[268]에 비해, '자신'은 1 · 2 · 3인

---

268) 선행사가 2인칭인 경우도 선행사가 1인칭의 경우와 마찬가지로 '자기'의 사용에 제약이 있지만, 이 책의 연구 자료에서는 해당 오용의 용례를 추출하지 못했다. 그

칭 선행사를 모두 지시할 수 있기 때문이다(程壽鳳, 2007: 23). 이 경우는 학습 필자의 목표어 지식 부족이 문제일 수 있다. 하지만 본 연구에서 북경어언대학 한국어학과 학생들을 대상으로 인터뷰한 결과에 따르면, 일부 학생은 한국어 재귀대명사의 존칭·겸칭적 차이를 알고 있으면서도 사례 "할아버지는 <u>자기가</u> 심장병이 나서 병원에 보내 주라고 말했다."에서의 오용을 발견하지 못했다. 이를 보면 목표어 지식 부족과 모국어 영향 관계가 서로 밀접하게 얽혀있다고 할 수 있다. 즉, 중국어권 학습자가 한국어 재귀사 '자기'의 사용 과정에는 중국어 재귀사 '自己[자기]'의 영향이 깊이 개입되기 때문에 위 사례 4-48처럼 고급 과정에 해당하는 4학년 필자들에게 '자기'의 과잉 사용 문제가 발생한 것이다.

앞서 3장 요약 부분에서 언급했듯이 한국인 모어 화자의 장기 기억에는 의미적인 차이를 갖는 '자기', '자신', '자기자신' 그리고 존비의 구별을 나타내는 재귀사 '당신'과 '저' 등의 여러 재귀표현이 저장되어 있다. 그러나 이러한 한국어 재귀표현의 개념 체계와 다르게 중국어의 그것에는 재귀표현 '自己[자기]' 하나만이 존재한다. 이와 같은 불일치 관계에 한·중 재귀표현의 복수 개념적 차이까지 고려하면 한·중 언어(개념) 간 관계는 '1 : 다' 대응 관계로 확장된다. 다시 말해서 한국어 재귀표현 '자기(들)', '자신(들)', '자기자신(들)', '당신(들)', '저'와 중국어 재귀표현 '自己[자기]' 간에 존재하는 비대칭 관계가 그것이다.

그러나 기존의 교재는 한국어 재귀표현의 인칭적 제약, 존칭·겸칭적 차이, 재귀사 간의 변별적 의미 등에 대한 문법적 설명이 부족할 뿐만 아니라 "자기(대명사)自己; 자신(명사)自身, 自己" 식으로 간단하게 대응시키는 설명 방식을 채택하고 있다. 이 문제를 근본적으로 해결하기 위한 교육 내용의 핵심은 차이를 중심으로 선행사의 인칭, 존칭·겸칭, 복수 개념을

이유의 하나로 추정해 볼 수 있는 것이 바로 본 연구 자료가 구어가 아닌 문어 자료라는 사실에 있다.

포괄하는 한·중 재귀조응의 개념 간 관계를 설정하는 것이다.

　제2언어 학습자의 개념 시스템은 모국어 개념·제2언어 개념·공유된 개념을 포함한 복합적 시스템이자 언어의 사회화 과정을 통해 지속적으로 재구성된다. 수많은 전이 현상은 개념적 내용 또는 구조의 언어 간 차이에서 비롯된다. 예를 들어 제2언어 어휘의 의미는 흔히 확장되거나 축소되는 양상을 보이는데, 이는 모국어 개념이 모국어 어휘를 거쳐 그것에 부분적으로 상응하는 제2언어 어휘로 투사되기 때문이다. 또한 제2언어 학습 과정에서 획득된 새로운 개념이 기존 모국어의 개념적 구조를 재조직할 뿐만 아니라 학습자가 사건을 범주화하거나 사건에 관심을 갖는 경향을 변화시킨다. 이로부터 학습자의 모국어 사용에 역방향의 영향 관계가 성립된다. (徐慶利·蔡金亭·劉振前, 2013: 104-105) 이 책에서 제시하는 순수 개념적 전이 관련 교육 내용은 해당 한국어 개념의 정립뿐만 아니라 중국어를 운용한 한·중 개념 간의 관계 설정을 포함한다. 물론 실제 두 가지 언어 사이에서 완전히 상응하는 어휘는 대단히 적기 때문에 한·중 개념 간의 관계는 대부분 비대칭적 관계라고 할 수 있다. 3장 2절에서 논의되던 논리적 접속어의 혼용과 시간적 연접표현의 혼용은 바로 이와 같은 어휘적 비대칭 관계에 기인한다.[269] 앞서 설명한 '그런데'와 '하지만', '그러나', '그런데도' 혼용 이외에는 다음과 같이 그런데[√그러다가] 유형의 오용도 존재한다.

　　사례 4-11 대외경제무역대학 3학년 왕**
　　양심
　　…… 어릴 때 나는 엄마를 속상하게 할 때마다 '너 정말 양심이 없는 애야' 이런 꾸중을 항상 듣게 되었다. 이말은 좋은 말이 아니라는 것을 알지만

---

269) 텍스트의 연접성분은 그 자체로는 명확한 함의를 가진 어휘이다. 이러한 연결적 어휘를 통해 "사람들은 문장 간의 의미관계를 이해할 수 있고 심지어 앞문장에 의해 논리적으로 뒷문장의 의미를 예견할 수 있다.(胡壯麟, 1994: 92)

도대체 무슨 의미를 뜻하는지 아무리 생각해도 이해하지 못했다. <u>그런데[✓/ 그러다가]</u> 고등학교 3학년 때 나는 양심이 무엇인지 절감하게 느껴졌다. ……

사례 4-11는 학습필자의 목표어 지식부족 때문에 '그러다가'의 용법을 이해하지 못했을 가능성이 있지만, 모국어의 영향일 가능성도 존재한다. 위 사례 밑줄 친 부분의 내용을 중국어로 유추·해석하는 경우에, '그러다가'와 온전히 상응하는 중국어 접속어는 따로 없기 때문에 대립관계를 나타내는 '但是'를 사용했을 가능성이 크다. 앞에서 언급되듯이 중국어의 대립관계 접속어 '但是'는 한국어 '그런데'와 대응하기도 하므로 글쓴이는 모국어의 영향을 받아 '그런데'를 사용했을 가능성이 있다. 한편 쓰기 과제가 아니라 문법 판단 테스트 과제에서라면, '그런데'와 '그러다가' 중에서 고급 학습자가 '그러다가'를 선택했을 가능성이 크다. 즉, 제2언어 학습자에게 흔히 존재하는 문제는 목표어 지식을 알고 있으면서도 구체적 맥락에서의 언어 운용에 실패한다는 것이다. 왕효성(2012ㄱ, 2012ㄴ)과 국내외 몇몇 대조수사학 연구 성과들은 제2언어 학습자의 작문 과정에서 특히 내용구성 측면에서 외국어 사유에 기인하는 것이 아니라 많은 경우 모국어 사유가 원인임을 밝혔다. 바꿔 말하면, 학생은 제2언어 작문을 할 때 사실 어떨 때는 자신도 모르는 사이에 모국어를 번역하는데, 어느 때는 한 단어로, 어느 때는 한 문장이나 한 단락으로 표현한다. 한 단어로 표현할 때는 대부분 순수 개념적 전이 즉, 어휘와 덩어리 표현이라는 측면에서 학습자의 장기 기억과 관련되지만 한 문장 혹은 한 단락으로 표현할 때는 대부분 개념화전이 즉, 실시간 언어 처리 과정에서 개념 조직 모형의 차이와 관련된다. 순수 개념적 전이 관련 교육 내용을 정리하면 다음 <표 7-5>와 같다.

범주	양상	교육 내용
대용조응	⑦⑧ ⑨⑩	한·중 대명사 체계에서 인칭 지시, 사물 지시, 그리고 장소지시를 담당하는 각 구성원 간의 형태·개념적 관계 설정
재귀조응	⑬⑭	차이를 중심으로 선행사의 인칭, 존칭·겸칭, 복수 개념을 포괄하는 한·중 재귀조응의 개념 간 관계 설정
연접	⑱	한·중 논리적 접속어의 관계 설정
	⑳	한·중 시간적 연접표현의 관계 설정

2.3. 개념화 전이 관련 교육 내용

2.3.1. 문법 범주 관련 내용

개념적 전이 연구 모형은 어휘와 대상물 간 투사관계를 중시하면서도 구체적 맥락에서의 언어 운용에 관심을 가져야 한다고 주장한다. 여기서 Slobin의 실시간 사유 가설(卽時思維假設, thinking-for-speaking hypothesis)을 언급할 필요가 있다. 이 가설은 사유를 실시간 담화 결정 과정으로 간주하고, 제2언어 습득 연구에서의 모국어 전이를 언어상대론이라는 틀 내부에 위치시켜, 모국어 인지 모형이 제2언어 사용 과정에 영향을 끼치는지, 끼친다면 어떻게 끼치는지에 대한 근거를 제공하고 있다. 실시간 사유 가설과 개념적 전이 가설은 밀접한 관계를 맺고 있으면서도 차이가 있다. 전자는 각기 다른 모국어를 사용하는 화자가 언어 처리 과정에서 사건에 대한 다른 관찰 경향이 개념 선택과 조직 형식의 차이를 초래함에 초점을 둔다. 반면 후자의 관심은 이러한 차이에 의해 발생한 모국어 사용자와 상이한 제2언어 학습자의 언어(개념)의 선택 및 조직 경향에 있다. 이어서 중국어권 학습자 텍스트에 나타난 특징적인 양상을 살펴보면서 개념화전이 관련 교육 내용을 검토하고자 한다.

이 책에서는 백일장 자료를 대상으로 지시사 사용, 즉 '이·그·저'가 독자적으로 또는 다른 어사(語辭)와 결합해 단어를 구성하거나 하나의 표현으로 쓰인 경우를 검토한다. 한국어 지시사 '저'는 기본적으로 텍스트 조응에 사용되지 않기 때문에 '이'와 '그'의 선택 문제는 텍스트의 지시사 사용의 핵심에 해당한다. 조사 결과를 살펴보면, 먼저 중국어권 학습자의 한국어 텍스트에서 지시사 사용의 가장 뚜렷한 특징은 '그'를 사용해야 할 곳에 '이'를 사용했다는 점이다. 이 경우는 그 반대의 경우보다 5.3배 정도 높게 나타났다. 이러한 양상의 기저에는 한국어 텍스트의 경우 지시사 '그'가 지시사 '이'보다 많이 사용되고, 중국어 텍스트의 경우 근거리 지시사 '這[이]'가 원거리 지시사 '那[그·저]'보다 많이 사용된다는 사실이다. 하지만 보다 더 중요한 이유는 한국어 텍스트와 중국어 텍스트에서 선호하는 지시사 선택의 근거가 상이하다는 점에 있다. 다시 말해서 한국어 텍스트는 주로 '정보 전달'의 차원에서 지시사를 선택하며, 정보 전달의 경로는 필자(화자)와 독자(청자) 영역으로 나뉜다. 정보가 화자 영역에 있을 때 '이'가 사용되며, 그 정보가 청자 영역에 전달된 이후에는 '그'를 사용한다. 그렇지만 유형론적으로 화제 중심 언어에 속하는 중국어 텍스트에서는 '화제 연속'이 지시사 선택의 주요 근거가 된다. 이처럼 중국어권 학습자가 한국어 텍스트에서 적절한 지시사를 선택하기 위해서는 근본적 차원의 인지적 전환이 요구된다.

위와 같은 단락 간, 문장 간에 '그'를 사용해야 할 곳에 '이'를 사용했다는 현상과 다르게, 문장 내에는 '이'를 사용해야 할 곳에 '그'를 사용했다는 현상, 그리고 '그렇게'의 연속 사용, 수식어 앞에 지시사 추가 사용, 수사적 효과를 지닌 지시사의 누락 등도 중국어권 학습자 텍스트의 특징이라고 할 수 있다. 이러한 현상의 발생 원인을 추적하기 위해 중국어와 한국어를 비교·대조한 결과, 두 언어의 수사적 관습, 즉 개념 조직 모형에 차이가 존재한다는 것을 발견했다. 또 하나의 조사 결과가 지시사와 수식어의 위치 전도 문제인데, 이것은 고급 학습자에게도 자주 발생하는 문제로 형태적 측면에서는 한·중 어순의 차이에 기인한다고 할 수 있지만 개념적 측면에서는 개념화 전이로 볼 수 있다.

또한 한국어 텍스트와 중국어 텍스트에서 글쓴이와 지칭 대상 간 심리 거리는 다르게 표현된다. 여기에서 한국어 지시사 '그'가 지닌 '화자와 상대적으로 먼 거리'라는 함축적 의미가 중요한 차이를 발생시킨다. 일반적으로 텍스트에서 글쓴이와 지칭 대상 간 심리 거리에는 두 가지 경우가 있다. 하나는 텍스트 전개 과정에서 심리 거리에 변화가 생긴 경우이고, 다른 하나는 심리 거리에 변화가 발생하지 않은 경우다. 특히, 전자는 텍스트 전개 과정에서 지칭 대상과 글쓴이의 심리 거리는 변화 전과 후에 각각 일관성을 유지해야 한다. 하지만 바로 이 지점에서 중국어권 학습자는 한국어 텍스트의 요구에 부합하지 않는 양상을 쉽게 드러낸다.

그리고 중국어권 학습자 텍스트에는 외적 서술모형에서 '그+어휘반복'을 사용해야 할 곳에 '그'를 누락하는 문제가 존재한다. 이것은 한국어 텍스트와 중국어 텍스트에서 글쓴이와 지칭 대상 간 심리 거리뿐만 아니라 서술관점을 표현하는 방식도 다르다는 것과 연관된다. 한국어 지시사 '그'가 '화자와의 거리가 비교적 멀다'는 함축적 의미를 지니고 있기 때문에 '그+지칭어'는 '지칭어'보다 글쓴이와 지칭대상의 심리적 거리가 멀다는 것을 표현한다는 것은 인물 지칭뿐만 아니라 사물지칭에도 적용된다. 따라서 한국어 텍스트에서 '그+어휘반복' 형식을 사용해 조응할 때, 독자에게 주는 느낌은 글쓴이의 시점이 서술 상황 밖에 있으며 지칭대상과의 거리가 비교적 멀고 서술이 비교적 객관적이다. 반면 어휘반복(NP)만을 사용해 조응할 때, 독자에게 주는 느낌은 글쓴이의 시점이 서술 상황 내에 있으며 지칭대상과의 거리는 매우 가깝다. 즉, 한국어는 어휘반복(NP)에 지시사 '그'의 첨가 여부가 서술관점의 차이를 나타낼 수 있는 반면, 중국어는 내적 서술모형이든 외적 서술모형이든 모두 어휘반복(NP)만으로 조응한다.

이처럼 한국어 텍스트 전개 과정에서 지시사 '그'의 사용 여부로 글쓴이와 지칭 대상 간의 심리적 거리 및 서술관점을 조정할 수 있다는 것은 중국어와 큰 차이를 보이는 부분이다. 때문에 한국어 교육 현장에서는 중국어권 학습자들로 하여금 먼저 이와 같은 한·중 개념의 선택 및 조직 방식의 차이를 인식시켜야 한다.

한편 논리적 접속어의 부재는 중국어권 학습자가 한국어 텍스트의 '쓰기'를 진행할 때, 접속 표지에 주의를 기울이지 않고 논리적 의미 맥락에 의해 글을 구성한다는 특징을 보여 준다. 이것은 한국어와 중국어 텍스트가 근본적으로 상이한 텍스트다움을 요구받는다는 점에 기인한다. 다시 말해서 담화공동체들 간 언어적 차이는 필연적으로 상이한 개념 시스템의 지배를 동반한다는 시각에서 보면, 한·중 모국어 화자가 시간적 또는 논리적 내용을 연결 또는 조직할 때 각기 다른 방식을 선호하기 때문이다. 따라서 연접 방식의 인지적 전환 즉, 중국인이 선호하는 의미 연접에서 한국인이 선호하는 형태 연접으로의 전환은 중국어권 학습자를 위한 교육 내용으로 제기될 수 있다. 또한 중국어권 학습자 텍스트에 나타난 시간적 연접표현의 어순 문제는 형식적 측면에서 SVO 형식의 중국어와 SOV 형식의 한국어의 어순 차이와 관련되지만, 개념적 측면에서 보면 한·중 개념 조직 모형 차이에 의한 개념화 전이에 기인한다. 여기서 한·중 어순 차이를 고려한 시간적 연접표현 사용도 요구된다.

또한 이 책에서는 중국어권 학습자의 시제 습득 전반이 아니라 텍스트 내부의 시제 연속성을 고찰하였다. 과거 사건의 서사에서 과거시제 표지인 '-었-'의 사용은 텍스트의 연속성 유지에 관건적 요소라고 할 수 있다. 분석 결과를 보면, 중국어권 학습자 텍스트의 시제 오용에서 '-었-'이 차지하는 비율은 86.6%에 달한다. 이 비율에는 과거 사건의 서술 과정에서 반드시 '-었-'을 사용해야 할 곳에 사용하지 않은 경우가 가장 많았다. 많은 사례들을 살펴본 결과, 중국어권 학습자의 한국어 텍스트에서 시제 연속성에 문제가 발생한 지점은 중국어 완료상 표기인 '了[료]'를 사용할 수 없는 곳과 정확히 일치하다. 다시 말해서 한국어 텍스트에서는 '-었-'을 사용해야 하는 지점이지만 중국어 텍스트에서 '了[료]'를 사용하면 안 되는 지점이기 때문에 사용하지 않은 것으로 추정된다.

이처럼 중국어권 학습자의 과거시제 어미 '-었-'의 누락도 한국어와 중국어 간 시제·상 체계의 개념적 차이와 관련된 문제다. 따라서 학습자가 동작상 중심 체계에서 시제 중심 체계로 전화하는 과정에서 언어 간 차이를 드러내는 지점들, 예를 들어 한국어의 '이다/아니다'를 사용하는 부분, [-완성성]의 성질을 갖는 중국어 형용사·조동사·심리인지 동사 등의 용언에 상당하는 한국어 표현, 그리고 과거 사건의 서술 과정에서 등장하는 자주 반복되는 상황·진행 중인 행위·실현되지 않은 동작(또는 존재하지 않음) 등에 주목할 필요가 있다.

한편 텍스트상의 '서술관점의 전환'과 '서술관점의 연속성'은 일반적 언어 현상이지만, 한국어와 중국어 텍스트에서 이것을 표현하는 방식에는 유사한 면과 상이한 면이 존재한다. 특히 서술관점에 따른 시제 교체 및 일관성 문제는 서술관점의 전환 방식에서 한국어와 중국어의 상이한 면을 드러낸다. 즉, 중국어와 다르게 한국어에서는 문법적 형태의 변화로서 '시제 교체 또는 연속성'를 통해 '서술관점의 전환'이나 '일관된 서술관점'을 표현한다. 이로부터 한국어 담화공동체의 텍스트 구성 원리에 부합하는 표현만을 보고 중국인 학습 필자의 한국어 지식을 평가하기가 어렵다는 문제가 발생한다. 앞서 제시한 예시에서 보이듯이, 중국어권 학습자가 텍스트에서 사용한 현재시제가 '의도적인 시제 교체'로 보일지라도 그것의 이면에는 중국어 영향에 의한 시제 어미의 누락일 수 있는 것이다. 따라서 중국어권 학습자에게 효과적 교육 내용은 '시제 교체 또는 연속성'를 통해, '서술관점의 전환'이나 '일관된 서술관점'을 표현하는 한국어

개념의 정립뿐만 아니라 한·중 서술관점 전환 방식의 차이를 중심으로
마련해야 한다.

이상 문법 범주에서 개념화 전이에 관한 교육 내용을 정리하면 다음
<표 7-6>과 같다.

<표 7-6> 개념화 전이 관련 교육 내용 (문법 범주)

범주	양상	교육 내용
지시사	①	지시사 선택방식의 전환: (중)화제 연속 → (한)정보 전달
	②	문장 내 지시사 관련 조직 방식의 한·중 차이 인식
	③	(중)배비구 → (한)정보 전달
	④	(중)지시사＋수식어＋중심어→ (한)수식어＋지시사＋중심어
	⑤⑥	(중)수식어 앞에 지시사 사용 →(한)의문사 앞에 지시사 사용
어휘반복	⑪⑫	텍스트 전개 과정에서 글쓴이와 지칭 대상 간의 심리적 거리 및 서술관점을 조절하는 한·중 개념 선택 및 조직 방식의 차이
연접	⑲⑳	연접 방식의 인지적 전환: (중)의미 연접 → (한)형태 연접 한(SOV)·중(SVO) 어순 차이를 고려한 시간적 연접표현 사용
시제	㉑㉒	시제·상적 개념의 전환: (중)동작상 중심 → (한)시제 중심 〔-완성성〕중국어 용언에 상당하는 표현지점 주의, 과거 사건의 ①자주 반복되는 상황, ②진행 중인 행위, ③실현되지 않은 동작이나 존재하지 않음의 지점 주의 한·중 서술관점 전환 방식의 차이를 중심으로 '시제 교체(또는 연속성)'를 통해 '서술관점의 전환'이나 '일관된 서술관점'을 표현하는 개념의 정립

하나의 언어를 학습한다는 것은 새로운 개념 시스템을 파악한다는 의
미와 동일하다. 이로부터 언어 간 개념적 내용과 조직상의 차이에 대한
교육적 의미가 부각된다. 여기서 조응어의 생략 관련 양상을 다루지 않은
이유는 중·고급 학습자가 추구하는 경제성이라는 심리 요인 때문이다.
그것은 중·고급 단계에서 발생 가능한 언어 간 차이만큼이나 큰 영향을

끼친다.

또한 주목해야 할 것은 인지에 의한 명사조응 부분이 백과사전식 지식과 깊은 관련을 맺기 때문에 기타 텍스트 응결장치와는 다른 성격을 갖는다는 점이다. 문제는 백과사전식 지식에서 어떤 양상을 가르치고, 어떻게 가르칠 수 있는가 하는 것이다. 백과사전적 지식을 명시적으로 가르치는 것은 낱말의 의미와 내포를 깊이 있게 논의하는 것을 포함한다. Nation(2001)은 이것을 풍부한 지도(rich instruction)라고 표현한다. 3장 3.2.3 소절에서 언급했던 문화적 키워드가 그 예에 해당한다. 또한 문화적 스크립트는 역사적 가치나 관념들 또는 한 나라의 정치나 종교와 관련된 문화적 가치와 관념들의 집합으로서 목표언어를 이해하는데 많은 도움을 준다. 따라서 그것은 언어 교육의 유용한 도구라고 할 수 있다.

백과사전적 지식의 연속 변인을 명시적으로 논의하는 것은 백과사전적 지식, 문화적 함축, 낱말연상 연결망, 언어 간의 관계를 부각시켜 일정 정도의 상위언어적 인식을 교실에 도입하는 데 도움을 준다(Svalberg, 2007). 사실 백과사전적 지식 연결망에 관한 언어 간 차이는 상이한 낱말의 이용을 통해 교실에서 명시적으로 논의함으로써, 지식의 깊이와 연어 인식에 관한 어휘 학습을 상당 정도 강화시킬 수 있다(Laufer & Girsai, 2008). 하지만 문화적 키워드와 문화적 스크립트는 일반화와 고정관념으로 쉽게 전환되기 때문에 신중한 사용이 요구된다.[270]

2.3.2. 조직·표현 범주 관련 내용

앞 절에서는 문장이 텍스트로 확장되면서 나타나는 지시·대용·연접·시제 등 어휘·문법적 특징을 살펴봄으로써, 오류 발생 원인을 순수 개념적 전이와 개념화 전이로 나눠 분석하고 관련 교육 내용을 논의하였

---

[270] 이상 두 단락은 Littlemore(2009; 김주식·김동환 옮김, 2012: 116-119)를 참조했다.

다. 이어서 중국어권 학습자 텍스트에 나타난 내용 조직과 표현에 관한 특징적인 양상을 정리하여 그 양상의 발생원인 및 관련 교육 내용을 검토하겠다.

우선 중국인 학습자의 한국어 텍스트에서 자주 발견되는 주제 전개의 대표적 특징은 병렬식 구성이다. 구체적으로 살펴보면 그것은 전통적 수사법에 기초한 중국어 글쓰기에 영향을 받고 있으며, 대체로 필자 자신의 의견과 반대되는 주장은 텍스트 내부에 포함시키지 않는다. 당연하겠지만 이러한 병렬식 구성은 원인 분석에 근거한 논리적 전개보다 당위적·추상적 관점만을 나열하게 되면서 결과적으로 텍스트의 설득력 부족 현상을 야기한다. 다시 말해서 텍스트에서 제시된 사례들 대부분이 개인적인 것들로 일반적 설득력을 갖추고 있지 않다.

사실 중국인 학습자가 생산한 한국어 텍스트에서 중국어 글쓰기, 특히 전통적인 수사학적 패턴이 발견되는 것은 지극히 자연스러운 현상에 속한다. 劉穎(2004: 27)에서는 이 문제를 해소하기 위해 다음과 같은 교육 방안이 제시된다. "L2 학습자의 L2 글쓰기는 사유 모형과 글쓰기 전략이라는 측면에서 L1의 영향을 크게 받는다. 따라서 글쓰기 교육에서 L2와 L1의 특징과 차이에 기초한 대조분석을 반드시 진행해야 한다. 학생들은 두 언어 간 텍스트 사유 모형의 차이, 두 언어 간 상이한 특징 및 글쓰기 전략을 이해해야만 한다. 그래야만 학생들이 L2 글쓰기의 특징과 요구에 부합하는 적당한 언어 표현으로 문장 또는 텍스트의 구성이 가능해진다." 물론 이것의 목적은 학생 자신의 생각을 정확히 표현하고, 문어적 의사소통을 충분히 달성하는 데 있다.

그리고 한국어와 중국어의 단락 개념 또한 그에 근거한 단락 나누기는 서구의 영향으로부터 형성되었다는 공통점을 보인다. 문제는 서구의 단락 개념이 한국과 중국에 수용되는 과정에서 그것에 대한 인식의 차이가 발생했다는 점이다. 이는 단락 나누기의 규칙성과 상대적 임의성 또는 자의 성으로 귀결된다. 여기에서 상대적 임의성이라고 표현한 것은 한국어와 중국어 모두 단락 개념이 존재하지만 한국어의 단락 나누기에 비해 상대적으로 중국어의 그것이 임의적이라는 의미다. 安純人(1993: 2)은 이러한 단락 나누기의 임의성은 전통문화의 영향과 문장법[章法]에 대한 연구가 아직 부족하기 때문에 발생하며, 단락 나누기 규칙은 여전히 확립되지 못했다고 평가한다. 安純人의 이와 같은 평가에서 중국어의 단락 개념은 불충분한 그 무엇으로 간주된다. 그러나 이러한 가치 판단과 무관하게 단락이 텍스트의 구조 단위로서 중국어 글쓰기에 안착되지 못한(즉 형식 단락과 의미 단락의 불일치 현상) 배경에는 고대 중국어의 영향, 즉 형식적 단락 구분을 굳이 사용하지 않아도 내용적 구분이나 이해가 가능했다는 점이 작용했다는 것은 분명해 보인다.

이러한 중국어의 임의적 단락 구분은 필자들의 개인적 습관과도 관련된다. 왜냐하면 필자가 텍스트에 따라 형식 단락을 나눌 때도 나누지 않을 때도 있기 때문이다. 이것이 텍스트에서 형식 단락의 구분을 임의적이며, 일정한 기준이 없는 것처럼 보이게 만든다. 따라서 중국어 단락은 글쓰기 상황에 따라 융통성 있게 적용된다고 할 수 있다. 이로부터 중국어에서 형식 단락은 텍스트의 구조 단위가 되지 못한다. 다시 말해서 의미 단락이 텍스트의 구조 단위일지라도 그것에 형식적 표기가 존재하지 않는다.

임의적 단락 구분이 중국어 글쓰기의 주요 특징이라면, 그것은 한국어의 텍스트 구성과 다른 차원의 사안으로 간주된다. 한국어가 기본적으로 영어라는 서구의 단락 개념과 조직 또는 전개 원리를 그대로 수용했다는 점에서, 한국어 단락과 중국어 단락은 큰 차이를 보인다. 물론 한국어와 중국어의 단락 개념이 상이하다는 것 자체가 중국의 글쓰기 수준이 한국의 그것보다 떨어진다거나 중국어 텍스트 구성 능력이 한국의 그것보다 낙후되었다고 평가할 이유는 없다. 오히려 그것은 한국어와 중국어의 좋은 글쓰기 전형, 즉 완성도 높은 텍스트의 구성적 차이만을 알려줄 뿐이다.

이러한 구성적 차이는 단락에 관한 한국인과 중국인 담화 공동체의 원형적 인지가 상이하다는 점에 기초한다. 예를 들어, 중국어권 학습자가 한국어 텍스트 '읽기'를 진행할 때, 그들에게는 중국어 단락 개념이 무의식적으로 운용·적용되고 있으며, 이로부터 한국어 텍스트의 단락에 보다 많은 주의를 기울이지 않게 된다. 중국어권 학습자의 한국어 텍스트에서 나타나는 이른바 '한 문장 한 단락'이나 한국어 단락의 인식 부족에 기인한 유사비표준 현상 등은 모두 이러한 인지적 차이와 관련이 깊다. 따라서 단지 한국어 텍스트에서 요구하는 단락 나누기 및 단락의 통일에 관한 지식 충족만으로 이 문제를 해결하기에는 많은 무리가 따른다. 즉, 지식 부족과 지식 충족이라는 단선적 이해를 벗어나 한국어 텍스트의 단락 개념에 의한 중국어 단락 개념의 재조정 또는 재정립이 요구된다. 이 과정을 통해 기존의 중국어 단락 개념은 새롭게 구성되는 한국어 단락 개념과 적절한 상호관계를 구축할 수 있다.

중국어권 학습자가 생산한 한국어 텍스트의 단락 내부 구성을 보면, 중국어 텍스트에서 허용되는 짧은 문장의 연속적 배열이 한국어 텍스트에서도 동일하게 적용된다는 특징이 있다. 앞서 언급했듯이 이러한 글쓰기 방식이 적용된 한국어 텍스트에는 응결장치인 접속표지가 쉽게 생략된다. 그리고 유형론적으로 볼 때 중국어는 화제를 중요시하는 언어이며, 한국어는 주제와 주어를 둘 다 중요시하는 언어이다. 이러한 유형론적 특징은 한국어와 중국어의 차이를 의미하기도 한다. 이런 맥락에서 중국어에서는 주제 일관식 전개 유형처럼 단순 선형식 전개 유형도 두 번째 이후의 주제부가 생략되는 경우가 많다. 반대로 해당 내용을 한국어로 번역할 때 생략된 주제부, 즉 주어를 보충할 필요가 있다. 또한 복합문에서 주어와 동사가 거리가 먼 경우의 '주어-동사 불일치' 문제는 중국어권 학습자 텍스트에서 흔히 나타나는 문제이기도 한다. 이것은 내재한 시간 순서와 논리 순서로 문장과 문장을 연결하여 연결어미와 같은 형태적 장치를 적게 사용하는 중국어 글의 특징 및 '주어-술어 구성이 아닌 화제-평언 구조'라는 중국어의 유형론적 특징과 관련이 있다.

그리고 중국어권 학습자 텍스트의 표현적 특징 중의 하나는 마무리 방식이다. 중국어권 학습자들이 글을 마무리하는 전형적 방식은 다음과 같다. 첫째, 결론의 마지막을 권계(勸誡)식으로 마무리하는 방식, 둘째, 독자와 상호작용 또는 독자에 대한 배려가 없이 필자 개인의 결심이나 다짐 또는 희망으로 마무리하는 방식, 셋째, 결론을 한 문장 또는 배비구로 표현하는 방식, 넷째, 결론의 마지막을 의문문 형태로 마무리하는 방식이다. 이러한 마무리 방식은 중국어 글쓰기에서 전혀 문제가 되지 않지만 한국어 담화공동체의 텍스트 구성 원리에 부합하지 않기 때문에 문제로 부각된다. 이러한 한국어 텍스트는 한국인 독자에게 생소함을 불러일으키는 주된 원인이 된다. 예를 들어, 도덕적 권계나 필자 개인의 결심이나 다짐으로 글을 마무리하는 방식은 중국어 텍스트 구성의 대표적 특징으로서 이러한 글쓰기 관습의 사회적 허용과 일상화는 중국의 사회문화적 맥락과 깊은 상관관계를 맺고 있다.

이를 해결하기 위해서는 한국어 텍스트 구성 원리의 교수 또는 학습이라는 일방향적 접근 방식을 극복할 필요가 있다. 위의 마무리 수사법이 적용된 글쓰기는 중국어 텍스트의 완성도가 크게 향상되는 효과를 갖는다. 그렇다면 문제는 단지 중국어권 학습자가 한국어 텍스트 구성 원리를 이해하고 있느냐 없느냐에 국한되지 않는다. 더 중요한 것은 중국어권 학습자가 그러한 한국어 텍스트의 구성 원리를 이해하는 과정에서 중국어의 그것과 어떤 내용적·조직적 연결을 만드는가 하는 점이다.

중국어권 학습자 텍스트의 또 다른 표현적 특징은 유명 인사의 어록 또는 권위 있는 저작을 인용하려는 경향이 있다는 것이다. 이 지점에서 한국인 담화공동체의 일반적 글쓰기 관습과 차이를 보인다. 그리고 학습자들이 선현의 말씀과 역사적 전고의 인용을 무단 도용으로 인식하지 않는다. '인용'에 대한 중국인 학습자의 이러한 인식 태도는 중국 사회의 글쓰기 관습과 관련되어 있다.

한편 수사법 사용에 있어서는 앞서 언급한 중국어의 특징적인 수사법인 '배비구'는 글 전체의 마무리에 사용될 뿐만 아니라 그 이외의 부분에도 사용 가능하다. 또한 한국어의 설의법과 문답법 두 가지가 합쳐진 수사법이라고 할 수 있는 중국어의 설문법은 중국어권 학습자의 텍스트에 그대로 적용되어 있다. 이런 중국어권 학습자의 텍스트는 한국인 독자에게 의문문의 형식이 너무 많이 또는 자주 사용되었다는 생소함을 준다. 중국어권 학습자가 자신의 주장을 강조 또는 전개하기 위해 의식적 또는 무의식적으로 설문법을 사용하는 이유는, 다양한 기능과 형식을 갖추고 있는 설문법이 사용된 텍스트가 하나의 좋은 글쓰기의 규범이 된다는 사실이 오랜 시간을 거쳐 중국어권 학습자 개개인에 체화되어 있는 것이기 때문이다.

그리고 인간의 다양한 생활환경이 인간의 경험적 차이, 각 언어의 독특한 개념화 모형, 그리고 궁극적으로 언어적 표상을 만들어내기 때문에 모국어 은유라는 문화적 특징을 형성한다. 그 영향은 제2언어 습득에서 매우 완고하게 오랫동안 남아 있다. 이것은 개념적 은유뿐만 아니라 수사법으로서의 은유에도 마찬가지다. 예를 들면 앞서 3장 3.2.2에서 언급되듯이 물고기의 배 부분의 색깔로 비유적으로 해가 뜨기 전에 점점 밝아지는 동쪽 하늘의 색깔을 표현하는 "물고기 배 같은 하얀색이 금방 동쪽의 하늘로 스며들었다." 등 표현은 한국인 독자에게 생소한 표현 방식이다. 하지만 흥미로운 것은 바로 이와 같은 한국인 독자가 이해하기가 어려운 표현들은, 중국어로 해석·유추하면 학습필자의 풍부하고 좋은 중국어 표현력을 보여 준다는 점이다. 물론 더 주목해야 할 것은 '교사'를 '부모'로 비유하는 것처럼 중국인과 한국인에게 공통적인 은유가 사용되면서 중국인 학습자 글의 수사적 효과가 향상된다는 점이다. 다시 말해서, 인간의 인지에 기반을 두는 은유법의 사용은 모국어의 긍정적 영향 관계가 더 많이 기능하고 있다고 할 수 있다.

이상 학습자 텍스트에 나타난 내용 조직 및 수사적 표현의 특징은 상이한 문화에서 각기 다른 글쓰기의 기대를 갖는다는 점을 보여 준다. 따라서 교사의 역할은 학습자가 상이한 담화공동체의 문화적 차이를 인식할 수 있도록 도움을 주는 것이다. 이러한 문화적 차이는 인지적 차원에서 담화공동체 간의 원형적 인지의 차이로 이해된다.[271] 앞서 언급했듯이 개념적 시스템의 형성이 생활 경험과 사회문화에 그 기초를 두고 있기 때문에 교사와 학습자 모두 두 언어 간 쓰기 관습에 존재하는 사회문화적 맥락을 이해할 필요가 있다는 기존의 대조수사학적 접근 방식은, 조직·표현 영역에서의 특징적 양상들이 개념화 전이에 의해 발생한다는 인지적 또는 개념적 시각과 본질적으로 맥이 통하고 있다. 다시 말하면, 각 담화공동체의 글쓰기 관습은 일정한 사회문화적 맥락에서 이루어진 '좋은 글'에 대한 공통적 기준으로 이해된다. 예를 들어, 중국인 학습자 텍스트에 나타난 특징적인 마무리 방식, 경전 어구 및 고사를 권위적 증거로 인용하는 경향, 그리고 배비구, 설문법 등 수사법의 사용 등은 중국어 글쓰기의 완성도를 향상시키는 표현적 수단에 해당한다. 따라서 중국인 학습자의 한국어 능력 향상은 단지 한국어 텍스트 조직 원리와 표현 관습을 이해하고 숙달하는 데 국한되지 않는다. 오히려 중국어와 한국어의 쓰기 모형에 관한 개념적 재구성이 병행되어야 한다. 이로부터 조직·표현 영역에서 나타나는 특징적 양상의 교육 내용은 다음과 같이 구성된다.

---

271) 이와 관련해 지적해야 할 것은 2장에서도 밝혔지만 개념적 전이 연구는 어휘적 또는 문법적 언어 간 영향 관계에서 많은 성과를 거두고 있다. 하지만 텍스트 전이로 나가야 한다는 방향만 제시되어 있을 뿐 실제적 성과는 부족한 형편이다.

<표 7-7> 개념화 전이 관련 교육 내용(조직·표현 범주)

조직	주제 전개	중국어 글 전개 방식에 대한 재인식에 의한 한국어 텍스트 구성의 규칙과 원리
	단락 조직	한국어 텍스트의 단락 개념에 의한 중국어 단락 개념의 재조정을 통해 기존의 중국어 단락 개념과 새롭게 구성되는 한국어 단락 개념 간의 적절한 상호관계 구축
	단락 내부 구성	의미적·형태적 일관성에 대한 인식을 바탕으로 짧은 문장과 긴 문장의 관계 설정: 한·중 유형론적 차이 인식
표현	마무리 방식	사회문화 맥락에서 중국어 마무리 표현, 수사 관습을 재인식; 공통점과 차이점에 의한 한·중 마무리 방식, 수사법 관계 설정
	수사적 표현	

제8장
중국인 학습자를 위한 쓰기 수업의 예시

    7장에서는 3,4장과 5,6장에서 밝힌 중국어권 학습자 텍스트에 나타난 특징적 양상을 개념적 전이 유형에 따라 두 가지로 나누어 교육 내용으로 전환시켜 보았다. 이것은 다양한 교육 활동을 통해 실제 현장에서 활용 가능한 교육 내용을 담고 있다. 활동 양상은 크게 인식 활동과 생성 활동으로 나눌 수 있다. 전자는 교사를 중심으로 한 제시, 설명 등의 활동과 학습자를 중심으로 한 비교·대조 또는 번역하기 등의 탐구 활동이 포함될 수 있다. 후자는 빈칸 채우기, 연결하기, 수정하기, 글쓰기 등 학습자의 생산 활동이 주된 내용이지만 동료 학습자나 교사와 상호작용도 포함된다. 다시 말해서 토론 활동과 같이 이 활동들은 논의의 측면에서 구별되지만 실제 활동의 측면에서는 대부분 통합된다.(제민경, 2007: 105) 이 장에서는 필자가 북경어언대학 한국어학과 3학년 2학기 재학생 19명[272]을 대상으로 2015년 3월에 실제로 진행한 수업의 예를 제시하고자 한다.

---

272) 그 중, 남학생은 1명, 여학생은 18명이며 한국 유학 경험이 있는 학생은 10명(8명은 1년; 2명은 6개월)이고 유학경험이 없는 학생은 9명이 된다.

1. 수업 전 준비

먼저 모국어 영향 관계가 깊이 개입되어 있는 쓰기 교육 내용의 일부분을 중심으로 학생들의 습득 정도를 확인하기 위한 사전 테스트를 실시한다. 구체적으로 중국어권 학습자의 특징적 사용 양상이 포함된 텍스트를 학생에게 제시하고, 학생들로 하여금 판단(필요하면 수정) 및 평가하는 방식으로 진행한다. 과제의 내용 구성273)과 과제 완성 상황은 다음 <표 8-1>과 같다.

<표 8-1> 사전 테스트의 내용 구성 및 완성 상황

범주	분류		중국어권 학습자의 특징적인 양상	문제 발견	해결
응결장치	①	지시사	이〔√그〕식 혼용(단락 간/단락 내)	0%	0%
	②	대용	웃어른의 조응어로 '그'의 오용	0%	0%
	③	재귀조응	존칭 맥락에서 '당신' 대신 '자기'를 사용	0%	0%
	④	영조응	1인칭 서술체에서 '우리'의 과잉 사용	26.3%	21.1%
	⑤	접속어	접속어의 부재	0%	0%
	⑥	시제 연속성	과거사건 서술 과정에서 '이다/아니다'가 사용되는 경우	21.1%	21.1%
조직표현	⑦	마무리 방식	의문문으로 마무리	0%	0%
	⑧	단락조직 수사법	한 문장이 한 단락을 구성 다양한 수사법	0%	0%

정리해보면, 텍스트 문법 부분에서는 ①지시사, ②대용, ③재귀조응, ⑤접속어의 부재라는 네 개의 항목에서는 문제를 발견한 사람이 한 명도 없다. ⑥번 시제의 연속성 부분은 문제를 발견한 학생은 4명이고 21.1%를 차지한다. 그중에서 2명은 관련 강의 내용을 들었다고 한다. 이는 중국인 학습자의 특징적인 오용이라는 것을 알고 있고 의도적으로 극복하고 있

---

273) 과제의 구체적 내용은 부록1을 참조할 것.

다는 점을 보여준다. 그러나 사용할 때 대응지점들을 전부 다 기억하지 못한다고 한다. 그리고 이 4명 학생은 관련 내용을 전부 다 정확하게 수정하고 있다. 또한 ④번 영형 조응어를 사용해야 되는데 대명사를 사용하는 경우, 문제를 발견한 학생은 5명(26.3%), 그중에서 관련 내용을 정확하게 수정한 사람은 4명(21.1%)이다. 조직·표현 부분에서는 ⑦번 글을 마무리하는 방식인 의문문으로 마무리하는 경우 학생들은 전부 다 좋다고 하거나 문제가 없다고 평가한다. ⑧번 단락조직 부분에서는 한 문장이 한 단락을 구성하는 경우에 대해서 문제시하는 사람은 한 명도 없다. 그리고 수사법 및 내용의 논리성에 관해서는 개인차가 심하게 나타난다.[274]

이처럼 사전 테스트의 결과를 보면, 학생들이 문법·조직·표현 각 범주의 문제를 발견한 비율은 매우 낮다. 그리고 학생들이 문제 지점을 발견하지 못했다는 것의 원인이 주의력 분산에 있을 수도 있다는 가정 하에 사전 테스트의 내용을 이용한 인터뷰를 진행한다. 지시사 관련 내용만 예를 들자면 명시적인 질문, 즉 "여기서 '이'를 써야 되느냐, '그'를 사용해야 되느냐"라는 질문으로 학생의 습득 정도를 다시 한 번 확인했다. 결과는 총 19명 학생이 전부 다 세 군데 문제 지점에서는 '그' 대신 '이'를 사용해야 한다고 대답했다. 다시 말하면, 재확인한 결과, '그'를 사용해야 할 곳에 '이'를 잘못 사용한다는 중국인 학습자의 보편적인 문제는 수업 대상인 19명 학생 모두에게 존재했다.

또한 이상 문제의 발생 원인을 추적하기 위해 인터뷰를 진행했는데 "왜 이렇게 사용했느냐"라는 확산적 질문에 대해, 일부 학생은 "위 단락 내용

---

274) 예를 들면, 수사법 사용에 대해서는 "전체적으로 좋다"고 보는 학생은 6명이 있고 "'거울' 관련 은유법의 사용이 좋다"고 보는 학생은 2명이 있다. 또한 '나비' 관련 내용에 대해서는 "은유법의 적절한 사용"이라고 보는 학생은 한명만 있는 반면에 "이것은 주제를 뒷받침하는 사례가 아니다"로 보는 학생은 11명이 된다. 그 이외에 "문장 간 연결이 자연스럽지 않다"고 생각하는 학생은 3명이 있고 "수사법의 사용이 부족하다"고 보는 학생은 1명 있으며 "전체 텍스트의 논리성이 떨어진다."고 주장하는 학생은 1명 있다.

을 다시 이야기하기 때문에 '이'를 사용해야 한다."고 대답했다. 그리고 "혹시 '화제 연속'의 시각에서 지시사를 선택한 것이 아니냐?"라는 수렴적 질문으로 모국어 영향 관계를 유도한 결과, 모든 학생들이 긍정적 반응을 보였다. 다시 말해서, 학생들이 모국어 사고방식으로 지시사를 선택하고 있다는 점이 확인되었다.

2. 수업의 절차

제2언어 쓰기에 필요한 기본적 문법 능력은 적절한 응결장치를 활용한 문단 구성 능력에 있다. Thornbury(2000)에서 문법 교수법 모형으로 '제시 훈련 모형(PPP-상향식)'과 '과제 훈련 모형(TTT-하향식)'을 제시했다. PPP 모형275)은 바른 언어 사례를 제시하고 반복 연습하여 바른 언어 자료를 자율적으로 생성할 수 있도록 하는 모형이다. 반면 TTT 모형276)은 의사소통 능력 함양을 목표로 과제를 제시하여 과제 해결형 언어 습득을 하도록 지도하는 모형이다.(민현식, 2003: 134) 이미혜(2005)에서는 문법 구조가 복잡하고 통사적 제약이 클수록, 즉 문법적 기능이 강한 항목일수록 상향식 모형이 적절하고, 반면 문법적 지식보다는 문법 사용에 대한 명확한 설명이 필요하고 문법적 기능보다는 화용적 기능이 강한 항목일 때에는 하향식 모형이 적합하다고 한다. 또한 문법 항목을 개별적으로 지도하는 초급 단계에는 상향식 모형이, 문법 항목의 통합 지도가 필요한 고급 단계에는 하향식 모형이 적합하다고 주장한다. 이 책에서는 쓰기 교육의 일환으로 텍스트 응결장치의 교수법에 초점을 두기 때문에 "문법을 고립시켜 연습하는 것에 반대하여 학습자들이 전체 텍스트 속에서 문법과 그 밖에 언어

---

275) 제시(Presentation)-연습(Practice)-생산(Production)
276) 과제(Task1)-교수(Teach)-과제(Task2)

사용을 익히도록 하(유민애, 2012: 137)"는 하양식 교수법을 더 권장한다.

이러한 교수·학습 모형은 학습 목표, 교수·학습 내용의 특성, 학습자의 특징 등 다양한 변수에 따라 선택 사용하여야 하며 필요한 경우 각 모형의 단점을 보완하는 약간 변형도 필요하다. 예를 들어, 기존 TTT 모형의 교수(Teach) 단계는 주로 "오류 수정 중심의 문법 교육"(유민애, 2012: 138)을 가리킨다. 이것은 본 연구가 지향하는 한·중 언어(개념)적 차이를 중심으로 한 쓰기 교수·학습으로 크게 부족하다. 이를 보완하기 위해서는 Harmer (2007)에서 제안한 ESA 모형277)을 참조할 필요가 있다. 특히 ESA의 학습(Study) 단계는 다양한 과제나 활동으로 일방향적인 교수가 아니라 교사는 학습자들이 스스로 규칙을 발견할 수 있도록 유도한다.(유민애, 2012: 144) 따라서 필자는 TTT 모형, ESA 모형에서 필요한 부분을 혼합하여 실제적 수업의 절차를 도입과제-학습(유도·제시·연습)-활성화-정리 단계로 구성하였다. 앞서 논의한 학생의 습득 정도 및 문제 발생 원인에 대한 이해를 바탕으로 지시사의 사용에만 초점을 두고 수업 지도안을 제시하면 다음과 같다.

<표 8-2> 지시사의 교수·학습 내용 모형

단계		교수학습 내용 및 활동	시간
도입 과제	과제의 유형: 비교·대조 활동, 번역 활동, 판단· 수정 활동 등	* 학생들에게 과제를 통해 교수·학습 내용에 주목시킨다. * 탐구 활동의 예: 다음 밑줄 친 부분 내용의 정·오를 판단(필요하면 수정)하세요. ① 눈 깜박할 사이에 벌써 5년이란 긴 시간이 지나갔다. 그렇게 큰 일은 아니었는데, 왜 갑자기 이 일이 생각났는가? ② 병원으로 날려가서 병상에 누워 자고 계시는 아버지를 봤다. 그 순간 눈물이 쏟아냈다. 병상에 그 마른 사람이 정말 내 아버지인가? 그렇게 튼튼하셨던 아버지가 어쩌다가 그렇게 마를 수가 있는가? 일년밖에 안 되는데 얼굴이 어떻게 그렇게 창백해졌는가?	10분

---

277) 몰입(Engage)-학습(Study)-활성화(Activate).

			③ 그 평범한 어느 하루, 그 의외의 감동을 받은 어느 하루, 그 새삼스럽게 용기를 돋운 어느 하루, 그 평생 잊지 못할 정도로 마음속에서 새긴 어느 하루…… 인생은 3만여의 날에 불과해도 이런 하루가 있어서 정말 다행스럽게 생각하다.	
학습	유도	한국어에 대한 인식	* 예시 질문: 한국어 텍스트에서 지시사를 어떻게 선택하느냐? 한국어 텍스트에서 지시사와 수식어의 어순이 어떻게 되느냐?	10분
		모국어에 대한 재인식	* 예시 질문: 중국어 텍스트에서 지시사를 어떻게 선택하느냐? 중국어 텍스트에서 지시사와 수식어의 어순이 어떻게 되느냐?	
		예상 유도 결과	* 한·중 지시사와 수식어의 어순 차이를 인식하게 된다. * 그러나 한·중 지시사의 선택 근거를 아직 인식하지 못한다.	
	제시	한국어 지시사 사용 양상 및 원리	① 지시사 '저'는 일반적으로 텍스트에서 조응 기능으로 사용하지 않는다. ② 사용 양상: '이'보다는 '그'가 더 많이 사용 ③ 말뭉치 통계 자료를 제시하기 ④ 사용 원리: '정보 전달'	20분
		중국어 지시사 사용 양상 및 원리	① 사용 양상: 원거리 지시사보다 근거리 지시사가 더 많이 사용 ② 말뭉치 통계 자료를 제시하기 ③ 모국어 어감으로 확인하기 ④ 사용 원리: '화제 연속'	
		지시사 사용 전략	* 근본적 차원의 인지적 전환: ① 지시사 선택방식의 전환: (중)화제 연속 → (한)정보 전달 ② (중)지시사+수식어+중심어→ (한)수식어+지시사+중심어 ③ (중)수사적 표현 방식(배비구) → (한)정보 전달	
	연습	교수·학습내용에 대한 반복 연습	* 빈칸 채우기 선택형 등 활동 예: 한글은 세종대왕이 만들어 발표할 당시 훈민정음이라는 이름을 가지고 있었는데, ( )것은 백성을 가르치는 바른 글을 뜻한다.	

활성화	자유로운 의사소통을 강조한 활동	* 글쓰기, 번역 등 생산 활동 예: 한국어 지시사를 사용해 짧은 글을 한편 쓰십시오.	15분
정리		배운 내용을 정리하고, 숙제와 복습 방법을 안내한다.	5분

　도입 부분에서는 먼저 비교·대조 활동, 번역 활동, 판단·수정 활동 등 탐구 활동을 통해 학생들이 한국어 지시사의 사용에 주목하도록 한다. 특히 중국인 학습자에게 문제 발생 빈도가 높은 '이'와 '그'의 선택, 그리고 지시사와 수식어의 위치 문제에 초점을 둔다. 그리고 유도 단계에서는 "한국어 텍스트에서 지시사를 어떻게 선택하느냐?, 한국어 텍스트에서 지시사와 수식어의 어순이 어떻게 되느냐?" 등 질문으로 목표어 특징에 대한 학생의 인식을 유도한다. 같은 방법으로 학생들이 모국어에 대한 재인식을 유도한다. 필자가 실제로 수업을 진행한 결과, 예상 유도 결과처럼 한·중 지시사의 선택 근거를 알고 있는 학생은 한명도 없었다. 그리고 수강생 전원이 모국어 재인식의 필요성에 대해 긍정적인 태도를 밝혔다.278)

　이어서 제시 단계에서는 학생들에게 목표어 지식을 제공할 필요가 있다. 왜냐하면 수강생 대부분은 '이, 그, 저'가 직시로 사용되는 경우를 알고 있지만 텍스트에서 조응 기능으로 사용되는 관련 지식을 모르고 있다. 다시 말해서 한국어 텍스트에서 지시사의 선택 근거279), 지시사 '저'는 일반적으로 텍스트에서 조응 기능으로 사용하지 않는다는 등 지식은 명시적으로 교수할 필요가 있다. 마찬가지로 중국어 지시사 관련 지식을

---

278) 학생들이 한·중 지시사와 수식어의 어순 차이를 인식하게 되었다는 것도 예상 결과에 부합한다.
279) 한국어 텍스트는 주로 '정보 전달'의 차원에서 지시사 사용을 선택하며, 정보 전달의 경로는 필자(화자)와 독자(청자) 영역으로 나뉜다. 정보가 화자 영역에 있을 때 '이'가 사용되며, 그 정보가 청자 영역에 전달된 이후에는 '그'를 사용한다. 일반적으로 후자의 경우가 많기 때문에 '이'보다는 '그'가 더 많이 사용되고 있다.

제시할 필요도 있다. 구체적으로 중국어에서 주로 '화제 연속'이라는 방식으로 지시사를 선택하기 때문에, 원거리 지시사보다 근거리 지시사가 더 많이 사용되고 있다는 사실을 뒷받침하기 위해 관련 통계 자료를 보여 줄 수도 있다. 마지막으로 중국인 학습자가 한국어 텍스트에서 적절한 지시사를 선택하기 위한 전략으로 '근본적 차원의 인지적 전환'을 제시한다.

그 다음에 연습 단계에서는 빈칸 채우기 과제, 선택형 과제 등 교수·학습내용에 대한 반복 연습을 통해서 배운 내용을 내재화시킨다. 활성화 단계에서는 자유로운 의사소통을 강조한 글쓰기, 번역 등 활동을 통해서 학습자들이 쓰기 기능을 자연스럽게 쓰이도록 한다. 마지막으로 관련 내용의 요점을 정리하고, 숙제와 복습 방법을 안내한다.

3. 수업 효과 평가

필자는 수업이 진행된 일주일 후에, 사전 테스트와 유사한 과제의 수행을 통해 수업 효과에 대한 평가를 진행하였다. 효과 평가용 과제는 사전 테스트 과제에서 나왔던 중국어권 학습자의 각종 특징적인 양상을 포함시키면서 다른 텍스트로 구성한다.[280] 학생들의 과제 수행 결과를 살펴보면 다음 <표 8-2>에서 알 수 있듯이 '지시사·대용·재귀조응·시제 연속성·마무리 방식·단락조직' 6개 항목에서는 학생들이 문제를 발견하고 정확하게 수정하는 비율이 현저히 향상되었다.

---

280) 구체적으로 부록2를 참조할 것.

	문제 발견(수업 이전)	문제 발견 및 해결(수업 이후)
지시사	0%	47.4%
대용	0%	73.7%
재귀조응	0%	89.5%
시제 연속성	21.1%	57.9%
마무리 방식	0%	문제 발견(73.7%) / 문제 해결(52.6%)
단락 조직	0%	57.9%

반면, 연접(1명, 0%→5.3%)과 영조응 항목은 수업 후에도 문제 발견 및 해결의 비율이 현저하게 향상되지 않았다. 그 원인은 다음과 같다. 연접의 경우, '중국인 학습자들이 한국어 텍스트를 접속어에 의존하지 않고 주로 의미를 중심으로 문장 간 연결을 이해하고 있다.'는 점에 있으며, 이 또한 모국어 영향의 견고성을 입증해 준다. 또한 영조응의 경우, 교사의 판단 착오로 영조응의 모국어 상관관계를 강의 내용에서 누락시킨 것이 이와 같은 결과를 초래했다고 본다. 그러나 강의 내용에 포함되지 않았기 때문에 문제 발견과 해결이 이루어지지 못했다는 사실 자체가 모국어 영향 관계에 대한 교육적 중요성의 직접적 반증이라고 할 수 있다. 이에 대해서는 이후 내용적 보강을 진행하도록 한다.

결론적으로 영조응의 사례가 다소 미흡한 점으로 남은 수업이었지만 중국어권 학습자 텍스트에서 나타난 특징적인 양상과 연결시키면서 한국어와 중국어의 언어적·개념적 차이를 중심으로 진행한 이 수업은 효과가 좋다고 평가할 수 있다. 이점은 개별 학생을 대상으로 한 사후 인터뷰281)를 통해서도 어느 정도 검증되었다.

---

281) 4명의 수강생을 대상으로 인터뷰한 결과는 다음과 같다. "전체 수업 내용이 자기의 쓰기 능력 향상에 도움이 많이 된다." "특히 지시사 관련 내용을 수강한 후, 쓰기 활동할 때 의식적으로 '이', '그'의 사용을 점검한 결과, '이'를 '그'로 정확하게 수정하는 경우가 몇 번 있었다."

제9장
마치며

이 책에서는 중국어권 학습자가 생산한 한국어 텍스트의 특징적 양상 고찰 가운데, 특히 모국어(중국어)의 영향 관계에 초점을 맞추어 그 양상이 야기된 원인을 체계적으로 규명했다. 이는 궁극적으로 중국어권 학습자의 한국어 텍스트 생산에 필요한 실질적 교육 내용을 마련하는 데 목적이 있다. 필자가 채택한 방법은 다음과 같다.

우선 학습자의 텍스트에 사용된 언어와 패턴의 특징적 양상을 추출을 위해 코퍼스-기반 텍스트 연구(corpus-base text studies) 방법을 채택한다. 구체적으로 말해서, 학습자 텍스트 원시 말뭉치(non-annotated corpus), 평행 말뭉치(parallel corpus), 그리고 주석 말뭉치(annotated corpus)를 구축했다. 코퍼스 기반 텍스트 분석은 양적 방법인 빈도 통계와 질적 방법인 대표적 사례 제시를 병행하는 방식을 취한다. 그것은 학습자의 양상 추출에 매우 유용한 방식에 해당한다. 그러나 하나의 양상에 대한 기술(description)은 그 사실이 어떠하다는 것을 드러내는 데에 그칠 뿐, 왜 그 어떠한 사실이 그렇게 형성되었는지에 대해서 규명하지 못한다. 이로부터 질적 맥락 연구(qualitative contextual studies) 즉, 사회문화적 맥락의 검토는 중국어권 학습자의 한국어 텍스트에 개입된 중국어의 영향 관계를 살피는 데 중요한 방법적 의의를 갖는다.

그럼에도 불구하고 텍스트의 문법적 응집성에 기여하는 응결장치의 사용 문제는 사회문화적 차이로도 설명하기 곤란한 부분이 존재한다. 따라서 필자는 인지적 또는 개념적 차원에서 언어 간 영향(CLI)에 접근하는 주체 간 비교법을 사용한다. 왜냐하면 본 연구의 목적이 개별 학습자의 모국어가 그의 텍스트에 영향을 끼쳤는지, 다시 말해서 언어전이가 실제로 발생했는지에 있지 않기 때문이다. 오히려 언어 간 전이 발생을 촉진하거나 억제하는 다양한 조건들, 즉 전이성(transferability)을 다루는 데 그 기본 목적이 있다. 마지막으로 'L2의 교육 내용은 L1으로부터 규정된다.'라는 시각에서 여타 언어권 학습자의 교육 내용과 다른 중국어권 학습자만의 한국어 쓰기 교육 내용을 추출하기 위해 인지적 대조언어학 방법을 사용한다.

이 책의 내용은 다음과 같이 구성되었다. 2장에서는 제2언어 습득 영역에서 목표어와 모국어의 상호 관계를 다룬 관련 연구와 한국어 쓰기 교육 관련 연구를 비판적으로 검토한다. 이를 바탕으로 언어권별 쓰기 교육에 대한 새로운 접근 방안을 마련한다. 그것은 바로 개념적 전이와 대조수사학을 결합시킨 시각에서 학습자 텍스트의 분석 기준을 마련하는 방식이다. 이어서 3,4장에서는 문법적 응집성에 초점을 맞추어 지시(reference)와 조응(anaphora), 연접(connexion), 그리고 시제 연속성 등 응결장치를 중심으로 중국어권 학습자 텍스트의 특징적 양상을 살펴본다. 이러한 양상들 배후에는 순수 개념적 전이와 개념화 전이라는 언어 또는 개념 간 영향 관계가 존재한다. 전자는 주로 모국어와 목표어의 개념 내용상 범주 구분과 내부 요소 관계의 불일치로 인해 발생한다. 반면, 후자는 실시간 언어 처리 과정에서 사건을 상이하게 관찰하는 경향에 의해 각각 개념 선택과 조직 형식을 다르게 구성된다는 점으로부터 형성된다.

이 책에서 밝힌 중국어권 학습자의 특징적인 양상 중에 특히 어휘적 혼동은 대부분 순수 개념적 전이와 연관된다. 예를 들어, 대용어로 '그'의 과잉 사용, 재귀표현인 '자기'의 과잉 사용, 재귀표현에 복수접미사 '들'의미사용, 그리고 논리적 접속어와 시간적 연접 표현의 혼용과 같은 양상들은 한·중 어휘의 형태·의미·개념 간의 관계로부터 그 발생 원인을 찾을 수 있다. 그럼에도 불구하고 본 연구는 문장 이상의 단위인 텍스트에 초점을 두고 있기 때문에 개념의 선택과 조직 차이에 의한 개념화 전이 관련 양상들이 더 많이 발견된다.

우선 지시사(reference item)의 경우, 단락 간 또는 문장 간 '그'를 사용해야 할 곳에 '이'를 사용하는 현상, 그리고 이와 다르게 문장 내에는 '이'를 사용해야 할 곳에 '그'를 사용하는 현상, 또한 '그렇게'의 연속적 사용, 수식어 앞에 지시사 추가 사용, 수사적 효과를 지닌 지시사의 누락, 지시사와 수식어의 위치 전도 문제 등은 중국어권 학습자가 생산한 한국어 텍스트의 특징적 양상에 속한다. 이 현상들은 모두 한·중 개념 조직의 모형 차이에 기초한다. 여기서 주목할 점은 한국어 텍스트의 구성 원리, 즉 텍스트의 전개 과정에서 지시사 '그'를 통해 글쓴이와 지칭 대상 간의 심리적 거리 및 서술관점을 조정할 수 있다는 것이다. 이것은 중국어의 그것과 매우 큰 차이를 보이는 부분이기도 하다. 그렇기 때문에 바로 이 지점에서 중국인 학습자는 한국어 텍스트와 부합하지 않는 양상들에 쉽게 노출된다. 한편, 논리적 접속어의 부재는 중국인 학습자가 한국어 텍스트의 생산, 즉 이른바 '쓰기'를 진행할 때, 접속 표지에 주의를 기울이지 않고 논리적 의미 맥락에 의해 글을 구성한다는 인지적 특징을 보여 준다.

그 외에도 필자는 중국어권 학습자 텍스트 내부의 시제적 연속성을 고찰했다. 특히 과거 사건의 서사에서 과거시제 표지인 '-었-'의 사용은 텍스트의 연속성 유지에 관건적 요소라고 할 수 있다. 따라서 중국어권 학습자에게서 나타나는 과거시제 어미 '-었-'의 누락 현상은 한국어와 중국어 간 시제·상 체계의 개념적 차이와 깊은 연관성을 맺고 있다. 학습자가 동작상 중심 체계에서 시제 중심 체계로 전화하는 과정에서 언어 간 차이를 드러내는 지점들, 예를 들어 한국어의 '이다/아니다'를 사용하는 부분, 그리고 [-완성성]의 성질을 갖는 중국어 형용사·조동사·심리인지 동사 등의 용언에 상당하는 한국어 표현, 또한 과거 사건의 서술 과정에서 등장하는 반복적 상황·진행 중의 행위·실현되지 않은 동작(또는 존재하지 않음) 등의 부분에 주목할 필요가 있다. 나아가 중국어와 다르게 한국어에서는 문법적 형태의 변화로서 '시제 교체 또는 연속성'을 통해 '서술관점의 전환'이나 '일관된 서술관점'을 표현하기도 한다. 따라서 중국어권 학습자가 생산한 한국어 텍스트의 일부 표현이 한국어 담화공동체의 텍스트 구성 원리에 부합한다고 해서 그것만으로는 중국인 학습 필자가 그 부분을 이해하고 사용했다고 판단하기 어렵다. 예를 들어, 중국인 학습자가 텍스트에서 사용한 현재시제가 '의도적인 시제 교체'로 보일지라도 그것의 이면에는 중국어 영향에 의한 시제 어미의 누락일 수 있다.

5,6장에서는 중국어권 학습자 텍스트에 나타난 내용 조직과 표현에 관한 특징적 양상을 정리해보고, 그 양상의 발생 원인을 분석했다. 우선 중국어권 학습자의 한국어 텍스트에서 자주 발견되는 주제 전개의 대표적 특징은 병렬식 구성이다. 그리고 중국어권 학습자의 한국어 텍스트에서 나타나는 이른바 '한 문장 한 단락'이나 한국어 단락의 인식 부족에 기인한 유사비표준 현상 등은 모두 단락에 관한 한국인과 중국인 담화 공동체의 원형적 인지가 상이하다는 점과 관련이 깊다.

또한 중국어권 학습자 텍스트의 표현적 특징 중의 하나는 마무리 방식이다. 중국어권 한국어 학습자들이 글을 마무리하는 전형적 방식은 다음과 같다. 첫째, 결론의 마지막을 권계(勸誡)식으로 마무리하는 경우 둘째, 독자와 상호작용 또는 독자에 대한 배려가 없이 필자 개인의 결심이나 다짐 또는 희망으로 마무리하는 경우 셋째, 결론을 한 문장 또는 배비구로 표현하는 경우 넷째, 결론의 마지막을 의문문 형태로 마무리하는 경우다. 중국어권 학습자 텍스트의 또 다른 표현적 특징은 유명 인사의 어록 또는 권위 있는 저작을 인용하려는 경향이 있다는 것이다. 그 이외에는 중국어의 특징적인 수사법인 '배비구', 중국식 은유, 한국어의 설의법과 문답법 두 가지가 합쳐진 수사법이라고 할 수 있는 중국어의 설문법 등은 중국어권 학습자의 텍스트에 그대로 적용되어 있다. 이러한 마무리 표현과 수사적 표현은 중국어 글쓰기에서 전혀 문제가 되지 않지만 한국어 담화공동체의 텍스트 구성 원리에 부합하지 않기 때문에 문제로 부각된다. 이러한 한국어 텍스트는 한국인 독자에게 생소함을 불러일으키는 주된 원인이 된다.

중국어권 학습자 텍스트에 나타난 양상과 그 배후에 존재하는 원인을 밝히려는 시도는, 궁극적으로 중국어권 학습자의 한국어 텍스트 생산에 필요한 실질적 교육 내용을 도출하려는 데 있다. 따라서 7장에서는 3,4장과 5,6장의 논의를 바탕으로 모국어 영향 관계를 고려한 쓰기 교육의 내용을 순수 개념적 전이 관련 내용과 개념화 전이 관련 내용으로 나누어 구성한다. 마지막으로 필자가 실제로 진행한 수업 예시를 통해 교수·학습 효과의 검증을 시도했다. 그 결과로 한국어와 중국어의 언어적·개념적 차이에 기초한 교수·학습 방안이 효과적으로 검증되었다.

한국어 교육에서 외국인 한국어 학습자를 언어권별로 구분해야 하는, 즉 언어권별 접근의 필요성은 이미 광범위한 지지를 얻고 있다. 그러나 언어권별 접근은 여전히 다양한 언어권별 학습자 집단을 대상으로 한 '한국어 교육 일반'의 수준에 머무르고 있다. 따라서 향후 한국어 교육의 초점은 언어권별 학습자의 언어적·문화적 배경에 기초한 차별화된 교육 내용의 생산에 맞춰져야 한다. 본 연구는 바로 이러한 언어권별 한국어 교육의 한 축을 구성하는 중국어권 학습자를 위한 교육 내용의 근거가 된다. 물론 이러한 시도와 그 성과는 단지 중국어권 학습자에게만 국한되지 않으리라 생각한다. 그 과정에서 언어권별 접근이라는 방법론적 일반성이 획득되기 때문이다. 이것이 이 책이 갖는 의의이다.

||||| 참고문헌

1. 교재
이정희 외(2007a), <유학생을 위한 한국어 글쓰기의 기초>, 도서출판 하우.
이정희 외(2007b), <유학생을 위한 한국어 글쓰기의 실제>, 도서출판 하우.
한국외국어대학교 한국어교육과(2007), 글쓰기의 이론과 실제, 한국외국어대학교출
　　　판부.
한양대학교 국어교육위원회 편(2009), 외국인을 위한 글쓰기, 한양대학교출판부.
경희대학교 후마니타스 칼리지 외국인을 위한 글쓰기 교재편찬 위원회 지음(2013),
　　　유학생을 위한 대학 글쓰기, 도서출판 역락.
국립국어원 편찬(2008), 초급한국어쓰기(중국어판), Hollym.
이화여자대학교 언어교육원(2008), 대학한국어2 읽기·쓰기, 이화여자대학교출판부.
金玉子(2004), 韓國語應用文寫作, 延邊大學出版社.
金龍 외(2011), 韓國語寫作基礎與實踐, 北京大學出版社.
北京大學校 朝鮮文化研究所 編(2001), 『韓國語』1-4, 民族出版社.
李定喜 외(2009), 韓國語寫作教程, 外語教學與研究出版社.
林從綱 외(2007), 韓國語寫作, 北京大學出版社.
張光軍 외(2011), 實用韓國語寫作教程, 外語教學與研究出版社.
張敏·[韓]金宣希 編著(2009), 中韓飜譯教程, 北京大學出版社.
張敏·朴光海·[韓]金宣希 編著(2012), 韓中飜譯教程, 北京大學出版社.
齊曉峰(2008), 初級韓國語寫作教程, 北京語言大學出版社.
韓國梨花女子大學校語言教育院(2010), 大學韓國語讀寫教程, 外語教學與研究出版社.

2. 논문 및 단행본
강범모(1998), 문법과 언어사용-코퍼스에 기반한 재귀사 '자기, 자신, 자기자신'의
　　　기능 분석을 중심으로, 국어학 13집 , 국어학회.
고석주 외(2004), 한국어 학습자 말뭉치와 오류 분석, 한국문화사.
고영근(2011), 텍스트 과학, 집문당.

고영근·구본관(2008/2009), 우리말 문법론, 집문당.

곽수진·강현화(2009), 학술적 논문의 대조수사학 연구, Foreign languages education 16(1), 한국외국어교육학회.

괵셀(2004), 한국어 쓰기 교육 내용 구성 연구-터키인 학습자를 대상으로, 서울대학교 박사학위논문.

국립국어원(2007), 21세기 세종계획 최종 성과물: 현대문어 말뭉치.

김광희(1991), 국어 재귀표현 구성의 범주 특성, 한국언어문학10집, 한국언어문학회.

_____(1992), 인칭대명사의 조응현상에 대해여, 국어학 22, 국어학회.

_____(2007), 연상조응의 문법범주화에 대한 이론적 적합성 검토, 語文論集 第37輯, 중앙어문학회.

_____(2011), 대용표현, 국어학 60, 국어학회.

김미형(1986), '자기'에 관하여, 동아시아문화연구 10집, 한양대학교 동아시아문화연구소.

_____(1995), 한국어 대명사, 한신문화사.

_____(1997), 한국어 대명사의 특성-범주적, 의미적, 화용적 특성, 외국어로서의 한국어교육 22(1), 연세대학교 언어연구교육원 한국어학당.

_____(2009/2010), 인지적 대조언어학의 방법론 연구- 한국어와 영어를 중심으로, 한국문화사.

김봉군(1980/2005), 문장기술론 [제6판], 삼영사.

김상태(2005), 현대국어 시간표현 어휘 연구, 學古房.

김성환(1996), 대조수사학과 상호작용적 텍스트 이론, 동아영어영문학 12, 동아대학교.

김수정(2003), 한국어 문법 교육을 위한 연결 어미 연구, 한국문화사.

김옥화(2005) 대학생의 논증 문단 작성 실태와 지도 방안, 언어학 13(1), 대한언어학회.

김유미(2000), 학습자 말뭉치를 이용한 한국어 학습자 오류 분석 연구, 연세대학교 석사학위논문.

김유정(2005), 한국어 학습자 말뭉치 오류분석의 기준 연구, 한국어교육 16-1, 국제한국어교육학회.

김정숙·김유정(2002), 한국어 학습자 말뭉치 구축을 위한 기초 연구, 이중언어학 21, 이중언어학회.

김정은(2003), 한국어교육에서의 중간언어와 오류분석, 한국어교육 14(1), 국제한국어교육학회.

김진해(2000), 국어연어연구, 경희대학교 박사학위논문.

김철규(2009), 코퍼스에 기반한 영국 신문의 논설문과 한국 대학생의 영어 논설문에 사용된 메타담화(metadiscourse) 비교 연구, 담화와 인지 16(3), 담화인지언어학회.

김충실·국금성(2012), 원형효과와 한중 다의어 의미구조 대조, 한국어교육국제학술대회논문집, 북경대학교 2012.8.

김혜정(2010), 설득적 텍스트 결속표지 교육 연구-중국인 중급·고급 학습자를 중심으로, 서울대학교 석사학위논문.

김호정(2006), 한국어 교육 문법의 시간 표현 연구, 서울대학교 박사학위논문.

목정수·유현조(2003), 한국어 동사·어미 범주와 주어 인칭의 상관관계, 語學研究 39(3), 서울대학교 언어교육원.

민경모(2008), 한국어 지시사 연구, 연세대학교 박사학위논문.

민현식(2003), 국어 문법과 한국어 문법의 상관성, 한국어교육 14(2), 국제한국어교육학회.

박기영(2008), 외국인 유학생의 학문 목적 글쓰기에 대한 일고찰-단락 쓰기를 중심으로, 언어와 문화 4(3), 한국언어문화교육학회.

박민신(2013), 한국어 학습자 쓰기 텍스트의 응집성 피드백 방안 연구, 한국언어문화학 10(2), 국제한국언어문화학회.

박선희(2009), 중국인 한국어 학습자의 과거시제 습득 연구, 한국어교육20(3), 국제한국어교육학회.

_____(2011), 어휘상과 담화구조에 따른 중국인 한국어 학습자의 시제상 습득 연구, Foreign Languages Education,18(3), 한국외국어교육학회.

박수경(2012), 외국인 유학생의 한국어 작문에서의 단락 조직화 양상 연구-상위 학습자와 하위 학습자의 작문 비교를 중심으로, 이중언어학 48, 이중언어학회.

박영목(2009), 독서교육론, 박이정.

박철우(2002), 국어 서사문 담화에서의 중심전이 과정과 응집성에 관한 고찰, 어학연구 38(3), 서울대학교 언어교육원.

_____(2003), 한국어 정보구조에서의 화제와 초점, 역락.

성광수(1981), 국어 재귀대명사에 대한 재고, 한글 172집, 한글학회.

신봉달(2009), 한국어교육에서의 자기소개 텍스트 쓰기 교육 연구-중국인 중급 이상 학습자를 중심으로, 서울대학교 석사학위논문.

신지연(2008), 국어대명사의 품사론, 한국어학 38, 한국어학회.

싯티니 탐마차이(2001), 한국어 쓰기 지도에 관한 연구: 태국인 학습자의 오류를 중심으로, 서울대학교 석사학위논문.

안경화(2001), 구어체 텍스트의 응결 장치 연구-토론 텍스트를 중심으로, 한국어교육 12(2), 국제한국어교육학회.

양명희(1994), 국어 대용어의 특성과 기능, 국어학 24, 국어학회.

_____(2006), 비지시 대용어의 대용성, 한국어 의미학 19, 한국어의미학회.

왕효성(2012ㄱ), 한국어 글쓰기 과정에서의 모국어 사용-중국인 대학생들의 생각 말하기(think-aloud) 자료를 바탕으로, 이중언어학 48, 이중언어학회.

_____(2012ㄴ), 한국어 글쓰기 과정에서의 언어전환(Language-switching) 양상-중국인 대학생들의 생각 말하기(think-aloud) 자료를 바탕으로, 새국어교육 91, 한국국어교육학회.

연세대학교 언어정보개발연구원(1998), 연세 한국어사전, 두산동아.

유민애(2012), 한국어 추측 표현의 교육 내용 연구, 서울대학교 석사학위논문.

윤가영(2006), Contrastive rhetoric of English academic writing: Focusing on the discussion sections of research papers by Korean and international applied linguists, 서울대학교 석사학위논문.

윤경애(2002), 한국 담화에 나타나는 생략현상 대조 연구, 고려대학교 석사학위논문.

이미혜(2005), 한국어 문법 교육 연구: 추측 표현을 중심으로, 이화여지대학교 박사학위논문.

_____(2012), 한국어 쓰기 교육을 위한 텍스트 분석의 내용과 방법, 국제한국어교육학회 제22차 국제학술대회 논문집.

이석규 편저(2003), 텍스트 분석의 실제, 역락.

이수미(2010), 텍스트성에 기반한 한국어 쓰기 교육 방법 연구-자기 표현적 쓰기 텍스트를 중심으로, 서울대학교 박사학위논문.

이승연(2006), 한국어 학습자 말뭉치 오류 표지 방안 재고, 이중언어학 31, 이중언어학회.

이영진·정해권(2012), 중국인 학습자의 언어간 영향과 교수방안-타언어권과 대비되는 형용사 과거시제를 중심으로, 한국어교육 23(2), 국제한국어교육학회.

이은희(2011), 설득 텍스트의 본질 및 특성과 교수·학습, 한국어교육학회 제271회 정기학술대회 논문집: <텍스트의 본직과 특성에 따른 국어과 교수 학습의 정련화>, 2011.5.14, 한양대학교.

이익섭(1994/2009), 사회언어학, 민음사.

이장호(1996), 현대한어 주제에 관한 담화 화용론적 연구, 고려대학교 박사학위논문.

이재승(2003), 읽기와 쓰기 행위에서 결속 구조의 의미와 지도, 국어교육 110, 한국국어교육연구회.

이정희(2003), 한국어 학습자의 오류 연구, 박이정.

임지룡(2000), 한국어 이동 사건의 어휘화 양상, 한대문법연구 20(1), 현대문법학회.

이창호(2005), 재귀사 自己의 분포와 결속 양상, 중국어문학논집 33집, 중국어문학연구회.

임홍빈(1987), 국어의 재귀사 연구, 신구문화사.

임홍빈(2007), 한국어의 주제와 통사 분석: 주제 개념의 새로운 전개, 서울대학교출판부.

장경희(1980), 지시사 '이, 그, 저'의 의미 분석, 어학연구 16(2), 서술대학교 어학연구소.

장석진(1984), 지시와 조응, 한글 186, 한글학회.

장은화(2011), 오류문 분석을 통한 시제 교육 방안-중국어권 학습자를 대상으로, 문법교육 14, 한국문법교육학회.

장향실(2010), 외국인 대학생의 문단쓰기 실태 및 문단쓰기 능력 신장 방안, 우리어문연구 38, 우리어문학회.

정다운(2007), 중국인과 일본인의 한국어 작문 텍스트 대조분석-텍스트 구조를 중심으로, 이중언어학 33, 이중언어학회.

정달영(1997), 국어 단락 이론과 작문 교육, 집문당.

정연창(2003), 한국어 재귀사 '자기'의 해석과 생략, 언어과학 10(2), 한국언어과학회.

정혜승(2012), 대화적 문식성 교육을 위한 상위담화(metadiscourse) 범주 구성 연구, 국어교육학연구 43, 국어교육학회.

제민경(2007), 언어 단위 교육 내용 연구, 서울대학교 석사학위논문.

제효봉(2010), 한국어 호칭어 교육 방안 연구, 국어교육연구 25, 서울대학교 국어교육연구소.

_____(2011ㄱ), 중국인 한국어 학습자의 텍스트 생성과정 고찰-단락 구성과 모국

어의 영향 관계, 이중언어학 45, 이중언어학회.

_____(2011ㄴ), 중국인 학습자의 한국어 재귀표현 사용 양상 연구, 국어교육연구 48, 국어교육학회.

조숙환·김세영(2006), 한국어 서사 텍스트 처리의 다중 표상과 구성 통합 이론, 인지과학 17(2), 한국인지과학회.

조현철 외(2002), 한국어 학습자의 오류 유형 조사 연구, 2002년도 국어정책 공모과제 연구보고서, 문화관광부.

진대연(2006), 한국어 학습자의 쓰기 능력 발달에 대한 연구-발달 특성 및 수준 기술을 중심으로, 서울대학교 박사학위논문.

진대연·김민애·이수미·홍은실(2006), 한국어 학습자의 쓰기 텍스트에 대한 대조 수사학적 연구, 한국어교육 17(3), 국제한국어교육학회.

최연희 편저(2009/2010), 영어 쓰기 교육론: 원리와 적용, 한국문화사.

최은정(2012), 일본인 한국어 학습자의 서사담화에 나타난 시제와 상 습득 연구, Foreign Languages Education, 19(1), 한국외국어교육학회.

한국텍스트언어학회(2004/2009), 텍스트언어학의 이해, 박이정.

한정한 외(2007), 한국어 정보 처리 입문, 커뮤니케이션북스.

후옹 센(2006), 한국어 쓰기 교육 방안 연구-베트남인 초급 학습자를 대상으로, 서울대학교 석사학위논문.

Atkinson, D.(2004), Contrasting rhetorics/contrasting cultures: why contrastive rhetoric needs a better conceptualization of culture, *Journal of English for Academic Purposes 3*.

Brinker, K.(2002), *Linguistische textanalyse*, (초판:1985/수정 제5판:2002;이성만 역, 『텍스트언어학의 이해-언어학적 텍스트분석의 기본 개념과 방법』, 역락, 2004)

Celce-Murcia, M., & Olshtain, E.(2000/2006), *Discourse and context in language teaching*, Cambridge University Press.

Chu, Chauncey C.(屈承熹)(1998), *A discourse grammar of mardarin chinese*, Peter Lang Publishing, Inc., New York. (潘文國 외 역, 『漢語篇章語法』, 北京語言大學出版社, 2007).)

Connor, U.(1996), Contrastive rhetoric: Cross-cultural aspects of second language writing,

Cambridge University Press.

_____(2004). Intercultural rhetoric research: Beyond text, *Journal of English for Academic Purposes 3*.

Connor, U., & Upton, T. A(2004), *Applied Corpus Linguistics: A Multidimensional Perspective*, Rodopi.

Halliday & Hasan (1976), *Cohesion in English*,(張德祿 외 옮김,『英語的銜接』, 外語教學 與研究出版社, 2007/2010.)

_____(1976/2009), *Cohesion in English*, 外語教學與研究出版社.

Harmer, J.(2007), *How to teach English*, Longman.

Hinds, J.(1987), Reader versus writer responsibility: A new typology. In , U. Connor & R. B. Kaplan(Eds), *Writing across languages: Analysis of L2 text*, Addison-Wesley Publishing Company.

Hyland, K.(2003), *Second language writing*. Cambridge: Cambridge University Press.

_____(2005a), *Metadiscourse: Exploring interaction in writing*, Qxford: Continuum.

_____(2005b), "Stance and engagement : a model of interaction in academic discourse", *Discourse Studies 7(2)*.

James, C.(1980), *Contrastive analysis*. Oxford: Oxford University Press.

Jarvis, S.(1998), *Conceptual transfer in the interlingual lexicon*. Bloomington, IN: IULC Publications.

_____(2000), Methodological rigor in the study of thansfer: Identifying L1 influence in the interlanguage lexicon. *Language Learning 50*.

Jarvis, S., & Pavlenko, A.(2008), *Crosslinguistic influence in language and cognition*, New York and London: Routledge.

Kaplan, R. B.(1966), Cultural thought patterns in inter-cultural education, *Language Learning 16(1)*.

_____(2001), What in the world is contrastive rhetoric?[A]. In Panetta, C. G.(ed). *Contrastive Rhetoric Revisited and Redefined* [C]. Mahwah, NJ Lawrence Erlbaum Associates.

Knapp, P., & Watkins, M.(2005), Genre, TEXT, grammar: Technologies for teaching and assessing writing(주세형 외 역, 『장르·텍스트·문법』, 박이정, 2007)

Lakoff, G., & Johnson, M.(1980/2003), *Metaphors we live by*(노양진·나익주 옮김, 『삶으로서의 은유: 수정판』, 박이정, 2006/2008)

Leki, I.(1991) Twenty-five years of contrastive rhetoric: Text analysis and writing pedagogies, *TESOL Quarterly*, 25.

Littlemore, J. (2009), *Applying cognitive linguistics to second language learning and teaching*(김주식·김동환 옮김, 『인지언어학과 외국어 교수법』, 소통, 2012)

Martin, J. E.(1992), *Towards a theory of text for contrastive rhetoric: An introduction to issues of text for students and practitioners of contrastive rhetoric*, Peter Lang.

Matalene, C.(1985), "Contrastive Rhetoric: An American Writing teacher in China", *College English 47*, no 8.

Mauranen, A.(1993), "Contrastive ESP Rhetoric: Metatext in Finnish-English Economics Texts", *English for specific Purposes 12*.

Moreno, A. I. (1997). Genre constraints across languages: Casual metatext in Spanish and English Ras, *English for Specific Purpose, 16*.

Nation, P.(2001), *Learning vocabulary in another language*, Cambridge: Cambridge University Press.

Pica, T.(1994) Questions from the language classroom research perspectives. *TESOL Quarterly*, 1994(1).

Raimes, A.(1991), Out of the woods: Emerging traditions in the teaching of writing, *TESOL Quarterly, 25*.

Svalberg, J.(2007), Language awareness and language learning, *Language Teaching 40*.

Ungerer, F., & Schmid, H-J.(2006), *An introduction to cognitive linguistics*(임지룡·김동환 옮김, 『인지언어학 개론: 개정판』, 태학사, 2010)

Uysal, H. H.(2008). Tracing the culture behind writing: Rhetorical patterns and bidirectional transfer in L1 and L2 essays of Turkish writers in relation to educational context, *Journal of Second Language Writing 17*.

Wang & Wen(2002), L1 use in the L2 composing process: An exploratory study of 16 Chinese EFL writers, *Journal of Second Language Writing 11*.

姜孟(2006), 「外語學習者在外語使用中的隱性不地道現像-基於中國英語專業學生的實證研究」, 『現代外語』 2006年 第1期.

_____(2010),「槪念遷移: 語言遷移研究的新進展」,『寧夏大學學報』2010年 第5期.

姜孟・王德春(2006),「外語思維再思考-論外語思維的'槪念化模式'內涵」,『外語研究』2006年 第4期.

姜海燕(2006),「韓漢反身對飼 "자기"和"自己"的對比」,『延邊敎育學院學報』2006年 第5期.

高寧慧(1996), 留學生的對詞偏誤興對詞在篇章中的使用原則,『世界漢語敎學』1996(2).

金順吉(2009), 韓漢語人稱代詞對比研究, 上海外國語大學博士學位論文 。

盧衛中・路雲(2006),「語篇銜接與連貫的認知機制」,『外語敎學』2006年 第1期.

杜艷冰(두염빙)(2012),「漢語的名詞照應、人稱代詞照應与零形照應ーー以与韓國語的比較爲中心」,『中國文學』70, 韓國中國語文學會.

杜慧穎・蔡金亭(2013),「'雙語者槪念和槪念化中的語際影響專號'述評」,『外國語言文學』2013年 第1期.

廖開宏(1999),「英漢說明文段落劃分差異研究」,『外語與外語敎學』1999年 第8期.

劉岩(2012),「漢語更接近"衛星框架語言」,『中國社會科學報』第366期.

李麗雲(2008), 現代漢語動補複合詞的結構與功能研究, 河北師範大學博士論文.

林娟廷(2011), 基於漢韓對比的韓國學生漢語體標記習得研究, 北京大學博士學位論文.

馬廣惠(2001),「中美大學生英語語篇對比修辭分析」,『解放軍外國語學院學報』, 2001.11.

穆從軍(2007),「對比修辭研究發展四十年綜述」,『修辭學習』, 2007年 第5期.

苗興偉、廖美珍(2007),「隱喩的語篇功能研究」,『外語學刊』, 2007年 第6期。

方麗靑(2005), 「ESL作文中的修辭模式表現類型研究」, 『外國語(上海外國語大學學報)』2005年 第1期.

方麗靑・姜渭淸(2008),「英漢記敘文修辭特徵對比研究」,『浙江學刊』2008年 第4期.

方梅(2002),「指示詞"這"和"那"在北京話中的語法化」,『中國語文』第4期.

徐慶利・蔡金亭・劉振前(2013),「語言遷移研究近20年的新發展: 回顧與思考」,『外語學刊』2013年 第1期.

徐赳赳(2010),『現代漢語篇章語言學』, 北京: 商務印書館.

孫冬慧・隋銘才(2011), 「語言遷移研究新探索」―『語言和認知中的跨語言影響』評價, 『中國外語』2011年 第3期.

安純人(1993),「漢英段落結構比較」,『解放軍外語學院學報』1993年 第2期.

楊玲(2001),「對比修辭學研究綜述」,『山東外語敎學』2001年 第2期.

楊連瑞・宣菲菲(2012),「二語寫作中的母語隱喩遷移研究」,『中國海洋大學學報(社會科學版)』2012年 第3期.

楊玉玲(2006),「單个"這"和"那"篇章不對稱研究」,『世界漢語教學』第4期。

_____(2007),「"這麽"和"那麽"篇章不對稱考察」,『語言文字應用』2007.11.

楊一飛(2011), 語篇的連接手段, 復旦大學博士學位論文.

楊春(2004),「英語國家學生初級漢語語篇照應偏誤考察」,『漢語學習』第3期.

王魯男・董保華(2006),「隱喩語際遷移研究」,『外語與外語教學』2006年 第12期.

王燕萍(2011),「對比修辭理論的新視覺─跨文化修辭研究」,『西安電子科技大學學報(社會科學版)』, 2011(5).

王寅(2003),「認知言語學與語篇分析-Langacker的語篇分析觀」,『外語教學與研究』2003年 第2期.

_____(2007/2011),『認知言語學』, 上海: 上海外語教育出版社.

王靜(2000),「論語篇性質和話題的關系」,『世界漢語教學』2000年 第4期(總第54期).

王朝輝、張旭紅(2012：180),「回指的結構淺析」,『學術研究』2012年 第12期.

王志强(2008),「淺談過渡句的作用」,『中學語文園地』, 2008年 第10期.

王馳・房明遠(2008),「英漢語篇模式的對比修辭研究」,『科技資訊』2008年 第27期.

雲紅・原雪(2008),「國外對比修辭學四十年及發展趨勢」,『西安外國語大學學報』2008年 第3期.

魏義禎(2012), 朝、漢篇章回指對比研究, 北京語言大學博士學位論文.

魏在江(2006),「隱喩的語篇功能-兼論語篇分析與認知語言學的界面研究」,『外語教學』2006年 第5期.

劉亞猛(2010),「當代西方修辭研究的兩個特點及其緣由」,『當代修辭學』, 2010(2).

劉靖宇(2006),「框架理論對語篇連貫的闡釋力」,『安陽師範學院學報』2006年 第6期.

劉朝彦(2006),「英漢論說文體段落組織的差異性分析」,『浙江教育學院學報』2006年 第6期.

劉青・王向東(2011),「英漢語段落寫作對比研究」,『大家』2011年 第9期.

任慶梅・楊連瑞(2010),「中介語詞彙概念遷移的認知範疇化闡釋」,『中國海洋大學學報(社會科學版)』2010年 第5期.

蔣楠(2004),「外語概念的形成和外語思惟」,『現代外語』2004年 第4期.

張新傑・邱天河(2009),「語篇連貫研究綜述」,『外語與外語教學』2009年 第10期.

張延君(2005),「西方對比修辭研究的新視角-二語學術寫作的跨文化研究」,『山東大學學報(哲學社會科學版)』2005年 第6期.

程琪龍(2011),「轉喻的認知機制和過程」,『外語教學』2011年 第3期.

程壽鳳(2007), 韓國語反身對詞與漢語"自己"的對比研究, 延邊大學碩士學位論文.

丁蓉(2008), 動態助詞"了"的隱匿規律和對外漢語教學, 湖南師範大學碩士學位論文。

曹秀玲(2000),「漢語"這""那"不對稱性的語篇考察」,『漢語學習』第4期。

朱永生 외(2001),『英漢語篇銜接手段對比研究』, 上海外語教育出版社.

周曉芳(2011),「歐美學生敘述語篇中的"回指"習得過程研究」,『世界漢語教學』 第25卷
　　　　2011年 第3期。

陳娟(2009),「對比修辭理論在英語專業寫作中的調查研究」,『考試週刊』2009年 42期.

蔡金亭(2009),「在二語習得研究中確定母語遷移的方法」,『中國海洋大學學報(社會科學
　　　　版)』第3期.

肖奚强・金柳廷(2009),「韓國學生漢語對詞照應偏誤分析」,『中國語文學志』Vol.30.

崔健・姜美子(2004),「朝、漢指示對詞回指功能對比」,『延邊大學學報報』.

太平武(1999),『漢朝飜譯理論與技巧』, 北京: 中央民族大學出版社, 1999年 4月.

許力生・李廣才(2002),「漢英論說文語篇的修辭模式對比」,『浙江大學學報(人文社會科
　　　　學版)』第32卷 第5期.

胡曙中(2008),『英漢修辭跨文化研究』, 青島: 青島出版社.

胡壯麟 編著(1994),『語篇的銜接與連貫』, 上海: 上海外語教育出版社.

黃玉花(2005),「韓國留學生的篇章偏誤分析」,『中央民族大學學報(哲學社會科學版)』
　　　　2005年 第5期.

사전 테스트 자료

1. 判斷正誤(劃線部分)。如果有錯誤, 請改正。

사례 1

어느 날 한 문장을 읽었다. 한 대학생이 예고없는 시험을 치게 되었다. 평소에 열심히 공부했기 때문에 답안지에다 답을 척척 써나가고 있었다. 그런데 마지막 문제를 보고 어떻게 대답할지, 또 왜 이런 문제가 나오는지를 몰랐다. 시험지의 이런 문제를 적고 있었다. "이 교실을 청소부 아줌마의 이름을 적어주시오." <u>이 학생은 물론 이 반에서 이 문제를 대답할 수 있는 학생이 한명도 없었다.</u>

<u>나는 이 기사을 읽고 사실 생활이 평범하지 않은 것을 깨달았다.</u> 나 주변에 나와 같이 살아가고 있는 사람들이 많다. 이런 사람들은 나의 부모님이나 선생님 친구들뿐만을 기르키는 것이 아니다. 내 눈에는 더러운 옷을 입는 거지, 밥을 시키려고 뿜비고 있는 사람들, 작은 마트에서 물건을 파고 있는 사람, 그리고 교실을 청소해주는 아줌마…… 그들 모두가 나에게는 소중한 존재라는 것을 깨달았다. 그들이 스스로 나에게 사랑을 보내주고 있는 것이다.

사례 2

참 이상하다. 예전에 그렇게 말을 잘하는 아줌마는 어디로 갈까?집에 돌아온 후에 엄마께 묻고나서 알게 되었다. 아줌마의 아들이 도시에서 감옥에 들어갔다. 아줌마는 아들을 구하기 위해 모든 돈을 쓰고 사람을 부탁했다. <u>시장에서 아줌마하고 싸우는 사람이 바로 그의 아들이었다.</u>

사례 3

　할아버지는 자기가 심장병이 나서 병원에 보내 주라고 말했다.

사례 4

　<u>우리는 처음 만날 때 우리 똑 같이 옷을 입었다. 그래서, 우리는 그 때</u>
<u>부터 제일 좋은 친구가 됐다.</u> 내가 기분이 좋지 않을 때, 혼자서 어려움을
직면했을 때. 그녀는 내가 늘 옆에 있어서 마음이 얼마나 따뜻했는지 모
른다. 그래서 우리는 비밀하고 슬픈 일하고 기쁨을 함께 나눈다. 그래서
우리는 서로 제일 익숙한 사람이다.

사례 5

　서민의 양심이라는 말은 듣기 좋지 않다. 하지만 우리는 지금 이 사회
의 서민이다. 우리의 부모님도 이 사회의 발전을 위해 매일 버스를 타고
다니는 보통 사람이다. <u>서민의 꿈이 크지 않다. 주먹만큼 작다.</u> 자식이 그
들의 전부이다. <u>서민의 양심도 그들의 거짓말처럼 보잘 것 없는 것 같다.</u>

사례 6

　성적을 발표한 그날 자기가 보통반에 떨어질 것을 알았다.
　집으로 간 길에 마음이 점점 무거워서 부질북가간에 길가에 앉아며 울
었다. 부모님께 어떻게 말을 드릴는지 몰라서 내가 너무나 고통스러웠다.
그황혼에 길가에 앉는 나는 지난 사람을 보고 눈물을 흐르고 황금색 햇빛
을 봐었다.
　<u>그 다음날 바로 같이 떨어진 동기와 보통반에 갈 날이다.</u>

사례 7:

　한국어학과의 학생으로서 한국은 나에게 유달리 큰 영향을 끼쳤다. 나

는 선생님을 만날 때 저절로 허리를 굽혀 정중하게 인사를 하는 것이 좋은 보기라고 할 수 있는가 싶다. 우리 한국어과 학생이 예외가 제일 바르다는 칭찬을 들니 마음이 든든해지고 그것이 한국어를 공부하는 덕분인지라고 본다. 한국 사람처럼 꼭 예의를 똑바로 지키면서 서로 존중하는 태도로 사는 공동체정신이 지금 이 어둠과 속임을 넘치는 세상에 얼마나 필요할까?

한국 역사를 배우면서 한국과 중국과 오래전부터 우호상통으로 지내온 사실을 알게 되었다. 지금도 마찬가지로 친한 사이로 서로 지내면서 공동의 발전을 위해 협력하고 있다. 나와 한국과의 인연이 한국과 중국의 역사적인 소중한 인연의 이 부분이 아닐까? 이런 뜻으로 진심을 가지고 내 약박한 힘을 바가지담으로써이소중한인연을유지해아름다운꽃을피우도록되기를 바라고 있다.

2. 請對下面短文的內容組織進行評價。

실수가 인생의 소중한 교훈이다. 또한 실수를 직면한 양심이 인생의 거울이다. 실수한 후에 자기의 양심을 물어봐서 내가 열심히 했냐? 내가 정말 힘이 끝때까지 했느냐? 이 양심의 거울을 갖고 더 열심히 살고 일하고 사랑하고 인생이 완벽한 정지를 도작할 수 있을 것 같다.

바로 나비의 일생처럼.

못생긴 유충이 없으면 이 꽃밭에서 춤추며 갈고 있는 나비도 없다. 바로 그 못생긴 유충을 직면하고 그 못생긴 과거를 직면하고 오늘 예쁜 나비의 아름다움을 느낄 수 있다.

그래서 자기가 실수할 때 우울할 때 성공을 못 도작할 때 자기의 양심을 물어보자! 내가 정말 열심히 했느냐? 끝때까지 힘이 다 썼느냐?

수업 효과 평가용 자료

1. 判斷正誤(劃線部分)。如果有錯誤，請改正。

사례 1

그 말을 듣기 무섭게 내 마지막 희망은 거품이 되는 느낌을 들었다. 눈물을 꾹 참으면서 말했다. "네. 알겠습니다. 이해할 수 있습니다. 그럼, 그럼…… 안녕히 계세요."

이 말을 하고 나는 몸을 돌면서 떠나기로 하는 때였습니다. 그 아주마가 나를 불렀다.

사례 2

그렇게 한 달이 지냈다. 어느날 밤에 잠이 깨는 나는 물을 마시려고 방에 들어가고 싶은데 부모님은 객실에 이야기하고 있었다. 처음에 신경 쓰지 않았지만 그들의 말을 듣고 너무나 놀라 가슴이 가라앉지 않았다.

사례 3

그때의 어머니가 많이 아파하셨다. 아주 심각한 병에 걸려서 밥도 못 먹고 잠도 못 자게 되었다. 한 달 동안 자기 혼자서 버티고 나한테 자기가 힘든다고 딱 한 번도 하신 적이 없었다.

사례 4

우리는 고등학교 때에는 다 대학교를 위해서 열심히 공부했다. 그런데 아무리 숙제가 많더라도 우리 이야기를 많이 했다. 이렇게 함으로써 우리의 우정을 계속 지킬 수 있었다.

사례5

참 이상하다. 예전에 그렇게 말을 잘하는 아줌마는 어디로 갈까? 집에 돌아온 후에 엄마께 묻고나서 알게 되었다. 아줌마의 아들이 도시에서 감옥에 들어갔다. 아줌마는 아들을 구하기 위해 모든 돈을 쓰고 사람을 부탁했다. 시장에서 아줌마하고 싸우는 사람이 바로 그의 아들이었다.

사례6

책의 줄거리가 간단하지만, 그 간단한 이야기를 통해 인생 철학을 많이 반영했다. 그 인생 철학들중에 하나가 바로 양심이었다. 예전 내 생각대로, 양심이라는 것은 그저 자녀가 부모님에게 효도하는 것일 뿐이다. 하지만 그것이 전부가 아니다.

사례7

전세의 연인과 근생의 아내에게 다 사랑을 주셔야 되는 아버지께서 좀 힘드시겠다. 그런데 이런 것도 달콤한 부담이다. 아버지들, 힘 내세요! 아버지의 사랑을 받을 수 있는 행복한 어머니와 딸에게는 이런 사랑의 나눔이 참 아름답지 않습니까?

2. 請對下面短文的內容組織進行評價。

　　......

또 중국에는 이런 말도 있다. "모든 일중에서 "효"는 제일위이다". 그리고 이"효"의 결정적 요인은 바로 양심이다.

동아시아권에 속한 한국도 중국과 마찬가지다.

한국은 유고사상의 "효"를 받고 발전하여 "집단문화"도 이뤄졌다. 이 집단문화의 중심은 바로 "가족"이다. 가족에는 자식은 꼭 부모에게 "효도"를 해야 한다. 특히 윗어른께 "효도"를 하지 않는다면 벌을 받는다는 말이 들어본 적이 있다. 다시 한번 말하자면 양심이 없는 사람은 효도를 못한다. 한국어 원어 선생님과 지내다 보니까 그럼 점을 발견했다 물론, 한국 드라마에서나 영화에서도 그런 것을 볼 수 있다.

제효봉(齊曉峰, QI XIAOFENG)

1975년 출생으로 서울대학교 국어교육과에서 교육학박사 학위를 받았으며, 현재 중국 베이징외국어대학교 한국어학과에서 부교수로 재직 중이다. 저서로는『韓國語 言語 教育 研究』(北京郵電大學出版社, 2008)가 있고, 연구 논문으로는「한국어 쓰기 평가에서 채점자의 언어적 배경에 따른 영향 연구」,「한국어 호칭어 교육 방안 연구」,「중국인 한국어 학습자의 텍스트 생성과정 고찰」,「중국인 학습자의 한국어 재귀표현 사용 양상 연구」,「論歸因理論在外語教學上的應用」,「中國韓國語教育現況, 問題與發展構想」등 20여 편의 한국어교육관련 논문이 있다. 그 외에도 교재『韓國語初級作文』과『職業韓國語能力考試』(初級)를 집필한 바 있다.

중국어권 학습자를 위한
한국어 쓰기 교육 내용 연구

초판 1쇄 인쇄 2017년 12월 20일
초판 1쇄 발행 2017년 12월 28일
저　자 제효봉
펴낸이 이대현
편　집 홍혜정
표지디자인 홍성권

펴낸곳 도서출판 역락
주　소 서울시 서초구 동광로 46길 6-6 문창빌딩 2층
전　화 02-3409-2058, 2060
팩　스 02-3409-2059
등　록 1999년 4월 19일 제303-2002-000014호
이메일 youkrack@hanmail.net
역락블로그 http://blog.naver.com/youkrack3888

ISBN 979-11-6244-040-7 93370

이 도서의 국립중앙도서관 출판예정도서목록(CIP)은 서지정보유통지원시스템 홈페이지(http://seoji.nl.go.kr)와 국가자료공동목록시스템(http://www.nl.go.kr/kolisnet)에서 이용하실 수 있습니다.(CIP제어번호: CIP2017034083)